Law of Administrative Remedy

行政救濟法

黃俊杰　著

三民書局

國家圖書館出版品預行編目資料

行政救濟法 / 黃俊杰著.－－初版一刷.－－臺北市:
三民, 2013
面; 公分.

ISBN 978-957-14-5748-2 (平裝)
1.行政救濟法

588.14   101024656

© 行政救濟法

著 作 人	黃俊杰
責任編輯	王嘉瑜
美術設計	陳宛琳
發 行 人	劉振強
著作財產權人	三民書局股份有限公司
發 行 所	三民書局股份有限公司
	地址　臺北市復興北路386號
	電話　(02)25006600
	郵撥帳號　0009998-5
門 市 部	(復北店)臺北市復興北路386號
	(重南店)臺北市重慶南路一段61號
出版日期	初版一刷　2013年2月
編　　號	S 586140

行政院新聞局登記證局版臺業字第○二○○號

有著作權・不准侵害

ISBN　978-957-14-5748-2　（平裝）

http://www.sanmin.com.tw　三民網路書店
※本書如有缺頁、破損或裝訂錯誤，請寄回本公司更換。

序

　　人民之訴願權及訴訟權，為憲法明文保障之基本權利，行政救濟法（訴願法及行政訴訟法），構成人權保護法律體系之核心，屬第一次權利保護法制，係具體化之憲法，故其立法與適用應以人權保障作為主軸，而公權力機關遵守依法行政係為確保達成法治國家維護人權之目的。

　　本書之順利出版，應特別感謝學術界先進許多研究成果之激勵，亦對筆者曾參與之中央或地方機關法規會及訴願會與相關實務訓練機構等，長期提供分析學理與接近實務之論辯空間，表達誠摯謝意。

　　本書之撰寫期間，中正大學法律研究所法學碩士許凱傑先生在相關資料之搜集、分析與寫作等，提供許多寶貴意見及具體建議，而歷年來選修「憲法專題研究」、「行政法專題研究」與「稅法專題研究」的同學們，對許多行政救濟之爭議焦點，更熱情參與討論，併此誌謝。

　　本書嘗試以淺顯之圖表及法規分析，搭配相關之實務案例，期待減輕初學者、基層民眾、公務員與準備國家考試人員，掌握行政救濟法之辛勞。惟筆者學識經驗均有限，立論缺失之處，敬請學者專家惠賜卓見。

　　最後，三民書局劉振強董事長之厚愛與全體同仁之熱情協助，讓本書得順利完成出版事宜，謹致最崇高之敬意。

黃俊杰　謹識

2013 年 2 月

於中正大學法學院

說　明

壹、寫作目的

本書之撰寫目的，係作為行政救濟法之入門教科書，主要著重行政救濟法（訴願法＋行政訴訟法）之分析，並儘量以實務見解為輔助案例。

本書之出版，主要係提供初學者、基層民眾、公務員與準備國家考試人員，瞭解學理與接近實務之機會。

如讀者於閱讀後欲更進一步研究者，請自行參考作者所引用之相關文獻。

貳、裁判文號簡稱

一、院解 422：指司法院院字第 422 號解釋

二、釋 667：指司法院大法官釋字第 667 號解釋

三、釋 613 解釋理由書：指司法院大法官釋字第 613 號解釋之解釋理由書

四、行政法院（46 裁 41 判例）：指行政法院 46 年度裁字第 41 號判例

五、最高行政法院（101 判 497）：指最高行政法院 101 年度判字第 497 號判決

六、最高行政法院（101 裁 1092）：指最高行政法院 101 年度裁字第 1092 號裁定

七、最高法院（19 上 278 判例）：指最高法院 19 年上字第 278 號判例

參、日期、條號、字號：使用阿拉伯數字

【101/06/25】：指民國 101 年 6 月 25 日

肆、法律之簡稱

本書第一章至第三章，分析訴願法之內容；第四章至第九章，分析行政訴訟法之內容。為簡化篇幅，均以「本法」稱之，如下所示：

「本法」之使用 ｛ 第一章至第三章：指訴願法
　　　　　　　第四章至第九章：指行政訴訟法

其次，「民訴」為民事訴訟法之簡稱。

本書架構

- 行政救濟法
  - 訴願
    - 第一章　訴願事件與訴願人
    - 第二章　訴願機關之受理
    - 第三章　訴願程序
  - 行政訴訟
    - 第四章　行政訴訟之提起
    - 第五章　行政法院之受理
    - 第六章　第一審程序
    - 第七章　上訴審與抗告程序
    - 第八章　再審與重新審理
    - 第九章　暫時權利保護與強制執行

簡 目

序

說　明

本書架構

第一篇
訴　願

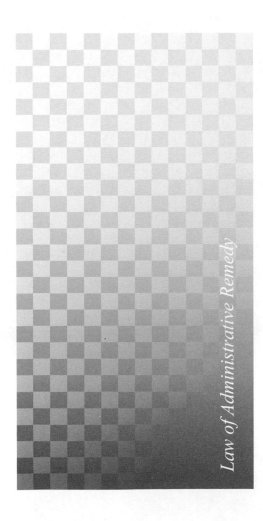

Law of Adminstrative Remedy

第一章
訴願事件與訴願人

本 章 架 構

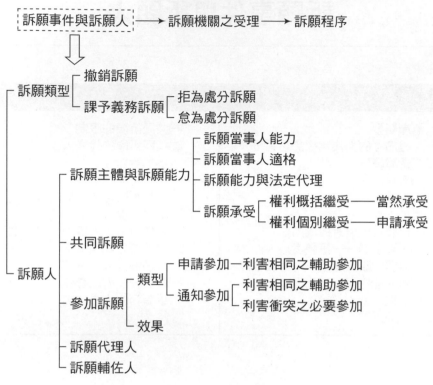

◆圖 1–1　本章架構

　　權利保護得區分為「第一次權利保護」與「第二次權利保護」。當人民遭受公權力侵犯時，第一次權利保護，係主張排除侵犯，例如，憲法第 16 條之訴願及訴訟權；而行政救濟之法律依據，主要為訴願法及行政訴訟法，為本書寫作之重心。至於，第二次權利保護，係就其權利所受侵犯之程度請求填補，例如，憲法第 24 條之國家賠償請求權（最高行政法院 99 判 1103）。❶

---

❶ 在「第一次權利保護」與「第二次權利保護」之區分下，我國是否必須先踐行「第一次權利保護」後，始可為「第二次權利保護」者，尚有不同之意見：

(1)多數學者認為，公權力侵害若是以行政處分之型態出現者，被害人必須先依行政爭訟程序，也就是先提起訴願、行政訴訟，請求審查該行政處分是否違法，當行政法院肯認系爭行政處分係屬違法而撤銷者，此時被害人始可再依據國家賠償法之規定，請求國家賠償。亦即應貫徹「**第一次權利保護優先於第二次權利保護**」之要求。蔡志方，《新訴願法與訴願程序解說》，1999，第 182 頁至第 184 頁；相關專論，李建良，〈滯留路邊的破舊車──「第一次權利保護」與「第二次權利保護」〉，《月旦法學教室別冊(3)──公法學篇》，2002，第 240 頁；林三欽，〈行政法上權利救濟管道的選擇──「第一次權利保護」與「第二次權利保護」之區別〉，《台灣本土法學雜誌》第 26 期，第 117 頁至第 124 頁；程明修，〈論公法中第一次權利保護優先原則〉，《法學講座》第 1 期，第 15 頁至第 19 頁；吳志光，〈確認行政處分違法訴訟之性質與第一次權利保護優先原則〉，《法學講座》第 24 期，第 34 頁至第 42 頁；實務見解亦有採取肯定見解，如最高法院 52 臺上 694 判例指出：「……原告以私權侵害為理由，對於行政官署提起除去侵害或損害賠償之訴者，既為私法上之法律關係，縱被告以基於行政處分，不負民事上之責任為抗辯，亦不得謂其事件非民事事件，此際法院應就被告主張之行政處分是否存在，有無效力而為審究，**如其處分確係有效存在，雖內容有不當或違法，而在上級官署未依訴願程序撤銷以前，司法機關固亦不能否認其效力，反之，若該處分為權限外之行為，應認為無效時，則其因此所生之損害自不能不負賠償責任**……。」(2)有採取不同看法者，對於「第一次權利保護優先於第二次權利保護」似持保留態度，董保城、湛中樂，《國家責任法──兼論大陸地區行政補償與行政賠償》，2005，第 182 頁至第 184 頁。本書認為，在沒有憲法明文規定之下，「第一次權利保護優先於第二次權利保護」之要求，似並非放諸四海皆準的定律。並參，林三欽，〈國家賠償事件中違法性之認定〉，《台灣本土法學雜

訴願法（以下簡稱為「本法」）係訴願制度❷之主要依據，區分為總則、訴願審議委員會、訴願程序、再審與附則等 5 個章節，共計 101 條。

壹、訴願類型

一、程序標的與決定標的之區分

訴願之標的，得區分為程序標的與決定標的（最高行政法院 101 判 270；100 裁 1845）。❸

訴願之程序標的，指訴願人在訴願程序攻擊之對象；訴願之決定標的，指訴願人依本法第 56 條第 1 項第 4 款規定在訴願書載明之「訴願請求事項」，係指訴願審議委員會依法應為之審議並決定者。❹

二、訴願種類

本法所規範訴願事件之類型，得依訴願之程序標的作為劃分標準，區分為「撤銷訴願」與「課予義務訴願」兩種態樣：

㈠撤銷訴願

1.撤銷訴願的態樣

依據本法第 1 條之規定，概可區分為「由人民提起」及「由各級地方自治團體或其他公法人提起」等兩種態樣。

誌》第 132 期，第 98 頁至第 99 頁。

❷ 吳庚，《行政爭訟法論》，2009，第 355 頁，所謂「訴願」係**主張權利或利益遭受行政處分損害之人民，向原處分機關之上級機關或原處分機關本身請求救濟之方法**；李惠宗，《行政法要義》，第 560 頁至第 561 頁，訴願功能，有「修正行政統治之機能」、「國民權益保護之功能」及「分擔司法之機能」。

❸ 蔡志方，《新訴願法與訴願程序解說》，1999，第 63 頁至第 64 頁；陳清秀，《行政訴訟法》，1999，第 311 頁。

❹ 蔡志方，《行政救濟法新論》，2007，第 52 頁至第 53 頁。

⑴由人民提起

人民對於中央或地方機關之行政處分，認為違法或不當，❺致損害其權利或利益者，本法第 1 條第 1 項本文規定，得依本法提起訴願。

有關「中央或地方機關」之規定，主要應以作用法面向為考量，而非僅以組織法之面向考量。換言之，**凡在組織上有獨立性，而受託付執行行政任務之機關者，均應納入「行政機關」之範圍內，而不應以隸屬於行政系統者為限。**❻

又從本法第 1 條文義以觀，可提起撤銷訴願的程序標的，應為**「有效之行政處分」**。若存在之行政處分，係為「無效行政處分」，則由於該行政處分自始確定無效，是否可以提起撤銷訴願，或有疑義。❼

例如，A 醫療財團法人經 B 地方稅務局辦理房屋稅籍清查時，發現 A 係依醫療法規定，由行政院衛生署核准設立之醫療財團法人，非屬內政部核准立案並完成財團法人登記之內政業務財團法人，與房屋稅條例第 15 條第 1 項第 2 款「業經立案之私立慈善救濟事業」之免徵房屋稅要件不符，遂核定補徵房屋稅。A 因不服進入行政救濟程序，在申請復查未獲變更後，進而提起訴願請求撤銷（最高行政法院 101 判 498）。

⑵由各級地方自治團體或其他公法人提起

各級地方自治團體或其他公法人對上級監督機關之行政處分，認為違法或不當，致損害其權利或利益者，本法第 1 條第 2 項規定「亦同」，即亦得依本法提起訴願。❽

---

❺　系爭行政處分是否有違法或不當之情事者，僅**當事人主觀上認定**即可，並不以客觀上確有違法或不當之情事為必要。李震山，《行政法導論》，2009，第 536 頁；李建良，〈行政爭訟〉，《行政法入門》，2006，第 478 頁。

❻　相同見解，陳敏，《行政法總論》，2007，第 1271 頁。

❼　劉建宏，〈訴願之類型與訴願管轄〉，《月旦法學教室》第 74 期，2008 年 12 月，第 65 頁認為，在本法未設有「確認訴願」制度下，雖於理論上未盡一致（**若為無效行政處分，當然沒有撤銷的問題**），然仍應考量人民權益保障，**允許人民依本法第 1 條之規定提起撤銷訴願，而由受理訴願機關為撤銷之訴願決定。**

❽　李惠宗，《行政法要義》，2008，第 571 頁認為，此種訴訟係屬「機關爭議」，而

例如，行政院曾撤銷臺北市政府延期辦理里長選舉之行為，釋553解釋理由書指出：「……中央主管機關認有違法情事而干預地方自治團體自治權之行使，涉及中央法規適用在地方自治事項時具體個案之事實認定、法律解釋，屬於有法效性之意思表示，係行政處分，並非行政機關相互間之意見交換或上級機關對下級機關之職務上命令。上開爭議**涉及中央機關對地方自治團體基於適法性監督之職權所為撤銷處分行為，地方自治團體對其處分不服者，自應循行政爭訟程序解決之**……。」❾

2.行政監督之特別規定

此外，公務人員因違法或不當處分，若涉有刑事或行政責任者，由最終決定之機關，於決定後責由該管機關依法辦理（第100條）。蓋要求訴願最終決定機關負其行政監督之責，且涉及者為追究公務人員之刑事或行政責任，前者由檢察官追訴，由刑事法院審判，後者如應予懲戒，由公務員懲戒委員會或公務人員之主管長官為之，如應予懲處，由公務人員服務之機關為之，非由行政法院負處理之責（最高行政法院93裁1461；92裁848）。

3.行政處分之概念❿

非「權利被害訴訟」；陳清秀，《行政訴訟法》，2009，第119頁至第120頁認為，行政機關、自治團體或其他公法人得提起訴願者，有(1)行政機關基於與人民同一地位而受行政處分；(2)上級監督機關與各級地方自治團體或其他公法人在監督措施的範圍內；陳愛娥，〈應否及如何對公法人與行政機關開放行政救濟管道?〉，《月旦法學雜誌》第77期，第33頁。

❾ 釋553解釋理由書進一步指出：「……其爭訟之標的為**中央機關與地方自治團體間就地方自治權行使之適法性爭議，且中央監督機關所為適法性監督之行為是否合法，對受監督之地方自治團體，具有法律上利益**。為確保地方自治團體之自治功能，本件臺北市之行政首長應得代表該地方自治團體，……提起救濟請求撤銷，並由訴願受理機關及行政法院就上開監督機關所為處分之適法性問題為終局之判斷，受訴法院應予受理……。」

❿ 釋423：「……**行政機關行使公權力，就特定具體之公法事件所為對外發生法律上效果之單方行政行為，皆屬行政處分**……。」

⑴本法第 3 條第 1 項之規定

本法所稱行政處分，❶「係指中央或地方機關就公法上具體事件所為之決定或其他公權力措施而對外直接發生法律效果之單方行政行為。」（第 3 條第 1 項）

往昔（2000 年修正前）在法制面尚不甚完備的狀況下，對於行政處分之認定，往往與「特別權力關係」❷彼此消長。以下舉數則釋憲實務內容：

關於退學或類此處分行為：釋 382 對於「公私立學校所為退學或類此處分行為」，定性為「行政處分」而賦予其行政救濟的契機。本號解釋理由書即明確指出：「……各級學校依有關學籍規則或懲處規定，對學生所為退學或類此之處分行為，**足以改變其學生身分並損及其受教育之機會，自屬對人民憲法上受教育之權利有重大影響，此種處分行為應為訴願法及行政訴訟法上之行政處分**。受處分之學生於用盡校內申訴途徑，未獲救濟者，自得依法提起訴願及行政訴訟……。」

此外，釋 684 指出，大學為實現研究學術及培育人才之教育目的或維持學校秩序，對學生所為行政處分或其他公權力措施，如侵害學生受教育權或其他基本權利，即使非屬退學或類此之處分，本於憲法第 16 條**有權利即有救濟**之意旨，仍應許權利受侵害之學生提起行政爭訟，無特別限制之必要。在此範圍內，釋 382 應予變更。

關於兵役體位判定，釋 459 指出：「……兵役體位判定，**係徵兵機關就**

---

❶ 關於行政處分之概念及要素，參閱翁岳生，〈論行政處分之概念〉，《行政法與現代法治國家》，1979，第 11 頁以下。

❷ 特別權力關係的演進，凡涉及公務員財產、身分之爭議，均透過釋憲實務發展逐一突破。釋 653 宣告「不許受羈押被告向法院提起訴訟請求救濟之部分，與憲法第 16 條保障人民訴訟權之意旨有違」。許宗力大法官於協同意見書指出：「……宣告羈押法第 6 條及施行細則第 14 條第 1 項限制受羈押被告向法院提起訴訟請求救濟之部分違憲，可說是對特別權力關係施予致命的一擊，**乃本院解釋首次全面性地，並未設任何條件限制地揚棄特別權力關係**。這是我國人權史上一記重要里程碑，也是公法學，尤其是行政法學發展史上劃時代的重要事件，相信對未來法治發展可以產生深遠的正面影響……。」

役男應否服兵役及應服何種兵役所為之決定而對外直接發生法律效果之單方行政行為，此種判定役男為何種體位之決定行為，不問其所用名稱為何，對役男在憲法上之權益有重大影響，應為訴願法及行政訴訟法上之行政處分。受判定之役男，如認其判定有違法或不當情事，自得依法提起訴願及行政訴訟……。」

關於教師升等通過與否之決定，釋462解釋理由書指出：「……各大學校、院、系（所）教師評審委員會**對教師升等通過與否之決定**，與教育部學術審議委員會對教師升等資格所為之最後審定，**於教師之資格等身分上之權益有重大影響**等，**均應為本法及行政訴訟法上之行政處分**……。」

⑵**訴願法與行政程序法之重複規定**

本法與行政程序法之行政處分（行政程序法第92條第1項規定：「係指行政機關就公法上具體事件所為之決定或其他公權力措施而對外直接發生法律效果之單方行政行為。」），兩者主要之差異，在於本法第3條係規定「中央或地方機關」，而行政程序法係規定「行政機關」。綜觀本法與行政程序法對於行政處分之定義，於文字之表達上雖有若干不同，但對於行政處分概念之描繪，似無分軒輊。

此外，機關決定或措施之相對人雖非特定，而依一般性特徵可得確定其範圍者與有關公物之設定、變更、廢止或一般使用者，本法第3條第2項規定：「亦為行政處分」與「亦同（行政處分）」，行政程序法第92條第2項則規定：「為一般處分」與「亦同（一般處分）」，用語雖有不同，但均屬學理上「一般處分」，自無疑義。

例如，「……由系爭公告之內容可知，學甲鎮公所本於零售市場管理條例主管機關之地位，為改建系爭市場，就具體確定架設圍籬及應拆除建築物範圍公告，命在此範圍內之關係人應自行於特定時間內結束營業及搬遷，若拒未搬遷者，將受有強制執行之規制性，足見系爭公告之相對人雖非特定，而依一般性特徵可得確定其範圍，依行政程序法第92條第2項前段規定，為一般處分；又由系爭函文之內容可知，學甲鎮公所發函告知上訴人等特定對象，查報認定渠等有妨礙系爭市場改建之違規行為（對外發生確

認效力），並命渠等於特定時間內自動搬離現營業處（對外發生下命效力），如拒未搬離者，將受有強制執行之規制性（不利益之法律效果），足見系爭函文係學甲鎮公所就公法上具體事件所為單方行政行為，且已直接對外發生確認與下命之規制效力，依同條第 1 項規定，為行政處分等情，本院核無違誤。」（最高行政法院 101 判 449）

㈡課予義務訴願

除撤銷訴願外，本法亦明文承認「課予義務訴願」之態樣。關於課予義務訴願之類型，區分為「拒為處分訴願」及「怠為處分訴願」等兩種類型。

1.拒為處分訴願

⑴本法第 1 條第 1 項的擴張解釋

關於拒為處分訴願（亦可稱為「駁回處分訴願」），本法似並未設有明文規定。本法第 1 條第 1 項「行政處分」之規定，似可透過解釋方式，將「行政處分」之文義解釋包括「駁回人民請求之行政處分」在內，故人民可依據本法第 1 條第 1 項之規定，對於行政機關「拒絕人民請求之行政處分」提起訴願。

⑵未來修法時明文增訂之可能

然則，比較本法及行政訴訟法之規定，行政訴訟法第 5 條明文規定「拒為處分訴訟」及「怠為處分訴訟」之態樣，且均有「訴願前置主義」之適用。由此而言，縱使本法未對拒為處分訴願設有專條規定，亦可透過本法第 1 條規定得出，且屬於「課予義務訴願」之類型。❸

---

❸　相同見解，李建良，〈論課予義務訴願——以新訴願法為中心〉，《月旦法學雜誌》第 47 期，第 23 頁；同氏著，〈行政爭訟〉，《行政法入門》，2006，第 457 頁至第 458 頁；蔡志方，〈新訴願法之商榷〉，《台灣本土法學雜誌》第 3 期，第 6 頁認為，對於人民申請之案件者，僅能依本法第 1 條第 1 項之規定，提起撤銷訴願；劉建宏，〈訴願之類型與訴願管轄〉，《月旦法學教室》第 74 期，第 65 頁至第 66 頁；陳敏，〈課予義務訴訟之制度功能及適用可能性〉，《行政救濟、行政處罰、地方立法》，2001，第 29 頁認為，應理解為法律漏洞，不宜勉強將其納入本法第

本書認為，就現行法之建構而論，拒為處分訴願仍有承認之必要，未來於修法時，似可考量比照行政訴訟法之設計，於本法第 2 條設「拒為處分訴願」。**⓮**

2. 怠為處分訴願

本法第 2 條第 1 項規定：「人民因中央或地方機關對其依法申請之案件，於法定期間內應作為而不作為，認為損害其權利或利益者，亦得提起訴願。」

怠為處分訴願前提，係以行政機關「**應作為而不作為**」作為適用之重點。**⓯** 關於怠為處分訴願於實務之適用，需注意下列事項：

⑴ 課予義務訴訟應以「訴願前置主義」為前提

若行政機關對人民依法申請之案件，有作成行政處分之義務，如其應作為而不作為，致人民之權利或法律上利益受損害者，人民須先循訴願程序後，始得提起課予義務訴訟（行政訴訟法第 5 條），**⓰** 不得直接提起一般給付訴訟（行政訴訟法第 8 條），否則因起訴不備其他要件，自為法所不許。

例如，人民土地因受重金屬污染，經公告並限制耕作在案。嗣不服被核撥之補償數額，基於對公法上給付之請求，未依本法第 2 條第 1 項規定之訴願程序，即逕行提起請求發給補償費之給付訴訟，自有起訴不備其他要件之不合法，依行政訴訟法第 107 條第 1 項第 10 款之規定，應予駁回（最高行政法院 94 判 729）。

---

1 條第 1 項中。

⓮ 相同見解，張文郁，〈拒為處分之課以義務訴願〉，《月旦法學教室》第 93 期，第 11 頁。

⓯ 蕭文生，〈訴願法修正評析〉，《國家・地方自治・行政秩序》，2009，第 324 頁認為，**行政機關應作為而不作為時，人民應可直接向行政法院提起課予義務訴訟，由法院直接給予人民救濟即可，故本條文之規定應無必要**。

⓰ 吳庚，《行政爭訟法論》，2009，第 368 頁、第 370 頁認為，怠為處分訴願類型中，強制透過「訴願前置程序」後始可提起行政訴訟，似不符合訴訟經濟原則，並造成嗣後課予義務訴訟程序上的複雜。

⑵應以「案件處理與否」為審理核心

　　針對本法第 2 條之怠為處分訴願，根本不必行政處分之存在，故關於人民申請之案件，訴願機關審查應重在**「原處分機關對申請案件處理與否」**，而非行政處分之存否。蓋行政處分是否存在，並非提起課予義務訴訟之要件，此觀之本法第 2 條之怠為處分訴願及行政訴訟法第 5 條第 1 項怠為處分課予義務訴訟，並不以行政處分存在為前提自明（最高行政法院 96 判 994）。

　　在實務上，行政機關常一再以「正在研議中」等重複答覆人民之申請；或上級主管機關不予處理，反而函轉至不具權限之所屬機關或單位函復人民之申請，均應屬本法第 2 條之怠為處分訴願，訴願受理機關應予以受理，並為適法之處理，不得率以非行政處分為不受理之訴願決定（臺北高等行政法院 92 訴 3961）。❼

⑶「法定期間」之理解

　　本法第 2 條第 1 項所謂「法定期間」，係指法律規定「中央或地方機關對其依法申請案件之辦理期間」而言，亦即行政機關應於「法定辦理期間內」對於人民所提出之申請案件，作出准駁之決定。

　　惟法令若未規定「法定辦理期間」者，為避免行政機關「消極不處理」而形成積案，本法第 2 條第 2 項即另外規定，係自機關受理申請之日起為 2 個月。❽換言之，若法規未設有特別規定時，行政機關自受理人民之申

---

❼　臺北高等行政法院（92 訴 3961）並謂：「……行政處分係屬技術性、功能性之概念，並非本質形態。在行政爭訟程序僅撤銷訴訟一種時，行政處分之為程序標的，係具體及確定行政爭訟之範圍不可或缺之概念工具，甚至實務上曾以行政處分即為訴訟標的之見解。但在行政訴訟將訴訟類型予以擴大，不再以行政處分作為提起行政訴訟之要件，行政處分之概念已不復重要……」；相同見解，李建良，〈行政爭訟〉，《行政法入門》，2006，第 498 頁。

❽　李建良，〈行政爭訟〉，《行政法入門》，2006，第 499 頁，本法第 2 條第 2 項之規定，是否可以解釋成為「最早合法時點」，於人民若尚未滿 2 個月提起訴願時即駁回之，依文義解釋而論，並無不可。**然考量人民縱使於尚未滿 2 個月即提起訴願遭駁回，僅需由人民再等待一段時間即可再提訴願，基於程序經濟原則，第 2**

請後，最遲 2 個月內必須作出准駁之決定。

⑷人民似無提起期間之限制

由於怠為處分訴願客觀上並未有行政處分存在，造成行政機關怠為決定已逾越 2 個月後，人民是否有「提起訴願之期間限制」，綜觀本法之規定，似未有明文之規定。 **⓲**

本書認為，考量人民權利有效保護之面向而論，並配合現行法並未有任何規定之情形下，似可解釋為「未有訴願期間限制」，只要人民所申請之案件，行政機關怠為決定之情事發生，而達前述所論及之法定期間者，此時人民即可提起訴願。至於何時提起，似應無時間上之限制。

惟實務見解曾指出，人民因請求中央或地方機關作成行政處分，被拒絕後，認為其權利或法律上之利益受違法損害，申請人應適用本法第 14 條第 1 項規定即自行政處分達到或公告期滿之次日起 30 日內為之，若逾越 30 日之不變期間而提起，自為法所不許（最高行政法院 96 判 994）。

貳、訴願人

一、訴願主體與訴願能力

㈠訴願主體──訴願當事人能力

訴願主體，係指得提起訴願者，其區分為行政處分之相對人 **⓴** 及利害關係人（第 18 條），**㉑** 包括： 1.自然人、法人 **㉒**、非法人之團體 **㉓** 或其他

條第 2 項似宜解釋成「在訴願審理終結前屆滿」即可。

⓲ 郭介恆，〈行政三法實施十週年之回顧與檢討──訴願法〉，《月旦法學雜誌》第 182 期，第 92 頁認為，此「立法漏洞」恐無法落實行政訴訟法修正之目的。

⓴ 學理稱為「相對人訴願」。蔡志方，《新訴願法與訴願程序解說》，1999，第 31 頁。

㉑ 本法並未明文承認「公民訴願」，係於其他特別法規有規定時，始可提起。蔡志方，《新訴願法與訴願程序解說》，1999，第 32 頁至第 33 頁；同氏著，《行政救

受行政處分之相對人；及 2.利害關係人。

1.自然人、法人、非法人之團體或其他受行政處分之相對人

⑴處分相對人均可提起訴願

依本法第 1 條及第 2 條之規定，可以提起訴願之主體為「人民」，而未有特別之限制。故系爭行政處分之相對人❷❹不服該處分者，自可提起訴願，謀求救濟。

⑵「法人」之範圍

有疑問者，就本法第 18 條之文義，僅指出「法人」可以提起訴願。至於所謂「法人」之範圍，是否可及於所謂之「公法人」，甚至是行政機關者，則有探討之空間：

①公法人作為訴願主體──現行法之肯認

關於公法人之訴願當事人適格，實務見解均多予以承認，司法院解釋（院解 2990）認為，鄉鎮若對省政府為核准徵收鄉鎮公有土地之處分不服時，自可提起訴願。❷❺訴願法第 1 條第 2 項予以明文規定，故公法人之訴

濟法新論》，2007，第 34 頁至第 37 頁。

❷❷ 依本法第 56 條第 1 項第 1 款規定之體系解釋，似只要設有管理人或代理人之團體，如商號或工廠，均可提起訴願。

❷❸ 「非法人之團體」可廣及如公司籌備處、祭祀公業、未經認許之外國公司、宗教團體等實務上承認者。吳庚，《行政爭訟法論》，2009，第 363 頁；張自強、郭介恆，《訴願法釋義與實務》，2002，第 74 頁以下。

❷❹ 蔡志方，《行政救濟法新論》，2007，第 30 頁認為，本法第 18 條所規定之處分相對人，應該包含「處分後受讓處分標的之權利者」而言。故本法第 18 條應有擴張解釋之必要，甚至認為應引進行政訴訟法第 110 條之承當訴訟制度，以防止產生不當之「訴願人恆定」之問題。

❷❺ 院解 2990：「鄉鎮對省縣政府關於公有財產之行政處分能否提起訴願，應視其處分之內容分別情形定之，省縣政府對於鄉鎮獨有之處分，例如縣政府依鄉鎮組織暫行條例第 25 條就鄉鎮民代表會關於鄉鎮公有財產決議案覆議結果所為核辦之處分，鄉鎮公所或鄉鎮財產保管委員會雖有不服，不得提起訴願，**若其處分不獨對於鄉鎮為之，對於一般人民具有同一情形亦為同一之處分者，則鄉鎮係以與一般人民同一之地位而受處分，不能以其為公法人遂剝奪其提起訴願之權**，例如省

願當事人適格，已無爭議（釋 553）。❷❻

②行政機關作為訴願主體?

行政機關是否可以作為訴願主體，有其見解之變更:

❶釋 40——否定見解

中央或地方機關可否提起訴願，依釋 40 之見解，似採取否定態度，即「……行政訴訟法第 1 條規定，人民因中央或地方官署之違法處分致損害其權利者，得依法定程序提起行政訴訟，是**僅人民始得為行政訴訟之原告。臺灣省物資局依其組織規程係隸屬於臺灣省政府之官署，與院解 2990 所稱之鄉鎮自治機關不同，自不能類推適用此項解釋。**至海關緝私條例第 32 條對於提起行政訴訟之原告，並無特別規定，要非官署所得引為提起行政訴訟之根據……。」本號解釋，雖然就行政訴訟程序為之解釋，但其法理亦可適用於機關之提起訴願。❷❼

❷晚近多數見解——肯定見解

晚近實務及學理，❷❽ 多採取肯定見解，❷❾ 認行政機關亦可成為訴願當

政府為核准徵收鄉鎮公有土地之違法處分時（參照土地法第 388 條），鄉鎮如有不服，自得提起訴願。」吳庚，《行政爭訟法論》，2009，第 364 頁至第 365 頁，據此實務見解，肯認我國早期實務即確立公法人得提起訴願；然有不同見解認為，本號實務見解之理由，似乎是為對舊訴願法第 1 條之「人民」一詞作解套，故若據此實務見解即認為我國早期實務即確立公法人得提起訴願者，似非妥適。李建良，〈行政爭訟〉，《行政法入門》，2006，第 478 頁。

❷❻ 釋 553:「……本件行政院撤銷臺北市政府延期辦理里長選舉之決定，**涉及中央法規適用在地方自治事項時具體個案之事實認定、法律解釋，屬於有法效性之意思表示，係行政處分，**臺北市政府有所不服，乃屬與中央監督機關間公法上之爭議，惟既屬行政處分是否違法之審理問題，**為確保地方自治團體之自治功能，該爭議之解決，自應循行政爭訟程序處理……。」

❷❼ 關於本號解釋之評析，可參閱李建良，〈行政爭訟〉，《行政法入門》，2006，第 478 頁。

❷❽ 相同見解，陳敏，《行政法總論》，2007，第 1274 頁至第 1275 頁；蔡志方，〈新訴願法之商榷〉，《台灣本土法學雜誌》第 3 期，第 5 頁。

❷❾ 陳清秀，《行政訴訟法》，2009，第 58 頁至第 59 頁似採取折衷見解，係以個別行

事人適格。❸⓪

　　最高行政法院（76 判 643）指出，「……按人民因中央或地方機關之違法處分，認為損害其權利，得依訴願法提起訴願、再訴願，經依訴願法提起再訴願而不服其決定者，得向行政法院提起行政訴訟，本法第 1 條及行政訴訟法第 1 條，分別規定甚明。茲所謂『人民』應包括行政機關或鄉、鎮自治機關，基於與人民同一之地位而受違法不當之行政處分者在內……**則其（原告乃國有財產局）為被告機關駁回聲請之處分顯係基於與人民同一之地位而受之行政處分，依首開說明，自得對原處分提起訴願、再訴願……。」** ❸①

　　又例如，「……臺南縣稅捐稽徵處曾以經濟部水利處南區水資源局申報銷售額時，漏報電費、給水及其他管理費收入，違反行為時營業稅法規定，予以補徵營業稅，並按所漏額科處罰鍰，經濟部水利處南區水資源局不服循序提起行政爭訟，顯係基於與人民同一之地位而受之行政處分，自得對原處分及復查決定提起訴願及行政訴訟……」（最高行政法院 92 判 571）。

2. 利害關係人

　　得提起訴願者，並不以單獨之個人為限。行政處分相對人以外之利害關係第三人，認為行政處分違法損害其權利或利益，亦可依本法第 18 條提起訴願及撤銷訴訟。❸② 所謂「利害關係人」，指法律上之利害關係人而言，

　　政實體法上，行政機關「可否享受權利負擔義務」，作為判斷標準。

❸⓪ 肯認行政機關可以提起訴願者，則是會產生學理「自己訴訟」之問題。相關分析，林三欽，〈訴願當事人能力之課題〉，《2008 訴願制度研討會會議實錄》，2008，第 16 頁至第 17 頁；劉建宏，〈訴願程序之主體〉，《月旦法學教室》第 77 期，第 41 頁；黃俊杰，《公法實例研習》，2011，第 351 頁以下。

❸① 相關分析，吳庚，《行政爭訟法論》，2009，第 365 頁至第 366 頁。

❸② 關於利害關係人訴願，在經濟行政法（競爭者訴願）、建設（築）法與環保法（公法上之鄰人訴願）之領域最常發生。蔡志方，《行政救濟法新論》，2007，第 32 頁至第 34 頁；最高行政法院（96 判 838）：「**……所稱利害關係人得提起訴願，係指行政處分對外所發生之法律效果，致第三人之權利或利益受有損害者，該第三人始得合法提起訴願。夫妻各自為自然人，各自為權利義務之主體。配偶之一**

亦即其權利或法律上利益因行政處分而直接受有損害者，若僅具經濟上、情感上或其他事實上之利害關係者，並不屬之（最高行政法院 101 判380）。

此外，實務見解對於環境影響評估法❸與外籍配偶申請來臺定居❹的個案，對於「有無利害關係」之認定，似採取較為寬鬆之認定。❺

㈡訴願當事人適格──訴願權能❻

依本法第 1 條及第 2 條之規定，得提起訴願者，以因違法或不當之行政處分「致損害其權利或利益者」為限。換言之，人民依本法提起訴願時，必須主張其權利或利益因違法或不當之行政處分而受有損害，亦即必須有「訴願權能」始足當之。❼

方因行政機關作成違法或不當之行政處分，致其權利或法律上之利益受有損害；他方配偶並非當然為上開規定之利害關係人……。」

❸ 例如，臺北高等行政法院（98 訴更一 92）認為：「……固然當地居民上開權益受影響之大小，與其距離開發場所之遠近，會呈現出光譜式的分佈，法院首需劃出一條標準，決定那個程度內受影響之利益升高對環評法上之權利位階。對此本院認，**可依開發單位所提受系爭開發計畫所影響範圍為準，即系爭掩埋場半徑 5 公里以內之範圍。本案 27 名原告均在此範圍內，自有此項權能**……。」

❹ 96 年度高等行政法院法律座談會紀錄法律問題七結論：「……原處分機關予以否准，則本件原處分是否合法，且否准之理由實質上是懷疑婚姻之真實性。則**本件原處分是否合法，已影響到 B（在臺配偶）受憲法保障之婚姻關係及從此延伸出之夫妻同居生活關係，故 B（在臺配偶）應屬原處分之利害關係人**……。」

❺ 郭介恆，〈行政三法實施十週年之回顧與檢討──訴願法〉，《月旦法學雜誌》第182 期，第 82 頁認為，類此當事人適格問題與訴願當事人能力乃分屬二事，本法於第 18 條訴願人能力中予以規範，似有檢討之必要。

❻ 蔡志方，《行政救濟法新論》，2007，第 30 頁至第 37 頁；同氏著，《新訴願法與訴願程序解說》，1999，第 29 頁至第 34 頁。從訴願權能範圍為之探討，可區分為「被害者訴願」、「利害關係者訴願」及「民眾訴願」。關於「被害者訴願」，本法第 1 條之規定，即屬「被害者訴願」之類型；「利害關係者訴願」，則是由本法第 1 條但書、第 14 條第 2 項及第 18 條第 1 項予以明文規定；「民眾訴願」乃行政救濟制度上所排除之態樣，但若法規範明文承認者，始可例外承認。

1.權利與利益之區分──公權利理論❸❽之開展

就本法第 1 條及第 2 條規定而言，係區分「權利」及「利益」兩種態樣。至於如何區分，分述如下：

⑴「權利」──得享受特定利益之法律上之力

所謂「權利」，係指「得享受特定利益之法律上之力」。若行政法規對於人民之權利有明確規定者，人民自可援引該行政法規而主張公權利，並無疑義。❸❾ 然則，對於其他行政法規關於「人民之義務」或「行政機關之權限」之諸規定，此時應如何判斷該行政法規是否給予人民公權利，抑或僅為反射利益❹❶者，則有賴於學理所建構之「保護規範理論」為之判斷。

例如，中油公司依釋 428 意旨及石油管理法第 21 條規定，應為工會法第 7 條但書所規定之跨越縣市行政區域之公用事業，參加人（台灣石油工會）為已依工會法第 7 條但書經主管機關劃定以中油公司之組織區域組成

---

❸❼ 行政法院（48 判 42 判例）指出：「……人民提起行政訴訟，須以官署之違法處分損害其權利為前提，**若根本上無權利之可言，自不得循行政訴訟程序為何請求**……。」相同意旨，參見行政法院 59 判 617 判例。

❸❽ 所謂「公權利理論」，其判斷必須滿足 3 個要件：⑴**需有行政法規課予行政主體一行為義務，包括行為、不行為或容忍之義務**；⑵**該行政法規必須是保護規範，亦即該行政法規課予行政主體行為義務之目的，需同時維護公共利益及個人利益**；⑶**該行政法規賦予個人得實現自己利益之法律上之力，可以透過法院使該利益得以實現**。當滿足這 3 個要件時，人民即可主張公權利，進而要求國家為一定行為、不行為或容忍之義務。盛子龍，〈撤銷訴訟之訴訟權能〉，《中原財經法學》第 7 期，第 5 頁至第 6 頁；陳英鈐，〈撤銷訴訟之訴權〉，《行政法爭議問題研究（下）》，2000，第 987 頁以下。

❸❾ 個人資料保護法第 10 條：「公務機關或非公務機關應依當事人之請求，就其蒐集之個人資料，答覆查詢、提供閱覽或製給複製本。……」

❹❶ 所謂「反射利益」，係指**系爭行政法規之目的，僅針對公共利益為之規範，並未有維護個人利益目的**者稱之。最高行政法院（71 判 124）認為：「……系爭商標對原告現已存在之權利或合法利益，並未發生任何影響，對原告而言，僅屬消費者或競爭同業身分而已，其關係乃經濟上之利害關係，非修正前商標法第 2 條第 4 款所指之利害關係人……。」亦即認定系爭法規範僅給予人民「反射利益」。

合法之工會，並獲得合法登記之工會，即取得法人資格，享有團體交涉及爭議之權利，並有排除同一區域內其他籌組法人工會組織之權能（最高行政法院 97 判 985）。

⑵「利益」──尚未成為權利之各種值得保護之利益

　　所謂「利益」，係指「尚未成為權利之各種值得保護之利益」而言，其通常不包括法律以外之政治、宗教、文化、經濟或感情上之利益在內。❹ 本法雖然區分「權利」及「利益」兩種態樣，❷ 但均屬「公權利」概念之展示，故「權利」及「利益」之區分已逐漸模糊，❸ 甚可認為「權利」及「利益」僅為重複之用語，❹ 兩者並無區分之必要。❺

2. 訴願權能之判斷❻

　　關於訴願權能之判準，可區分為「侵益行政處分之相對人」及「授益行政處分之第三人」兩種態樣思考：

⑴**侵益行政處分之相對人**

　　關於「侵益行政處分之相對人」者，係中央或地方機關所為行政處分，直接對處分相對人課予義務或產生法律上之不利益，自應肯定處分相對人具有訴願權能。❼

---

❹　李建良，〈行政爭訟〉，《行政法入門》，2006，第 483 頁。

❷　支持區分「權利」及「利益」兩種態樣者，例如李惠宗，〈主觀公權利、法律上之利益與反射利益之區別〉，《行政法爭議問題研究（上）》，2000，第 164 頁以下。

❸　吳庚，《行政法之理論與實用》，2005，第 628 頁。

❹　陳新民，《行政法學總論》，1997，第 360 頁。

❺　李建良，〈行政爭訟〉，《行政法入門》，2006，第 484 頁；盛子龍，〈撤銷訴訟之訴訟權能〉，《中原財經法學》第 7 期，第 17 頁至第 20 頁；陳愛娥，〈「訴訟權能」與「訴訟利益」──從兩件行政法院裁判出發，觀察兩種訴訟要件的意義與功能〉，《律師雜誌》第 254 期，第 71 頁；林明昕，〈撤銷訴願及撤銷訴訟之訴訟權能〉，《法學講座》第 1 期，第 91 頁。

❻　關於訴願權能之介紹及判斷，郭旭倩，《訴願實體決定要件之研究──以訴願權能與訴願利益為中心》，中正大學法律研究所碩士論文，2005。

❼　學理稱為「相對人理論」。林明昕，〈撤銷訴願及撤銷訴訟之訴訟權能〉，《法學講

(2)授益行政處分之第三人

關於「授益行政處分之第三人」者，係中央或地方機關所為行政處分，對於處分相對人而言係屬授益處分，但對第三人而言則間接受有不利益者。

1 必須具備「法律上之利害關係」

是否為利害關係第三人，行政法院（75 判 362 判例）指出：「……所謂利害關係乃指法律上之利害關係而言，不包括事實上之利害關係在內……。」故須因法律上利益受到侵害之人，始能以利害關係第三人資格，就他人之行政處分提起撤銷之訴。若僅有事實上利害關係，而不具備法律上利害關係，自不得任意主張他人行政處分違法侵害其權益而提起行政爭訟。

2 保護規範理論作為判斷基準

所謂「法律上利害關係」之判斷，係以「保護規範理論」❹❽為界定利害關係第三人範圍之基準。釋 469 解釋理由書明確指出：「……如法律明確規定特定人得享有權利，或對符合法定條件而可得特定之人，授予向行政主體或國家機關為一定作為之請求權者，其規範目的在於保障個人權益，固無疑義；**如法律雖係為公共利益或一般國民福祉而設之規定，但就法律之整體結構、適用對象、所欲產生之規範效果及社會發展因素等綜合判斷，可得知亦有保障特定人之意旨時，則個人主張其權益因公務員怠於執行職務而受損害者，即應許其依法請求救濟**……。」

因此，非處分相對人起訴主張其所受侵害者，若可藉由保護規範理論判斷為其法律上利益受損害，固可認為具有訴訟權能，而得透過行政訴訟請求救濟；但若非法律上利益，而僅係單純政治、經濟、感情上等反射利益受損害，則不許提起訴願或行政訴訟（最高行政法院 101 判 491；93 判 1641）。❹❾

座》第 1 期，第 87 頁；劉建宏，〈訴願程序之主體〉，《月旦法學教室》第 77 期，第 42 頁。

❹❽ 保護規範理論在德國法上有其時代上之演變，向往之操作係著重於歷史上立法者解釋，晚近則是改以探求客觀規範意旨為中心。至於保護規範理論之解釋方式，盛子龍，〈撤銷訴訟之訴訟權能〉，《中原財經法學》第 7 期，第 11 頁至第 13 頁。

③第三人必須提出具體真實陳述

最後，該第三人亦必須提出具體之真實陳述以顯示其權利或利益有受違法侵害之可能，至於該第三人之權利或利益是否確實受有損害者，則屬訴願有無理由之實體上審理範疇，毋庸考慮。❺⓪

關於訴願權能之判斷，繪圖【圖 1-2】如下：

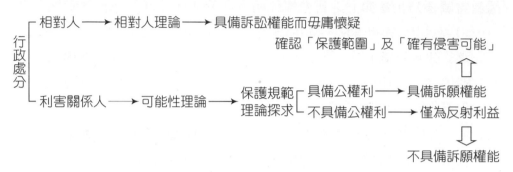

◆圖 1-2　訴願權能之判斷

㊂訴願能力與法定代理

1.訴願能力之認定標準

本法對於訴願能力之認定標準，係以能獨立以法律行為負義務者，有訴願能力（第 19 條）。所謂「能獨立以法律行為負義務者」，主要係依民法

---

❹⑨　最高行政法院（93 判 927）指出，本法第 18 條所稱「利害關係人得提起訴願」，係對行政處分之相對人以外之利害關係人，明定得提起訴願之規定。依此規定，自須行政處分對外所發生之法律效果，致第三人之權利或利益直接受有損害者，該第三人始得以利害關係人之身分提起訴願。

❺⓪　此即學理所謂「**可能性理論**」之適用。行政救濟制度為避免淪為公民訴訟，故要求訴願人必須提出「具體真實陳述」。至於該第三人所提出陳述中，訴願審理機關應依下列順序檢驗：**⑴該第三人所主張者必須為公權利而非反射利益（透過保護規範理論為之探討）；⑵該第三人所主張之權利歸屬於該第三人本身（確認系爭法規範之保護範圍）；⑶該第三人之權利有受行政處分違法侵害之可能。**林明昕，〈撤銷訴願及撤銷訴訟之訴訟權能〉，《法學講座》第 1 期，第 92 頁；劉建宏，〈訴願程序之主體〉，《月旦法學教室》第 77 期，第 42 頁。

規定得為發生法律效果之能力（行為能力）。❺❶

2.法定代理

欲提起訴願者若為無訴願能力人，則應由其法定代理人，代為訴願行為（第 20 條第 1 項）。而地方自治團體、法人、非法人之團體，應由其代表人或管理人，為訴願行為（第 20 條第 2 項）。至於，訴願之法定代理，係依民法規定（第 20 條第 3 項）。

例如，甲公司之訴願書記載，係以 A 為代表人，惟依公司設立登記表之記載，代表人係 B，故以 A 為代表人提起訴願，與本法第 20 條第 2 項及第 56 條第 1 項第 1 款之規定自有不合。訴願審議委員會依第 62 條規定通知於文到 20 日內補正，惟甲公司未依限補正，其既未由合法代表人為訴訟行為，訴願程序自不合法，則訴願決定予以不受理，依法並無不合（最高行政法院 93 判 1253）。

㈣訴願承受

本法關於「訴願承受」，可區分「權利概括繼受」（法定訴願承受）與「權利個別繼受」（意定訴願承受）等兩種態樣，簡述如下：

1.權利概括繼受──當然承受

⑴當然承受之態樣

①訴願人死亡──繼承人或依法得繼受權利利益之人

訴願人死亡者，❺❷由其繼承人或其他依法得繼受原行政處分所涉權利或利益之人，❺❸承受其訴願（第 87 條第 1 項）。❺❹

---

❺❶ 蔡志方，《行政救濟法新論》，2007，第 31 頁質疑，「能獨立以法律行為負義務者」是否專指在行政法領域能獨立以法律行為負義務者，抑或應完全移植至民法第 13 條以下之規定，則有必要澄清。

❺❷ 劉建宏，〈法定訴願承受制度之探討──兼論以死亡之人名義提起訴願之相關問題〉，《臺北大學法學論叢》第 72 期，第 12 頁至第 14 頁。

❺❸ 劉建宏，〈法定訴願承受制度之探討──兼論以死亡之人名義提起訴願之相關問題〉，《臺北大學法學論叢》第 72 期，第 18 頁至第 19 頁認為，「繼受原行政處分所涉權利或利益之人」用語未臻周延，應可參考民訴第 168 條「應續行訴訟之

再者，參酌行政訴訟法第 186 條準用民訴第 168 條之規定，訴願人死亡而尚未有人承受時，訴願程序理應當然停止。❺❺至於停止的效力，受理訴願機關應不得為關於本案之程序行為；然若屬無關本案之程序行為，似無必要禁止之。❺❻

②法人合併而消滅——合併而另立或存續之法人

法人因合併而消滅❺❼者，由因合併而另立或合併後存續之法人，承受其訴願（第 87 條第 2 項）。❺❽

人」予以修正。

❺❹ 從條文文義以觀，似以「承受訴願人聲請承受訴願」作為要件，實務則均先以「職權通知」方式使「可能承受之人知悉」。就此而言，若未受通知承受訴願之人，其權利應如何保障，最高行政法院 93 年 9 月庭長法官聯席會議決議：「……行政訴訟法第 4 條第 3 項規定：『訴願人以外之利害關係人，認為第 1 項訴願決定，損害其權利或法律上之利益者，得向高等行政法院提起撤銷訴訟。』參照司法院院解 641 意旨，不服受理訴願機關之決定者，雖非原訴願人亦得提起撤銷訴訟，但以該訴願決定撤銷或變更原處分，致損害其權利或利益者為限。故利害關係相同之人，自不得依前述規定起訴，應自行提起訴願以資救濟，其未提起訴願，基於訴願前置主義，原則上不得逕行提起行政訴訟。**惟於例外情形，如訴訟標的對於原訴願人及其他有相同利害關係之人必須合一確定者，則既經原訴願人踐行訴願程序，可認為原提起訴願之當事人，有為所有必須合一確定之人提起訴願之意，應解為與原訴願人利害關係相同之人得逕行依同法第 4 條第 1 項起訴**……。」

❺❺ 陳敏，《行政法總論》，2007，第 1330 頁；劉建宏，〈法定訴願承受制度之探討——兼論以死亡之人名義提起訴願之相關問題〉，《臺北大學法學論叢》第 72 期，第 19 頁。

❺❻ 劉建宏，〈法定訴願承受制度之探討——兼論以死亡之人名義提起訴願之相關問題〉，《臺北大學法學論叢》第 72 期，第 19 頁。

❺❼ 所謂法人格消滅，指清算完結時。故受理訴願機關於清算終結前作成訴願決定，並不受影響，亦不生承受之問題。

❺❽ 受讓原行政處分所涉權利或利益之人，得檢具受讓證明文件，向受理訴願機關申請許其承受訴願。再者，得提起訴願者並不限於法人，故若提起訴願之法人因合併而消滅者，似應有本項之適用，始屬妥適。陳敏，《行政法總論》，2007，第

同上述，於法人尚未承受訴願前，訴願程序理應當然停止。

⑵ 30 日內檢送文件

1 「事實發生之日」起算

依本法規定而承受訴願者，應於事實發生之日起 30 日內，向受理訴願機關檢送因死亡繼受權利或合併事實之證明文件（第 87 條第 3 項）。

2 「注意規定」之理解

關於此規定，實務見解認定為「注意規定」，蓋訴願人有無當事人能力，應由訴願機關依職權查明，不因依法應承受訴願之人怠於陳報而受影響（最高行政法院 93 判 670）。例如，若繼承人未依規定聲明承受其訴願，可能造成受理訴願機關不及得知訴願人死亡事實，而仍對其作成訴願決定（最高行政法院 93 判 1710）。❺❾

2. 權利個別繼受──申請承受

個別之權利或利益，因個別原因而產生移轉者，係屬權利之個別移轉。當訴願程序中權利產生讓與者，應由受讓權利之人承受訴訟始屬合理。故受讓原行政處分所涉權利或利益之人，依本法第 88 條規定，得檢具受讓證明文件，向受理訴願機關申請許其承受訴願。❻⓿

關於訴願承受之架構，試繪圖【圖 1-3】如下：

1329 頁。

❺❾ 本書以為，訴願管轄機關理應以職權通知承受訴願，若發生「未承受或拒絕承受」之情形時，**應可考慮以職權指定參加訴願**，較為妥適；相同見解，劉建宏，〈法定訴願承受制度之探討──兼論以死亡之人名義提起訴願之相關問題〉，《臺北大學法學論叢》第 72 期，第 27 頁。

❻⓿ 陳敏，《行政法總論》，2007，第 1329 頁，關於公法之權利義務，若屬於具有一身專屬性，或不具一身專屬性但並無得移轉之理由者，即不生受讓之問題，亦不生訴願承受之可能。

訴願承受 — 權利概括繼受 — 訴願人死亡 ⟶ 承受之人 — 繼承人 / 其他依法得繼承原處分權益之人

法人合併 ⟶ 因合併而另立或存續之法人承受

權利個別繼受 ⟶ 受讓原處分所涉權利或利益之人 ⟶ 申請承受

◆圖 1-3　訴願承受之架構

二、共同訴願

數人因「同一原因事實之行政處分」，而向同一受理訴願機關提起訴願，為達訴願經濟之目的，故本法設計「共同訴願」之規定（最高行政法院 100 判 1096）。❻❶

㈠共同訴願的限制

訴願之提起，並不以單獨 1 人訴願為必要。惟共同訴願之提起，有一定之限制，即： 1. 2 人以上； 2.對於同一原因事實之行政處分； 3.共同訴願之提起，以同一機關管轄者為限（第 21 條）。

㈡共同訴願的代表人

1.代表人的選定或指定

共同訴願，係有數訴願人共同為之，為避免在程序中發生意見不一致的情形，故在數訴願人之間，可以透過選定或指定的方式，選出代表數訴願人的「代表人」❻❷，以利訴願程序的進行。

⑴由共同訴願人自行選定

依本法第 22 條第 1 項，共同提起訴願者，得選定其中 1 人至 3 人為代

---

❻❶　劉建宏，〈訴願程序之主體〉，《月旦法學教室》第 77 期，第 44 頁，訴願程序中並不強制「必要共同訴願」之建構。

❻❷　吳庚，《行政爭訟法論》，2009，第 390 頁認為，相較於行政程序法與行政訴訟法對選定代多數人進行程序者，均稱「選定當事人」，獨本法採用「法定代理人」之字樣，似非妥當。

表人。由此可知代表人之選定係共同訴願人之自主行為，共同訴願人可自由決定。而有關選定之時機與代表人之權限，本法亦設有規定：

1 於最初訴願行為時選定

在共同訴願中選定代表人，應於最初為訴願行為時，向受理訴願機關提出文書證明（第 22 條第 2 項）。

2 選定代表人具備收受送達之權限

在共同訴願中經選定為代表人者，即有收受送達之權限，因此，訴願決定機關將訴願決定書送達代表人即發生送達之效力。

(2)受理訴願機關依職權指定

共同提起訴願，若未選定代表人者，受理訴願機關得限期通知其選定；逾期不選定者，得依職權指定之（第 23 條）。依職權指定之代表人，訴願機關即得將訴願決定書送達該代表人。

2.代表人的權限與更替

(1)代表人的權限

代表人經選定或指定後，由其代表全體訴願人為訴願行為。但是，撤回訴願，非經全體訴願人書面同意，不得為之（第 24 條）。而有學者認為，若是其他有關權利之拋棄或義務之負擔等事項者，例如和解，參酌行政程序法第 27 條第 4 項之規定，仍應經全體共同訴願人之同意，始可為之。❻❸

(2)以書面變更或增減

在共同訴願中，代表人經選定或指定後，仍得更換或增減之（第 25 條第 1 項）。但是，代表人之更換或增減，非以書面通知受理訴願機關，不生效力（第 25 條第 2 項）。

(3)單獨代表

在共同訴願中，代表人有 2 人以上者，均得單獨代表共同訴願人為訴願行為（第 26 條）。並且，代表人之代表權，不因其他共同訴願人死亡、喪失行為能力或法定代理變更而消滅（第 27 條）。

---

❻❸　吳庚，《行政爭訟法論》，2009，第 391 頁；李建良，〈行政爭訟〉，《行政法入門》，2006，第 472 頁。

三、參加訴願

㈠參加訴願的要件

參加訴願，得區分為申請參加（第 28 條第 1 項第 1 句）與通知參加（第 28 條第 1 項第 2 句與第 2 項）兩種態樣。⑥₄繪圖【圖 1-4】如下：

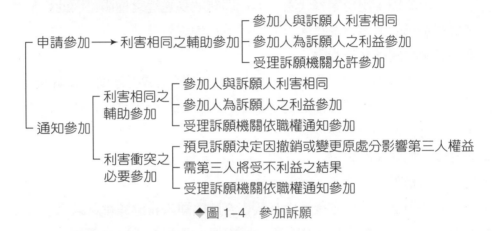

◆圖 1-4　參加訴願

1.參加訴願主體

參加主體，包括：⑴與訴願人利害關係相同之人；及⑵訴願決定因撤

---

⑥₄　學理對於訴願參加之分類方式，以「參加主體」面向為之探討，可區分成「**與訴願人利害關係相同之人**」及「**因撤銷或變更原處分而權益受影響之人**」兩種類型。前者稱為「輔助參加」（協助訴願人而參加），係指參加人與訴願人具有共同一致利害關係者，由於此類型之參加必須經過受理訴願機關之允許，或於受理訴願機關認為有必要時通知參加，故亦可稱為「任意參加」；後者則稱為「必要參加」（為保護自身權益而參加），係指訴願決定若撤銷或變更處分，將直接影響到原處分以外第三人之權益者，訴願審理機關有義務通知該第三人參與程序者之謂。李建良，〈行政爭訟〉，《行政法入門》，2006，第 473 頁至第 474 頁；陳敏，《行政法總論》，2007，第 1282 頁至第 1283 頁；蔡志方，《行政救濟法新論》，2007，第 38 頁至第 39 頁；吳庚，《行政爭訟法論》，2009，第 391 頁至第 393 頁。

銷或變更原處分而權益受影響之第三人。

2.參加訴願之分類

⑴申請參加

　　得申請參加訴願之資格，係與訴願人利害關係相同之人，其經受理訴願機關允許，得為訴願人之利益參加訴願，此為主動參加或協助參加。因此，參加要件有三：❻⑤⒈與訴願人利害關係相同之人；⒉經受理訴願機關允許；❻⑥⒊為訴願人之利益而參加訴願（第 28 條第 1 項前段）。

⑵通知參加

⒈受理訴願機關認有必要

　　除前述申請參加外，受理訴願機關認有必要時，亦得通知其參加訴願，則為通知參加或被動參加（第 28 條第 1 項後段）。通知參加之要件，似仍應與訴願人利害關係相同之人。❻⑦至於，經受理訴願機關通知，似表示已同意參加之內涵。

　　此外，是否須為訴願人之利益而參加訴願？或被通知後係為訴願人之不利益而參加訴願時，受理訴願機關得否事後表示拒絕？本書以為，若從參加效力及參加訴願者個人權利保護之觀點，似無禁止之必要。

---

❻⑤　蔡志方，《行政救濟法新論》，2007，第 41 頁認為，申請參加另需有「訴願決定尚未做成之前提出」之要件。此要件並未明文於本法第 28 條第 1 項，但參酌本法第 28 條第 2 項及參加之本旨，自應為此解釋。

❻⑥　蔡志方，《行政救濟法新論》，2007，第 44 頁，申請參加之操作，係有可能為否准之決定，若參加人申請參加被否準者，此時有謂應擴張本法第 76 條「參加人」之意義，除獲准或依職權通知之參加人外，亦及於申請參加而未獲允許之人，允許救濟。

❻⑦　郭介恆，〈行政三法實施十週年之回顧與檢討──訴願法〉，《月旦法學雜誌》第 182 期，第 86 頁認為，不論是第 28 條第 1 項前段「申請參加」，抑或第 28 條第 1 項後段「認為有必要之通知參加」，考量參加制度寓有「保障第三人權益」及「發現真實」之目的，**應無須限於「利害關係」，縱使第三人與訴願人利害關係相反者，亦應可為自己權益主張獨立參加**。例如商標註冊事件，異議人係為自己之註冊商標可能因訴願人之商標註冊而受影響，其異議理由非必與智慧財產局核駁理由一致。故本法第 28 條第 1 項尚有修正空間。

②因撤銷或變更原處分而影響第三人權益

　　訴願決定因撤銷或變更原處分，若足以影響第三人權益者，受理訴願機關應於作成訴願決定❻❽之前，通知其參加訴願程序，❻❾表示意見，❼❶此為被動參加，且屬為自己利益而參加訴願（第 28 條第 2 項）。❼❶

---

❻❽　學者認為，此處所謂「訴願決定」，僅係「可能之訴願決定」，其範圍似可廣及「承辦人員擬具之訴願處理意見書、委員之審查意見或審議委員會主委綜合意見，認將來『可能之訴願決定』有可能撤銷或變更原行政處分，足以影響第三人權益者」之謂。蔡志方，〈論訴願新制之難題及其處理〉，《行政救濟與行政法學㈤》，2004，第 222 頁；同氏著，〈訴願制度〉，翁岳生編，《行政法》，2006，第 284 頁。

❻❾　若行政機關疏於注意，未通知該第三人參加訴願者，學者認為，此時宜超越實證法而允許該第三人申請參加，使受理訴願機關可以命該第三人參加。蔡志方，〈論訴願新制之難題及其處理〉，《行政救濟與行政法學㈤》，2004，第 224 頁；同氏著，《行政救濟法新論》，2007，第 45 頁。

❼❶　關於本法第 28 條第 2 項規定之妥適性，學界眾說紛紜：⑴有認為是否存在此種與訴願人利害關係不同之第三人，未必為受理訴願機關所知悉，如因未通知其參加訴願並表示意見，即影響訴願決定之效力，實有礙於法安定性；再者，行政訴訟法第 4 條第 3 項亦對類此之第三人之權益有所保障，**故本法第 28 條第 2 項之規定，並非固有意義之訴願參加，訴願決定不因未通知該第三人表示意見而違法**。陳敏，《行政法總論》，2007，第 1283 頁；相類似之論述，蔡志方，《行政救濟法新論》，2007，第 42 頁至第 43 頁；⑵有認為本法第 28 條第 2 項於未來修法時有修改之必要，**應考慮刪除**。張自強、郭介恆，《訴願法釋義與實務》，2002，第 112 頁以下；⑶有認為應**將本項獨立成一「單純作為陳述意見」之條文，並合理限制第三人陳述意見之機會，以符合行政效率必要之要求**，林明昕，〈論訴願參加制度——訴願法第 28 條第 2 項規定之評析〉，《行政契約與新行政法》，2002，第 363 頁至第 385 頁。

❼❶　本項規定造成**「利害關係相同者得聲請參加」，但「利害關係衝突者僅能等待通知參加」，造成不對稱之結果**。對此問題，尚有不同見解：⑴有學者提出 3 點解決之途徑：①除有正當理由之外，應給予第三人陳述之機會；②所謂正當理由，包括依卷內資料無從知悉第三人之存在、因情況急迫或其他公益之重大原因，得免通知第三人參加者；③若將受不利益第三人自行申請參加，受理訴願機關即不得以卷內資料無從得知，作為拒絕其參加之理由。吳庚，《行政爭訟法論》，

㈡參加訴願之要式與效力

對於參加訴願，本法係採要式行為之規範設計。

1.應記載事項

⑴申請參加訴願之應記載事項

申請參加訴願，應以書面向受理訴願機關為之。關於參加訴願書面應記載之事項，包括：1本訴願及訴願人；2參加人與本訴願之利害關係；3參加訴願之陳述（第 29 條）。

⑵通知參加訴願之應記載事項

通知參加訴願，應記載訴願意旨、通知參加之理由及不參加之法律效果，送達於參加人，並副知訴願人（第 30 條第 1 項）。而受理訴願機關為前述通知之前，得通知訴願人或得參加訴願之第三人以書面陳述意見（第 30 條第 2 項）。

2.訴願決定對參加人亦有效力

參加人在參加訴願後，其訴願決定對於參加人亦有效力，此即參加訴願之效力。且依據本法第 31 條，若經受理訴願機關通知其參加或允許其參加而未參加者，訴願決定對其亦有效力。❷

2009，第 393 頁至第 394 頁，註31；⑵有認為應將本項規定侷限於「利害關係人提起訴願」，訴願決定影響行政處分相對人權益者，受理訴願機關即應通知行政處分相對人參加訴願。郭介恆，〈行政三法實施十週年之回顧與檢討——訴願法〉，《月旦法學雜誌》第 182 期，第 86 頁至第 87 頁。

❷ 李建良，〈行政爭訟〉，《行政法入門》，2006，第 474 頁，所謂「訴願決定對其亦有效力」者，係指**該訴願決定對該參加人之權益發生法律上之效力**，從而該參加人對於該訴願決定如果有不服者，自得向行政法院提起撤銷訴訟，以謀求救濟（行政訴訟法第 4 條第 3 項可資參照）；此外，吳庚，《行政爭訟法論》，2009，第 395 頁認為，本法第 31 條之規定於法理上頗有商榷餘地。**縱無本條，訴願決定本質上屬行政處分，有利害關係之第三人不論是否參加訴願，如其權益因訴願決定而受不利影響，原本即可提起撤銷訴訟。**

四、訴願代理人

㈠委任自由、人數與代理資格

1.委任自由之規定

本法關於訴願代理制度，並非採取強制代理主義，而係基於訴願人或參加人之委任自由，訴願人或參加人得委任代理人進行訴願。然而，每一訴願人或參加人委任之訴願代理人，不得超過 3 人（第 32 條）。

2.訴願代理人之限制

得為訴願代理人者，依受理訴願機關得否禁止作為區別標準（第 33 條第 1 項），❼❸分為：

⑴不得禁止者

所謂受理訴願機關不得禁止者，包括「律師」與「依法令取得與訴願事件有關之代理人資格」者。

⑵認為不適當時得禁止者

①專業知識、業務或職務關係與親屬關係

至於，受理訴願機關認為不適當時得禁止者，包括「具有該訴願事件之專業知識者」、❼❹「因業務或職務關係為訴願人之代理人者」或「與訴願人有親屬關係者」。

②書面通知為必要

訴願代理人之有無，影響訴願程序及權益之進行及行使，當受理訴願機關認為不適當而禁止時，則應以書面通知訴願人或參加人（第 33 條第 2 項後段）。

---

❼❸ 本法第 33 條第 1 項之規定，有謂屬於「預立代理人」之制度。蔡志方，《行政救濟法新論》，2007，第 46 頁，註 106 之內容。

❼❹ 蔡志方，《行政救濟法新論》，2007，第 46 頁，註 106 質疑本款之設計，其立意主要是為使訴願專業化，誠值肯定；但縱使有同條第 2 項「防衛條款」之規範，本款是否會產生「訴願專業浮濫」，則有待斟酌。

㈡代理之方式與權限

1.要式行為的要求

⑴於最初訴願行為提出委任書

關於訴願代理之方式，訴願代理人應於最初為訴願行為時，向受理訴願機關提出委任書（第 34 條），故為要式行為。所謂「應於最初為訴願行為時」，係指第 1 次為訴願人或參加人行使訴願代理行為之事實發生時。❼⑤

⑵訴願委任之解除

關於訴願委任之解除，應由訴願人、參加人或訴願代理人以書面通知受理訴願機關（第 39 條），屬要式行為。

關於訴願委任之解除，係由訴願代理人提出者，因影響訴願人或參加人之權利或利益，故自為解除意思表示之日起 15 日內，仍應為維護訴願人或參加人權利或利益之必要行為，屬於訴願代理人解除訴願委任權之限制（第 40 條）。

2.代理權限

原則上，在訴願程序進行中，訴願代理人就其受委任之事件，得為一切訴願行為（第 35 條本文）。

⑴撤回訴願需有特別授權

撤回訴願，考量其對行政救濟影響及效力，非受特別委任不得為之。撤回訴願之特別委任，亦屬要式行為，應在委任書或其他書面上明確記載（第 35 條但書）。

⑵數代理人時均得單獨代理

本法針對訴願代理人有 2 人以上者，係規定均得單獨代理訴願人（第 36 條第 1 項），故採取訴願單獨代理原則。縱然，違反前述規定而為委任者，其訴願代理人仍得單獨代理（第 36 條第 2 項）。

⑶本人之即時撤銷或更正權

關於訴願代理人事實上之陳述，經到場之訴願人本人即時撤銷或更正

---

❼⑤　相同見解，蔡志方，《行政救濟法新論》，2007，第 46 頁，註 107。

者，不生效力。此為本人之即時撤銷或更正權，因此，訴願代理人之代理，不得違背訴願人本人之意思（第 37 條）。**㊏**

(4)訴願代理權持續原則

訴願代理權之效力，係不因訴願人本人死亡、破產或喪失訴願能力而消滅；此外，法定代理有變更、機關經裁撤、改組或公司、團體經解散、變更組織者，亦同（第 38 條），故採取訴願代理權持續之原則。**㊐**

五、訴願輔佐人

(一)訴願輔佐人之產生

訴願輔佐人之產生，本法第 41 條規定，依受理訴願機關權限之行使，有兩種方式：

1.經受理訴願機關之許可而輔佐

訴願人、參加人或訴願代理人經受理訴願機關之許可，得於期日偕同輔佐人到場（第 41 條第 1 項）。

2.受理訴願機關認有必要而命令輔佐

受理訴願機關認為必要時，亦得命訴願人、參加人或訴願代理人偕同輔佐人到場（第 41 條第 2 項）。

(二)訴願輔佐人之效力

訴願輔佐人之主要功能，係於期日偕同訴願人、參加人或訴願代理人到場，並協助訴願人、參加人或訴願代理人在訴願程序當場之陳述，故具有一定之法律效力。

1.即時更正權

針對輔佐人到場所為之陳述，訴願人、參加人或訴願代理人不即時撤

㊏ 蔡志方，《行政救濟法新論》，2007，第 46 頁，註 110，本法第 37 條之立法，顯現本法確立「訴願人本人行為優越原則」及「到場即時更正原則」。

㊐ 蔡志方，《行政救濟法新論》，2007，第 46 頁，註 111。

銷或更正者，視為其所自為（第 42 條）。

所謂「陳述」，似非以案件事實之說明為限，亦不以口頭說明為限，而係關於訴願審議所及之相關事項。

2. 認為不適當時得廢止許可或禁止

輔佐人陳述之界限，係受理訴願機關認為不適當時，得廢止其許可或禁止其續為輔佐（第 41 條第 3 項）。

第二章
訴願機關之受理

本章架構

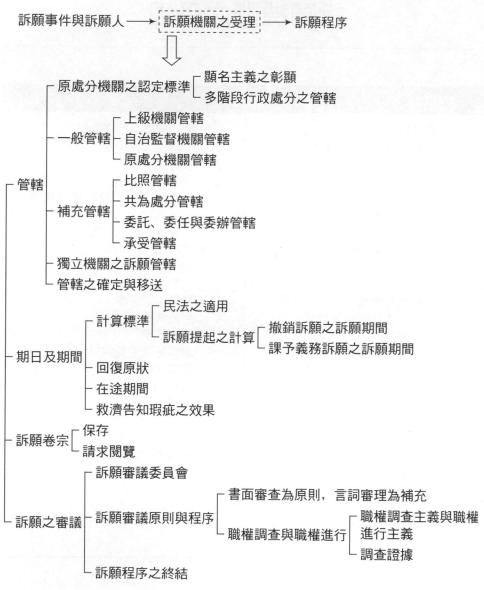

訴願事件與訴願人 ⟶ 訴願機關之受理 ⟶ 訴願程序

原處分機關之認定標準 ┬ 顯名主義之彰顯
                     └ 多階段行政處分之管轄

管轄 ┬ 一般管轄 ┬ 上級機關管轄
    │   ├ 自治監督機關管轄
    │   └ 原處分機關管轄
    │
    ├ 補充管轄 ┬ 比照管轄
    │   ├ 共為處分管轄
    │   ├ 委託、委任與委辦管轄
    │   └ 承受管轄
    │
    ├ 獨立機關之訴願管轄
    └ 管轄之確定與移送

期日及期間 ┬ 計算標準 ┬ 民法之適用
          │   └ 訴願提起之計算 ┬ 撤銷訴願之訴願期間
          │   └ 課予義務訴願之訴願期間
          ├ 回復原狀
          ├ 在途期間
          └ 救濟告知瑕疵之效果

訴願卷宗 ┬ 保存
        └ 請求閱覽

訴願之審議 ┬ 訴願審議委員會
          ├ 訴願審議原則與程序 ┬ 書面審查為原則，言詞審理為補充
          │   └ 職權調查與職權進行 ┬ 職權調查主義與職權進行主義
          │   └ 調查證據
          └ 訴願程序之終結

◆圖 2-1　本章架構

壹、訴願管轄

一、原處分機關之認定標準

㈠顯名主義之彰顯

　　原行政處分機關之認定，本法第 13 條本文規定，係以實施行政處分時之名義為準（最高行政法院 93 判 1501；101 裁 1120），乃「顯名主義」之立法例。在「顯名主義」運作下，以汽車燃料使用費為例，既由交通部公路總局名義為之徵收，自應以公路總局為行政處分機關，其上級機關為交通部。❶

　　但是，上級機關本於法定職權所為之行政處分，交由下級機關執行者，以該上級機關為原行政處分機關（第 13 條但書）。❷ 例如，在土地徵收之

---

❶ 最高行政法院 94 年 10 月份庭長法官聯席會議謂：「汽車燃料使用費之徵收，依公路法第 3 條及第 27 條規定中央主管機關為交通部，其依據公路法第 27 條、行政程序法第 15 條、汽車燃料使用費徵收及分配辦法規定，公告委任其所屬公路總局辦理汽車燃料使用費徵收之事項，交通部公路總局為辦理該徵收委任事項，乃以交通部公路總局名義為徵收機關，**製作汽車燃料使用費繳款書（通知），並蓋用徵收機關長官即交通部公路總局局長之印章**，依行政程序法第 96 條第 1 項第 4 款、訴願法第 13 條、第 8 條、第 4 條第 6 款之規定意旨觀之，**原行政處分機關之認定，應以實施行政處分時之名義為準，亦即應以受委任機關交通部公路總局為行政處分機關，其上級機關交通部為訴願管轄機關。」**

❷ 行政法院（46 判 26 判例）認為，「下級官署呈經上級官署指示辦法，遵照奉行之事件，在實施處分時，係以下級官署之名義行之者，應認為下級官署之處分，固有院解 719 可據。但此必下級官署於呈經核准後，以其自己名義表達國家之意思於人民者，始得認為下級官署之處分。若上級官署以其自己名義表達國家之意思於人民，一面僅通令下級官署遵照執行，而下級官署並未另以自己名義表達國家之意思於人民，即應仍認為上級官署之處分。如人民對之提起訴願，應查照該上級官署處分之訴願管轄等級，以定其訴願之管轄官署。」

案例，徵收處分係**行政院依土地法規定之職權加以核定**，交由臺北市政府執行，自應以行政院為原處分機關（最高行政法院 92 判 756）；而又例如，農地重劃土地面積有無計算錯誤應否重行測量、更正登記，係由縣政府決定，既係上級機關（彰化縣政府）本於法定職權所為之行政處分，交由下級機關（彰化溪湖地政事務所）執行，**應以該上級機關（彰化縣政府）為原處分機關**，雖該函受文單位為溪湖地政事務所，並未直接通知上訴人，仍不影響其為行政處分之性質（最高行政法院 92 判 359）。

㈡多階段行政處分之管轄

1.多階段行政處分之意義

值得探究者，係多階段行政處分於訴願管轄上之探討。所謂多階段行政處分，❸係行政處分之作成，事先經過其他機關或上級機關之同意、核准或表示意見者之謂。❹

2.多階段行政處分之作成

多階段行政處分，原則上應以「顯名主義」決定原處分機關，並作為判斷訴願管轄機關之基礎。若前階段行為僅以行政機關作為對象，而非以人民作為對象者，該前階段行為僅可視為「行政內部行為」，故此時應以最後做成行政處分之機關為原處分機關，並以之認定管轄機關。❺

---

❸　「多階段行政處分」之定義，學界尚有不同見解：

　　⑴指**「前階段行為非行政處分之一行政處分」，亦即「一處分多階段」**，廖義男，〈行政處分的概念〉，《行政法爭議問題研究（上）》，2000，第 401 頁；⑵指**「行政處分之作成，須由其他機關之參與，始得為之，至於其是否為一個或多個行政處分，則是另一問題」**，蔡志方，〈論多階段行政處分〉，《行政救濟與行政法學㈢》，1998，第 490 頁以下。

❹　相對於多階段行政處分之概念，為「共同行政處分」，係**經過數階段程序後，表明有數行政機關「共同」作成該行政處分**。故共同行政處分，**客觀上雖仍僅一行政處分存在，但有數機關列名**。蔡志方，〈論隱名共同行政處分〉，《行政救濟與行政法學㈢》，1998，第 485 頁以下提出「隱名共同行政處分」概念者，屬於共同行政處分之變體，而在顯名主義之要求上，僅列一行政機關之謂。

3.因欠稅而遭限制出境之訴願管轄

　　然而，前階段行為若對後階段處分機關產生拘束力，且直接向當事人為之，此時應以前階段行為之機關或後階段行為之機關，作為認定訴願管轄機關，產生爭議。實務較著名之見解，係民國 83 年 3 月 16 日行政法院庭長評事聯席會議，針對稅捐稽徵法第 24 條規定，**認為因欠稅而遭限制出境之案例，財政部所為之前階段行為，已可定性為行政處分**（最高行政法院 94 判 1932 參照）。❻類此狀況，自**應例外以作成前階段行為之機關，即財政部為處分機關，並以財政部作為訴願管轄機關之認定基礎。**

二、一般管轄

　　一般管轄，依機關之差異，得將本法第 4 條規定之內容分為 3 類：　❼

㈠上級機關管轄

　　在同一行政主體之各級行政機關，下級行政機關之行政處分，由其上級機關管轄，包括：

1.不服縣（市）政府所屬各級機關之行政處分者，向縣（市）政府提起訴

---

❺　本書所採定義，有謂屬「狹義多階段行政處分」；另有「廣義多階段行政處分」，亦即行政處分之作成，有多個機關參與。蔡震榮，〈由限令出國處分論訴願之停止執行〉，《法令月刊》第 58 卷第 5 期，第 8 頁，註 10。

❻　關於最高行政法院見解，學界多持肯定態度。李建良，〈行政處分〉，《行政程序法實用》，2001，第 192 頁；許宗力，〈行政處分〉，翁岳生編，《行政法》，2006，第 558 頁；吳庚，《行政法之理論與實用》，2005，第 346 頁至第 355 頁；蔡震榮，〈多階段行政處分與行政救濟〉，《行政法爭議問題研究（上）》，2000，第 511 頁；有學者提出不同於實務之見解，陳敏，《行政法總論》，2007，第 355 頁至第 356 頁；同氏著，〈限制出境之租稅保全措施〉，《法治與現代行政法學》，2004，第 547 頁以下。

❼　吳庚，《行政爭訟法論》，2009，第 376 頁稱本條為「基本管轄」；蔡志方，《新訴願法與訴願程序解說》，1999，第 84 頁至第 86 頁認為，本法之設計，係採取「單一管轄原則」之立法。

願（第 4 條第 2 款）；

2.不服直轄市政府所屬各級機關之行政處分者，向直轄市政府提起訴願（第
4 條第 4 款）；

3.不服中央各部、會、行、處、局、署所屬機關之行政處分者，向各部、
會、行、處、局、署提起訴願（第 4 條第 6 款）；❽

4.不服中央各部、會、行、處、局、署之行政處分者，向主管院提起（第
4 條第 7 款）。

㈡自治監督機關管轄

在不同行政主體之行政機關，下級行政主體行政機關之行政處分，由
自治監督機關管轄（地方制度法第 75 條參照），包括：

1.不服鄉（鎮、市）公所之行政處分者，向縣（市）政府提起訴願（第 4
條第 1 款）；

2.不服縣（市）政府之行政處分者，向中央主管部、會、行、處、局、署
提起訴願（第 4 條第 3 款）；

3.不服直轄市政府之行政處分者，向中央主管部、會、行、處、局、署提
起訴願（第 4 條第 5 款）。

㈢原處分機關管轄

若不服之機關為中央各院者，因其本身已係最高行政機關，而無上級
機關得作為管轄機關。不服中央各院之行政處分者，向原院提起訴願（第
4 條第 8 款）。

---

❽ 郭介恆，〈行政三法實施十週年之回顧與檢討——訴願法〉，《月旦法學雜誌》第
182 期，第 84 頁認為，本款之立法，原擬將不服中央各部會所屬各級機關行政
處分之訴願事件，歸由各部會管轄，惟於條文中僅列「所屬」機關之行政處分，
向中央各部會提起訴願，**解釋上各部會所管轄之訴願事件，僅各部或所屬機關，
而不及於「所屬各級」機關；再者，於實務上，各部會直屬各級機關多未設有訴
願審議委員會**，故本款尚有修正與釐清之必要。

三、補充管轄

本法第 4 條一般管轄以外之規定，稱為補充管轄。依其性質可再分為下列幾類：

㈠比照管轄

人民對於本法第 4 條規定（一般管轄）以外之中央或地方機關之行政處分提起訴願時，應按其管轄等級，比照該條之規定為之（第 5 條第 1 項）。❾

然而，關於訴願管轄，若法律另有規定依其業務監督定之者，則從其規定（第 5 條第 2 項）。針對本條文之內涵，學說觀點尚有歧異：

1. 專業監督說：**為避免訴願管轄機關與業務監督機關二者不一致，造成違反訴願制度作為權利救濟程序之本旨**，故制定本條項規定，藉以突破一般行政層級決定訴願管轄機關之原則。

2. 贅文說：認為本項規定係使特別法所規範特別救濟程序優先於本法適用，然而依據本法第 1 條第 1 項後段但書規定，已可妥適解決。❿

㈡共為處分管轄⓫

對於二以上不同隸屬或不同層級⓬之機關共為之行政處分，應向其共

---

❾ 蕭文生，〈訴願法修正評析〉，《國家・地方自治・行政秩序》，2009，第 324 頁認為，「總統府」所為之行政處分，並無法依本條規定比照「同一管轄等級」來決定訴願管轄機關，應有補充規定之必要。

❿ 張自強、郭介恆，《訴願法釋義與實務》，2002，第 31 頁；林三欽，〈「權限移轉」與訴願管轄——兼評 93 年 5 月最高行政法院庭長法官聯席會議決議等三則實務見解〉，《月旦法學雜誌》第 148 期，第 235 頁。

⓫ 吳庚，《行政爭訟法論》，2009，第 378 頁至第 379 頁以「共為處分」名詞為之介紹，故其內容較本法第 6 條內容為廣。

⓬ 本法第 6 條明文於共為處分管轄時必須「二以上不同隸屬或不同層級」之機關始有適用；至於「同級機關共同處分事件之被訴機關與管轄」是否有本法第 6 條之

同之上級機關提起訴願（第6條）。❸

㈢委託、委任與委辦管轄

1.委託管轄

⑴委託行政機關

無隸屬關係之機關辦理受託事件所為之行政處分，係視為委託機關之行政處分，而其訴願之管轄，則比照第4條之規定，向原委託機關或其直接上級機關提起訴願（第7條）。❹

例如，最高行政法院94年3月份庭長法官聯席會議認為，關於農民健康保險與老年農民福利津貼之發放，自應視其行政處分之法律性質與所行使權限之依據，而分別認定其處分機關。原住民敬老福利生活津貼，其由不相隸屬之機關將權限之一部分委託勞工保險局執行之情形，與老年農民福利津貼之核發相同，分別以中央主管機關內政部或行政院原住民族委員會為被告機關。❺

適用，就文義而言似無適用？蔡志方，《行政救濟法新論》，2007，第64頁持反對見解，認為亦應由共同上級機關管轄或指定管轄為之解決。

❸ 若發生「就同一處分依據個別機關之層級，分別提出二訴願而未向共同上級機關提起訴願」時，蔡志方，《行政救濟法新論》，2007，第64頁認為應透過立法方式，承認競合管轄之制度；若於管轄不明時，則可類推適用民訴第23條第1項第2款指定管轄制度；院與院之間的管轄爭議（尤其是消極爭議），則有憲法第44條總統協調權之適用。

❹ 例如，臺北市政府建設局所為本案撤銷公司變更登記之處分，視同經濟部之行政處分，故被告應為經濟部（最高行政法院91判266；92判504）；吳庚，《行政法之理論與實用》，2005，第633頁至第634頁；同氏著，《行政爭訟法論》，2009，第381頁，在委託之情形下，由於權限已經產生實質上變更，故受委託機關（即不相隸屬而執行之行政機關）依委託所為之行政處分者，似應以該執行機關（受委託機關）自己名義為之。

❺ 最高行政法院94年3月份庭長法官聯席會議（《司法院公報》第47卷第7期，第113頁以下）決議：「一、本法第7條規定：『無隸屬關係之機關辦理受託事件所為之行政處分，視為委託機關之行政處分，其訴願之管轄，比照第4條之規

(2)委託私人──公權力委託

依法受中央或地方機關委託行使公權力之團體或個人，以其團體或個人名義所為之行政處分，❶❻其訴願之管轄，係向原委託機關提起訴願（第10條）。❶❼

定，向原委託機關或其直接上級機關提起訴願』。又依行政程序法第15條第2項規定：『行政機關因業務上之需要，得依法規將其權限之一部分，委託不相隸屬之行政機關執行之』。按老年農民福利津貼之核發，目的為照顧老年農民生活，增進農民福祉，其業務性質為給付行政。關於其業務之執行，依老年農民福利津貼申領及核發辦法第5條規定，就津貼之核發及溢領催繳業務，由中央主管機關行政院農業委員會委託勞工保險局辦理。**是勞工保險局接受不相隸屬機關行政院農業委員會就該部分權限之委託而執行其業務，其所為之行政處分，依上開規定，應視為委託機關行政院農業委員會之行政處分，故應以行政院農業委員會為被告機關。**至農民健康保險，其法律上之關係人有保險人、被保險人、投保單位及特約醫療機構等，彼此間存在保險關係或合約關係，與老年農民福利津貼之發放，二者本質上截然不同。農民健康保險依農民健康保險條例第4條第1項規定，賦予勞工保險局保險人之法律地位，即概括授與其為保險人之權限，並非由內政部授權賦予保險人之法律地位。其以保險人之法律地位而為行政處分，實即原處分機關（參見本院93年5月份庭長法官聯席會議決議）。農民健康保險與老年農民福利津貼之發放，自應視其行政處分之法律性質與所行使權限之依據，而分別認定其處分機關。本院89年9月份第2次庭長法官聯席會議就老年農民福利津貼發放處分機關所為決議，應予補充。二、敬老福利生活津貼暫行條例第4條規定：『本津貼之核發及溢領催繳業務，由中央主管機關委託勞工保險局辦理』。原住民敬老福利生活津貼暫行條例第4條規定：『本津貼之核發及溢領催繳業務，由中央主管機關委託勞工保險局辦理』。**其由不相隸屬之機關將權限之一部分委託勞工保險局執行之情形，與老年農民福利津貼之核發相同，依上開說明，分別以中央主管機關內政部或行政院原住民族委員會為被告機關。**」關於本號決議之評析，參閱林三欽，〈「權限移轉」與訴願管轄──兼評93年5月最高行政法院庭長法官聯席會議決議等三則實務見解〉，《月旦法學雜誌》第148期，第237頁以下。

❶❻ 釋269：「**依法設立之團體，如經政府機關就特定事項依法授與公權力者，以行使該公權力為行政處分之特定事件為限，有行政訴訟之被告當事人能力⋯⋯。**」

❶❼ 蔡志方，《新訴願法與訴願程序解說》，1999，第113頁認為，本條文之立法，似

2. 委任管轄

有隸屬關係之下級機關依法辦理上級機關委任事件所為之行政處分，為受委任機關之行政處分，其訴願之管轄，比照第 4 條之規定，向受委任機關或其直接上級機關提起訴願（第 8 條）。

3. 委辦管轄

直轄市政府、縣（市）政府或其所屬機關及鄉（鎮、市）公所依法辦理上級政府或其所屬機關委辦事件所為之行政處分，為受委辦機關之行政處分，其訴願之管轄，比照第 4 條之規定，向受委辦機關之直接上級機關提起訴願（第 9 條）。

所謂「委辦事項」，依地方制度法第 2 條第 3 款規定，係指地方自治團體依法律、上級法規或規章規定，在上級政府指揮監督下，執行上級政府交付辦理之非屬該團體事務，而負其行政執行責任之事項；此外，「委辦」係指上級機關或其所屬機關「具體委辦」之事項，❸而非「依法直接」辦理之事項。❹

和國家賠償法第 4 條不相協調。

❸ 例如行政程序法第 148 條第 2 項後段：「……契約內容涉及委辦事項者，並應經委辦機關之認可，始生效力」，應屬以「行政契約」為委辦事務者。李建良，〈行政爭訟〉，《行政法入門》，2006，第 464 頁。

❹ 李建良，〈行政爭訟〉，《行政法入門》，2006，第 464 頁；吳庚，《行政爭訟法論》，2009，第 381 頁至第 382 頁；此外，關於委託、委任與委辦管轄在訴願法上之異同，王照棋、林清汶，《訴願理論與實務教戰守則》，2006，第 73 頁，如下表說明：

名 稱	內 容	訴願管轄機關
委 託	無隸屬關係之機關辦理受託事件	原委託機關或其直接上級機關
委 辦	地方自治團體依法律、上級法規或規章規定，在上級政府指揮監督下，執行上級政府交付辦理之非屬該團體事務	受委辦機關之直接上級機關
委 任	有隸屬關係之下級機關依法辦理上級機關委任事件	受委任機關或其直接上級機關

㈣承受管轄

原行政處分機關裁撤或改組，應以承受其業務之機關，視為原行政處分機關，比照前 7 條（第 4 條至第 10 條）之規定，向承受其業務之機關或其直接上級機關提起訴願（第 11 條）。❷

四、獨立機關所為行政處分之訴願可能

考量政府改造，我國自美國引進獨立機關制度。較著名之實例為將「國家通訊傳播委員會」（以下簡稱「通傳會」）建置為之獨立機關。而中央行政機關組織基準法第 3 條第 2 款規定：「獨立機關：指依據法律獨立行使職權，自主運作，除法律另有規定外，不受其他機關指揮監督之合議制機關。」行政院組織法第 9 條亦明文規定：「行政院設下列相當中央二級獨立機關：一、中央選舉委員會。二、公平交易委員會。三、國家通訊傳播委員會。」❷

㈠獨立機關之概念

我國獨立機關之建置，其與三權分立之基本原則究應如何互動，成為獨立機關引入我國所面臨的第 1 個問題。尤其是獨立機關委員之人事決定，是否由行政機關基於「行政一體」予以決定，抑或可透過立法機關之介入而分享決定權，釋 613 謂：「……立法院如經由立法設置獨立機關，將原行政院所掌理特定領域之行政事務從層級式行政體制獨立而出，劃歸獨立機

---

❷ 蔡志方，《新訴願法與訴願程序解說》，1999，第 114 頁；同氏著，《行政救濟法新論》，2007，第 66 頁認為，本條文似可理解為「訴願人地位之承繼」（本法第 87、88 條）及「訴願相對人之承繼」，較為妥適。再者，若受理訴願機關發生裁撤或改組者，似可類推適用本法第 11 條之精神處理之。

❷ 公平交易委員會所作成之行政處分，是否應由行政院為訴願管轄，亦存在相同問題。吳秀明，〈訴願：一個在公平交易法領域早應被淘汰的制度——兼評行政院訴願會院臺訴字第 0970084780 號決定書——〉，《台灣法學雜誌》第 111 期，第 187 頁以下認為，在公平交易法領域中應揚棄訴願制度。

關行使，使其得依據法律獨立行使職權，自主運作，對行政一體及責任政治即不免有所減損。**惟承認獨立機關之存在，其主要目的僅在法律規定範圍內，排除上級機關在層級式行政體制下所為對具體個案決定之指揮與監督，使獨立機關有更多不受政治干擾，依專業自主決定之空間**。於我國以行政院作為國家最高行政機關之憲法架構下，賦予獨立機關獨立性與自主性之同時，**仍應保留行政院院長對獨立機關重要人事一定之決定權限，**[22]**俾行政院院長得藉由對獨立機關重要人員行使獨立機關職權之付託，就包括獨立機關在內之所有所屬行政機關之整體施政表現負責，以落實行政一體及責任政治……。」**

㈡不服獨立機關之訴願管轄

實務另一個爭議在於，對於獨立機關所為行政處分，人民欲表示不服時，此時其救濟程序為何？關於此問題，涉及到「是否應經訴願程序」及「訴願管轄機關為何」兩個具有前後關聯之問題。

1.是否應經訴願程序

綜觀通傳會與行政院之主張，均認為人民若對通傳會所為行政處分表示不服者，參酌本法第1條第1項但書之規定，在法無明文排除訴願程序之考量，仍須對之提起訴願程序，踐行訴願前置主義之後，始有行政訴訟提起可能。

2.訴願管轄機關為何

若前述問題已取得肯定結論[23]後，「應以何機關作為訴願管轄機關」即成為必須解決的難題。[24]此問題可以最高行政法院97年12月份第3次庭

---

[22] 本號解釋似肯定行政權得以參與獨立機關的人事決定。不過，如此介入，是否造成NCC所欲追求「言論自由保障」的絆腳石，以及對於「降低政治干預」的建構初衷產生質變，亦令人質疑。陳愛娥，〈行政一體原則與行政分殊化的趨勢〉，《東吳公法論叢》第2卷，第22頁。

[23] 陳淑芳，〈獨立行政機關與訴願制度〉，《月旦法學教室》第82期，第105頁以下支持獨立機關應有訴願制度。

[24] 李晧，《論國家通訊傳播委員會之獨立與制衡——以權力分立原則為分析——》，

長法官聯席會議決議為分水嶺：

(1)決議作成前──尚無定論

1 由通傳會自組訴願審議委員會

在本決議尚未作成前，通傳會基於獨立機關之特性，認為其決策應不受行政院具體個案決定之指揮監督，故對於不服其行政處分之訴願案件，依據本法第 4 條第 7 款之規定，應由通傳會自組訴願審議委員會審理。❷⑤ 此見解亦有獲得實務之支持（臺北高等行政法院 95 簡 971；最高行政法院 97 裁 503）。❷⑥

2 仍應由行政院為訴願審議委員會

不同於通傳會之見解，行政院則認為，獨立機關僅對具體個案決定有獨立性，並不包括政策決定權，故關於政策性個案決定行政院應有權予以審查。人民對通傳會所為之行政處分若有不服，在法無明文排除訴願前置之情形下，❷⑦ 依本法第 4 條第 7 款規定，應向行政院訴願審議委員會提起

中正大學法律研究所碩士論文，2009，第 120 頁以下。

❷⑤ 陳新民，〈試論 NCC 組織法的違憲性問題〉，《台灣本土法學雜誌》第 83 期，第 9 頁；李惠宗，〈NCC 委員停職事件及其相關問題平議〉，《月旦法學雜誌》第 148 期，第 192 頁至第 193 頁則認為中央組織基準法為「隱藏性漏洞」，應限縮本法第 4 條第 7 項之適用範圍，而類推本法第 4 條第 8 款之規定，得自設訴願審議委員會。

❷⑥ 李建良，〈不服 NCC 行政處分之訴願管轄問題──大法官 1333 次會議不受理決議案〉，《台灣法學雜誌》第 120 期，第 176 頁認為，若以「結果論」以觀，通傳會所作成訴願決定，往往均維持原處分，是否可以發揮出救濟功能，亦多所質疑。

❷⑦ 例如，臺北高等行政法院（96 訴 2010）謂：「……所謂獨立機關依法獨立行使職權，自主運作，應係指針對具體個案於法律規定範圍內，不受政治干擾而本諸專業自主決定者而言。另中央行政機關組織基準法第 3 條第 2 款對於獨立機關之定義，係指依據法律獨立行使職權，自主運作，『除法律另有規定外』，不受其他機關指揮監督之合議制機關而言，準此，倘另有其他機關指揮監督之法律規定時，獨立機關並非完全不受其他機關依據法律規定而為之指揮與監督。故按本法第 4 條及第 5 條有關訴願管轄之規定，乃獨立機關所為未經聽證程序之行政處分受監

訴願。此見解亦有獲得實務之支持（臺北高等行政法院 96 訴 306）。

⑵ 97 年決議之作成──由行政院為訴願管轄機關

最高行政法院 97 年 12 月份第 3 次庭長法官聯席會議決議，肯定通傳會之訴願管轄，應依本法第 4 條第 7 款規定，**應向行政院訴願審議委員會提起訴願。** ㉘

本號決議謂：「……人民不服通傳會作成之行政處分提起訴願時，**因通傳會組織法及其他法規就其訴願管轄並無特別規定，而通傳會係行政院所屬之行政機關，其層級相當於部會等之二級機關，故應依訴願法第 4 條第 7 款規定，由行政院管轄之**……」。

五、管轄之確定與移送

㈠管轄之確定

若「數機關於管轄權有爭議」或「因管轄不明致不能辨明有管轄權之機關」者，由其共同之直接上級機關確定之（第 12 條第 1 項）。

㈡管轄之移送㉙

督（行政審查）之法律規定。是不服獨立機關所為未經聽證程序之行政處分而提起訴願時，除法律另有規定依其業務監督定之者從其規定外，仍應依上開本法規定，而非所謂之法理，定其訴願管轄機關……。」

㉘　胡博硯，〈論國家通訊傳播委員會作成之行政處分的訴願決定機關〉，《東海大學法學研究》第 31 期，第 93 頁以下認為，NCC 訴願管轄機關應如何決定，應從 NCC 所掌業務區分：⑴通訊業務：此部分並不具備憲法上不可撼動的地位（非涉及言論自由的保障），似可考慮將此部分移出 NCC 之管轄；⑵傳播業務：傳播業務涉及言論自由的保障，故在「與言論自由無關」之部分，行政院仍可為訴願管轄機關；至於「與言論自由有關」之部分，似可考量跳脫訴願程序存立之可能。

㉙　關於本條適用，尚有不同見解：⑴援引行政程序法第 115 條規定，認為本法第 12 條第 2 項所定「應依職權或依申請撤銷之，並命移送於有管轄權之機關」者，**應僅限於違反土地專屬管轄或欠缺事務管轄權限「已達重大明顯」之程度，造成**

　　針對無管轄權之機關就訴願所為決定，其上級機關應依職權或依申請撤銷之，並命移送於有管轄權之機關（第 12 條第 2 項）。❸

貳、期日及期間

一、計算標準

㈠民法之適用

　　本法關於期間之計算，除法律另有規定外，依民法之規定（第 17 條）。

㈡訴願提起之計算

1.請求撤銷行政處分——撤銷訴願之訴願期間

⑴相對人提起——達到或公告期滿之次日起算

　　由行政處分相對人提起訴願者，應自行政處分達到❸或公告期滿❸之

訴願決定無效之情形；反之，若雖違反土地管轄或事務管轄，但情節並非重大明顯者，且有管轄權之機關如就該事件仍應為相同之訴願決定時，則無須撤銷或移轉管轄。參閱吳庚，《行政爭訟法論》，2009，第 383 頁；⑵認為訴願程序在性質上固屬行政程序之一環，惟本法第 12 條第 2 項規定應屬於行政程序法之特別規定，依行政程序法第 3 條第 1 項之規定，自應優先適用；其次，本法第 12 條第 2 項規定，對於訴願人之保障較為周到，似無須以行政程序法規定限縮本法之適用；再者，訴願以原處分機關之「上級機關」為管轄機關，寓有「行政自我反省」及「上下監督」之意旨，故訴願提起若因違反管轄規定而非由上級機關審理或決定者，宜將訴願決定予以撤銷，並移送於有管轄權之機關，以合乎本法管轄規定之立法意旨。李建良，〈行政爭訟〉，《行政法入門》，2006，第 468 頁，註 41。

❸　例如，原處分為行政院海岸巡防署海洋巡防總局之處分，不服該處分應向其上級機關行政院海岸巡防署提起訴願，海洋巡防總局於收受訴願書後，應以管轄不合，移送有管轄權之機關即行政院海岸巡防署依法受理，其未為移送而自為訴願決定，於法即有未合（最高行政法院 91 裁 462）。

次日起 30 日內為之（第 14 條第 1 項）。❸❸ 故逾越 30 日之不變期間而提起訴願，自為法所不許（行政法院 62 判 583 判例；最高行政法院 96 裁 2195）。

若行政機關對不特定人所為之「一般處分」者，不適用送達程序，一經張貼布告，即應生效，如對於該處分有所不服，其訴願期間，應自布告之次日起算（院解 1824）。

惟若處分書未為合法之送達，則訴願期間無從起算，自不發生訴願逾期與否之問題（最高行政法院 100 裁 1587；99 裁 2461；91 判 13）。

⑵利害關係人提起

①自知悉時之次日起算 30 日內

由利害關係人提起訴願者，前述期間，係自知悉時起算（第 14 條第 2 項前段）。❸❹

②逾 3 年者不得提起訴願

利害關係人得提起訴願之期間，原則上雖是自其知悉時起算，但若自

---

❸❶ 劉建宏，〈訴願期間〉，《月旦法學教室》第 81 期，第 39 頁至第 40 頁認為，所謂「達到」是以為相對人所瞭解。承此而言，參酌行政程序法第 95 條第 1 項規定，應可區分：(1)以書面方式達到者，亦即書面行政處分「送達」時起算；(2)言詞行政處分者，應參酌民法第 94 條之規定，以「相對人瞭解」時起算；(3)以其他方法所為之行政處分，則以「相對人知悉內容」時起算。

❸❷ 例如，汽車燃料使用費以公告開徵方式辦理繳納，即有本條之適用。最高行政法院（93 判 743）謂：「……汽車燃料使用費依上開規定既採公告開徵方式辦理，非以繳納通知書送達為要件，汽車所有人當無不知應依規定繳納汽車燃料使用費之理，應認於主管機關公告各該年度汽車燃料使用費開徵之繳納期限屆滿翌日起 30 日內，因汽車所有人未依法提起訴願即告確定……。」

❸❸ 李震山，《行政法導論》，2009，第 556 頁，關於提起訴願之期間，依據本法第 1 條規定，若其他法律有不同於本法之規定者，依據「特別法優先於普通法」之原則，此時應優先適用其他的法律。

❸❹ 陳敏，《行政法總論》，2007，第 1287 頁，行政程序法第 110 條第 1 項之規定，雖然規定書面行政處分應送達予已知之利害關係人，但是否通知利害關係人，並不妨礙行政處分之成立，故本法即規定利害關係人之訴願期間，以資解決。

行政處分達到或公告期滿後，已逾 3 年者，不得提起（第 14 條第 2 項後段）。

⑶到達主義

訴願之提起，以原行政處分機關或受理訴願機關收受訴願書之日期為準（第 14 條第 3 項）。故採到達主義，而非發信主義；㉟而訴願期間係法定不變期間，不得任意伸長或縮短之（最高行政法院 94 裁 290）。

至於，訴願人誤向原行政處分機關或受理訴願機關以外之機關提起訴願者，以該機關收受之日，視為提起訴願之日（第 14 條第 4 項）。

2.請求作成行政處分──課予義務訴願之訴願期間

課予義務訴願之訴願期間，因行政機關作成駁回決定，抑或逾期不為決定者，則有不同之操作：㊱

⑴拒為處分訴願

行政機關對於人民之申請，直接予以駁回者，該駁回決定係為行政處分，可類推本法第 14 條第 1 項及第 2 項之規定。㊲

⑵怠為處分訴願

行政機關應作為而不作為者，此時客觀上並不生行政處分之存在，似難計算訴願期間。就此而言，本書認為，在本法未有另外明文規定之下，基於法律保留原則要求及人民權利保障考量，似應肯認人民並無訴願期間之限制，**惟應透過修法，以防止人民消極不行使權利之情形。**㊳

㉟　行政法院（56 判 83 判例）指出：「……提出之日期，自應以再訴願官署實際收受之日期為準……」本判例係於舊法時代所提出，且係針對再訴願表示意見，但其內容則是明確適用到達主義之精神，亦可適用於訴願程序；陳敏，《行政法總論》，2007，第 1288 頁認為，人民提出訴願，係向行政機關為公法之意思表示，有鑑於本法未有明文規定，加以訴願程序係屬於廣義的行政程序，此時**似可考慮準用行政程序法第 49 條有關於「發信主義」之規定**，較為妥適。

㊱　陳敏，〈課予義務訴訟之制度功能及適用可能性〉，《政大法學評論》第 61 期，第 159 頁以下。

㊲　陳敏，《行政法總論》，2007，第 1289 頁。

㊳　相似見解，蔡志方，《行政救濟法新論》，2007，第 68 頁至第 69 頁；對此爭議問

關於訴願提起時間之計算，繪圖【圖 2-2】如下：

```
        ┌ 撤銷 ┌ 相對人提起 ──→ 達到或公告期滿之次日起算
        │ 訴願 │              ┌ 知悉處分作成 ──→ 自知悉時之次日起算 30 日內
  ┌ 訴願期間 │ └ 利害關係人提起 ┤
  │      │              └ 不知處分作成 ──→ 不得超過 3 年
  │      └ 課予義 ┌ 拒為處分訴願 ──→ 同撤銷訴願 ──→ 類推第 14 條第 1 項及第 2 項
  │        務訴願 └ 怠為處分訴願 ──→ 法律保留及人民權利保障 ──→ 無期間之限制
  └ 採取到達主義
```

◆圖 2-2　訴願提起時間之計算

二、回復原狀

㈠遲誤期間之回復原狀

1.以書面敘明理由申請回復

訴願人因天災或其他不應歸責於己之事由，致遲誤第 14 條之訴願期間者，**㊴** 於其原因消滅後 10 日內，得以書面敘明理由向受理訴願機關申請回復原狀（第 15 條第 1 項本文）。

題，尚有其他見解，分述如下：⑴**透過「權利失效」法理操作：**有謂若得提起訴願之人，長時間未有行使其權利之動作，造成系爭主管機關已產生「不再提起訴願」之預期者，此時若提起訴願者，似有違誠信原則之虞。**基於權利失效之原則，此時似應認訴願人喪失訴願之權利為妥，並類推適用本法第 14 條第 2 項之規定，以訴願人提出申請後逾 3 年者，不得提起怠為處分訴願。**李建良，〈行政爭訟〉，《行政法入門》，2006，第 500 頁；吳庚，《行政法之理論與實用》，2005，第 663 頁；⑵**參酌行政訴訟法理操作：**有謂如**行政機關逾期未為訴願決定，則自期限屆滿之次日起 2 個月內為之提起訴訟。**陳敏，〈課予義務訴訟之制度功能及適用可能性──兼評新行政訴訟法及新訴願法之相關規定〉，《行政救濟、行政處罰、地方立法》，2000，第 9 頁。

㊴ 最高行政法院（94 判 545）指出：「……上訴人向教育部提出訴願，形式上已逾提起訴願之法定期間，原審未查明上訴人是否有不可歸責於己之事由，致遲誤訴願之法定期間，而遽為撤銷訴願決定，即難謂於法無違……。」

實務見解指出，所謂「其他不應歸責於己之事由」，係指行為人無故意或過失致遲誤法定不變期間者，始足當之（最高行政法院 95 裁 1450）；至於，其他不應歸責於己之事由，應由當事人負舉證責任，故最高行政法院（97 裁 3446）指出：「……經核**抗告人所稱生病腹痛不能行動投遞訴願書，核與本法第 15 條所定得申請回復原狀之事由不符**，且抗告人遲誤訴願期間亦未依法向訴願機關申請回復原狀，原裁定以其訴願逾期而駁回其訴，即無不合……。」

而須注意者，並非發生天災即有回復原狀之適用。蓋最高行政法院（95 裁 1450）謂：「……本件依原審認定之事實，抗告人係於 93 年 8 月 25 日下午 4 時始至自助郵局掛號函件收寄機交寄，當日既係因颱風天然災害，臺北市停止辦公、上課 1 日，當日下午 4 時以後，自無郵局人員對該自助郵局掛號函件收寄機內之郵件為收件，郵政機關未能於當日送達訴願機關，原屬通常情形，即令翌日 93 年 8 月 26 日始予作業，而未能當日送達訴願機關，**抗告人亦應注意採取必要之防範措施，是該遲誤亦為抗告人過失所致，不能認為是不可歸責於抗告人**……。」

2.補行應為之訴願行為

申請回復原狀，應同時補行期間內應為之訴願行為（第 15 條第 2 項）。

㈡回復原狀之限制

遲誤訴願期間已逾 1 年者，不得為之（第 15 條第 1 項但書）。

三、在途期間

㈠訴願人不在籍之在途期間扣除

訴願人不在受理訴願機關所在地住居者，計算法定期間，應扣除其在途期間（第 16 條第 1 項本文）。❹ 例如，訴願文書之送達，因有在途期間

---

❹　扣除在途期間辦法，依訴願法第 16 條第 2 項之規定，係由行政院定之，即「訴願扣除在途期間辦法」；蔡志方，〈論訴委任不在籍代理人之訴願與行政訴訟之在

扣除之規定，故法定期間之計算，係採到達主義，而非採發信主義，必須以文書到達時間計算法定期間（最高行政法院 101 裁 928；94 裁 859）。但是，得扣除在途期間者，惟有訴願人不在受理訴願機關所在地居住之情形，苟訴願人在受理訴願機關所在地住居，縱其所為訴願係經由原行政處分機關向訴願管轄機關提出，於計算訴願期間時，亦無從依前開規定扣除在途期間（101 裁 1105）。

㈡訴願代理人在籍時無在途期間之扣除

又依照本法第 16 條第 1 項但書,有訴願代理人住居受理訴願機關所在地，得為期間內應為之訴願行為者，就無在途期間扣除之適用。故若委任住居於臺北市之訴願代理人，該代理人得為期間內應為之訴願行為即得依法提起訴願，不因訴願人現在所在或委任行為地是否在國內而受影響（最高行政法院 93 裁 1227）。

四、救濟告知瑕疵之效果

依據行政程序法第 96 條第 1 項第 6 款之規定,行政處分必須記載救濟之方法。就此而言，本法雖有規定提起訴願之期間，但未對於行政機關「未告知」或「告知錯誤」有所著墨。

本書認為,此時似可適用行政程序法第 98 條及第 99 條規定為之處理。

途期間〉,《行政救濟與行政法學㈤》，2004，第 427 頁以下；同氏著,《行政救濟法新論》，2007，第 71 頁以下認為，透過我國憲法第 16 條訴願權及第 22 條所揭示一般自由權之結合，本法第 16 條理論上應該承認「訴願人（或參加人）在籍而訴願代理人不在籍」之態樣，進而認為本法第 16 條規定有調整之必要。再者，代理人若有數人，僅部分代理人不在受理訴願機關所在地居住者，其餘訴訟代理人不適用扣除在途期間之規定。

參、訴願卷宗

一、保　存

關於訴願事件之文書，受理訴願機關應保存者，應由承辦人員編為卷宗（第 48 條）。例如，訴願書、送達證書正本等（最高行政法院 100 判 2056；100 裁 1785）。

二、請求閱覽

㈠請求權之主體

閱覽訴願卷宗之請求權主體，可分為兩類： 1.訴願人、參加人或訴願代理人（第 49 條）；❹ 2.第三人（第 50 條）。

 1.訴願人、參加人或訴願代理人： 其得向受理訴願機關請求閱覽、抄錄、影印或攝影卷內文書，或預納費用請求付與繕本、影本或節本。而其收費之標準，由主管院定之。

 2.第三人： 經訴願人同意或釋明有法律上之利害關係，經受理訴願機關許可者，亦得為前述請求。

㈡拒絕閱覽之請求

受理訴願機關應拒絕閱覽請求之文書，依本法第 51 條之規定，❷包括以下 4 種事由： 1.訴願決定擬辦之文稿； 2.訴願決定之準備或審議文件；

---

❹　並參，最高行政法院 92 裁 1123（考試院於訴願程序內准許聲請人閱覽訴願卷宗）。

❷　蕭文生，〈訴願法修正評析〉，《國家・地方自治・行政秩序》，2009，第 324 頁認為，相較於行政程序法之規定，本法規定較為簡陋，應參酌行政程序法第 46 條規定修法。

3.為第三人正當權益有保密之必要者； 4.其他依法律或基於公益有保密之必要者。

肆、訴願之審議

一、訴願審議委員會

本法第二章「訴願審議委員會」（第 52 條至第 55 條），係主管院規定訴願審議委員會組織規程及審議規則之授權基礎。且依本法第 52 條第 3 項授權，行政院及各地方自治機關訂有「訴願審議委員會組織規程」及「訴願審議委員會審議規則」。訴願審議委員會之「組織規程」，係組織法；而「審議規則」，則為訴願審議委員會之作用法或行為法。

㈠組成人員

訴願係主張權利或利益遭受行政處分損害之人民，向原處分機關之上級機關請求救濟之方法。各機關辦理訴願事件，固應設訴願審議委員會，惟受理訴願機關仍為「上級機關」，並非「上級機關訴願審議委員會」（最高行政法院 94 裁 973）。本法即規定，各機關辦理訴願事件，應設訴願審議委員會，❸其組成人員以具有法制專長者為原則（第 52 條第 1 項）。❹

訴願審議委員會之委員，係由本機關高級職員及遴聘社會公正人士、

---

❸ 蕭文生，〈訴願法修正評析〉，《國家・地方自治・行政秩序》，2009，第 325 頁認為，從第 52 條第 1 項之文義以觀，訴願審議委員會乃機關內部之組織，未考量訴願審議委員會之公正性，有必要強化其機關內之地位。

❹ 「具有法制專長者為原則」應如何理解：⑴認為若訴願審議委員會成員不具法律專長者，此時作成訴願決定尚屬合法，亦即**認為「具有法制專長者為原則」規定應屬訓示規定**。吳庚，《行政爭訟法論》，2009，第 400 頁；⑵認為**不適法組織所為訴願決定應推定為「違法」**。湯德宗，〈論訴願的正當程序〉，《行政程序法論》，2005，第 411 頁；蔡茂寅，〈訴願審議委員會之組織與程序合法性〉，《台灣本土法學》第 2 期，第 104 頁。

學者、專家擔任之；其中，社會公正人士、學者、專家人數不得少於 2 分之 1❹❺（第 52 條第 2 項）。

事實上，各機關辦理之訴願事件，均有其特殊性，所謂「法制專長」或「學者專家」等，應與各機關職掌事項相符合。

㈡決　議

關於訴願之審議，除訴願審議委員會主任委員得指定委員聽取訴願人、參加人或利害關係人到場之陳述以外，原則上，係採取全體委員集中審議之合議制。而本法亦規定，訴願決定，應經訴願審議委員會會議之決議，其決議以委員過半數之出席，出席委員過半數之同意行之（第 53 條）。❹❻

惟訴願事件之類型複雜且繁多，委員們是否得完全掌握且善盡行政審查與監督之功能，似值斟酌。

㈢紀　錄

訴願審議委員會審議訴願事件，應指定人員製作審議紀錄附卷。委員於審議中所持與決議不同之意見，經其請求者，應列入紀錄（第 54 條第 1 項）。因訴願決定之不同意見，係**作為多數決原則之核心要素，其目的主要係保護少數意見，並促成多元意見之自由競爭**。目前，國內各級訴願審議委員會紀錄不同意見並送達訴願人者，仍有待繼續努力之空間。❹❼

---

❹❺　蔡志方，〈訴願審議時外聘委員應否過半之研究〉，《行政救濟與行政法學㈤》，2004，第 255 頁至第 265 頁認為，由本條文設計可知，訴願審議委員會之設計，係設「外聘委員會」，主要考量係在於避免行政機關本位主義之產生。至於，所謂「不得少於 2 分之 1」之設計，係對外聘委員之最低比例規定，並不生上限之限制。

❹❻　吳庚，《行政爭訟法論》，2009，第 399 頁以下認為，就本條文立法，應認為**機關首長無論對本機關職員之兼任委員者，或自外界遴聘之委員者，均不得影響其獨立判斷，亦即「準司法化」之判斷**。至於，外聘委員未達法定比例時其作成之訴願決定，係構成撤銷訴願決定之原因。

❹❼　相關實例，黃俊杰，《納稅者權利保護》，2008；並參，最高行政法院 94 判 119

訴願審議經言詞辯論，應另行製作筆錄，編為前項紀錄之附件，並準用民事訴訟法第 212 條至第 219 條關於「言詞辯論筆錄」之規定（第 54 條第 2 項）。㊽

㈣迴　避

為確保訴願審議委員會之公正性與獨立性，訴願審議委員會主任委員或委員㊾對於訴願事件有利害關係者，應自行迴避，㊿不得參與審議（第 55 條）。所謂有利害關係，係指就系爭事件有法律上或事實上之利害關係者而言（最高行政法院 95 判 507）。

然則綜觀本法之設計，本法第 55 條係屬「自行迴避」之事項，相較於民訴規定而言，本法並無規定「申請迴避」及「命令迴避」之制度（行政程序法第 33 條參照）。有鑑於訴願程序亦屬行政程序之一環，故行政程序法有關於迴避之規定，於本法未有規定之情形下，似可準用之。(51)

（保訓會 92 公審決字第 0140 號復審決定書所附該會委員之不同意見書）；湯德宗，〈論訴願的正當程序〉，《行政程序法論》，2005，第 412 頁認為，訴願審議之性質，係屬「正式行政裁決」，故應有行政程序法第 47 條關於「禁止片面接觸」之適用。

㊽ 吳庚，《行政爭訟法論》，2009，第 400 頁，註 2 認為，本條文要求將言詞辯論筆錄作為審議紀錄之附件，並非妥適；再者，本法對言詞辯論、調查證據、到場陳述、鑑定及勘驗等無不設有專條，而對此過程之筆錄隻字未提，僅於本法第 54 條「附帶一筆」，顯屬疏漏。

㊾ 吳庚，《行政爭訟法論》，2009，第 401 頁認為，承辦事件之職員是否應迴避，本法未設規定，應準用行政程序法相關規定，以資補救。

㊿ 在此會產生的問題，係「依法令應迴避但未迴避，進而參與訴願決定者」，此時訴願決定應如何救濟的問題，若該訴願決定已經確定者，此時可依據本法第 97 條第 1 項第 4 款規定，作為訴願再審事由而提起再審；若訴願決定尚未確定者，當事人自得基於同一事由，以該訴願決定為違法，向高等行政法院提起撤銷訴訟或課予義務訴訟。陳敏，《行政法總論》，2004，第 1291 頁。

(51) 相同見解，湯德宗，〈論訴願的正當程序〉，《行政程序法論》，2005，第 408 頁；蔡茂寅，〈訴願審議委員會之組織與程序合法性〉，《台灣本土法學》第 2 期，第

二、訴願審議原則與程序

㈠書面審查與言詞審理

1.以書面審查為原則

　　訴願之審議，係以書面審查為原則，訴願係就書面審查決定之（第 63 條第 1 項）。就此而言，受理訴願機關原則上應針對原行政處分機關依本法第 58 條第 3 項所送案之訴願書、關係文書及答辯書等為審查及作成決定。

2.以言詞審理為補充

⑴陳述意見❷

1 陳述意見程序之開啟

❶依職權認為有必要

　　本法雖以書面審查為原則，然則，為探究事實之真相及爭議之所在，受理訴願機關基於職權認為必要時，❸得通知訴願人、參加人或利害關係人，到達指定處所陳述意見（第 63 條第 2 項）。

❷具備正當理由而申請

　　惟若訴願人或參加人請求陳述意見而有正當理由者，則應予到達指定處所陳述意見之機會（第 63 條第 3 項）。❹

---

　　103 頁至第 104 頁；李建良，〈行政爭訟〉，《行政法入門》，2006，第 470 頁；陳敏，《行政法總論》，2007，第 1309 頁；郭介恆，〈行政三法實施十週年之回顧與檢討——訴願法〉，《月旦法學雜誌》第 182 期，第 87 頁。

❷　陳述意見權之機能，一方面可以**加強訴願人及參加人的主體地位**，另外則在於**促進訴願審議機關行使職權的慎重性及周延性**。蔡志方，《新訴願法與訴願程序解說》，1999，第 274 頁。

❸　陳清秀，《行政訴訟法》，2009，第 95 頁至第 96 頁認為，為考量行政效能，減輕訴願審理負擔，應可類推適用行政訴訟法第 107 條第 1 項、第 3 項規定及第 188 條第 3 項規定，於類似行政訴訟之裁判不經言詞辯論之情形，可毋庸行言詞辯論。

❹　參閱陳敏，《行政法總論》，2007，第 1322 頁，利害關係人請求陳述意見，而受

　　不過，若訴願決定機關依既有事證予以審究，認訴願之案情已臻明確，於說明維持原處分之理由後，認無當面陳述意見之必要，與本法第 63 條規定並未違背（最高行政法院 98 判 556）。換言之，受理訴願機關對於訴願人之請求，是否有正當理由，有斟酌之權（最高行政法院 97 判 947）。

②聽取陳述意見

❶主任委員得指定委員聽取

　　訴願審議委員會之主任委員，亦得指定委員，聽取訴願人、參加人或利害關係人到場之陳述（第 64 條）。❺❺

❷程序指揮權

　　至於，是否指定委員聽取陳述，係主任委員之程序指揮權，應依訴願事件性質個別決定之。不過，當指定委員聽取陳述後，該受指定之委員，應負有出席報告與參與審議之職責。

　　實務上，陳述意見係作為書面審查之補充，但並非變更為言詞審理或辯論主義。但是，陳述意見確實有助於真實之發現，且得增加訴願審議委員會對於案例之瞭解，同時達到依法行政與確保人權之功能。

⑵言詞辯論

①依申請或必要時為言詞辯論

　　受理訴願機關，應依訴願人、參加人之申請❺❻或於必要時，得依職權

　　理訴願機關認為有正當理由者，亦得基於職權通知到達指定處所陳述意見；倘若訴願人或參加人之申請係屬無正當理由者，依據行政院及各級行政機關訴願審議委員會審議規則第 10 條第 1 項之規定，受理訴願機關得通知拒絕，或於決定理由中指明。再者，若訴願人或參加人之申請屬無正當理由，而獲受理訴願機關拒絕者，該拒絕乃受理訴願機關於訴願程序中所為之**程序上處置**，此時訴願人或參加人若有不服，應依本法第 76 條規定，併同訴願決定提起行政訴訟，不可獨立爭訟；蕭文生，〈訴願法修正評析〉，《國家‧地方自治‧行政秩序》，2009，第 328 頁認為，本項未將「利害關係人」納入，殊難理解。

❺❺　行政院及各級行政機關訴願審議委員會審議規則第 10 條第 2 項規定，訴願審議委員會主任委員所指定之委員，應偕同承辦人員聽取意見之陳述，並作成紀錄附訴願卷宗。

通知訴願人、參加人或其代表人、訴願代理人、輔佐人及原行政處分機關派員於指定期日到達指定處所言詞辯論（第 65 條）。❺❼

　　因此，是否舉行言詞辯論，訴願人與參加人雖有申請權，但僅係作為書面審查之補充，而受理訴願機關若未舉行言詞辯論，似應敘明拒絕之具體事由，蓋影響其訴願程序之參與權。❺❽

2 言詞辯論之程序

　　關於言詞辯論之程序（第 66 條第 1 項），規定如下：■1受理訴願機關陳述事件要旨；■2訴願人、參加人或訴願代理人就事件為事實上及法律上之陳述；■3原行政處分機關就事件為事實上及法律上之陳述；■4訴願或原行政處分機關對他方之陳述或答辯，為再答辯；■5受理訴願機關對訴願人及原行政處分機關提出詢問。❺❾

---

❺❻　值得探討者，係經「訴願人、參加人之申請」，行政機關是否負有行言詞辯論之
　　義務，則有解釋空間：(1)就文義解釋而論，條文規定「受理訴願機關『應』依訴
　　願人、參加人之申請……」，似可認本法第 65 條之規定，應屬「強制規定」，於
　　訴願人、參加人之申請時，行政機關即負有行言詞辯論之義務。蔡志方，《行政
　　救濟法新論》，2007，第 105 頁；(2)就體系解釋而論，依訴願法第 63 條及第 65
　　條之規定綜合觀察之，於「陳述意見」之情形，尚且需有「正當理由」時，始可
　　允許，則依「舉重以明輕」之法理，「言詞辯論」自非一經申請即須為之。李建
　　良，〈行政爭訟〉，《行政法入門》，2006，第 510 頁；吳庚，《行政爭訟法論》，
　　2009，第 407 頁至第 408 頁；郭介恆，〈行政三法實施十週年之回顧與檢討——
　　訴願法〉，《月旦法學雜誌》第 182 期，第 92 頁。
❺❼　陳慈陽，〈訴願法修正後相關問題之探討〉，《行政命令、行政處罰及行政爭訟之
　　比較研究》，2001，第 394 頁認為，本法規定言詞辯論，與行政程序法相關規定
　　相互輝映，形成在廣義行政程序法中對人民程序權的多層次保障。
❺❽　陳敏，《行政法總論》，2007，第 1323 頁至第 1324 頁；蔡志方，《行政救濟法新
　　論》，2007，第 93 頁至第 94 頁；湯德宗，〈論訴願的正當程序〉，《行政程序法
　　論》，2005，第 433 頁。
❺❾　陳敏，《行政法總論》，2007，第 1324 頁，本法第 66 條第 1 項規定，雖然未提及
　　調查證據，但在各種言詞辯論程序中，調查證據係為重要之事項，自無疑義。就
　　此而言，受理訴願機關於言詞辯論中，似應肯認受理訴願機關仍可實施調查證
　　據，較屬妥適。

至於，前述辯論尚未完備者，受理訴願機關仍得再為辯論（第 66 條第 2 項），惟並無次數之限制。❻⓿

㈡職權調查與職權進行

1.職權調查主義與職權進行主義

訴願程序，除為給予人民權利保護之外，亦在確保行政處分之合法性及妥適性，故訴願程序進行，採取職權調查主義進行之。❻❶就此而言，受理訴願機關應依職權或囑託有關機關或人員，實施調查、檢驗或勘驗，不受訴願人主張之拘束（第 67 條第 1 項），即為彰顯職權調查主義之依據。❻❷再者，受理訴願機關應依訴願人或參加人之申請調查證據；但是，就其申請調查之證據認為不必要者，不在此限（第 67 條第 2 項）。

綜觀此兩項規定，似有所背離之虞。就此而言，基於體系解釋，應認本法係採職權調查主義之建構，而對第 67 條第 2 項理解為訓示規定，❻❸並非排除訴願人或參加人之申請可能。最後，受理訴願機關調查證據之結果，非經賦予訴願人及參加人表示意見之機會，不得採為對之不利之訴願決定之基礎（第 67 條第 3 項）。❻❹

為配合職權調查主義，訴願程序採取職權進行主義，各種訴願程序事項之實施及進行，係由受理訴願機關決定及推動。諸如本法第 28 條之參加訴願、第 65 條之言詞辯論等條文，均由受理訴願機關依職權指定之。❻❺

---

❻⓿ 行政院及各級行政機關訴願審議委員會審議規則第 15 條之規定，若訴願人或參加人未受合法通知，或因不可抗力之事由，致未於指定日期到場參加言詞辯論者，除與其利害關係相同之人已到場為辯論者外，於受理訴願機關決定前，得敘明理由，申請再為言詞辯論。

❻❶ 關於訴願制度上職權調查主義之介紹，參閱蔡志方，《新訴願法與訴願程序解說》，1999，第 214 頁。

❻❷ 陳清秀，《行政訴訟法》，2009，第 93 頁。

❻❸ 陳敏，《行政法總論》，2007，第 1325 頁。

❻❹ 陳清秀，《行政訴訟法》，1999，第 8 頁；同氏著，〈論法律上聽審請求權〉，《行政訴訟之理論與實務》，1994，第 321 頁以下稱為「聽審請求權」。

2.調查證據

本法第 67 條第 1 項及第 2 項規定，關於調查證據方面，受理訴願機關係以職權調查證據，亦可由訴願人或參加人之申請。就此而言，受理訴願機關得據以獲得心證之證據方法，㊋有下列數種：

⑴人證與物證

關於證據之調查，係採職權調查證據，已如前述所明。所謂「證據」，包括人證與物證。本法雖未規定詢問、作證或具結等規定，但若有自願作證之第三人，似不應拒絕之。㊌

針對證據書類或證物，訴願人或參加人得主動提出。但是，受理訴願機關限定於一定期間內提出者，則應於該期間內提出（第 68 條）。

至於，原行政處分機關，則應將據以處分之證據資料，提出於受理訴願機關。而訴願人、參加人或訴願代理人得請求，對於此等證據資料之閱覽、抄錄或影印。就此證據資料之閱覽、抄錄或影印，非有正當理由，不得拒絕；而受理訴願機關應指定日、時、處所為之（第 75 條）。

⑵鑑　定

①由受理訴願機關指定

訴願之鑑定人，係由受理訴願機關指定之（第 69 條第 3 項），指定具有專門知識經驗者（最高行政法院 94 判 329）。㊍由於鑑定行為本身並不直接對外發生法律上效果，蓋其法律效果之發生，係因司法裁判或另為之

㊊　陳敏，《行政法總論》，2007，第 1321 頁，本法雖採職權進行主義，但亦許訴願人對訴願標的為處分。例如本法第 60 條之規定，在決定書送達前，訴願人仍可撤回訴願。故於本法中，仍有保留「處分原則」之成分。

㊋　本法並未對舉證責任有所明文，就此而言，洪文玲，〈訴願審理程序——以舉證責任為中心〉，訴願業務學術研討會成果報告／東海大學法律系，1998，第 123 頁以下認為，有關爭訟雙方之「舉證責任」及其分配之原則，仍有其適用。

㊌　陳敏，《行政法總論》，2007，第 1325 頁。

㊍　行政院及各級行政機關訴願審議委員會審議規則第 20 條規定，「受理訴願機關囑託鑑定時，應載明下列事項：⑴送請鑑定事項；⑵完成期限；⑶本法第 70 條及第 71 條規定之內容；⑷鑑定所需費用及支付方式。」

行政處分，故不服鑑定結果者，應對於該司法案件或另為之行政處分為救濟，請求重行鑑定（最高行政法院 91 裁 728）。❻❾

2 人民申請自費交付鑑定

原則上，受理訴願機關得依職權或依訴願人、參加人之申請，囑託有關機關、學校、團體或有專門知識經驗者為鑑定（第 69 條第 1 項）。鑑定所需費用由受理訴願機關負擔，並得依鑑定人之請求預行酌給之（第 72 條第 1 項）。

但是，受理訴願機關認無鑑定之必要，而訴願人或參加人願自行負擔鑑定費用時，得向受理訴願機關請求准予交付鑑定。受理訴願機關非有正當理由不得拒絕（第 69 條第 2 項）。若其交付鑑定所得結果，據為有利於訴願人或參加人之決定或裁判時，訴願人或參加人得於訴願或行政訴訟確定後 30 日內，請求受理訴願機關償還必要之鑑定費用（第 72 條第 2 項）。故拒絕請求交付鑑定時，應敘明具體事由。❼⓿

3 鑑定人可利用相關資料

鑑定所需之資料，係在原行政處分機關或受理訴願機關者，受理訴願機關應告知鑑定人准其利用。但是，其利用之範圍及方法得限制之（第 71 條第 1 項）。鑑定人因行鑑定，得請求受理訴願機關調查證據（第 71 條第 2 項）。❼❶

---

❻❾ 例如，地政事務所所為之複丈測量性質上為鑑定行為，其於完成鑑定後發給複丈成果圖，無非鑑定人員表示土地界址所在之專業上意見，供為參據而已，必經採為裁判或行政處分之依據，始生依鑑定內容變動之法律上效果，是鑑定後所為之複丈成果圖本身並未對外直接發生法律效果，僅係事實之說明，並非行政處分（最高行政法院 94 裁 735）。

❼⓿ 依據行政院及各級行政機關訴願審議委員會審議規則第 21 條規定，可以拒絕自費鑑定之情形有 4 種：⑴請求鑑定事項非屬專門性或技術性者；⑵相同事項於另案已交付鑑定，訴願人或參加人未提出新事實或新理由者；⑶原行政處分機關已交付鑑定，訴願人或參加人未提出新事實或新理由者；⑷申請鑑定事項與訴願標的無關或其他類此情形者。

❼❶ 鑑定雖足為證據方法之一種，但若鑑定結果所為判定在法律上尚有疑問而有待商

4 以出具鑑定書為原則，輔以陳述意見

鑑定人應具鑑定書陳述意見，必要時，受理訴願機關得請鑑定人到達指定處所說明（第 70 條）。而鑑定人有數人者，得共同陳述意見（第 69 條第 4 項本文）。❼❷但是，若有意見不同之情形者，受理訴願機關應使其分別陳述意見（第 69 條第 4 項但書，並參最高行政法院 93 判 1359）。

(3)**文　書**

關於訴願審議所需之文書，受理訴願機關，得依職權或依訴願人、參加人之申請，命文書或其他物件之持有人提出該物件，並得留置之（第 73 條第 1 項）。

至於，公務員或機關掌管之文書或其他物件，受理訴願機關得調取之（第 73 條第 2 項）。該公務員或機關，除有妨害國家機密者外，不得拒絕（第 73 條第 3 項）。

(4)**勘　驗**

受理訴願機關得依職權或依訴願人、參加人之申請，就必要之物件或處所實施勘驗（第 74 條第 1 項）。但是，實施勘驗時，受理訴願機關應將日、時、處所通知訴願人、參加人及有關人員到場（第 74 條第 2 項）。

三、訴願程序之終結

訴願之終結，係㈠受理訴願機關作成訴願決定，且訴願人未有不服者；㈡訴願人自行撤回訴願（第 60 條）；㈢訴願人死亡或解散。類此 3 種態樣均構成訴願之終結。

較具有爭議者，係訴願程序中是否可透過和解❼❸之方式，達成終結訴

權者，應綜合鑑定書內容及卷宗內其他資料證據為之判斷。王煦棋、林清汶，《訴願理論與實務教戰守則》，2006，第 97 頁。

❼❷ 本法第 69 條規定，有謂係「共同鑑定」。蔡志方，《新訴願法與訴願程序解說》，1999，第 219 頁。

❼❸ 陳敏，《行政法總論》，2007，第 1333 頁，所謂「訴願和解」，係在訴願程序內，以直接終結訴願程序為目的，經相互退讓所解決爭執之協議。訴願協議一經作成，仍須由訴願人透過撤回訴願之動作，終結訴願程序。故訴願和解者，並非直

願者，尚有不同見解：

㈠肯定說──贊成訴願上和解

　　肯定訴願上和解者，其理由如下：**74** 1.和解契約乃為典型公法契約，尚無疑義。和解契約之成立，必須符合一定要件始屬合法，訴願和解不悖於依法行政原則； 2.行政訴訟制度較訴願制度更具法律監督之功能，則行政訴訟制度允許訴訟和解者，作為其先行程序之訴願程序，自無不許和解之理； 3.行政處分違法不當時，尚可作成情況判決；和解亦為相互讓步之方法達成合議以終結事件，與情況判決所附諭知之協議同其性質，自為法之所許； 4.實務上常有成立和解而撤回訴願之情事，顯然訴願和解有實益性。

㈡否定說──反對訴願上和解

　　否定訴願上和解者，其理由如下：**75** 1.情況判決之諭知協議，係僅對因受行政處分所致損害之賠償協議，並未涉及訴願標的，更不生有退讓之情事。就此而言，情況判決之諭知協議，本質與和解有所不同； 2.本法並無明文之規定； 3.縱使依行政程序法之規定締結和解契約，以直接終結訴願程序，縱非不合法，實際上亦難以運作。

　　接終結訴願程序之訴願和解。類此協議仍須依行政程序法對於行政契約之規定，為之判斷要件及效力。

74 吳庚，《行政爭訟法論》，2009，第443頁至第445頁；蔡志方，《行政救濟法新論》，2007，第111頁；陳清秀，《行政訴訟法》，1999，第15頁。

75 陳敏，《行政法總論》，2007，第1333頁至第1334頁。

第三章
訴願程序

本章架構

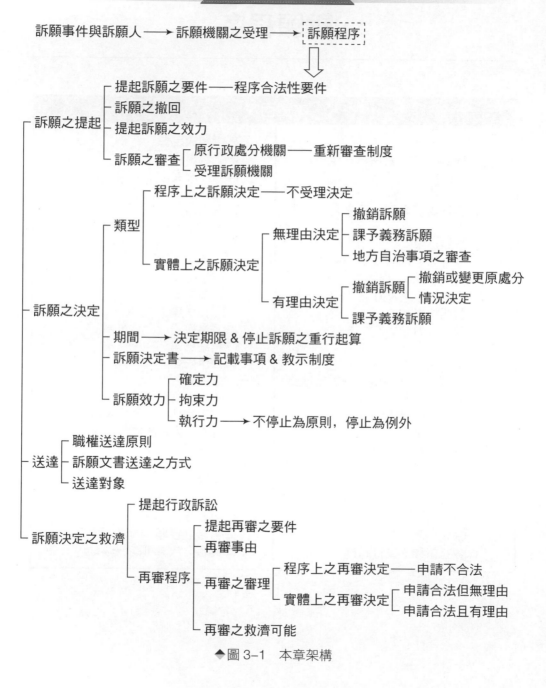

訴願事件與訴願人 ⟶ 訴願機關之受理 ⟶ 訴願程序

提起訴願之要件 —— 程序合法性要件
訴願之提起 ─ 訴願之撤回
提起訴願之效力
訴願之審查 ─ 原行政處分機關 —— 重新審查制度
　　　　　　受理訴願機關

類型 ─ 程序上之訴願決定 —— 不受理決定
　　　實體上之訴願決定 ─ 無理由決定 ─ 撤銷訴願
　　　　　　　　　　　　　　　　　　　課予義務訴願
　　　　　　　　　　　　　　　　　　　地方自治事項之審查
　　　　　　　　　　　　有理由決定 ─ 撤銷訴願 ─ 撤銷或變更原處分
　　　　　　　　　　　　　　　　　　　　　　　　情況決定
訴願之決定　　　　　　　　　　　　　　課予義務訴願
期間 ⟶ 決定期限 & 停止訴願之重行起算
訴願決定書 ⟶ 記載事項 & 教示制度
訴願效力 ─ 確定力
　　　　　　拘束力
　　　　　　執行力 ⟶ 不停止為原則，停止為例外

送達 ─ 職權送達原則
　　　訴願文書送達之方式
　　　送達對象

訴願決定之救濟 ─ 提起行政訴訟
　　　　　　　　　再審程序 ─ 提起再審之要件
　　　　　　　　　　　　　　　再審事由
　　　　　　　　　　　　　　　再審之審理 ─ 程序上之再審決定 —— 申請不合法
　　　　　　　　　　　　　　　　　　　　　實體上之再審決定 ─ 申請合法但無理由
　　　　　　　　　　　　　　　　　　　　　　　　　　　　　　申請合法且有理由
　　　　　　　　　　　　　　　再審之救濟可能

◆圖 3-1　本章架構

壹、訴願之提起

一、提起訴願之要件──程序合法性要件

㈠訴願書之要求

1.要式行為

訴願之提起，係要式之公法行為，故本法第 56 條規定，為應具備一定內容之書狀。

至於在書寫時之文字適用，依本法規定所為之訴願、答辯及應備具之書件，應以中文書寫；其科學名詞之譯名以國立編譯館規定者為原則，並應附註外文原名（第 98 條第 1 項）。

前述書件原係外文者，並應檢附原外文資料（第 98 條第 2 項）。例如，依專利法第 25 條明定申請發明專利時所應備具之書件若為外文者，在訴願提起時，即應一併檢附（最高行政法院 100 判 945）。

2.訴願書之內容

⑴訴願人或代理人簽章

訴願應具訴願書，由訴願人或代理人簽名或蓋章（第 56 條第 1 項）。

⑵應載明之事項

訴願書應載明之事項，包括：1訴願人之姓名、出生年月日、住、居所、身分證明文件字號。如係法人或其他設有管理人或代表人之團體，其名稱、事務所或營業所及管理人或代表人之姓名、出生年月日、住、居所；2有訴願代理人者，其姓名、出生年月日、住、居所、身分證明文件字號；3原行政處分機關；4訴願請求事項；❶5訴願之事實及理由；6收受或知悉行政處分之年、月、日；7受理訴願之機關；8證據。其為文書者，

---

❶ 蔡志方，《新訴願法與訴願程序解說》，1999，第 149 頁，訴願請求事項，係訴願人**要受理訴願機關如何處理訴願程序的方式與範圍的請求**，即「訴之聲明」。

應添具繕本或影本；$\boxed{9}$年、月、日等事項（第56條第1項）。❷

惟訴願請求事項之真意，有時仍待分析訴願書事實及理由等記載後得知。例如，最高行政法院（101判373）：「本件被上訴人等（原審原告）提起訴願時，訴願請求事項雖記載為：『撤銷臺北縣政府工務局（原審被告）98年12月17日以北工建字第0981047924號，以原收文號86A3374號核准明暘開發資產管理股份有限公司（原審參加人）領取建造執照之處分』。惟於訴願書理由已指明原處分機關未經被上訴人等同意，以原收文號86A3374號核准上訴人明暘管理公司建造執照，而有違背法令，並損害及被上訴人等之權益等語。被上訴人等所請求撤銷真意應係上訴人工務局以原收文號86A3374號核准上訴人明暘管理公司建造執照之處分。」❸

3.訴願書之補送

⑴以非書面方式作不服之表示

縱然在「視為訴願」之類型，例如，訴願人在第14條第1項所定期間向訴願管轄機關或原行政處分機關作不服原行政處分之表示者，❹視為已

---

❷ 蔡志方，《行政救濟法新論》，2007，第101頁指出，若訴願人於訴願書中**未提出有關文書或證明資料者，僅可能造成訴願相對機關無從答辯，進而使受理訴願機關得以審酌之範圍相對縮減，並不會使該訴願人所提起之訴願不合法，亦無礙其訴願之效力。**

❸ 最高行政法院（100判147）指出，綜觀上訴人前開訴願書及訴願補充理由書「訴願請求事項」與事實、理由記載，顯見上訴人係就被上訴人前開97年7月14日中區國稅法二字第0970036073號「因遺產稅及罰鍰事件」作成之復查決定其中關於系爭「遺產總額——培發公司之股權價值」部分不服，提起訴願，至其訴願書及訴願補充理由書「案由欄」記載對被上訴人97年7月14日中區國稅法二字第0970036073號「因遺產稅及罰鍰事件」復查決定聲明不服，乃係抄錄被上訴人上開復查決定記載之案由（該復查決定案由欄記載：「申請人因遺產稅及罰鍰事件，不服本局原核定，申請復查」等語）甚明；訴願決定就前開罰鍰部分併予審查後駁回訴願，顯屬贅列，原判決認系爭罰鍰部分未經訴願程序，併以判決駁回，亦無不合。

❹ 「不服原行政處分之表示」應如何理解，尚有不同見解：⑴廣義見解：綜觀我國實務操作，所謂「不服之表示」，例如以言詞聲明不服（院解3610）、呈請保留

在法定期間內提起訴願，但仍應於 30 日內補送訴願書（第 57 條）。❺

　　至於，提起訴願之期間，則應扣除在途期間❻後計算（最高行政法院 101 裁 1105；94 裁 363）。

(2)誤向訴願管轄機關或原處分機關以外之機關作不服之表示

　　當事人誤向訴願管轄機關或原處分機關以外之機關作不服之表示時，本法第 61 條對此設有因應措施，分析如下：

①視為自始向訴願管轄機關提起訴願

　　訴願人誤向訴願管轄機關或原行政處分機關以外之機關作不服原行政處分之表示者，視為自始向訴願管轄機關提起訴願（第 61 條第 1 項）。

　　蓋人民對於訴願制度，未能熟稔，往往誤向訴願管轄機關或原行政處分機關以外之機關作不服之表示，而因我國行政機關繁多，系統又不明晰，其錯誤亦有不能責諸人民者。惟最高行政法院（101 裁 932）指出，該條文所指訴願管轄機關或原行政處分機關以外之機關當不包括審理行政訴訟之高等行政法院及審理民事訴訟之地方法院。

②收受機關負有移送義務

　　前述收受之機關，應於 10 日❼內將該事件移送於原行政處分機關（最高行政法院 101 裁 791；100 裁 1786），並通知訴願人。而訴願人若尚未依

　　訴願權（行政法院 30 判 12 判例）、提出陳情書表示不服（行政法院 43 判 3 判例）……等；(2)狹義見解：認為本法第 61 條「不服原行政處分之表示」，應**限縮於「係以訴願書之方式作成」**，始可配合本法第 57 條之文義。蔡志方，《新訴願法與訴願程序解說》，1999，第 136 頁。

❺　蔡志方，〈論訴願及行政訴訟上之程序失權〉，《行政救濟與行政法學㈤》，2004，第 487 頁認為，若未於 30 日內補正法定要求行為者，似可產生訴願權之失權效果。

❻　至於扣除在途期間之辦法，依本法第 16 條第 2 項規定，授權由行政院規定之，故行政院頒布「訴願扣除在途期間辦法」。

❼　蔡志方，《新訴願法與訴願程序解說》，1999，第 209 頁認為，本條文 10 日之規定，並非收受訴願機關審議該訴願案件之期間，而是收受訴願機關發現沒有訴願管轄權之後，應將其收受之訴願案件移轉給有管轄權機關之最長準備期間。

法填具訴願書，仍應補送（第 61 條第 2 項）。❽

至於，向司法院所為之釋憲聲請，釋 553 指出，可視為不服原行政處分之意思表示，不生訴願期間逾越之問題（院 422），其期間應自本解釋公布之日起算。

4. 訴願書之附件

(1)撤銷訴願及拒為處分訴願需附原處分影本

於本法第 1 條之態樣，因行政機關已作成行政處分並送達處分相對人，故原行政處分書影本，係訴願應附之文件（第 56 條第 2 項）。

(2)怠為處分訴願附申請書影本及收受證明

至於，依本法第 2 條第 1 項規定提起怠為處分訴願者，因前述訴願書應載明「原行政處分機關（第 56 條第 1 項第 3 款）與收受與知悉行政處分之年、月、日（第 56 條第 1 項第 6 款）」之事項，則載明「應為行政處分之機關」、❾「提出申請之年、月、日」，並附原申請書之影本及受理申請機關收受證明（第 56 條第 3 項）。

5. 訴願書之補正

關於訴願書之補正，受理訴願機關認為訴願書不合法定程式，而其情形可補正者，應通知訴願人於 20 日內補正（第 62 條）。❿

例如，未提出訴願書之附件或未具事實及理由之訴願書者，得令補正，逾期不補正者，訴願機關得予不受理之決定（最高行政法院 98 裁 991；94

---

❽ 本條文經常由訴願人主張適用，並參，最高行政法院 94 裁 902；94 判 176 等；訴願人補送訴願書是否有期間之限制，蔡志方，《新訴願法與訴願程序解說》，1999，第 159 頁認為，若訴願人不服原行政處分之表示，係於本法第 14 條第 1 項或第 2 項所規定時間內提起者，此時即應類推本法第 57 條規定，於 30 日內向原處分機關補送訴願書。

❾ 李建良，〈行政爭訟〉，《行政法入門》，2006，第 500 頁指出，由於怠為處分訴願提起時，並無「原處分機關」之存在，故欲提起怠為處分訴願時，**怠為處分訴願之管轄機關，似應認定為「依法應就申請案件作成處分之機關」**。

❿ 蔡志方，《新訴願法與訴願程序解說》，1999，第 196 頁指出，**此 20 天屬「法定不變期間」，不可以縮短，也不可以增加**。

裁 664）。

㈡各種訴願類型之程序合法性要件

1.撤銷訴願之程序合法性要件

關於撤銷訴願之程序合法性要件，繪圖【圖 3-2】表示如下：

撤銷訴願
1 訴願主體須有當事人能力；
2 需有行政處分之存在；
3 訴願人主張行政處分係屬違法或不當；❶
4 訴願人須有訴願權能；
5 訴願人之權益須有保護之必要——訴願利益；❷
6 須合乎訴願法定程式；
7 須遵守法定訴願期間；
8 須向有管轄權之訴願機關提起；
9 須無其他特別之規定。❸

◆圖 3-2　撤銷訴願之程序合法性要件

---

❶ 李建良，〈行政爭訟〉，《行政法入門》，2006，第 478 頁指出，**系爭行政處分是否有違法或不當之情事，僅當事人主觀上認定即可，並不以客觀上確有違法或不當之情事為必要。**

❷ 綜觀實務見解，可區分數種態樣：⑴**行政處分已不存在**（最高行政法院 58 判 397 判例）；⑵**行政處分已執行**（75 判 176）；⑶**行政處分效力期間已屆滿**（75 判 79）；⑷**行政處分內容實現已無實益**（75 判 1831）；⑸**對無效行政處分提起訴願**。相關分析，李建良，〈行政爭訟〉，《行政法入門》，2006，第 485 頁至第 486 頁。

❸ 訴願法第 1 條第 1 項但書規定：「但法律另有規定者，從其規定。」換言之，若法律另有特別規定者，則應依該法律辦理，可區分數種態樣：⑴**訴願之先行程序，**係指法律規定於提起訴願之前，尚須經過特定之先行程序而言。例如稅捐稽徵法第 35 條第 1 項之「復查」規定；⑵**訴願之相當程序，**係指法律另有救濟程序之規定，而其程序之性質與訴願相當者，故當事人若有不服，應依該特定法律之規定提起救濟，而無須透過訴願程序為之。例如公務人員保障法第 25 條及第 44 條「復審」之規定、釋 295 關於會計師懲戒「覆審」規定；⑶**訴願之併行程序，**係指法律設有相當於訴願之救濟程序，但當事人可自行選擇救濟之程序。例如教師法第 29 條及第 33 條採行「申訴、再申訴」及「訴願」併行之制度；⑷**訴願暨行**

2.課予義務訴願之程序合法性要件

(1)拒為處分訴願之程序合法性要件

關於拒為處分訴願之程序合法性要件，繪圖【圖3-3】表示如下：

拒為處分訴願
- ①訴願主體須有當事人能力；
- ②訴願主體請求行政機關為行政處分或特定內容之行政處分；
- ③訴願人主張行政機關之駁回處分係屬違法或不當；
- ④訴願人須有訴願權能；❹
- ⑤訴願人之權益須有保護之必要——訴願利益；❺
- ⑥須合乎訴願法定程式——要示行為之要求；
- ⑦須遵守法定訴願期間；❻
- ⑧須向有管轄權之訴願機關提起；
- ⑨須無其他特別之規定。

◆圖3-3　拒為處分訴願之程序合法性要件

政訴訟之取代程序，指法律規定將行政處分之救濟劃歸於普通法院，故當事人若對行政處分不服者，必須向普通法院尋求救濟。例如社會秩序維護法第55條第2項「聲明異議」之制度。相關分析，李建良，〈行政爭訟〉，《行政法入門》，2006，第492頁至第494頁；同氏著，〈行政訴訟法實務十年掠影（二〇〇〇年～二〇一〇年）〉，《月旦法學雜誌》第182期，第22頁；吳庚，《行政爭訟法論》，2009，第374頁至第375頁；不同於上述分類方式，蔡志方，《行政救濟法新論》，2007，第23頁至第25頁分成「訴願作為行政訴訟之強制的先行程序」、「訴願作為行政訴訟之選擇的先行程序」及「訴願作為與行政訴訟併行或獨立的程序」等3種。

❹ 關於拒為處分訴願，若係由處分當事人提起者，該當事人必須係「向管轄機關提出申請遭駁回」始屬合法；至於，因駁回處分導致第三人之權利或利益受有損害者，該第三人亦可提起訴願。

❺ 李建良，〈論課予義務訴願——以新訴願法為中心〉，《月旦法學雜誌》第47期，第20頁以下指出，若**訴願主體並未向任何行政機關提起申請，或向非主管機關申請而遭駁回**，此時訴願人提起拒為處分訴願者，均應認**無權利保護必要而以裁定駁回**之。

❻ 於拒為處分訴願，不論是由處分當事人提起，抑或因駁回處分導致受有損害之第三人，均有訴願法第14條第2項關於訴願期間規定之適用。

⑵怠為處分訴願之程序合法性要件

關於怠為處分訴願之程序合法性要件，繪圖【圖 3-4】表示如下：

怠為處分訴願
- ①訴願主體須有當事人能力；
- ②訴願主體請求行政機關為行政處分或特定內容之行政處分；
- ③行政機關應作成行政處分而未作成；
- ④訴願人須有訴願權能；
- ⑤訴願人之權益須有保護之必要──訴願利益；
- ⑥須合乎訴願法定程式；
- ⑦須遵守法定訴願期間；
- ⑧須向有管轄權之訴願機關提起；❼
- ⑨須無其他特別之規定。

◆圖 3-4　怠為處分訴願之程序合法性要件

二、訴願之撤回

㈠處分權主義

訴願提起後，即發生訴願繫屬之效力，本應依法定程序進行訴願之審議，惟於訴願決定書送達前，訴願人❽得決定是否撤回❾之（第 60 條前

---

❼ 陳敏，《行政法總論》，2007，第 1313 頁指出，行政機關若認為訴願人請求係屬有理由者，亦即原未為行政處分之不作為係屬違法或不當者，於法理上似可類推本法第 58 條第 2 項規定，得自行作成訴願人所請求之行政處分；若行政機關認原未為之行政處分非屬違法或不當者，似可類推本法第 58 條第 3 項之規定；然而，根本之道似仍係透過修法方式處理，始屬妥適。

❽ 本條文明文規定訴願人可撤回訴願，至於參加人可否撤回「申請參加」？蔡志方，《新訴願法與訴願程序解說》，1999，第 165 頁採肯定見解，應類推適用撤回訴願之相關規定。

❾ 訴願撤回是否必須以書面為之？就文義解釋而論，似乎無此限制；然亦有見解認為，考量程序慎重，以書面撤回訴願較為妥適，蔡志方，《新訴願法與訴願程序解說》，1999，第 162 頁至第 163 頁。

段），❷蓋訴願權係歸屬訴願人享有，係處分權主義（最高行政法院 101 判
447）之表徵。❷

㈡限　制

訴願經撤回後，不得復提起同一之訴願（第 60 條後段）。❷若訴願人
撤回訴願後再提起者，其訴願係屬不合法，❷受理訴願機關應依本法第 77
條第 7 款規定，為不受理決定。

三、提起訴願之效力

㈠繫屬效力

訴願程序本質上雖屬廣義之行政程序，但仍採取「不告不理」原則。
故訴願人若欲向行政機關提起訴願者，除非管轄有所錯誤之外，均應予以
審理，即所謂「繫屬效力」。

---

❷　蔡志方，《新訴願法與訴願程序解說》，1999，第 162 頁指出，係「**訴願繫屬之
　　後，訴願決定書送達以前**」。

❷　行政院及各級行政機關訴願審議委員會審議規則第 9 條規定：「訴願事件經依本
　　法第 60 條規定撤回者，訴願審議委員會無須審決，應即終結，並通知訴願人及
　　參加人。」

❷　撤回訴願之表示，可否再撤回，亦即訴願人可否撤回「撤回訴願」之表示？蔡志
　　方，《新訴願法與訴願程序解說》，1999，第 163 頁認為，撤回訴願之表示乃「形
　　成表示」，一旦達到訴願繫屬機關，也就是受理訴願機關，就發生撤回訴願效力，
　　故撤回訴願表示不可再撤回；至於，訴願人撤回訴願後，對於參加訴願是否發生
　　影響？蔡志方，〈論撤回訴願對訴願參加之影響〉，《律師雜誌》第 256 期，第 1
　　頁至第 7 頁；蕭文生，〈訴願法修正評析〉，《國家‧地方自治‧行政秩序》，
　　2009，第 327 頁。

❷　蔡志方，〈論訴委任不在籍代理人之訴願與行政訴訟之在途期間〉，《行政救濟與
　　行政法學㈤》，2004，第 487 頁至第 488 頁指出，基於誠實信用原則、禁止濫用
　　訴願權之法理，亦使訴願人喪失就該案重新提起訴願之權利，屬於訴願上程序失
　　權之態樣。

訴願之提起，無論合法與否，均生繫屬效力。❷❹

㈡延宕效力

訴願之提起，係訴願人針對行政機關所為之行政處分，表示不服所提起。該行政處分所有之形式存續力，則會因訴願程序之開啟，而產生阻止形式存續力發生之效力，即所謂「延宕（停止）效力」。❷❺

延宕效力之發生，僅使系爭行政處分不產生「阻斷當事人提起行政爭訟」之效力，並非使行政處分之「執行力」產生停止效力。本法第 93 條第 1 項之立法，即明確彰顯出我國「執行不停止」之原則規定。

㈢移審效力

依據本法第 58 條規定，訴願人應先向原處分機關提起訴願。當原處分機關依據本法第 58 條第 3 項，認「不依訴願人之請求撤銷或變更原行政處分者」，即須附具答辯書，送於訴願管轄機關（最高行政法院 101 判 507），亦即發生「移審效力」。❷❻換言之，訴願移審效力，係以原處分機關拒絕救濟為停止條件。❷❼

需注意者，縱使發生移審效力，並不代表原處分機關之救濟管轄業已喪失，毋寧應理解成「原處分機關與訴願管轄機關競合」之救濟。就此而言，縱使訴願程序進行中，原處分機關亦可於訴願程序之外，依據行政程序法之規定，以職權廢棄原行政處分。❷❽

---

❷❹　蔡志方，《行政救濟法新論》，2007，第 91 頁。

❷❺　蔡志方，《行政救濟法新論》，2007，第 92 頁。

❷❻　關於德國異議程序之移審效力，黃啟禎，〈德國訴願制度申論──兼評我國訴願法之修正〉，訴願業務學術研討會成果報告／東海大學法律系，1998，第 174 頁以下。

❷❼　陳敏，《行政法總論》，2007，第 1299 頁。

❷❽　陳敏，《行政法總論》，2007，第 1299 頁。

四、訴願之審查

㈠原行政處分機關——重新審查制度㉙

原則上，訴願人應繕具訴願書，經由原行政處分機關，向訴願管轄機關提起訴願（第 58 條第 1 項）。㉚

因此，原行政處分機關，對於訴願之提起，本法第 58 條規定，應先行重新審查原處分是否合法妥當，㉛其認訴願為有理由者，得自行撤銷或變更原行政處分，㉜並陳報訴願管轄機關（第 58 條第 2 項）。

㉙ 本法第 58 條關於訴願重新審查之性質，學理見解：⑴認為**屬訴願程序之一環，訴願人請求所為之決定，即為一種訴願決定（訴願程序說）**。原處分機關之重新審查，係在訴願案件係屬後，於訴願程序中為保護訴願人利益而為之。陳敏，《行政法總論》，2007，第 1313 頁；⑵認為**屬「介於原行政處分程序」與「正式訴願程序」間的「行政程序」（行政程序說）**。蔡志方，《行政救濟法新論》，2007，第 88 頁至第 90 頁；此外，蔡志方，〈論訴願程序中訴願相對機關之自我審查與答辯範圍〉，《行政救濟與行政法學㈤》，2004，第 323 頁至第 338 頁認為，**訴願自我審查之範圍，並不受當事人之拘束，並可趁此程序對程序瑕疵為補正及轉換，包括進行原處分理由之替換與追加**。

㉚ 訴願法第 58 條第 1 項之目的，主要係使**原處分機關有自我審查並更正處分之機會**。翁岳生，〈新訴願法之研究〉，《行政法與現代法治國家》，1990，第 375 頁以下；亦有認為，訴願所要達成任務亦包含「行政統一性」之要求。蔡茂寅，〈新訴願法之特色與若干商榷〉，《律師雜誌》第 236 期，第 121 頁以下。

㉛ 蕭文生，〈訴願法修正評析〉，《國家·地方自治·行政秩序》，2009，第 326 頁認為，若原處分機關自行為撤銷或變更行政處分者，應適用行政程序法中撤銷或變更行政處分之規定。

㉜ 原處分機關此決定，學理上稱為「救濟決定」。**原處分機關依訴願人請求所為之救濟決定，本質上即為終結訴願程序之決定**。故原行政處分機關重新審查時，為求程序之便捷，並避免回復實質上二級訴願之情形者，似無須由原處分機關之訴願審議委員會為救濟決定，較為適宜。陳敏，《行政法總論》，2007，第 1314 頁；然有認為仍須分案原處分機關之訴願審議委員會列入議程討論之。吳庚，《行政爭訟法論》，2009，第 404 頁，註 2；再者，在作成此救濟決定之際，應遵守行

　　但是，原行政處分機關，不依訴願人之請求撤銷或變更原行政處分者，應儘速附具答辯書，並將必要之關係文件，送於訴願管轄機關（第 58 條第 3 項）。❸❸而當原行政處分機關檢卷答辯時，亦應將答辯書抄送訴願人（第 58 條第 4 項）。

　　以市地重劃差額地價事件為例，人民向行政機關請求暫緩繳交差額地價，經行政機關函復與平均地權條例與市地重劃實施辦法規定不符，所請歉難同意。實務見解指出，本件人民陳情書就系爭函處分表示不服，視為已在法定期間內提起訴願，而行政機關依前開規定，就該項不服予以重新審查原處分是否合法妥當，並認為原處分於法並無不合，所為函復內容，僅屬觀念通知性質，非屬行政處分（最高行政法院 101 判 497）。

㈡受理訴願機關

1.應踐行「重新審查制度」而送交原處分機關

　　訴願人若向受理訴願機關提起訴願者，受理訴願機關應將訴願書影本或副本送交原行政處分機關（第 59 條）。❸❹

　　政程序法第 10 條關於裁量權之行使限制，王志中，《行政程序法在訴願程序之適用》，中正大學法律研究所碩士論文，2006，第 41 頁以下。

❸❸ 最高行政法院（94 裁 154）指出，此為原行政處分機關依法應踐行之職責；蔡志方，〈論訴願程序中訴願相對機關之自我審查與答辯範圍〉，《行政救濟與行政法學㈤》，2004，第 337 頁認為，本法第 58 條第 3 項規定，似可認為訴願相對機關必須將其擬維持原行政處分正當理由為「防禦性答辯」，而無必要也不宜為「攻擊性答辯」。

❸❹ 蔡志方，《新訴願法與訴願程序解說》，1999，第 156 頁至第 157 頁比較本條與第 61 條第 2 項之規定，認為第 61 條第 2 項設有 10 天之規定，但是本條文未有規定，似有「無法保障訴願程序的迅速進行及處理」之虞；此外，**訴願人若未向原處分機關提起訴願，而逕向受理訴願機關提起者，可能會造成原行政機關不知有提起訴願之情事，似有違「行政自我審查」之要求**。故行政院及各級行政機關訴願審議委員會審議規則第 6 條第 2 項即規定：「訴願人向受理訴願機關提起訴願者，對於合於法定程式之訴願事件，受理訴願機關應即函請原行政處分機關於 20 日內依本法第 58 條第 2 項至第 4 項規定辦理；其逾限未陳報或答辯者，應予

此時，原行政處分機關之處置方式，係對於訴願之提起，仍應先行重新審查原處分是否合法妥當。若原行政處分機關認訴願為有理由者，得自行撤銷或變更原行政處分，並陳報訴願管轄機關；若原行政處分機關不依訴願人之請求撤銷或變更原行政處分者，則應儘速附具答辯書，並將必要之關係文件，送於訴願管轄機關。此外，當原行政處分機關檢卷答辯時，仍應將答辯書抄送訴願人。

原行政處分機關如為中央各院者，依據本法第 4 條第 8 款規定，即以各院為訴願審理機關。於此種態樣下，原行政處分機關與訴願管轄機關合而為一，自無須依據本法第 58 條及第 59 條規定辦理。**㉟**

2.訴願管轄機關的審查範圍

訴願管轄機關之審查範圍，**㊱包括「程序審查」和「實質審查」**。前者即訴願要件之審查，在程序上審查訴願之提起是否合於法定要件；後者則是就行政處分之作成或不作成是否違法或不當，以及訴願人之權利或利益是否因而受有損害為審查。**㊲**

貳、訴願之決定

基於訴願經濟原則，**㊳**針對分別提起之數宗訴願，若係基於同一或同種類之事實上或法律上之原因者，**㊴**受理訴願機關係得合併審議，並得合

㊲ 函催；其答辯欠詳者，得發還補充答辯。」

㉟ 陳敏，《行政法總論》，2007，第 1312 頁至第 1313 頁。

㊱ 王志中，《行政程序法在訴願程序之適用》，2006，第 140 頁以下指出，訴願管轄機關可否適用行政程序法第 116 條關於違法行政處分轉換之規定，似可透過兩個層次思考：**基於訴願管轄機關可對原行政處分為完全性審查者，似可認同有行政程序法第 116 條之適用；若訴願管轄機關已為訴願決定者，此時似難謂有適用行政程序法第 116 條之適用。**

㊲ 陳敏，《行政法總論》，2007，第 1317 頁至第 1319 頁。

㊳ 相同見解，蔡志方，《新訴願法與訴願程序解說》，1999，第 207 頁。

㊴ 蔡震榮，〈由限令出國處分論訴願之停止執行〉，《法令月刊》第 58 卷第 5 期，第

併決定（第 78 條）。**⓿**

　　一般訴願事件之審查，包括「合法性」與「妥當性」的審查；惟涉及地方自治團體之地方自治事務者，其受理訴願之上級機關，則僅就原行政處分之「合法性」進行審查決定（第 79 條第 3 項）。

　　以下針對訴願決定**❹**之類型、期間、訴願決定書與效力，說明如下：

一、訴願決定之類型

　　訴願審議之程序，採程序從新原則，本法第 99 條規定，針對本法修正施行前，尚未終結之訴願事件，其以後之訴願程序，依修正之本法規定終結之。至於，本法修正施行前，尚未終結之再訴願案件，其以後之再訴願程序，則準用修正之本法有關訴願程序規定終結之。其類型如下圖所示區分，係以「先程序，後實體」之原則加以檢視。**❷**原則上，應踐行「程序不法，實體不究」之要求。**❸**

　　所謂程序不合法，得分為「不能補正之不合法」與「能補正之不合法」兩種態樣；能補正之不合法，應定期間通知補正，若逾期仍不補正，則程

---

　　8 頁至第 9 頁認為，學理所謂「**廣義多階段行政處分**（相較於『廣義多階段行政處分』，氏認為亦有『狹義多階段行政處分』之分，亦即有多機關參與，但僅可將最後一個行政行為定性為行政處分）」，由於**數階段所為之數個行政行為，均可定性為行政處分，且存在有緊密關聯性**，故前後數個行政處分可單獨提起救濟，當事人若均提起訴願者，此時即有本法第 78 條之適用。

⓿ 蔡志方，《行政救濟法新論》，2007，第 113 頁認為，本法第 78 條之適用，只有在「共同隸屬與相同層級之機關基於同一原因、事實所為之處分，對之提起訴願，始可能適用該條文。」

❹ 李惠宗，《行政法要義》，2008，第 560 頁，**訴願決定本質上為行政處分**，為現今多數見解所採。

❷ 蔡志方，《新訴願法與訴願程序解說》，1999，第 175 頁至第 176 頁、第 193 頁、第 275 頁至第 276 頁；同氏著，《行政救濟法新論》，2007，第 99 頁；李惠宗，《行政法要義》，2008，第 576 頁至第 577 頁。

❸ 行政院及各級行政機關訴願審議委員會審議規則第 8 條規定：「對於訴願事件，應先為程序上之審查，其無應不受理之情形者，再進而為實體上之審查。」

序為不合法，應予不受理決定；當然，不能補正之不合法，亦予不受理決定。❹

針對能補正之不合法，若在期間內已補正，則程序為合法。程序合法之訴願，則繼續審查其實體有無理由，分別予無理由決定、有理由決定與情況決定。

至於，實體之審查對象，基於行政一體與行政監督（行政審理機關→行政處分機關）之設計，包括行政處分之違法性與妥當性，以及行政處分是否侵害人民之權利及利益。繪圖【圖3-5】如下：

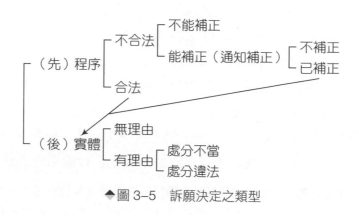

▲圖3-5　訴願決定之類型

(一)程序上之訴願決定──不受理決定

1.本法第77條❹以下明文規定應為不受理決定❹

本法第77條設有8款不受理事項，包括：❹

---

❹　李惠宗，《行政法要義》，2008，第577頁。

❹　對於本法第77條之修正建議，郭介恆，〈訴願法第77條之評析及修法芻議〉，《2008訴願制度研討會會議實錄》，2008，第130頁以下。

❹　本法第77條並未如同第78條以下使用「受理訴願機關」，蔡志方，《新訴願法與訴願程序解說》，1999，第169頁認為，似為立法之疏漏，而應將其理解為「受理訴願機關所為之行為態樣，而非訴願管轄機關所為之行為態樣」。

❹　劉建宏，〈訴願合法要件〉，《月旦法學教室》第89期，第53頁至第54頁認為，**適用上應循「第8款→第3款→第4、5款→第6款→第2款→第7款→第1**

⑴程序上駁回事項⓸⑧

1̄訴願書不合法定程式不能補正⓸⑨或經通知補正逾期不補正者；⑤⓪

2̄提起訴願逾法定期間⑤①或未於第 57 條但書所定期間內補送訴願書者；⑤②

3̄訴願人不符合第 18 條之規定者；⑤③

款」之順序檢驗。

⓸⑧ 郭介恆，〈行政三法實施十週年之回顧與檢討——訴願法〉，《月旦法學雜誌》第
182 期，第 88 頁至第 89 頁認為，應考慮將「欠缺權利保護」作為程序上駁回事
項。

⓸⑨ 例如，無法提出相關證明文件證明自己確為管理人者，亦屬「不能補正」之適
例。最高行政法院（95 裁 844）謂：「……經核抗告人提起訴願，訴願書內鍾○
及乙自稱為甲之新任管理人，因未檢附相關證明文件以證明渠等確為甲之新任管
理人，訴願受理機關之內政部乃函請抗告人補正新任管理人之證明文件。雖抗告
人補送甲有關資料，因並無民政機關受理及備查新任管理人之文件，自不能認定
鍾○及乙為抗告人之新選任管理人，是抗告人以乙為代表人提起訴願顯非合法，
應不予受理……。」

⑤⓪ 劉建宏，〈訴願合法要件〉，《月旦法學教室》第 89 期，第 49 頁認為，「不合法定
程式不能補正或經通知補正逾期不補正」應以狹義理解，指「因該法定程式之欠
缺，足認其不備訴願之合法要件」者而言；最高行政法院（98 裁 991）謂：「……
抗告人僅提出未具事實及理由之訴願書，嗣經內政部函請抗告人於文到 20 日內
補正，該函亦經抗告人蓋章收受，惟抗告人迄未補正，……從而訴願決定以其逾
期未補正，而為不受理之決定，依法並無不合……。」

⑤① 蔡志方，《新訴願法與訴願程序解說》，1999，第 170 頁認為，受理訴願機關通常
均為原處分機關的上級機關，故於逾越法定期間時，雖然應依本法第 77 條第 2
款為不受理決定，但仍可依職權撤銷或變更原行政處分；若受理訴願機關並非原
處分機關的上級機關者，則僅能下不受理決定。

⑤② 並參，最高行政法院（94 裁 459）；（94 裁 573）；（94 裁 902）等。

⑤③ 例如，訴願人死亡，已無權利能力，依本法第 18 條規定，其應非屬得提起訴願
之主體（最高行政法院 93 判 427）；此外，郭介恆，〈行政三法實施十週年之回
顧與檢討——訴願法〉，《月旦法學雜誌》第 182 期，第 88 頁認為，本款係有關
欠缺訴願人能力之規定，故本款應參酌行政訴訟法第 107 條第 3 款之立法，明列
「訴願人能力」；同時修正第 18 條，使第 18 條明確定位為「訴願人能力」之條
文，避免實務於不受理決定時，混淆第 1 款及本款之適用。

④訴願人無訴願能力而未由法定代理人代為訴願行為，經通知補正逾期不
補正者；

⑤地方自治團體、法人、非法人之團體，未由代表人或管理人為訴願行為，
經通知補正逾期不補正者；

⑥行政處分已不存在者；❺④

⑦對已決定或已撤回之訴願事件重行提起訴願者；❺❺

⑧對於非行政處分❺❻或其他依法不屬訴願救濟範圍內之事項提起訴願者。❺❼

---

❺④ 例如，原處分經撤銷而不存在。最高行政法院（98 裁 1848）謂：「……**相對人復
查決定營利事業所得稅部分之行政處分既經撤銷而不復存在，則該訴願事件即有
本法第 77 條第 6 款規定之行政處分已不存在之情形，訴願決定機關為不受理之
決定，洵無違誤……。」**；蔡志方，《新訴願法與訴願程序解說》，1999，第 198 頁
進一步補充，「行政處分已經不存在」係指行政處分「已不再具有處分之規制效
力，且提起訴願者已無實益」之謂；再者，若是原處分機關之上級機關，基於
「行政一體」之要求，於法無明文禁止之情形下，以指令命原處分機關撤銷系爭
處分，此時應無禁止之理；進而對於已開啟之訴願程序，自有本款適用而為訴願
不受理決定。張文郁，〈論訴願決定及其效力〉，《月旦法學雜誌》第 165 期，第
138 頁。**若行政處分於執行完畢後，構成因此成立可補救狀況之原因者，而繼續
發生作用時，可肯定該行政處分尚未消滅，故此時仍可成為訴願之標的。**陳敏，
《行政法總論》，2007，第 1343 頁；劉建宏，〈訴願合法要件〉，《月旦法學教室》
第 89 期，第 51 頁。郭介恆，〈行政三法實施十週年之回顧與檢討──訴願法〉，
《月旦法學雜誌》第 182 期，第 87 頁認為，本款似可修正為「行政處分經原處
分機關撤銷者」，避免與同條文第 8 款重複規定。

❺❺ 如何認定「重行提起訴願」者，蔡志方，《新訴願法與訴願程序解說》，1999，第
198 頁；同氏著，《行政救濟法新論》，2007 年 3 版，元照出版，第 101 頁至第
102 頁認為，新的訴願及已撤回之訴願需具有同一性，含「程序標的同一」、「事
實同一」及「法律同一」，當符合此要求時，似應採取「先決定者阻止後決定」
之原則；此外，張文郁，〈論訴願決定及其效力〉，《月旦法學雜誌》第 165 期，
第 145 頁，若同一案件重複提起訴願，並先後做成兩個訴願決定者，後訴願決定
因違反本法第 77 條第 7 款之事由，應屬無效，而由訴願審理機關依職權變更。

❺❻ 例如，就陳情所為答復（最高行政法院 94 裁 196）、觀念通知（重申先前所為確
定之處分，並未重為實質之決定）（最高行政法院 94 裁 71）等。

⑵逾越法定期間依職權撤銷或變更——存續力之突破

提起訴願因逾法定期間而為不受理決定時（第 77 條第 2 款），若原行政處分顯屬違法或不當者，則原行政處分機關或其上級機關仍得依職權撤銷或變更之。但是，因 1 其撤銷或變更對公益有重大危害者；或 2 行政處分受益人之信賴利益顯然較行政處分撤銷或變更所欲維護之公益更值得保護者，則不得為之（第 80 條第 1 項但書）。❺❽

不過，原行政處分機關或其上級機關，係得衡酌公、私益等相關因素（釋 613 解釋理由書），本於行政監督功能，「得」依職權變更或撤銷，並非「應」依職權變更或撤銷。因此，**是否依職權變更或撤銷，實務見解指出，原行政處分機關或其上級機關有裁量權限**，如原行政處分機關或其上級機關不予裁量變更或撤銷，僅屬當或不當，則尚非違法，人民對之不得提起行政訴訟（最高行政法院 94 裁 102）。❺❾

⑶信賴保護原則

1 不值得保護之態樣

行政處分之受益人，若有「 1 以詐欺、脅迫或賄賂方法，使原行政處

---

❺❼ 例如，私權之爭執（最高行政法院 94 裁 536；94 裁 532 等）；此外，蔡志方，《行政救濟法新論》，2007，第 122 頁至第 123 頁，所謂「不得提起訴願」，概念上包括「純粹不能提起訴願，但仍得以請求其他救濟」以及「不能為任何救濟主張」。郭介恆，〈行政三法實施十週年之回顧與檢討——訴願法〉，《月旦法學雜誌》第 182 期，第 90 頁認為，本款後段解釋上，似尚可包含**行政程序法第 109 條**「免除訴願」之態樣。日後修法時可增列「依法經聽證做成之行政處分」作為不受理之事由。

❺❽ 並參，行政程序法第 117 條之規定：「違法行政處分於法定救濟期間經過後，原處分機關得依職權為全部或一部之撤銷；其上級機關，亦得為之。但有下列各款情形之一者，不得撤銷：⑴撤銷對公益有重大危害者；⑵受益人無第 119 條所列信賴不值得保護之情形，而信賴授予利益之行政處分，其信賴利益顯然大於撤銷所欲維護之公益者。」

❺❾ 最高行政法院（94 裁 344）指出：「對於形式上已確定之行政處分是否就其實體重新查核，即屬原行政處分機關或其上級機關之職權，當事人本難援用上開法令申請重新查核已經確定之行政處分……。」

分機關作成行政處分者；**2**對重要事項提供不正確資料或為不完全陳述，致使原行政處分機關依該資料或陳述而作成行政處分者；或**3**明知原行政處分違法或因重大過失而不知者」等情形之一者，其信賴係不值得保護（第80條第2項）。 ⑥

2因信賴保護而生之損失補償

行政處分之受益人，若其有值得保護之信賴利益，因原行政處分機關或其上級機關依第80條第1項規定撤銷或變更原行政處分而受有損失者，則應予補償。但是，其補償之額度，不得超過受益人因該處分存續可得之利益（第80條第3項）。 ⑥

2.未規定於第77條但書亦構成不受理決定者
⑴未踐行法定之先行程序； ⑥

⑵訴願人死亡或消滅，而無人承受訴訟；

⑶訴願人不適格。

---

⑥ 並參，行政程序法第119條之規定：「受益人有下列各款情形之一者，其信賴不值得保護：⑴以詐欺、脅迫或賄賂方法，使行政機關作成行政處分者；⑵對重要事項提供不正確資料或為不完全陳述，致使行政機關依該資料或陳述而作成行政處分者；⑶明知行政處分違法或因重大過失而不知者。」

⑥ 李建良，〈行政爭訟〉，《行政法入門》，2006，第491頁，註95認為，本法第80條應屬於行政實體法之規定，而非行政救濟法之規定，此觀行政程序法第117條、第119條及第120條之規定即可得知；陳敏，《行政法總論》，2007，第1339頁至第1340頁認為應將本法第80條予以刪除，以避免混淆救濟程序與一般行政程序。

⑥ 例如稅捐稽徵法第35條之復查程序、兵役法施行法第40條之複核程序、藥事法第99條之復核程序、集會遊行法第16條之申復程序等等。吳庚，《行政爭訟法論》，2009，第435頁；張文郁，〈論訴願決定及其效力〉，《月旦法學雜誌》第165期，第145頁。若訴願人未踐行特別法所要求之「訴願先行程序」者，本法第77條並未有明文，若訴願人未依據特別法規定為「訴願先行程序」時，有謂應以本法第77條第1款駁回。林三欽，〈違建拆除案與卡車沒入案──訴願案件行政處分是否「已不存在」之判斷〉，《法學講座》第26期，第52頁；蔡志方，《新訴願法與訴願程序解說》，1999，第170頁。

㈡實體上之訴願決定

1.無理由決定

⑴撤銷訴願之無理由決定

訴願無理由者，受理訴願機關應以決定駁回之（第79條第1項）。

此外，原行政處分所憑理由雖屬不當，但依其他理由認為正當者，應以訴願為無理由（第79條第2項）。**❸**

實務見解指出，訴願程序具有行政程序延長之性質，依本法第79條第2項規定，原處分機關據此得於訴願程序，在不喪失行政處分同一性範圍內，追補（變更）使原處分正當之理由。此外，訴願機關原則上得審查為程序對象行政處分之妥當性（包括處分機關行使裁量權是否妥當）（第1條第1項），且得依本法第79條第2項規定，援引行政處分所憑理由以外之理由，認原處分為正當，舉輕以明重，訴願機關自得對行政處分所憑之裁量理由，補充相關事實，而成為判斷行政處分行使裁量權是否合法之依據（最高行政法院101判414）。

⑵課予義務訴願之無理由決定

行政機關未為或拒絕人民所申請之行政處分者，若該不作為或拒絕並不生違法或不當之情事者，受理訴願機關亦應予以駁回；至於，若行政機關之不作為或拒絕有違法或不當之情事，但原行政機關已於受理訴願機關依本法第82條第1項之規定，命為一定處分前作成行政處分者，**❹**則應作

---

❸ 張文郁，〈論訴願決定及其效力〉，《月旦法學雜誌》第165期，第146頁認為，此法律見解應具有拘束下級行政機關之拘束力，行政機關於嗣後作成新行政處分時，即不得再以被認為不當之理由為之。

❹ 本條立法，引發「**是否限於對訴願人作成有利行政處分**」之爭議，尚有疑義：⑴有謂應採取肯定見解，謂：「①從本法第82條法條之文義及編列之次序可知，受理訴願機關就怠於處分之訴願，得逕認訴願為無理由以決定駁回者，係承第1項『受理訴願機關認為有理由者，應指定相當期間，命應作為之機關速為一定之處分。』之規定而來，**是該條第2項之行政處分應係指滿足原申請人之申請而為有利於原申請人（即訴願人）之處分**。至原處分機關事後作成之行政處分，全部或

為而不作為之情形已不復存在，故訴願無實益。❻此時，受理訴願機關應依據本法第 82 條第 2 項規定，認為訴願無理由而駁回之。❻❻

實務見解指出，自程序之保障及訴訟經濟之觀點，本法第 82 條第 2 項所謂「應作為之機關已為行政處分」，係指有利於訴願人之處分而言，至全部或部分拒絕當事人申請之處分，應不包括在內。故於訴願決定作成前，

部分拒絕訴願人之申請者，應不在此內；⒉在行政訴訟方面，現行實務見解亦以原告因訴願逾期不為決定而起訴後，受理訴願機關始作成訴願決定者，除係有利原告之決定，否則不影響行政訴訟之續行，亦不必要求原告重就補作之訴願決定，另行起訴。蓋若採原處分一補作，訴願決定即應以無理由逕予駁回之見解，人民必須再就不利之新處分重為行政救濟，若人民不知就新處分為救濟，則將喪失實體保障之機會，則從人民程序保障及程序經濟觀點，亦有未妥。是倘訴願事件仍在繫屬中，訴願人表示不服不利其申請之新處分者，即得續行訴願程序，自不宜以其訴願為無理由而逕予駁回」（95 年度高等行政法院法律座談會提案三）；⑵有謂採取否定見解，謂：「……揆諸訴願法第 82 條第 2 項規定及其立法理由意旨，因訴願人係以應作為機關不作為而請求訴願機關命其作為，應作為機關如已作為，提起此項訴願之目的（請求命應作為機關作為）已達成，無提此項訴願之實益……」，似未透過「是否限於對訴願人作成有利行政處分」為之區分（最高行政法院 98 判 1093）。

❻ 所以認為「訴願無實益」，依其立法理由，係因訴願人係以應作為機關不作為而請求訴願機關命其作為，應作為機關如已作為（行政處分），無論該行政處分是否有利或不利於訴願人，提起此項訴願之目的（請求命應作為機關作為）已達成，故無提此項訴願之實益；最高行政法院（93 判 1046）亦指出：「……由法條文字及立法理由，均未將行政機關所為行政處分限於與訴願人之請求相合……至於，依該規定，如不服訴願後行政機關所為處分者，須另行訴願，是否妥適，乃立法政策問題，非法院所得審究……。」

❻❻ 陳敏，《行政法總論》，2007，第 1346 頁；不同見解認為，本法實無需要設有第 82 條第 2 項之規定，蓋由受理訴願機關視情形決定處理方式，若訴願事件仍繫屬中，訴願人表示仍不服拒絕其申請之行政處分者，何必非駁回之後命其重來不可？換言之，若該行政處分以完全滿足訴願人之申請者，受理訴願機關應以「訴願欠缺保護之必要」駁回之；若該行政處分尚未完全滿足訴願人之申請，訴願審議機關應許訴願人繼續救濟。吳庚，《行政爭訟法論》，2009，第 424 頁；張文郁，〈課以義務訴願〉，《月旦法學教室》第 32 期，第 33 頁。

應作為處分機關已作成之行政處分非全部有利於訴願人時，無須要求訴願人對於該處分重為訴願，訴願機關應續行訴願程序，對嗣後所為行政處分併為實體審查，如逕依本法第 82 條第 2 項規定駁回，並非適法（最高行政法院 101 年 2 月份庭長法官聯席會議決議）。此外，行政機關對於人民依法申請之案件，怠為處分，申請人（訴願人）倘已提起課予義務訴願，請求行政機關應為行政處分或特定內容行政處分，則行政機關嗣於訴願程序中始作出否准或非全部有利於訴願人之處分，既尚未滿足訴願人之請求，且訴願人仍持續進行訴願程序（甚至循序提起行政訴訟），自應解為訴願人有不服該處分之意思，參照上揭決議意旨，自人民程序之保障及程序經濟觀點，無須要求訴願人對於該處分重為訴願，應由該受理課予義務訴願之訴願機關續行訴願程序，對該處分併予處理（最高行政法院 101 判 492）。

(3)地方自治事項之審查

訴願事件涉及地方自治團體之地方自治事務**❻❼**者，其受理訴願之上級機關**❻❽**僅就原行政處分之合法性進行審查決定（第 79 條第 3 項）。**❻❾**

故受理訴願之上級機關之審查結果，若認為原行政處分係屬合法但不當者，此時亦以訴願無理由駁回之。**❼⓪**

---

❻❼ 吳庚，《行政爭訟法論》，2009，第 417 頁至第 424 頁。

❻❽ 吳庚，《行政爭訟法論》，2009，第 419 頁，所謂「受理訴願之上級機關」，專指非隸屬於同一地方自治團體之上級機關而言。

❻❾ 國家機關對地方自治團體處理其本身之自治事項者，僅可為「法之監督」，而避免為「專業監督」，亦即應排除適當性或合目的性。吳庚，《行政爭訟法論》，2009，第 417 頁至第 418 頁；有鑑於在自治事項中訴願機關僅可為「法之監督」，而排除適當性或合目的性之前提下，訴願機關自然無法代替原處分機關行使裁量權，自然亦無行政程序法第 10 條行使裁量權之適用可言。王志中，《行政程序法在訴願程序之適用》，2006，第 44 頁至第 45 頁。

❼⓪ 蔡志方，〈論地方自治處分之行政救濟〉，《律師雜誌》第 244 期，第 56 頁至第 61 頁認為，就本法第 79 條第 3 項配合第 83 條第 1 項，似有可能造成人民權利保護之漏洞。

2.有理由決定

⑴撤銷訴願之有理由決定

①撤銷或變更原處分——不利益變更禁止

當訴願有理由者，❼受理訴願機關應以決定撤銷原行政處分之全部或一部，並得視事件之情節，逕為變更之決定或發回原行政處分機關另為處分（第 81 條第 1 項本文）。就條文體系而論，原則上**「受理訴願機關自為決定」似應優先於「發回原處分機關重新決定」。然而，我國實務之操作，卻多以「發回原處分機關重新決定」為之。**至於現行實務發回之事由，係以「事實尚未明確而有待調查」者為最大宗。❼

但同條但書亦有規定，於訴願人表示不服之範圍內，❼不得為更不利益之變更或處分（第 81 條第 1 項但書）。**所謂「不服之範圍」，似應從寬解釋，不限於訴願人聲明不服之範圍。**例如對課稅處分表示不服者，若重新審查發現訴願人尚有應補繳之稅款者，且補繳部分加原處分之數額，至其總額超過原課稅處分者，此時亦有本原則之適用。即「不利益變更禁止原則」，❼其適用對象係受理訴願機關。至於，原處分機關自可本於職權依法

---

❼ 關於「訴願有理由」，依據行政院及各級行政機關訴願審議委員會審議規則第 26 條規定，**包括「訴願理由雖非可取，而依其他理由認為原行政處分確屬違法或不當」、「原行政處分機關答辯欠詳」或「原行政處分機關逾期不答辯」等態樣。**

❼ 相關之探討及反思，吳庚，《行政爭訟法論》，2009，第 415 頁以下；此外，**若行政處分於作成訴願決定時已經執行完畢，**蕭文生，〈訴願法修正評析〉，《國家·地方自治·行政秩序》，2009，第 329 頁認為，**此時撤銷亦已無實益，故本法應參酌行政訴訟法第 196 條之規定，補充規定「結果除去請求權」。**

❼ 張自強、郭介恆，《訴願法釋義與實務》，2002，第 332 頁；吳庚，《行政爭訟法論》，2009，第 416 頁。

❼ 受理訴願機關為變更原處分之決定時，是否有「不利益變更禁止」之適用，學理有不同見解：⑴積極說（否定說）認為，訴願事件乃職權進行主義，並不受當事人所主張之事實理由所拘束；加以受理訴願機關乃原行政處分機關之上級機關，可本其監督權對原處分更為不利當事人之變更；⑵消極說（肯定說）認為，訴願仍屬行政救濟方法之一，若允許受理訴願機關可為更不利於訴願人之決定者，係與行政救濟制度之本旨不符；⑶折衷說認為，受理訴願機關可否為較原處分更為

重新審查而為處分（最高行政法院 101 判 356；94 判 693）。㊄

　　而當訴願決定係撤銷原行政處分，發回原行政處分機關另為處分時，應指定相當期間命其為之（第 81 條第 2 項）。㊅此時，原行政處分機關須重為處分者，應依訴願決定意旨為之，㊆並將處理情形以書面告知受理訴願機關（第 96 條）。

不利於當事人之變更，應視受理訴願機關之性質而定。受理訴願機關若係**原即具有一般監督權之上級機關**，不待訴願之提起，即可審查該處分，故得於請求範圍內，依其職權為不利之變更。反之，受理訴願機關若非此類機關，則不得為不利之變更。就本法第 81 條第 1 項但書規定而言，我國似採消極說（肯定說）。陳敏，《行政法總論》，2007，第 1349 頁至第 1351 頁；但學理亦有認為本法第 81 條第 1 項關於「不利益變更禁止原則」之規定，反造成「因違法不當處分獲有不正利益者，得以提起訴願之方式，確保其不正利益」之虞，故此立法有其商榷之空間。張文郁，〈訴願決定之不利變更禁止〉，《月旦法學教室》第 6 期，第 25 頁；蔡志方，《新訴願法與訴願程序解說》，1999，第 286 頁至第 287 頁；蕭文生，〈訴願法修正評析〉，《國家・地方自治・行政秩序》，2009，第 331 頁；關於訴願程序中不利益變更禁止原則之分析，董俊德，《論訴願程序上之不利益變更禁止原則》，中正大學法律研究所碩士論文，2006。

㊄ 學理有認為，**不僅受理訴願機關不得自為更不利之變更，受理訴願機關命原處分機關為合法妥適之行政處分時，原處分機關亦受此原則之拘束**。吳庚，《行政爭訟法論》，2009，第 425 頁至第 426 頁；此外，陳敏，《行政法總論》，2007，第 1351 頁認為，原行政處分係科處行政罰者，因適用法律錯誤而由訴願管轄機關撤銷，發回原機關另為處分者，若正確法條之處罰下限較原處分為重者，此時似無本原則之適用；針對原住民族工作權保障法之原住民就業代金事件，最高行政法院（101 判 356）認為，第 81 條所稱「於訴願人表示不服範圍內」，在該案不服之範圍係就原處分整體代金金額而言，並非各月份代金即代表各處分。

㊅ 吳庚，《行政爭訟法論》，2009，第 436 頁認為，此處「相當期間」不限記明於主文，在理由中記明亦可。再者，期間之長短雖屬受理訴願機關裁量事項，但最長不宜超過本法第 2 條第 2 項「2 個月」之期間。

㊆ 釋 368 謂：「……若行政法院所為撤銷原決定及原處分之判決，係指摘其適用法律之見解有違誤時，該管機關即應受行政法院判決之拘束……。」

② 情況決定❽

所謂「情況決定」，係指受理訴願機關發現原行政處分雖屬違法或不當，但其撤銷或變更於公益有重大損害，經斟酌訴願人所受損害、賠償程度、防止方法及其他一切情事，認原行政處分之撤銷或變更顯與公益相違背時，得駁回其訴願（第 83 條第 1 項）。

在為情況決定之情形，受理訴願機關應於決定主文中載明原行政處分違法或不當（第 83 條第 2 項），並得斟酌訴願人因違法或不當處分所受損害，於決定理由中載明由原行政處分機關與訴願人進行協議（第 84 條第 1 項）。該項協議，係與國家賠償法之協議有同一效力（第 84 條第 2 項）。❼

對於原處分經訴願決定依前揭規定駁回訴願，並同時諭知原處分違法時，若人民不服訴願決定中關於其不利部分即以情況決定駁回其訴願部分，提起行政訴訟，則原審法院自應審查訴願決定以情況決定駁回上訴人訴願部分是否違誤（最高行政法院 101 判 394）。

⑵課予義務訴願之有理由決定

對於依第 2 條第 1 項（怠為處分訴願）提起之訴願，受理訴願機關認為有理由者，應指定相當期間，命應作為之機關速為一定之處分（第 82 條第 1 項）。❽

---

❽ 關於本制度之評析，鄭崇煌，《情況決定及情況判決制度之研究》，淡江大學公共政策研究所碩士論文，2004；李元德，《日本行政事件訴訟中情況判決制度之研究》，輔仁大學法律研究所碩士論文，1992；蔡茂寅，〈情況判決與情況決定〉，《台灣本土法學雜誌》第 7 期，第 100 頁至第 105 頁。

❼ 蕭文生，〈訴願法修正評析〉，《國家・地方自治・行政秩序》，2009，第 332 頁認為，若行政機關拒絕協議或無法達成協議時，其後續應如何處置，本法未有規定，有賴日後修法時予以調整。

❽ 不同見解認為，「命應作為之機關速為一定之處分」之解讀，不能解釋為受理訴願機關除「命速為一定之處分」之外，別無其他決定方式可資運用，故本法第 82 條第 1 項應視為本法第 81 條之補充規定，而非排除本法第 81 條之特別規定。吳庚，《行政爭訟法論》，2009，第 422 頁至第 423 頁；張文郁，〈論訴願決定及其效力〉，《月旦法學雜誌》第 165 期，第 148 頁認為，為符合**有效權利保護及加**

所謂「命應作為之機關速為一定之處分」，係指若應作為之行政機關未依期限就人民之申請為准駁者，此時受理訴願機關僅需於訴願決定中指明相當期間，命應作為之行政機關為一定之處分。❽

二、訴願決定之期間

㈠決定期限

訴願之決定，自收受訴願書❷之次日起，應於 3 個月內為之；必要時，得予延長，並通知訴願人及參加人。延長以 1 次為限，最長不得逾 2 個月（第85 條第 1 項）。訴願決定之法定期間，最長似為 5 個月，惟訴願實務上，若訴願人及參加人同意延長，亦可能存在超過 5 個月卻尚未訴願決定者。❸

不過，若係依第 57 條但書規定補送訴願書者，前述期間則自補送之次日起算，未為補送者，自補送期間屆滿之次日起算；若其係依第 62 條規定通知補正者，自補正之次日起算；未為補正者，自補正期間屆滿之次日起算（第 85 條第 2 項）。

㈡停止訴願之重行起算

訴願之決定，若以他法律關係是否成立為準據，而該法律關係在訴訟或行政救濟程序進行中者，於該法律關係確定前，受理訴願機關得停止訴願程序之進行，並即通知訴願人及參加人（第 86 條第 1 項）。

速行政程序之要求，受理訴願機關原則上應自行作出訴願人請求之行政處分。

❽ 陳敏，《行政法總論》，2007，第 1349 頁，註 32，由於本法並未明文承認「拒為處分訴願」之類型，故於實務操作上，係將拒為處分訴願併入撤銷訴願中，依據本法第 81 條為之操作。

❷ 陳敏，《行政法總論》，2007，第 1337 頁，所謂「收受訴願書」之理解，除「原行政處分作成機關」之外，亦可為「受理訴願管轄機關」及「其他機關」（本法第 61 條）。

❸ 並參，最高行政法院 94 裁 109；此外，蔡志方，《行政救濟法新論》，2007，第114 頁認為，此審理期間應可扣除「其他機關移轉案件至管轄機關間之時間」。

此時，前述所定訴願決定期間，則係自該法律關係確定之日起，重行起算（第 86 條第 2 項）。

三、訴願決定書

㈠記載事項

訴願決定書，係公法之要式行為，其應載明事項（第 89 條第 1 項），包括：1.訴願人姓名、出生年月日、住、居所、身分證明文件字號。如係法人或其他設有管理人或代表人之團體，其名稱、事務所或營業所，管理人或代表人之姓名、出生年月日、住、居所、身分證明文件字號；2.有法定代理人或訴願代理人者，其姓名、出生年月日、住、居所、身分證明文件字號；3.主文、事實及理由。其係不受理決定者，得不記載事實；4.決定機關及其首長；❽❹ 5.年、月、日。❽❺

訴願決定書，如經載明作成訴願決定之機關，並經訴願審議委員會會議之決議者，即屬合法有效。至於，若訴願決定書所載「訴願審議委員會」，誤載為「訴願委員會」，自屬「誤寫」之顯然錯誤，顯然不影響該訴願決定書之效力（最高行政法院 94 裁 973）。

在訴願決定書製作完成後，其訴願決定書之正本，應於決定後 15 日內送達訴願人、參加人及原行政處分機關（第 89 條第 2 項）。❽❻

---

❽❹ 行政院及各級行政機關訴願審議委員會審議規則第 28 條第 2 項規定，「決定書以本機關名義行之，除載明決定機關及其首長外，並應列入訴願會主任委員及參與決議之委員姓名」。

❽❺ 此外，因本法似未就「說理義務」明確規定，湯德宗，〈論訴願的正當程序〉，《行政程序法論》，2005，第 439 頁認為，應補充適用行政程序法第 43 條、第 108 條前段，並準用行政訴訟法第 189 條第 2 項之規定。

❽❻ 行政院及各級行政機關訴願審議委員會審議規則第 28 條第 1 項規定，訴願決定書原本應「層送本機關長官依其權責判行作成正本」後，始可送達訴願人、參加人及原行政處分機關；此外，綜合本法第 31 條及第 89 條之規定，本法並未明文要求訴願決定書應記載參加人，但要求訴願決定書應送達參加人，蔡志方，〈論

㈡教示制度

　　所謂「教示制度」，係訴願決定書應附記，如不服決定，得於決定書送達之次日起 2 個月內，向行政法院提起行政訴訟（第 90 條）。而訴願人或參加人對受理訴願機關於訴願程序進行中所為之程序上處置不服者，應併同訴願決定提起行政訴訟。

　　若訴願決定書未遵守「教示制度」之要求者，則依據不同態樣為之處理：❽

1.訴願決定書附記錯誤行政訴訟之管轄機關

　　對於得提起行政訴訟之訴願決定，因訴願決定機關附記錯誤，而向非管轄機關提起行政訴訟，該機關應於 10 日內，將行政訴訟書狀連同有關資料，移送管轄行政法院，並即通知原提起行政訴訟之人（第 91 條第 1 項）。此種情形，行政訴訟書狀提出於非管轄機關者，視為自始向有管轄權之行政法院提起行政訴訟（第 91 條第 2 項）。

　　若訴願決定書，已依本法第 90 條規定附記且無錯誤，則人民於收受該訴願決定書後，縱認決定書未依規定要式製作，而將訴願決定書退還，並不影響提起行政訴訟應於訴願決定書送達後 2 個月不變期間內為之規定（最高行政法院 94 裁 973）。因此，訴願機關之教示並無錯誤者，自無第 91 條之適用（最高行政法院 94 裁 495；94 判 293）。

2.訴願決定書附記錯誤之行政訴訟期間

　　訴願決定機關附記提起行政訴訟期間錯誤時，應由訴願決定機關以通知更正之，並自更正通知送達之日起，計算法定期間（第 92 條第 1 項）。而訴願決定機關附記錯誤而未通知更正，致原提起行政訴訟之人遲誤行政訴訟期間者，如自訴願決定書送達之日起 1 年內提起行政訴訟，視為於法

　　訴願新制之難題及其處理〉，《行政救濟與行政法學㈤》，2004，第 223 頁認為，宜將參加人列入訴願決定書中當事人之欄位，始屬妥適。

❽　行政院及各級行政機關訴願審議委員會審議規則第 28 條第 3 項規定，「決定書正本內容與原本不符者，除主文外，得更正之」。

定期間內提起（第 92 條第 2 項後段）。亦即，規定之法定時間，從行政訴訟法所規定之 2 個月（行政訴訟法第 106 條第 1 項），延長為 1 年。 **❽❽**

3.訴願決定書未為附記

訴願決定書未依據本法第 90 條之規定附記，致原提起行政訴訟之人遲誤行政訴訟期間者，如自訴願決定書送達之日起 1 年內提起行政訴訟，視為於法定期間內提起（第 92 條第 2 項前段）。

四、訴願效力

訴願決定作成後，可產生以下效力：

㈠確定力

訴願決定後，若訴願人未於法定期限內提起行政訴訟者，則該訴願決定產生確定力之效果，訴願人不可對於同一事件再行訴願或提起行政訴訟，即所謂「一事不再理原則、不可爭力」。 **❽❾**

㈡拘束力

關於訴願決定之拘束力，訴願之決定確定後，就其事件，有拘束各關係機關之效力； **❾⓪**因委託行使公權力而提起訴願之事件，對於受委託行使

---

❽❽　吳庚，《行政爭訟法論》，2009，第 432 頁，註 33 認為，本法第 92 條之條文結構不甚嚴謹，尤以「致原提起行政訴訟之人遲誤行政訴訟期間」、「如自訴願決定書送達之日起 1 年內提起行政訴訟」均屬贅文。

❽❾　吳庚，《行政爭訟法論》，2009，第 440 頁認為，受理訴願機關作成訴願決定後，若該訴願決定違法者，仍應受「一事不再理原則」之拘束，除非法有特別規定，否則不應類推行政程序法第 117 條之規定，以訴願決定違法為由重開程序；張文郁，〈論訴願決定及其效力〉，《月旦法學雜誌》第 165 期，第 143 頁。

❾⓪　蔡志方，〈論訴願決定確定力之相對性〉，《當代公法新論（下）》，2002，第 53 頁至第 78 頁認為，本條文所規定之「訴願決定確定」，在概念上與內涵上具有相對性，且有**形式確定力及實質確定力**之區分；此外，吳庚，《行政爭訟法論》，2009，第 439 頁認為，訴願決定之拘束力，應較通常之行政處分更強。

公權力之團體或個人，亦有拘束力（第 95 條），此拘束力，基於「行政機關自我內部審查」原則，**若原處分機關不服者，亦不得向行政法院提起救濟。**❾但並無拘束法院之效力（最高行政法院 94 判 714）。

此外，原行政處分經撤銷後，原行政處分機關須重為處分者，則應依訴願決定意旨為之（行政訴訟法第 216 條與釋字第 368 號解釋），❾並將處理情形以書面告知受理訴願機關（第 96 條）。

㈢執行力

1.立法目的

本法採行「不停止為原則，停止為例外」之制度，其立法目的係因行政機關之處分或決定，在依法撤銷或變更前，具有執行力，原則上不因提起行政救濟而停止執行。然於行政訴訟起訴前，如原處分或決定之執行將發生難於回復之損害，且有急迫情事者，自應賦與行政法院依受處分人或訴願人之聲請，裁定停止執行，俾兼顧受處分人或訴願人之利益❾（最高行政法院 94 裁 327）。❾

---

❾ 臺中高等行政法院（90 訴 706）即明確指出：「……原告為原處分機關，人民不服原處分提起訴願，經訴願機關為訴願決定後，即應受訴願決定意旨之拘束，又訴願之決定確定後，原行政處分機關對於已確定之訴願決定亦不得提起再審……。」

❾ 若行政機關違反訴願決定，而仍依遭撤銷之原處分內容作成新處分者，吳庚，《行政爭訟法論》，2009，第 417 頁認為，此時訴願人再度提起訴願時，訴願審理機關不僅應撤銷新處分，更應自為決定；張文郁，〈論訴願決定及其效力〉，《月旦法學雜誌》第 165 期，第 149 頁則認為，**若是新處分與被撤銷之處分主要內容完全相同者，以及明顯違反訴願決定意旨之新處分，應屬無效。**

❾ 蔡震榮，〈由限令出國處分論訴願之停止執行〉，《法令月刊》第 58 卷第 5 期，第 13 頁。

❾ 至於，若訴願人於訴願程序中同時向受理訴願機關及行政法院聲請停止執行者，此時行政法院應如何處理，最高行政法院（90 裁 345）認為，「……本法第 93 條第 2 項既規定受處分人得申請受理訴願機關或原處分機關停止執行，理論上得由上開機關獲得救濟，殊無逕向行政法院聲請之必要。且**行政訴訟係審查行政處分違法之最終機關，若一有行政處分，不待訴願程序即聲請行政法院停止原處分之**

惟如原處分之合法性並非顯有疑義，且聲請人所主張之損害，亦非因原處分之執行而發生，而係其他事由所生之結果，則與停止執行之要件不符（最高行政法院 94 裁 530）。

2. 「不停止為原則，停止為例外」之立法設計[95]

(1)原則──不停止執行

訴願決定之執行力，係指有關機關應就訴願決定之內容加以實現，必要時並得付諸強制執行之效力。行政救濟之進行，關於原行政處分之執行，除法律另有規定外，不因提起訴願而停止（第 93 條第 1 項）。

(2)例外──停止執行

若原行政處分之合法性顯有疑義者，[96] 或原行政處分之執行將發生難以回復之損害，且有急迫情事，並非為維護重大公共利益所必要者，[97] 受

執行，**無異規避訴願程序，而請求行政法院為行政處分之審查**，故必其情況緊急，非即時由行政法院予以處理，則難以救濟，否則尚難認有以行政法院之裁定予以救濟之必要，**應認欠缺保護之必要，而駁回其聲請⋯⋯**。」針對本裁定，學理有不同見解，認為就本法第 93 條及行政訴訟法第 116 條之體系解釋，並未有先後關係之規定；再者，行政處分停止執行與訴願程序之進行，係屬二事；最後，所謂「情況緊急」應係判斷是否准予停止執行之考量點，而非是否受理聲請之要件。李建良，〈行政爭訟〉，《行政法入門》，2006，第 504 頁；蔡茂寅，〈停止執行決定之競合問題〉，《月旦法學教室別冊(3)公法學篇》，2002，第 254 頁。

[95] 德國行政法院法第 80 條第 1 項第 1 句規定，採取「停止為原則，不停止為例外」，與我國之制度不盡相同；蔡震榮，〈由限令出國處分論訴願之停止執行〉，《法令月刊》第 58 卷第 5 期，第 13 頁認為，應可考慮於日後修法時，參酌德國法例之設計，較可保障人民權益。

[96] 吳庚，《行政爭訟法論》，2009，第 446 頁，註 47 認為，所謂「合法性顯有疑義」，於無效行政處分具有明顯而重大之瑕疵，幾近相同，本無執行力可言。故「合法性顯有疑義」之要件，應為贅文；採取不同見解者，陳慈陽，〈訴願法修正後相關問題之探討〉，《行政命令、行政處罰及行政爭訟之比較研究》，2001，第 399 頁至第 401 頁；此外，李建良，〈行政爭訟〉，《行政法入門》，2006，第 578 頁，註 207 認為，「原行政處分之合法性顯有疑義」之理解，對照行政訴訟法第 116 條第 2 項規定，應理解為「限制規定」而非「獨立要件」。

[97] 實務對於「急迫」、「重大」、「公共」、「必要」等不確定法律概念之認定，採取較

理訴願機關或原行政處分機關，得依職權或依申請，就原行政處分之全部或一部，停止執行（第 93 條第 2 項）。此項情形，行政法院亦得依聲請，❾❽停止執行（第 93 條第 3 項）。❾❾

①決定停止執行之機關

停止執行可分為兩種聲請程序：可由「受理訴願機關」或「原處分機關」依職權或依申請停止執行；亦可由行政法院依聲請停止執行。❿

為嚴格之見解，行政法院 45 裁 13 判例謂：「……停止執行，應以有必要情形時為限。**所謂必要情形，如因執行將受難於回復之損害等**……。」

❾❽ 本項之增訂，係考量若受理訴願機關或原行政處分機關不為停止執行之裁定時，應給予人民救濟之管道。行政法院（47 裁 26 判例）對於舊法時期之操作，係採取否定態度，謂「**向本院請求停止原處分之執行，須已依法提起行政訴訟在訴訟繫屬中者**，始得為之。若事件尚未經再訴願程序，則既不許提起行政訴訟，自更不得向本院請求停止原處分之執行」，此見解亦獲釋 353 之肯認：「……**至為謀公共利益與個人利益之調和，而受處分人或利害關係人又能釋明其一經執行將有不能回復之重大損害，應否許其在提起行政訴訟前，聲請行政法院就其所爭執之法律關係定暫時狀態，應於行政訴訟制度改進時，一併循立法途徑解決之，以資兼顧，合併指明**……。」

❾❾ 行政法院依聲請停止執行者，是否必須以「**向訴願機關提起訴願或向行政法院起訴**」作為前提，尚有不同見解：⑴肯定說：認為未提起訴願者，**並無不服原行政處分之表示，不能認有停止執行之實益**；再者，若不提起訴願逕向行政法院提起者，不僅**規避訴願程序，並且使行政機關喪失自我審查之機會**。最後，若可允許當事人直接向法院請求者，恐會將司法資源大量耗費於暫時權利保護程序，影響訴訟事件之審判（最高行政法院 91 裁 906）。陳英鈐，〈論撤銷訴訟之暫時權利保護〉，《行政法理論與實用㈠》，2003，第 252 頁；⑵否定說：有認為應於下列情形，例外允許當事人直接向行政法院聲請停止執行：①若行政機關**逾時不予受理，致相對人無從依停止執行制度受到應有的保護**（最高行政法院 94 裁 327）；②**情況緊急，非即時由行政法院予以處理，否則難獲救濟者**（最高行政法院 90 裁 345；91 裁 877）。盛子龍，〈租稅核課處分之暫時權利保護〉，《月旦法學教室》第 48 期，第 89 頁；蔡震榮，〈由限令出國處分論訴願之停止執行〉，《法令月刊》第 58 卷第 5 期，第 15 頁至第 16 頁。

❿ 蔡震榮，〈由限令出國處分論訴願之停止執行〉，《法令月刊》第 58 卷第 5 期，第

②審查標準——「階段審查模式」之提出

　　停止執行之實質要件審查部分，就本法規定，有「原行政處分之合法性顯有疑義者或原行政處分之執行將發生難以回復之損害」、「有急迫情事」及「非為維護重大公共利益所必要」等要件。然如何於個案中妥適運用類此要件者，參酌比較法例，似可依「勝訴可能性」→「後果衡量模式」→「純粹利益衡量」等階段予以審查，亦即「階段審查模式」之建立。⓫關於此審查模式之運用，繪圖【圖3–6】表示如下：

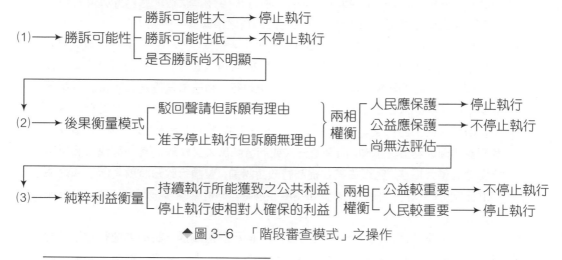

◆圖3–6　「階段審查模式」之操作

　　6頁；此外，蔡志方，《行政救濟法新論》，2007，第95頁至第97頁、第274頁至第278頁認為，從條文文義以觀，「受理訴願機關」、「原處分機關」及「行政法院」均可受理，但基於必要性原則，仍應對於行政執行法第9條、本法第93條及行政訴訟法第116條予以區分：(1)若處分相對人或利害關係人不擬提起訴願者，僅可依行政執行法第9條聲明異議；(2)若處分相對人或利害關係人擬提起訴願或已提起訴願者，僅可依本法第93條第2項之規定，向「受理訴願機關」提出申請；(3)若系爭行政處分無須踐行訴願程序者，或因受理訴願機關之怠惰或已駁回申請，則應依行政訴訟法第116條第3項規定，向該管行政法院聲請裁定停止原處分之執行。

⓫ 陳英鈐，〈論撤銷訴訟之暫時權利保護〉，《行政法理論與實用(一)》，2003，第254頁以下；盛子龍，〈租稅核課處分之暫時權利保護〉，《月旦法學教室》第48期，第84頁以下；不同見解認為，應以「處分違法性審查」→「勝訴可能性審查」→「純粹利益衡量」作為審查標準。蔡震榮，〈由限令出國處分論訴願之停止執行〉，《法令月刊》第58卷第5期，第18頁至第19頁。

3.停止執行之效力

　　相較於行政訴訟法第 116 條第 5 項明文「停止執行之裁定，得停止原處分或決定之效力、處分或決定之執行或程序之續行之全部或部份」，本法並未有類此規定，故於訴願程序中停止執行之程序，似應可參酌行政訴訟法第 116 條之規定，行政處分之效力，因停止執行之決定而暫時受阻，若該處分因決定而予以維持者，則溯及生效，亦即「限制效力說」。

4.撤銷停止執行

　　停止執行之原因消滅，或有其他情事變更之情形，受理訴願機關或原行政處分機關，得依職權或依申請撤銷停止執行（第 94 條第 1 項）；此外，原裁定停止執行之行政法院，亦得依聲請，撤銷停止執行之裁定（第 94 條第 2 項）。⓴

參、送　達

一、職權送達原則

　　本法關於送達之規定，係採職權送達原則（第 43 條），即除別有規定外，由受理訴願機關依職權為之。

二、訴願文書

　　訴願文書之送達，依據本法規定，其方式有下列數種：

㈠郵務送達

　　訴願文書之送達，係應註明訴願人、參加人或其代表人、訴願代理人

⓴　蔡志方，《新訴願法與訴願程序解說》，1999，第 189 頁，原處分機關或受理訴願機關可否撤銷行政法院依據訴願法所作成之停止執行裁定，就本法第 94 條文義而論，並無不可。然就權力分立原則之面向，及訴願、行政訴訟制度功能之區隔而論，則似應採否定見解較為妥適。

住、居所、事務所或營業所，交付郵政機關以訴願文書郵務送達證書發送（第 47 條第 1 項）。

㈡派員送達

若訴願文書不能為郵務送達時，得由受理訴願機關派員送達，並由執行送達人作成送達證書（第 47 條第 2 項）。❿

㈢囑託送達

若訴願文書不能為郵務送達時，除派員送達之外，亦可由受理訴願機關囑託原行政處分機關或該管警察機關送達，並由執行送達人作成送達證書（第 47 條第 2 項）。

㈣公示送達

訴願文書若不能用上述 3 種方式送達者，決定機關得準用行政訴訟法第 67 條至第 69 條及第 71 條至第 83 條規定，以公示送達方式為之（第 47 條第 3 項）。❿

---

❿ 訴願文書之送達，依本法第 47 條第 3 項之規定，除該條前 2 項規定外，準用行政訴訟法第 67 條至第 69 條、第 71 條至第 83 條之規定。因此，得採寄存送達等方式（最高行政法院 94 裁 975）；並參，94 裁 871。

❿ 大法官肯認本法第 **47** 條第 **3** 項準用行政訴訟法第 **73** 條之規定，關於寄存送達於依法送達完畢時，即生送達效力之規定，未違反憲法第 **16** 條訴訟權之意旨。**釋 667** 解釋理由書謂：「……訴願及行政訴訟文書之送達，係本法及行政訴訟法所定之送達機關將應送達於當事人或其他關係人之文書，依各該法律之規定，交付於應受送達人本人；於不能交付本人時，以其他方式使其知悉文書內容或居於可得知悉之地位，俾其決定是否為必要之行為，以保障其個人權益。為使人民確實知悉文書之內容，人民應有受合法通知之權利，此項權利應受正當法律程序之保障。就訴願決定書之送達而言，攸關人民得否知悉其內容，並對其不服而提起行政訴訟之權利，至為重要。本法第 47 條……第 3 項並規定：『訴願文書之送達，除前 2 項規定外，準用行政訴訟法第 67 條至第 69 條、第 71 條至第 83 條之規定。』故關於訴願文書之送達，原則上應向應受送達人本人為送達（行政訴訟

三、送達對象

關於送達對象，依本法第 44 條至第 46 條之規定，區分如下：

㈠本人與訴願代理人

送達之對象，原則上係送達於訴願人或參加人本人。惟若彼等有訴願代理人時，除受送達之權限受有限制者外，送達應向該代理人為之（第 46 條本文）。但是，受理訴願機關認為必要時，仍得送達於訴願人或參加人本人（第 46 條但書）。

當事人於訴願程序委任代理人，如對其代理權未加限制，應有代收送達之權限，訴願機關送達訴願決定既向聲請人委任之代理人為之，即應於送達完畢時，發生送達之效力，其代理人於收受送達後，曾否將訴願決定轉交聲請人，於送達之效力並無影響，故難謂其送達不合法或不生送達之效力（最高行政法院 94 裁 291）。此外，若當事人經由其所委任之訴願代理人閱卷後已得知訴願答辯書之內容，有訴願案件閱卷申請書附卷足據，則當事人當時已可適時提出各項攻擊防禦方法，訴願決定機關因而作成訴願決定，於當事人之訴願程序利益並無妨害（101 判 300）。

㈡法定代理人、代表人或管理人

若係對於無訴願能力人為送達者，係應向其法定代理人為之；不過，若未經陳明法定代理人者，則得向該無訴願能力人為送達（第 44 條第 1 項）。至於，對於法人或非法人之團體為送達者，應向其代表人或管理人為

法第 71 條）；惟如不能依本法第 71 條、第 72 條之規定為送達者，得將文書寄存於送達地之自治或警察機關、郵政機關，並作成送達通知書二份，一份黏貼於應受送達人住居所、事務所或營業所門首，另一份交由鄰居轉交或置於應受送達人之信箱或其他適當之處所，以為寄存送達。且寄存之文書自寄存之日起，寄存機關應保存 3 個月（行政訴訟法第 73 條）。**是寄存送達之文書，已使應受送達人可得收領、知悉，其送達之目的業已實現，自應發生送達之效力……。」**

之（第 44 條第 2 項；最高行政法院 94 判 132）。此外，法定代理人、代表人或管理人有 2 人以上者，送達得僅向其中 1 人為之（第 44 條第 3 項）。

㈢外國法人或團體

對於在中華民國有事務所或營業所之外國法人或團體為送達者，係應向其在中華民國之代表人或管理人為之（第 45 條第 1 項）。

而該外國法人或團體之代表人或管理人，有 2 人以上者，則送達得僅向其中 1 人為之（第 45 條第 2 項）。

肆、訴願決定之救濟

訴願決定作成後，若對之不服時應如何救濟，可透過「提起行政訴訟」及「再審」予以救濟。

一、提起行政訴訟

對於未確定訴願決定不服者，係向行政法院提起行政訴訟，已如前述。至於在訴願程序中，訴願人或參加人對受理訴願機關於訴願程序進行中所為之程序上處置不服者，應併同訴願決定提起行政訴訟（第 76 條）。**⑩⑤**

二、再審程序

對於確定訴願決定，本法第四章「再審程序」（第 97 條）規定，訴願人、參加人或其他利害關係人，得向原訴願決定機關申請再審。**⑩⑥**但是，

---

⑩⑤ 湯德宗，〈論訴願的正當程序〉，《行政程序法論》，2005，第 419 頁認為，訴願程序中之「程序違反」，應與狹義行政程序中「程序違反」之性質相同，故於訴願程序中應可準用行政程序法第 114 條之規定，受理訴願機關於人民向行政法院起訴前可以補正之。

⑩⑥ 蔡志方，〈論訴願相對機關對違法訴願決定之救濟途徑〉，《行政救濟與行政法學㈤》，2004，第 297 頁至第 321 頁認為，為貫徹行政倫理與依法行政原則，本法再審程序之規定，亦應允許訴願相對機關有提起之適格；此外，蔡志方，《行政

訴願人、參加人或其他利害關係人，已依行政訴訟主張其事由或知其事由而不為主張者，不在此限。 ❿

㈠提起再審之要件

依據本法第 97 條規定，訴願之再審程序，須滿足下列要件，始可提起： ❿

1.訴願人、參加人或其他利害關係人已向原訴願決定機關申請再審；

2.需原訴願決定已確定；

3.須符合申請再審之事由；

4.當事人非已依行政訴訟主張其事由或知其事由而不為主張；

5.須於原訴願決定確定後 30 日內提出申請。 ❿

救濟法新論》，2007，第 124 頁至第 125 頁認為，本法再審制度的設計，本質上仍屬訴願制度之一種，僅於程序標的、聲請原因及管轄機關有所不同。

❿ 關於訴願再審程序之設立，學界評價尚有分歧：⑴肯定訴願制度中增設再審制度者，陳清秀，〈訴願行政救濟概說〉，《行政訴訟之理論與實務》，1994，第 87 頁；同氏著，《行政訴訟法》，2001，第 13 頁至第 14 頁、第 223 頁；⑵質疑本制度者，認為本制度和行政程序法第 128 條「行政程序重新開啟制度」及行政訴訟法第 273 條「再審程序」事由有所重疊，就應採行何一途徑，抑或任意採行其一，實非明白，似可考慮於未來修法時刪除之。陳敏，《行政法總論》，2007，第 1360 頁至第 1361 頁；蕭文生，〈訴願法修正評析〉，《軍法專刊》第 45 卷第 11 期，第 25 頁至第 34 頁；⑶有認為似可將本法第 97 條解讀成行政程序法第 128 條關於「訴願機關之例外程序再開管轄權」之特別規定，在未經立法政策之評估前，仍可肯定本法第 97 條之設計有其存在之正當性。林明昕，〈論訴願之再審行政處分之廢棄──一道介乎行政爭訟法與行政程序法之間的法學課題〉，《公法學之開拓線──理論、實務與體系之建構》，2006，第 291 頁至第 317 頁。

❿ 陳敏，《行政法總論》，2007，第 1358 頁至第 1359 頁。

❿ 若聲請再審逾期，則以再審之訴不合法，裁定駁回其再審之聲請（最高行政法院 94 裁 153）。

㈡再審事由

再審事由，包括：

1. 適用法規顯有錯誤者；
2. 決定理由與主文顯有矛盾者；
3. 決定機關之組織不合法者；
4. 依法令應迴避之委員參與決定者；
5. 參與決定之委員關於該訴願違背職務，犯刑事上之罪者；
6. 訴願之代理人，關於該訴願有刑事上應罰之行為，影響於決定者；
7. 為決定基礎之證物，係偽造或變造者；
8. 證人、鑑定人或通譯就為決定基礎之證言、鑑定為虛偽陳述者；
9. 為決定基礎之民事、刑事或行政訴訟判決或行政處分已變更者；
10. 發見未經斟酌之證物或得使用該證物者。

㈢再審之審理

本法對於再審之條文規定，僅有一條之設計，似嫌簡陋。行政院及各級行政機關訴願審議委員會審議規則第 31 條至第 34 條（以下簡稱「審理規則」）則設有若干規定，可資參照。依據程序法之共同法理，再審之審理亦遵從「先程序，後實體」之要求，簡述如下：

1. 程序上之再審決定——申請不合法

申請再審不合法者，應為不受理之決定（審理規則第 32 條第 1 項）。至於何種態樣符合申請不合法者，約略有下列數項態樣： ❿

⑴欠缺一般程序要件，包括無當事人能力、無訴願行為能力且未有合法代理或代表、非向訴願管轄機關提起等要件；

⑵對尚未確定之訴願決定提起再審；

⑶申請再審已逾越提起之期間； ⓫

---

❿ 陳敏，《行政法總論》，2007，第 1359 頁至第 1360 頁。

⓫ 陳敏，《行政法總論》，2007，第 1359 頁，註 6 認為，關於再審之最長期限，本

⑷當事人未具體主張再審事由；

⑸當事人已依行政訴訟主張該再審事由，或知其事由而不為主張；

⑹對已受再審決定之同一事由再行申請。❷

2.實體上之再審決定

⑴申請合法但無理由

申請再審，無再審理由或有再審理由而原決定係屬正當者，應以決定駁回之（審理規則第 32 條第 2 項）。

⑵申請合法且有理由

申請再審為有再審理由，應以決定撤銷原決定或（及）原行政處分之全部或一部，並得視其情節，逕為變更之決定或發回原行政處分機關另為處分。但於申請人表示不服之範圍內，不得為更不利益之變更或處分（審理規則第 33 條）。

㈣再審之救濟可能

訴願再審之決定，是否可提起行政訴訟以資救濟者，綜觀本法及審理規則之規定，並無明文。

實務見解指出，本法第 76 條規定：「訴願人或參加人對受理訴願機關於訴願程序進行中所為之程序上處置不服者，應併同訴願決定提起行政訴訟。」而第 97 條所定再審程序，實質上為前訴願程序之再開或續行，自亦有同法第 76 條之適用（最高行政法院 94 裁 1654）。

此外,民國 91 年 7 月 9 日各級行政法院行政訴訟法律座談會對此作出討論結果，認為：「……於其立法理由可知，係分別參照民事訴訟法及行政訴訟法上再審制度而設，故當事人就確定之訴願決定申請再審，乃行使訴願法上得除去訴願決定效力之權利，與行政訴訟法第 4 條及第 5 條所規範

法並未有明文規定，不符法安定性之要求。

❷ 若有新再審事由，且符合法定要件者，此時仍可據該事由申請再審。陳敏，《行政法總論》，2004，第 1343 頁；蔡志方，《行政救濟法新論》，2007，第 145 頁；張自強、郭介恆，《訴願法釋義與實務》，2002，第 404 頁。

得提起行政訴訟以資救濟之一般訴願決定並不相同；加以訴願性質為行政機關體系內之行政救濟，與行政訴訟法上司法救濟體系之審級制度無涉，故於**再審決定依本法亦無救濟程序規定之情況下，難認當事人得就訴願再審決定提起行政訴訟救濟之……。」⓭**

⓭ 相同見解，蔡志方，《行政救濟法新論》，2007，第 125 頁；亦有認為，除不得提起行政訴訟，亦不得對再審決定再為再審之申請，張自強、郭介恆，《訴願法釋義與實務》，2002，第 411 頁以下；然有不同見解認為，仍應允許訴願再審程序提起救濟，且應分別訴願再審程序進行階段所作成之不同決定，而異其救濟途徑。許登科，〈論訴願再審之程序標的及訴願再審決定之救濟——以評釋行政院臺 90 訴字第 045121 號決定為中心〉，《月旦法學雜誌》第 92 期，第 110 頁至第 128 頁。

第二篇

行政訴訟

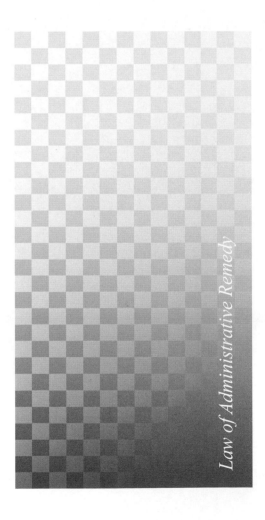

Law of Administrative Remedy

第四章
行政訴訟之提起

本章架構

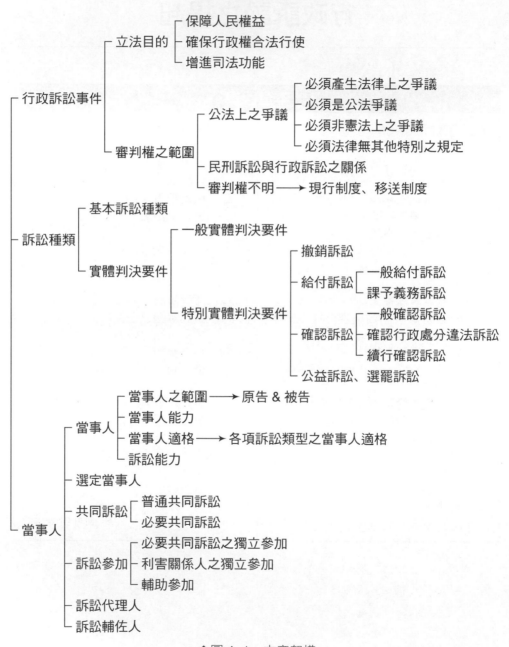

◆圖 4-1　本章架構

行政訴訟法（以下簡稱為「本法」），共計九編，其中，第九編「附則」（第 308 條），係本法之施行日期。以下自本法第一至八編中，先就提起行政訴訟之相關規範，分析介紹如下：

壹、行政訴訟事件

一、立法目的

行政訴訟，係以保障人民權益，確保國家行政權之合法行使，增進司法功能為宗旨（第 1 條）。❶故其宗旨有三：

㈠保障人民權益

憲法第 16 條保障人民訴訟權，係作為第一次權利保護請求權，而行政訴訟係立法者落實憲法之制度設計，以保障人民權益，當人民主張權利遭受公權力之侵害，自應許其依正當法律程序請求法院救濟為其核心內容。

此外，國家應提供有效之制度保障，以謀其具體實現，除立法機關須制定法律，為適當之法院組織及訴訟程序之規定外，法院於適用法律時，亦須以此為目標，俾人民於其權利受侵害時，有及時、充分回復並實現其權利之可能，以符「有權利即有救濟」之法理（釋 546；釋 573）。

㈡確保行政權合法行使

法治國家之行政權，應合法行使行政行為，即遵守「依法行政原則」或「行政合法性原則」之拘束；而由行政法院掌管之行政訴訟，即具有「**審**

---

❶ 關於行政訴訟功能取向之探討，學理可區分成「主觀公權利保障模式」及「客觀法秩序維護模式」兩種建構。簡言之，前者核心在於保障人民公權利，確保依法行政原則之落實僅屬附帶目的；後者則以依法行政原則作為核心，保障個人權利僅屬附帶目的。盛子龍，翁岳生編，《行政訴訟法逐條釋義》，2006，第 25 頁至第 28 頁；陳清秀，《行政訴訟法》，2009，第 7 頁。

查行政行為是否合法」之司法功能。

㈢增進司法功能

本書前 3 章所介紹之訴願，係就行政事件之爭執，請求訴願管轄機關加以審查，其基於行政一體或行政監督之功能，得審查合法性與妥當性；而行政訴訟，則係就行政事件之爭執，請求行政法院加以審查，其基於權力分立之制度設計，履行司法之功能。

二、審判權之範圍

㈠公法上之爭議

公法上之爭議，係作為行政訴訟審判權之範圍，而除法律別有規定外，得依本法提起行政訴訟（第 2 條）。於立法時採取「擴大之立法例」，將行政訴訟的範圍擴大，以擔保人民權利之救濟。

本條文乃判斷行政法院對於具體個案是否有審判權之明文依據，然在司法制度之設計下，如何決定行政法院之審判範圍，有必要依據個案加以判斷：❷

1.必須產生法律上之爭議

依據本法第 2 條規定，必須有「爭議」始有提起行政訴訟之必要。就此而言，若系爭事件屬於學理上「政治問題」者，❸係被排除於司法權之

---

❷ 釋 466 謂：「……憲法第 16 條規定人民有訴訟之權，旨在確保人民得依法定程序提起訴訟及受公平之審判。至於**訴訟救濟究應循普通訴訟程序抑或依行政訴訟程序為之，則由立法機關依職權衡酌訴訟案件之性質及既有訴訟制度之功能等而為設計**。我國關於民事訴訟與行政訴訟之審判，依現行法律之規定，分由不同性質之法院審理，係採二元訴訟制度。除法律別有規定外，關於因私法關係所生之爭執，由普通法院審判；因公法關係所生之爭議，則由行政法院審判之……。」

❸ 美國最高聯邦法院大法官布倫南 (Justice Brennan) 於 1962 年 Baker v. Carr 案提出「政治問題」(political question) 之判斷標準：「……任何案件從外觀上認定其涉入政治問題，主要在於⑴**由憲法明文規定已顯見欲將此問題委諸相對應之政治**

範圍外，進而無法依據本法規定提起行政訴訟。

　　例如，憲法第 4 條「依其固有之疆域」之概括規定，並設領土變更之程序，以為限制，有其政治上及歷史上之理由。其所稱固有疆域範圍之界定，為重大之政治問題，不應由行使司法權之釋憲機關予以解釋（釋 328）。再者，關於「副總統得否兼任行政院院長」之爭議，釋 419 指出：「……行政院院長於新任總統就職時提出總辭，係基於尊重國家元首所為之禮貌性辭職，並非其憲法上之義務。對於行政院院長非憲法上義務之辭職應如何處理，乃總統之裁量權限，為學理上所稱統治行為之一種，非本院應作合憲性審查之事項……。」

2.必須是公法爭議

(1)公法爭議之意義

　　當事人起訴所爭執之事項，必須為公法上爭議，始得依法提起行政訴訟。所謂公法上之爭議，係指人民與行政機關間，因公法關係（包括公法上法律關係或公權力措施）所生之爭議而言。關於民、刑事事件，均非公法上之爭議事件，應屬普通法院管轄，行政法院對之即無審判權限。故因私人財產權之分割而為爭執，屬私權爭議，非屬行政爭訟事項，行政法院對之並無審判權（最高行政法院 101 裁聲 41）。此由行政法院審判行政訴訟行司法審查，以行政決定為對象，及本法第 1 條規定行政訴訟之目的等，可以得知（93 裁 995）。❹例如，本於公法上不當得利法律關係為請求，且係關於徵收補償款應否返還之爭議，係屬公法上爭議（101 判 77）。

　　此外，有關假釋與否，關係受刑人得否停止徒刑之執行，涉及人身自由之限制。作成假釋決定之機關為法務部，而是否予以假釋，係以法務部

　　部門；或(2)欠缺解決此問題所須之司法處理標準；或(3)一旦予以裁判即係對明顯非屬司法裁量之事項，逕行作成政策決定；或(4)若作獨立判斷即屬對政府相關部門之欠缺尊重；或(5)有特別需要毫不猶豫地遵循已作成之政治決定；或(6)可能造成對同一問題各部門意見分歧之困窘……」（釋 387 吳庚大法官之不同意見書）。
❹　最高行政法院（93 裁 995）指出：「……對於監察權之行使發生爭議，並非行政法院審判之範圍……。」

對受刑人於監獄內所為表現，是否符合刑法及行刑累進處遇條例等相關規定而為決定。受刑人如有不服，雖得依據監獄行刑法上開規定提起申訴，惟申訴在性質上屬行政機關自我審查糾正之途徑，與得向法院請求救濟並不相當，基於憲法第 16 條保障人民訴訟權之意旨，自不得完全取代向法院請求救濟之訴訟制度（釋 653）。從而受刑人不服行政機關不予假釋之決定，而請求司法救濟，自應由法院審理。然究應由何種法院審理、循何種程序解決，所須考慮因素甚多，諸如爭議案件之性質及與所涉訴訟程序之關聯、即時有效之權利保護、法院組織及人員之配置等，其相關程序及制度之設計，有待立法為通盤考量決定之。在相關法律修正前，鑑於行政機關不予假釋之決定具有行政行為之性質，依照本法第 2 條以下有關規定，此類爭議由行政法院審理（釋 691）。

⑵「公、私法二元區分」之判斷標準

如何判斷「公法爭議」，涉及學理上「公、私法二元區分」理論，於我國尚無明確標準存在。❺

例如，關於國民住宅之申請承購、承租或貸款者，經主管機關認為依相關法規或行使裁量權之結果不符合該當要件，而未能進入訂約程序之情形，既未成立任何私法關係，此等申請人如有不服，須依法提起行政爭訟（釋 540）。❻

3. 必須非憲法上之爭議

依個案性質之判斷，行政法院審判權之範圍界定，考量現制區分「憲法解釋權」及「行政法院審判權」之建構，且本條文乃參照德國行政法院法第 40 條之立法，於解釋上自應如同德國行政法院法之設計，排除專屬大法官掌理之憲法爭議。❼

---

❺ 盛子龍，翁岳生編，《行政訴訟法逐條釋義》，2006，第 43 頁指出，較為妥適之操作，毋寧綜合各判準為之判斷，採取結果取向之實用主義更有必要性。

❻ 獎勵民間投資興建之國民住宅，承購人與住宅興建業者，屬於單純之私法關係（釋 540）。關於雙階理論之分析與探討，程明修，〈雙階理論之虛擬與實際〉，《東吳法律學報》第 15 卷第 2 期，第 165 頁至第 204 頁。

4.必須法律無其他特別之規定

在本法實施前，若干屬於公法性質之事件，因行政訴訟舊制欠缺適當之訴訟種類，而法律又未就其另行設計其他訴訟救濟途徑，遂長期以來均循民事訴訟解決，例如公務人員保險給付事件（釋 466）❽、釋 524 公布前之全民健康保險法第 5 條被保險人與保險醫事服務機構間之爭議事件等，均其適例。類此事件，嗣後自無再由民事法院審理之理由。

此外，釋 418：「……受處分人因交通事件對行政機關處罰而不服者，應由普通法院之交通法庭審理，而非如一般行政爭訟事件循訴願、再訴願及行政訴訟程序，請求救濟。**此係立法機關基於行政處分而受影響之權益性質、事件發生之頻率及其終局裁判之急迫性以及受理爭訟案件機關之負荷能力等因素之考量，進而兼顧案件之特性及既有訴訟制度之功能而為設計。**上開法條，既給予當事人申辯及提出證據之機會，並由憲法第 80 條所規定之法官斟酌事證而為公平之裁判，顯已符合正當法律程序，依本理由書首段所揭示之法理，與憲法第 16 條保障人民訴訟權之意旨尚無牴觸……。」而本法【100/11/23】已增訂第二編第三章「交通裁決事件訴訟程序」。

⑴選舉事件、行政罰事件

具有公法性質之爭議，法律已明確規定其歸屬於其他審判權時，不因行政訴訟改制擴張訴訟種類，而成為行政法院管轄之公法事件，例如選舉

---

❼ 吳庚，《行政爭訟法論》，2009，第 40 頁；盛子龍，翁岳生編，《行政訴訟法逐條釋義》，2006，第 48 頁；陳清秀，《行政訴訟法》，2009，第 268 頁。

❽ 釋 466：「……**公務人員保險為社會保險之一種，具公法性質，關於公務人員保險給付之爭議，自應循行政爭訟程序解決。**惟現行法制下，行政訴訟除附帶損害賠償之訴外，並無其他給付類型訴訟，致公務人員保險給付爭議縱經行政救濟確定，該當事人亦非必然即可獲得保險給付。有關機關應儘速完成行政訴訟制度之全盤修正，於相關法制尚未完備以前，為提供人民確實有效之司法救濟途徑，有關給付之部分，經行政救濟程序之結果不能獲得實現時，應許向普通法院提起訴訟謀求救濟，以符首開憲法規定之意旨……。」不過，本法修正後，已有給付訴訟之規定。

無效事件、當選無效事件（公職人員選舉罷免法第 118 條以下）、❾行政罰事件（社會秩序維護法第 55 條以下）等，除仍分別由民事法院及刑事法院審判外，其審級及救濟程序與通常民、刑事案件，亦不盡相同。此類事件，釋 540 指出，即本法第 2 條所稱公法事件「法律別有規定」，而不屬於行政法院審判之情形。

⑵國家賠償事件

此外，較具爭議者係國家賠償法之問題。依據國家賠償法第 12 條（損害賠償之訴，除依本法規定，適用民訴之規定），❿亦屬本法第 2 條所稱「法律別有規定」之情形，在國家賠償法未修訂前（屬立法政策之問題），依國家賠償法對國家賠償所生公法上爭議，原則上應循民事訴訟程序救濟（最高行政法院 94 裁 666）；⓫因此，實務見解曾謂，國家賠償法第 2 條規定，不得作為給付訴訟請求權之基礎（最高行政法院 94 判 729）。⓬

---

❾ 依據公職人員選舉罷免法第 126 條之規定，選舉、罷免訴訟之管轄法院，為選舉、罷免行為地之地方法院管轄。

❿ 本質為公法事件的國賠事件，國賠事件審判權劃歸民事法院之設計，有其時代上之考量，惟未來似得將國賠事件移由行政法院審理。江嘉琪，〈國家賠償與行政訴訟〉，《行政訴訟制度相關論文彙編》第 5 輯，2007，第 202 頁至第 206 頁；張文郁，〈論普通法院與行政法院審判權之區分〉，《權利與救濟——以行政訴訟為中心》，2005，第 360 頁。

⓫ 質言之，若人民直接向行政法院提起國家賠償訴訟者，**行政法院係以「移送管轄裁定」予以處理**。最高行政法院（97 裁 4740）認為：「……**有關國家賠償之爭議，除有其他行政訴訟存在，而得於同一程序中，合併請求損害賠償外，自應循民事訴訟程序謀求救濟，而不得單獨提起行政訴訟，請求損害賠償**。次按『行政法院認其無受理訴訟權限者，應依職權以裁定將訴訟移送至有受理訴訟權限之管轄法院。』為本法第 12 條之 2 第 2 項前段所規定。**抗告人單獨提起本件行政訴訟，向相對人請求損害賠償，揆諸本法第 2 條及國家賠償法第 12 條規定，自應循民事訴訟程序謀求救濟，行政法院並無受理訴訟權限……。**」

⓬ 學理上則是透過本法第 7 條之規定，肯定行政法院有審判權。相關論述，可參閱本書關於本法第 7 條之介紹。

㈡民刑訴訟與行政訴訟之關係

公法上之爭議，原則上係依本法提起行政訴訟。因此，民事或刑事訴訟❸之裁判，若係以行政處分是否無效或違法❹為據者（亦即所謂「先決問題」），❺仍應依行政爭訟程序確定之（第 12 條第 1 項；最高行政法院 95 判 253）。❻

---

❸ 吳庚，《行政爭訟法論》，2009，第 10 頁指出，「刑事訴訟之裁判以行政處分無效或違法為據」之情形，事實上亦可能發生。例如依檢肅流氓條例中對於流氓之感訓處分，由普通法院依刑事訴訟程序為之；但作為前提條件的「警察機關認定為流氓並予告誡之處分」，則屬「得依法提起訴願及行政訴訟之事項」。釋 384 認為：「……按同條例第 4 條對於**列為流氓之告誡列冊輔導處分，非但影響人民之名譽，並有因此致受感訓處分而喪失其身體自由之虞，自屬損害人民權益之行政處分**。惟依同條例第 5 條規定：經認定為流氓受告誡者，如有不服，得於收受告誡書之翌日起 10 日內，以書面敘述理由，經由原認定機關向內政部警政署聲明異議，對內政部警政署所為決定不服時，不得再聲明異議。排除行政爭訟程序之適用，顯然違反憲法第 16 條保障人民訴願及訴訟之權……。」

❹ 對「以行政處分是否無效或違法」之質疑者，劉宗德，翁岳生編，《行政訴訟法逐條釋義》，2006，第 159 頁以下。

❺ 吳庚，《行政爭訟法論》，2009，第 9 頁至第 10 頁，所謂「先決問題」，係指**作為判斷訴訟事件主要問題之前提的法律問題**。本法對於「先決問題」設有「以民、刑訴訟之裁判作為行政訴訟之先行程序」及「以行政處分無效或違法作為民、刑訴訟之先行程序」兩種程序，前者係指本法第 177 條之規定；後者則為第 12 條之規定。

❻ 陳敏，《行政法總論》，2007，第 1521 頁至第 1522 頁指出，關於本條文立法，尚有不同理解：(1)認為本條立法，主要是「**確立行政處分之違法性判斷專屬於行政法院**」，故普通法院自無權過問行政處分之違法性，進而肯認本法第 **12** 條第 **1** 項及第 **2** 項均為「**強行規定**」；(2)認為本條立法，僅為「**防止裁判矛盾**」而設置，進而肯認本法第 **12** 條第 **1** 項為「**訓示規定**」，故在單獨提起國家賠償訴訟時，普通法院自可審理系爭行政處分是否違法；(3)民事或刑事訴訟裁判，以行政處分是否無效或違法為據者，應視「**是否已開始相關行政爭訟程序**」為判斷：①若已開始相關行政爭訟程序者，民刑事法院自應裁定停止訴訟，以待有權機關或行政

並且，若行政爭訟程序已經開始者，於其程序確定前，民事或刑事法院應停止其審判程序（第 12 條第 2 項）。

㈢審判權不明之處理

1.現行制度

若審判權不明者，亦即系爭個案究屬普通法院管轄，抑或行政法院管轄者不明時，❶本法第 178 條規定「行政法院就其受理訴訟之權限，如與普通法院確定裁判之見解有異時，應以裁定停止訴訟程序，並聲請司法院大法官解釋」。是否有必要聲請司法院大法官解釋，實務見解認為行政法院有決定權（最高行政法院 99 裁 1488）。換言之，聲請司法院大法官解釋應由行政法院依職權為之，不待訴訟案件當事人之聲請，當事人縱有所聲請，亦僅發生促請行政法院注意之效力，並不當然拘束行政法院（最高行政法院 96 裁 1541）。

關於司法二元制度之建構，繪圖【圖 4-2】表示如下：

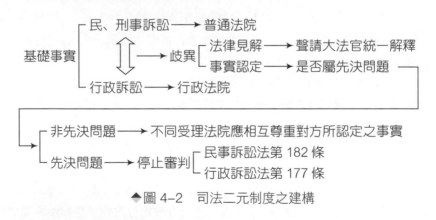

◆圖 4-2　司法二元制度之建構

法院決定；②若尚未開始相關行政爭訟程序者，民刑事法院仍得對有關之公法先決問題自為決定，但僅能認定行政處分是否無效；相似見解，劉宗德，翁岳生編，《行政訴訟法逐條釋義》，2006，第 150 頁以下。

❶ 陳敏，《行政法總論》，2007，第 1411 頁，所謂「不明」，包含「消極爭議」及「積極爭議」，前者乃行政法院及普通法院均否認有審判權，後者則是行政法院及普通法院均肯認有審判權。

綜上所述，在現行法設有裁定停止制度下，雖可透過司法院大法官解釋之方式獲得解套，但所產生之「訴訟不經濟」，則似無法避免。

2.移送制度之設計

關於移送制度，係明定行政法院對其認無受理訴訟權限之訴訟，應依職權以裁定將訴訟移送至有受理訴訟權限之管轄法院；受移送之裁定確定時，受移送之法院認其亦無受理訴訟權限者，應以裁定停止訴訟程序，並聲請司法院大法官解釋，以確定審判權之歸屬。另就移送制度之相關事項為配套規定，以保障人民之訴訟權。❸簡述如下：

⑴審判權恆定效力之產生

1 審判權恆定效力

起訴時法院有受理訴訟權限者，不因訴訟繫屬後事實及法律狀態變更而受影響（第 12 條之 1 第 1 項）。

實務見解指出，本條係基於訴訟經濟及程序安定性之考量，規定受訴法院於起訴時有審判權者，不應因訴訟繫屬後事實及法律狀態變更而變成無審判權（最高行政法院 99 裁 626）。

2 禁止更行起訴

訴訟繫屬於行政法院後，當事人不得就同一事件向其他不同審判權之法院更行起訴（第 12 條之 1 第 2 項）。

⑵審判權不明

1 具備審判權——羈束效力

為儘速確定審判權，行政法院認其有受理訴訟權限而為裁判經確定者，其他法院受該裁判之羈束（第 12 條之 2 第 1 項）。

2 不具備審判權——裁定移送

受訴法院若認為不具備審判權時，為不使訴訟審判權歸屬認定困難之不利益由當事人負擔，應儘速將案件依職權移送至有受理權限之管轄法院。至於應如何移送、移送次數是否有限制，本法規定如下：

❸　吳東都，〈法律救濟途徑之決定——並簡評釋字第 540 號解釋〉，《當代公法新論（下）》，2002，第 18 頁以下。

■1 依職權裁定移送至有受理訴訟權限之管轄法院

於審判權不明之情形，倘行政法院認其無受理訴訟權限者，應依職權以裁定將訴訟移送至有受理訴訟權限之管轄法院（第12條之2第2項前段）。❶因此，事件涉及行政法院「無受理訴訟權限者」，始生依職權裁定移送有受理訴訟權限之管轄法院問題（最高行政法院101裁753）。❷

例如，教師法第31條規定：「（第1項）教師申訴之程序分申訴及再申訴二級。教師不服申訴決定者，得提起再申訴。（第2項）學校及主管教育行政機關不服申訴決定者亦同。」第33條：「教師不願申訴或不服申訴、再申訴決定者，得按其性質依法提起訴訟或依訴願法或行政訴訟法或其他保障法律等有關規定，請求救濟。」因此，教師對於學校有關其個人之措施，認為違法或不當致損其權益，採取救濟程序時，應按其主張之事件性質，區別私法或公法關係，以定審判權。若案件之相對人為私立學校，抗告人於未遭解聘前與相對人間訂有具私法性質之聘約，其請求薪資或回復教職，應屬私法爭議，行政法院並無受理之權限，原裁定並無不合，其抗告難認有理由，應予駁回（最高行政法院101裁1130）。不過，依民事訴訟程序提起國家賠償訴訟時，應依國家賠償法第10條第1項規定，先行以書面向賠償義務機關請求協議，故原審法院無從依本法第12條之2第2項規定，依職權以裁定將訴訟移送至有受理訴訟權限之地方法院民事庭（最高行政法院101裁1129）。

■2 原告指定管轄時移送至其指定之法院

數法院有管轄權而原告有指定者，移送至指定之法院（第12條之2第

---

❶ 李建良，〈行政訴訟法實務十年掠影（二〇〇〇年～二〇一〇年）〉，《月旦法學雜誌》第182期，第29頁至第30頁認為，本條文旨在處理「審判權消極衝突」；至於本法第7條係基於訴訟經濟之考量而將國賠事件審判權於一定條件下劃由行政法院行使，其中並不生審判權不明或衝突之問題。承此而言，本條文並不能作為移送無審判權之依據。

❷ 最高行政法院（101裁753）：「……惟本件所涉者，係在原審之被告機關是否適格……，與有無受理訴訟權限者無關，尚無上開裁定移送之適用，亦無剝奪憲法上訴訟權問題……。」

2 項後段）。

例如，抗告人請求損害賠償，無論係依民法之規定，或依國家賠償法之規定提起本訴，均屬民事訴訟之範圍，抗告人誤向原審（臺北高等行政法院）起訴，原審依上開規定，並審酌抗告人之利益，將案件移送臺灣士林地方法院，於法並無不合，其抗告難認有理由，應予駁回（最高行政法院 101 裁 967）。

❸無管轄權爭議之解決──聲請司法院大法官解釋

若受移送法院亦認為無受理訴訟權限時，本法透過聲請大法官解釋的方式，解決管轄之爭議：

A.聲請大法官統一解釋

該移送之裁定確定時，受移送之法院認其亦無受理訴訟權限者，應以裁定停止訴訟程序，並聲請司法院大法官解釋（第 12 條之 2 第 3 項）。

例如，釋 695 係依司法院大法官審理案件法第 7 條聲請統一解釋，其案件事實為：「……聲請人係臺灣宜蘭地方法院（下稱宜蘭地院）民事庭法官，原因案件係該庭審理之租地契約事件。原告楊〇光等二人先依據國有林地濫墾地補辦清理作業要點（下稱系爭要點）向羅東林管處申請補辦清理訂立租地契約，經該處以申請資格及申請標的俱與相關規定不符為由否准；原告乃提起訴願、行政訴訟，經臺北高等行政法院認無受理權限，以 98 訴 1590 移送宜蘭地院。案經宜蘭地院羅東簡易庭以判決駁回，原告遂向宜蘭地院提起上訴，宜蘭地院民事庭法官認該事件為公法爭議，其並無受理權限，因此一見解與上開臺北高等行政法院確定裁定有異，遂依民訴第 182 條之 1 第 1 項前段規定，以 99 簡上 48 民事裁定，裁定停止訴訟，聲請統一解釋。」

就此聲請，釋 695 指出：「行政院農業委員會林務局所屬各林區管理處對於人民依據國有林地濫墾地補辦清理作業要點申請訂立租地契約未為准許之決定，具公法性質，申請人如有不服，應依法提起行政爭訟以為救濟，其訴訟應由行政法院審判。」

B.經大法官解釋後之運作

受移送之法院，若經司法院大法官解釋無受理訴訟權限者，此時該法院應再行移送至有受理訴訟權限之法院（第12條之2第4項）。若經司法院大法官解釋確認有受理訴訟權限者，該法院自應進行審判程序。

③先以裁定方式解決有無受理訴訟權限之爭執

至於，若當事人就行政法院有無受理訴訟權限有爭執者，行政法院應先對此爭執以裁定之方式解決（第12條之2第5項），並應詢問當事人之意見（第12條之2第7項）。此裁定，若當事人對之不服時，可提起抗告（第12條之2第6項）。

⑶急迫情形之裁定

移送訴訟前如有急迫情形，行政法院應依當事人聲請或依職權為必要之處分（第12條之3第1項）。移送訴訟之裁定確定時，視為該訴訟自始即繫屬於受移送之法院（第12條之3第2項）。例如，新竹地院因裁定之移送而受理抗告人之民事訴訟，並已裁判確定，本院亦應受拘束（最高行政法院101裁323）。行政法院書記官應速將裁定正本附入卷宗，送交受移送之法院（第12條之3第3項）。

⑷移送後訴訟費用之增補

在現行制度下，不同審判權法院之訴訟費用規定並不相同，應如何決定訴訟費用之徵收者，本法設有下列之規定：

①由行政法院移送至他法院

當行政法院將訴訟案件移送至他法院時，此時訴訟費用應如何決定，本法第12條之4設有規定：

❶依受移送法院適用之訴訟法定其訴訟費用

行政法院將訴訟移送至其他法院者，依受移送法院應適用之訴訟法定其訴訟費用之徵收（第12條之4第1項前段）。移送前所生之訴訟費用視為受移送法院訴訟費用之一部分（第12條之4第1項後段）。

❷由受移送法院補行徵收或退還溢收部分

關於該系爭案件應行徵收之訴訟費用，行政法院若有未加徵收、徵收不足額或溢收者，受移送法院應補行徵收或退還溢收部分（第12條之4第

2 項）。

　　2 由他法院移送至行政法院

　　不同於第 12 條之 4 之規定，當其他法院將訴訟案件移送至行政法院時，此時訴訟費用應如何決定，本法第 12 條之 5 設有規定:

　　1 依本法定其訴訟費用

　　其他法院將訴訟移送至行政法院者，依本法定其訴訟費用之徵收。移送前所生之訴訟費用視為行政法院訴訟費用之一部分（第 12 條之 5 第 1 項）。

　　2 由行政法院補行徵收或退還溢收部分

　　應行徵收之訴訟費用，其他法院未加徵收、徵收不足額或溢收者，行政法院應補行徵收或退還溢收部分（第 12 條之 5 第 2 項）。

　　關於行政訴訟法新增設移審制之設計，繪圖【圖 4-3】表示如下:

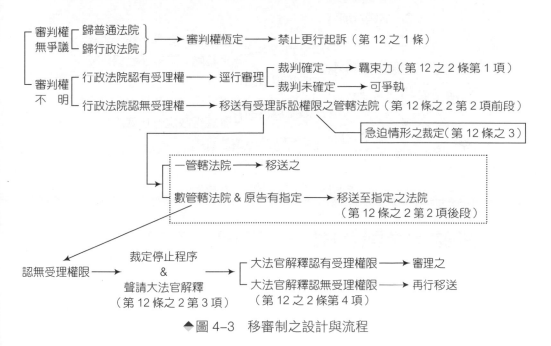

◆圖 4-3　移審制之設計與流程

貳、訴訟種類

一、基本訴訟種類

　　公法上之爭議，得依本法提起行政訴訟之種類，指撤銷訴訟、確認訴訟及給付訴訟（第3條），為本法之基本訴訟類型。❷此外，本法尚有公益訴訟及選罷訴訟等規定。

　　關於本法訴訟類型之建構，繪圖【圖4-4】如下：　❷

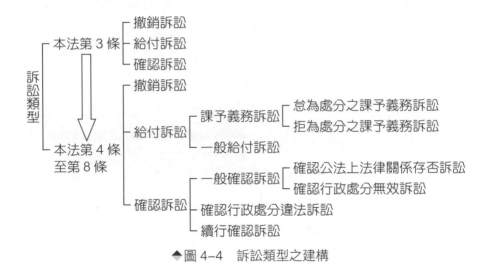

◆圖4-4　訴訟類型之建構

㈠新型態訴訟類型容許性——本法第3條之解釋

　　就本法第3條文義而論，在本法直接明文規定3種訴訟類型之下，是否可能產生其他訴訟類型，亦即是否容許法官透過法律續造方式開創出「無名訴訟」者，則有探討空間（最高行政法院96裁426）。　❷

❷　陳敏，《行政法總論》，2007，第1368頁至第1370頁，**本法所規定訴訟類型間，具有「排斥」、「競合」、「併存」（亦有稱為「擇一的併存」）及「補充」之關係。**

❷　各類型訴訟之比較，吳庚，《行政爭訟法論》，2009，第197頁。

　　基於憲法第 16 條訴訟權之保障，國家必須提供人民「無漏洞且有實效性之權利保障」；❷訴訟類型之設計，即在於確保國家給予人民「有實效性之權利保障」。就訴訟權之核心而論，若一方面要貫徹「有實效性之權利保障」，一方面又限制訴訟種類之發展，不免有所矛盾之處。故本法第 3 條之解釋，似應採取「例示規定」，無須拘泥於文字之限制，較為妥適。❷

㈡訴訟類型正確性

1.提起「正確訴訟類型」始為合法

　　鑑於訴訟種類的多樣化設計，為達成「有實效性之權利保障」之要求及宗旨，於系爭個案中有必要確定「訴訟類型正確性」，亦即原告為達成其起訴之目的，必須選擇正確之訴訟類型，此時原告所提起之訴訟，始屬合法。

2.闡明權的輔助

　　鑑於法學之複雜性及專業性，原告對於如何掌握「訴之請求」及「訴

---

❷　關於本法第 3 條定性之見解：⑴「**例示規定**」**之設計**：林錫堯，《行政法要義》，2006，第 641 頁；林明鏘，〈行政訴訟類型、順序與其合併問題〉，《行政法爭議問題研究（下）》，2000，第 968 頁；盛子龍，翁岳生編，《行政訴訟法逐條釋義》，2006，第 55 頁至第 56 頁；張文郁，〈行政訴訟之形成訴訟〉，《月旦法學教室》第 75 期，第 18 頁；陳清秀，《行政訴訟法》，2009，第 143 頁至第 146 頁；⑵「**列舉規定**」，**無法開展新的訴訟類型**：蔡志方，《行政救濟法新論》，2007，第 221 頁至第 225 頁。但蔡氏進一步主張本法第 3 條有修法之必要。

❷　盛子龍，翁岳生編，《行政訴訟法逐條釋義》，2006，第 55 頁。

❷　學理討論較多者，屬「一般形成（撤銷）訴訟」之承認與否。所謂一般形成訴訟，係**請求法院以形成判決之方式，撤銷非行政處分之行政行為**。由於一般形成訴訟並未明文於訴訟種類之中，故一般形成之訴之承認與否，迭有爭議。林明昕，〈一般形成訴訟──德國行政訴訟法上之爭議問題〉，《當代公法新論（下）》，2002，第 83 頁至第 97 頁；張文郁，〈行政訴訟之形成訴訟〉，《月旦法學教室》第 75 期，第 19 頁；程明修，〈論一般撤銷（形成）訴訟──以對公務員懲戒處分之救濟出發〉，《論權利保護之理論與實踐》，2006，第 668 頁至第 681 頁；盛子龍，〈公務員權利調整之權利救濟〉，《行政訴訟論文彙編──人事行政爭訟》，2002，第 406 頁以下。

訟對象」，往往有其困難之處。就此而言，基於「有實效性之權利保障」之訴訟宗旨，似有必要透過闡明權之設計，❷於訴訟過程由法官儘量協助原告提起正確之訴訟類型，屬妥適之舉。❷

　　至於，如何判斷訴訟類型之正確性與否，繪圖【圖4-5】如下表示：

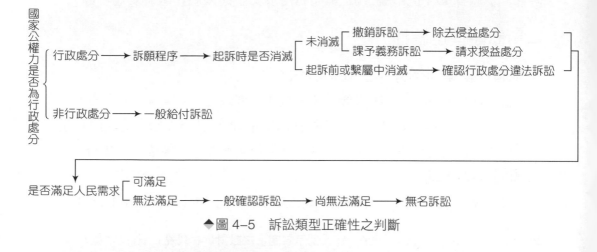

◆圖 4-5　訴訟類型正確性之判斷

二、行政訴訟一般實體判決要件

㈠概　說

　　訴訟之提起必須合法，始可由行政法院給予本案判決（亦可稱為「實體判決」）。無論所提起之訴訟類型為何，首先必須符合「一般實體判決要件」之要求；在個別訴訟類型中，除符合一般實體判決要件之外，另外必

---

❷　闡明權之設計，民訴係規定於第 199 條及第 199 條之 1。至於本法之規定，多數見解認為**第 125 條第 3 項規定，即為闡明權於本法之實踐**。陳敏，《行政法總論》，2007，第 1368 頁。

❷　若行政法院透過闡明權之行使，曉諭原告更換訴訟，但原告堅持其所選擇之訴訟類型而不欲更換者，此時行政法院則可以「起訴不合法」為理由，駁回原告之訴。陳敏，《行政法總論》，2007，第 1368 頁；彭鳳至，《德國行政訴訟制度及訴訟實務之研究》，1998，第 61 頁以下。

須符合個別訴訟種類之「特別實體判決要件」。

當行政訴訟之提起，同時滿足一般實體判決要件及特別實體判決要件者，行政院始可為本案判決；但若有所欠缺者，除可補正之要件已補正者外，行政法院應於程序上以裁定駁回原告所提起之訴訟。

㈡一般實體判決要件之介紹

各種訴訟類型之行政訴訟事件，必須具備下列之一般實體判決要件：[28]

1.審判權及管轄權

行政法院對行政訴訟案件必須具有審判權及管轄權，始可為本案判決。就此而言，若原告所提起之訴訟，不屬於我國司法管轄、不屬行政法院之權限（第107條第1項第1款），[29]或者不屬受訴行政法院管轄而不能請求指定管轄，亦不能為移送訴訟之裁定者（第107條第1項第2款），均非合法。

2.當事人

行政訴訟之當事人，應具有「當事人能力」及「訴訟能力」。就此而言，若原告或被告無當事人能力（第107條第1項第3款）、原告或被告未由合法之法定代理人、代表人或管理人為訴訟行為（第107條第1項第4款）及由訴訟代理人起訴，而其代理權有欠缺者（第107條第1項第5款），均非合法。

3.非已確定或已繫屬於其他行政法院之事件

考量訴訟經濟之要求，並且避免同一事件在不同法院審理下產生不同之結果，若有「當事人就已起訴之事件，於訴訟繫屬中更行起訴」（第107條第1項第7款）、「本案經終局判決後撤回其訴，復提起同一之訴」（第

---

[28] 劉宗德、彭鳳至，〈行政訴訟制度〉，翁岳生編，《行政法》，2000，第1143頁以下。

[29] 例如，向高等行政法院提起第三人異議之訴（臺北高等行政法院93訴3757）；提起國家賠償法所規定損害賠償之訴（最高行政法院94裁901）；人民因耕地租佃所生之爭執（最高行政法院94裁995）。

107 條第 1 項第 8 款）及「訴訟標的為確定判決或和解之效力所及」（第 107 條第 1 項第 9 款）者，均非合法。

4.起訴程式

行政訴訟之提起，應以訴狀為之，並表明當事人、起訴之聲明、訴訟標的及其原因事實（第 105 條第 1 項）。就此而言，若原告起訴時未符合本法第 105 條之要求者，若可補正者，審判長應先命補正；若不補正或無法補正者，訴訟始為不合法（第 107 條第 1 項第 10 款前段、第 107 條第 2 項）。

5.訴訟實施權

行政訴訟之當事人提起行政訴訟，必須具備訴訟實施權，亦即當事人可以自己之名義，在訴訟中主張及爭執相關之權利及義務。㉚在具體訴訟事件中，具備有訴訟實施權者，得以自己之名義為原告或被告，而受本案判決之資格，即為「當事人適格」。

6.訴訟權能

提起行政訴訟之原告，必須主張其權利或法律上之利益受有損害，亦即原告必須具備訴訟權能。㉛本法第 4 條撤銷訴訟及第 5 條課予義務訴訟

㉚ 陳敏，《行政法總論》，2007，第 1374 頁，區分「積極訴訟實施權」及「消極訴訟實施權」。前者係指原告得以自己之名義，就所主張之權利進行訴訟之權限；後者係指被告得以自己之名義，就原告所主張之其應負之義務進行訴訟之權限。

㉛ 欠缺訴訟權能者，實務多以「判決駁回」之方式處理。最高行政法院 90 年 6 月份庭長法官聯席會議謂：「本法第 107 條第 1 項各款係屬廣義之訴的利益要件，由於各款具有公益性，應由法院依職權調查，如有欠缺或命補正而不能補正者，法院應以裁定駁回之。**至於欠缺當事人適格、權益保護必要之要件，屬於狹義的『訴的利益』之欠缺，此等要件是否欠缺，常須審酌當事人之實體上法律關係始能判斷，自以判決方式為之，較能對當事人之訴訟程序權為周全之保障。**本院 69 年 4 月 30 日庭長評事聯席會議關於此部分決議應予維持。本法第 107 條第 2 項所定：『撤銷訴訟及課予義務訴訟，原告於訴狀中誤列被告機關者，準用第一項之規定。』係法律就特殊情形所作之例外規定，由此可知同條第 1 項第 10 款所定『不備其他要件』並非當然包含當事人適格、權益保護必要要件之欠缺，併此指明……」，即採類此之看法；**不同見解認為，訴訟權能旨在確認原告有無提出**

中設有明文，自不待言；確認訴訟及一般給付訴訟雖未有明文，但亦有適
用之。

7.權利保護必要性

行政訴訟之提起，原告必須具備權利保護必要性，訴訟始為合法。基
於訴訟資源有限及誠實信用原則之考量，自不容許人民濫用訴訟制度，故
透過本要件之設計，對於原告無值得保護價值之訴訟利益者，應予以駁回
之。❸本法第 107 條第 1 項第 10 款「起訴……不備其他要件」之規定，應
可包含權利保護必要性之要求。❸再者，原告如另有其他較簡易方法可以
達到訴訟目的、誤用訴訟類型、原告所受損害已不存在、原告以訴訟所為
之權利保護已無法補救或無實益，或原告係以訴訟達成訴訟目的以外之其
他不當目的，均應認無權利保護之必要性。❸

三、訴訟類型特別實體判決要件

(一)撤銷訴訟

關於撤銷訴訟❸，係人民因中央或地方機關之違法行政處分，認為損

訴訟之資格，應屬於「起訴之程序合法要件」，若欠缺時不應以判決駁回之。李
建良，〈行政訴訟法實務十年掠影（二〇〇〇年～二〇一〇年）〉，《月旦法學雜
誌》第 182 期，第 31 頁至第 32 頁。

❸ 彭鳳至，《德國行政訴訟制度及訴訟實務之研究》，1998，行政法院出版，第 13
頁以下；陳清秀，《行政訴訟法》，2009，元照出版，第 247 頁至第 250 頁；最高
行政法院 90 年 6 月份庭長法官聯席會議決議認為：「……欠缺當事人適格、權益
保護必要之要件，屬於狹義的『訴的利益』之欠缺，此等要件是否欠缺，常須審
酌當事人之實體上法律關係始能判斷，自以判決方式為之，較能對當事人之訴訟
程序權為周全之保障……。」

❸ 陳敏，《行政法總論》，2007，第 1375 頁。

❸ 陳敏，《行政法總論》，2007，第 1375 頁；吳庚，《行政爭訟法論》，2009，第
140 頁至第 146 頁。

❸ 吳綺雲譯，陳敏編，《德國行政法院法逐條釋義》，2002，第 332 頁，關於撤銷訴
訟之立法，係參考德國聯邦行政法院法第 42 條之規定。

害其權利或法律上之利益，經依訴願法提起訴願而不服其決定，或提起訴願逾 3 個月不為決定，或延長訴願決定期間逾 2 個月不為決定者，**㊱**得向行政法院提起撤銷訴訟（第 4 條第 1 項）。逾越權限或濫用權力之行政處分，則係以違法論（第 4 條第 2 項）。**㊲**

1.撤銷訴訟之特別實體判決要件

提起撤銷訴訟，除須具備一般實體判決要件之外，另外必須具備關於撤銷訴訟之特別實體判決要件，始可提起。

關於撤銷訴訟之特別實體判決要件，繪圖【圖 4-6】如下：

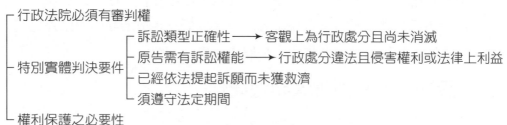

◆圖 4-6　撤銷訴訟之特別實體判決要件

(1)訴訟類型正確性——客觀上為行政處分且尚未消滅

①客觀上需有行政處分存在

撤銷訴訟所欲撤銷之對象，必須是一個客觀上、事實上符合行政程序法第 92 條意義之行政處分，**㊳**惟行政法院並不受當事人主張之拘束。**㊴**因

㊱　所指「逾期不為決定」，係以受理訴願機關收受訴願書為要件（最高行政法院 94 裁 81）。

㊲　本法第 4 條第 2 項為「擬制違法」之規定，乃特別針對裁量處分而言；然本法第 201 條規定：「行政機關依裁量權所為之行政處分，以其作為或不作為逾越權限或濫用權力者為限，行政法院得予撤銷」，**用以表明司法審查僅為合法性控制，不及於妥當性審查**。此規定亦具有限制行政法院權限之意。吳庚，《行政爭訟法論》，2009，第 155 頁；李惠宗，《行政法要義》，2008，第 593 頁。

㊳　客觀上之行政處分存在，原告是否可針對「行政處分之一部」提起撤銷訴訟，本法並未有規定。德國行政法院法第 113 條第 1 項第 1 句規定，行政處分具有可分性者，若行政處分僅一部違法時，行政法院可對該違法之部分撤銷之。就此而

此，人民提起撤銷訴訟，必須在客觀上有符合行政處分要素之行政行為存在，且該行政處分損害其權利或法律上利益，為前提要件（最高行政法院101 裁 874）。

1 單獨對附款提起爭訟？

若客觀上存在有一附加行政程序法第 93 條第 2 款所明定之附款**❹**時，此時是否可單獨針對不服之附款提起撤銷訴訟，學理眾說紛紜，尚無共識產生**❹**，似有待日後實務見解之表態。

言，只要系爭行政處分具有可分性者，人民應可針對該違法之部分提起撤銷訴訟。吳庚，《行政爭訟法論》，2009，第 151 頁；盛子龍，翁岳生編，《行政訴訟法逐條釋義》，2006，第 68 頁。

❹ 多數見解認為，有鑑於一般人民對法律不熟悉，無法於起訴時判斷「行政處分是否無效」，故為貫徹權利有效保障之要求，**若人民誤對無效行政處分提起撤銷訴訟時，此時應承認「撤銷訴訟對無效行政處分之暫時開放性」**，行政法院不應立即駁回，而是在終局確定該行政處分確為無效之際，審判長透過闡明權（本法第**125 條**），曉諭原告更換訴訟類型，較為妥適。陳敏，《行政法總論》，2007，第 1376 頁至第 1377 頁；盛子龍，翁岳生編，《行政訴訟法逐條釋義》，2006，第 67 頁至第 68 頁。

❹ 行政程序法承認之附款類型，有「期限」、「條件」、「負擔」、「廢止權之保留」及「負擔之保留」等 5 種類型。黃俊杰，《行政程序法》，2010，第 149 頁以下。並參，黃錦堂，《論行政處分之附款》，臺灣大學法律研究所碩士論文，1985；謝志偉，《行政處分附款之爭訟》，中正大學法律研究所碩士論文，2007，第 11 頁以下。

❹ 可區別數種見解：⑴僅可對「負擔」、「廢止權保留」單獨提起爭訟：**由於負擔與廢止權保留之性質，本即為單獨之行政處分，故可單獨對之提起訴訟**。李建良，〈行政處分附款之基本概念〉，《月旦法學教室別冊(3)──公法學篇》，2002，第 171 頁；林騰鷂，《行政訴訟法》，2004，第 72 頁；⑵羈束處分始得提單獨爭訟：本說認為，附款是否可單獨提起爭訟，**應於其所附麗之主處分為羈束處分時，始得單獨提起爭訟**；至於，裁量處分則不得單獨對附款提起爭訟。許宗力，〈行政處分〉，翁岳生編，《行政法》上冊，2006，第 556 頁至第 557 頁；⑶全面肯定說：認為**基於訴訟經濟考量，使原告可以避免承受行政處分作成後法令及事實可能變更之風險，應全面肯定得對附款單獨提起爭訟**。盛子龍，〈行政處分附款之

2 新作成處分替代原處分──訴訟標的變更

撤銷訴訟於繫屬中，行政機關對系爭行政處分為撤銷或變更，並以新作成之行政處分替代原行政處分者，應可透過訴訟之變更，以新行政處分作為訴訟標的，而毋庸重行訴願程序。

3 「形式行政處分」亦得對之爭訟

若行政機關實質上為非行政處分之其他行政法上意思表示，而有行政處分之形式者，類此「形式行政處分」亦可作為撤銷訴訟之標的。❷

2 客觀上所存在行政處分尚未消滅❸

1 「消滅」之意義

行政處分「消滅」，係指行政處分之規制效力已不存在，進而無從撤銷之謂。

行政處分規制效力之消滅原因，可區分為「事實上理由」及「法律上理由」：前者，例如相對人死亡、標的物滅失、時間經過等態樣；後者，例如行政程序法第 117 條以下行政處分之撤銷廢止規定等態樣。❹

2 執行完畢並不代表消滅

撤銷訴訟之提起，必須以該爭訟之行政處分尚未「消滅」為前提，此觀本法第 6 條第 1 項後段之文義即可得知。然較有問題者在於：如何判斷「行政處分消滅」？行政處分若透過行政執行完畢後，是否代表該行政處分已消滅者，則有探討空間。

行政爭訟〉，《中原財經法學》第 6 期，第 29 頁至第 30 頁；⑷綜合考量說：有謂應從「附款是否具有獨立性質」、「視附款屬於負擔或授意效果」及「以羈束處分或裁量處分」等 3 個部分，綜合考量。吳庚，《行政爭訟法論》，2009，第 151 頁至第 152 頁。

❷ 林騰鷂，《行政訴訟法》，2008，第 82 頁；程明修，〈形式之行政處分〉，《月旦法學教室》第 45 期，第 10 頁至第 11 頁。

❸ 李建良，〈行政處分的「解決」與行政救濟途徑的擇定〉，《台灣本土法學》第 40 期，第 106 頁以下。

❹ 關於行政程序法中行政處分之撤銷廢止，黃俊杰，《行政程序法》，2010，第 187 頁以下。

　　行政處分執行完畢，並不當然構成行政處分消滅之事由，❹ 必須進一步判斷「執行造成之不利益事實狀態是否結束」，始可決定行政處分是否消滅。若此答案於個案判斷中屬於肯定者，則行政處分之規制效力隨執行完畢而消滅，此時即無撤銷之實益；若該答案尚屬否定者，則仍有撤銷之實益存在。❹ 繪圖【圖 4-7】表示如下：

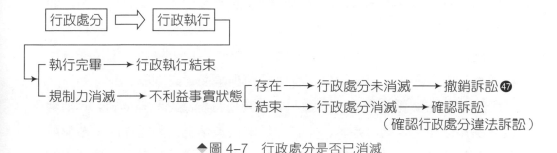

◆圖 4-7　行政處分是否已消滅

(2)原告必須具有訴訟權能

　　本法第 4 條第 1 項規定：「……認為損害其權利或法律上之利益……」，即揭明原告必須具有訴訟權能，其訴訟始屬合法。

1 權利與利益之區分——公權利理論❹之開展

---

❹　2010 年本法關於第 6 條第 1 項後段之修正理由，即明確指出「行政處分已執行與行政處分消滅不同」之見解。

❹　陳敏，《行政法總論》，2007，第 1378 頁至第 1379 頁；盛子龍，翁岳生編，《行政訴訟法逐條釋義》，2006，第 69 頁至第 70 頁；劉淑範，〈論「續行確認訴訟」（「違法確認訴訟」）之適用範疇：以德國學說與實務為中心〉，《臺北大學法學論叢》第 46 期，頁 130。

❹　陳敏，《行政法總論》，2007，新學林總經銷，第 1378 頁至第 1379 頁，於此態樣者，除有撤銷原處分之實益外，尚有回復原狀之問題，而有本法第 196 條「執行結果除去請求權」之適用。

❹　所謂「公權利理論」，其判斷必須滿足 3 個要件：(1)**需有行政法規課予行政機關一行為義務，包括行為、不行為或容忍之義務**；(2)**該行政法規必須是保護規範，亦即該行政法規課予行政機關行為義務之目的，需同時維護公共利益及個人利益**；(3)**該行政法規賦予個人得實現自己利益之法律上之力，可以透過法院使該利**

　　撤銷訴訟之提起，以有違法行政處分存在，且該違法行政處分損害人民權利或法律之利益為要件（最高行政法院 94 判 106）。**❹**

■1 「權利」及「利益」之區分

　　就第 4 條規定而言，係區分「權利」及「利益」兩種態樣。

　　所謂「權利」，係指「得享受特定利益之法律上之力」。若行政法規對於人民權利有明確之規定者，人民自可援引該行政法規而主張公權利，並無疑義。**❺⓪** 然則，對於其他行政法規關於「人民之義務」或「行政機關之權限」之規定，應如何判斷該行政法規是否給予人民公權利，抑或僅為反射利益**❺①**，則有賴於學理所建構「保護規範理論」為之判斷。

　　所謂「利益」，係指尚未成為權利之各種值得保護之利益而言，其通常不包括法律以外之政治、宗教、文化、經濟或感情上之利益在內。**❺②** 訴願法雖然區分「權利」及「利益」兩種態樣，**❺③** 但均屬「公權利」概念之範

益得以實現。當滿足這 3 個要件時，人民即可主張公權利，進而要求國家為一定行為、不行為或容忍之義務。陳敏，《行政法總論》，2007，第 254 頁以下、第 1364 頁以下；盛子龍，〈撤銷訴訟之訴訟權能〉，《中原財經法學》第 7 期，第 5 頁至第 6 頁；陳英鈐，〈撤銷訴訟之訴權〉，《行政法爭議問題研究（下）》，2000，第 987 頁以下；陳清秀，《行政訴訟法》，2009，第 226 頁至第 228 頁。

❹ 撤銷訴訟既因人民主張違法行政處分損害其權益而請求撤銷該行政處分，可知撤銷訴訟之本質即包含確認行政處分是否違法損害人民（原告）權益在內（最高行政法院 94 判 106）。

❺⓪ 例如，個人資料保護法第 10 條規定：「公務機關或非公務機關應依當事人之請求，就其蒐集之個人資料，答覆查詢、提供閱覽或製給複製本。……」

❺① 所謂「反射利益」，**係指系爭行政法規之目的，僅針對公共利益為之規範，並未有維護個人利益之目的者**。反射利益與公權利係屬相對應之觀念。最高行政法院（71 判 124）針對商標事件，即認為「……系爭商標對原告現已存在之權利或合法利益，並未發生任何影響，對原告而言，僅屬消費者或競爭同業身分而已，其關係乃經濟上之利害關係，非修正前商標法第 2 條第 4 款所指之利害關係人……」，亦即認定系爭法規範僅給予人民「反射利益」。

❺② 李建良，〈行政爭訟〉，《行政法入門》，2006，第 483 頁。

❺③ 支持區分「權利」及「利益」兩種態樣者，李惠宗，〈主觀公權利、法律上之利

疇，故「權利」及「利益」之區分已逐漸模糊，❺❹甚可認為「權利」及「利益」僅為重複之用語，❺❺兩者並無區分之必要。❺❻

❷ 保護規範理論作為公權利之判斷

　　目前實務見解之發展，於公權利判斷似有採取保護規範理論之趨勢，❺❼得以釋 469 為代表。❺❽雖然保護規範理論並非如同數學公式般地直接獲得答案，然該理論可兼顧公益及私益，為多數見解所接受。❺❾

②　訴訟權能之判斷

益與反射利益之區別〉，《行政法爭議問題研究（上）》，2000，第 164 頁以下。

❺❹　吳庚，《行政法之理論與實用》，2005，第 628 頁。

❺❺　陳新民，《行政法學總論》，1997，第 360 頁。

❺❻　李建良，〈行政爭訟〉，《行政法入門》，2006，第 484 頁；盛子龍，〈撤銷訴訟之訴訟權能〉，《中原財經法學》第 7 期，第 17 頁至第 20 頁；陳愛娥，〈「訴訟權能」與「訴訟利益」——從兩件行政法院裁判出發，觀察兩種訴訟要件的意義與功能〉，《律師雜誌》第 254 期，第 71 頁；林明昕，〈撤銷訴願及撤銷訴訟之訴訟權能〉，《法學講座》第 1 期，第 91 頁。

❺❼　最高行政法院（93 判 1641）指出：「……所謂『法律上利害關係』之判斷，係以『新保護規範理論』（筆者按：此處所指『新』保護規範理論者，應係指探求客觀之規範意旨為中心之操作模式，而有別於傳統之保護規範理論而言）為界定利害關係第三人範圍之基準。**如法律已明確規定特定人得享有權利，或對符合法定條件而可得特定之人，授予向行政主體或國家機關為一定作為之請求權者，其規範目的在於保障個人權益，固無疑義；如法律雖係為公共利益或一般國民福祉而設之規定，但就法律之整體結構、適用對象、所欲產生之規範效果及社會發展因素等綜合判斷，可得知亦有保障特定人之意旨時，即應許其依法請求救濟**……。」

❺❽　釋 469 解釋理由書：「……法律規範保障目的之探求，應就具體個案而定，如法律明確規定特定人得享有權利，或對符合法定條件而可得特定之人，授予向行政主體或國家機關為一定作為之請求權者，規範目的在於保障個人權益，固無疑義；**如法律雖係為公共利益或一般國民福祉而設之規定，但就法律之整體結構、適用對象、所欲產生之規範效果及社會發展因素等綜合判斷，可得知亦有保障特定人之意旨時**……**即應許其依法請求救濟**……。」

❺❾　吳庚，《行政爭訟法論》，2009，第 158 頁至第 160 頁；盛子龍，翁岳生編，《行政訴訟法逐條釋義》，2006，第 76 頁。

關於訴訟權能之判準，可以區分為「侵益行政處分之相對人」及「授益行政處分之第三人」兩種態樣為之思考。以下簡述之：

❶相對人之公權利

關於「侵益行政處分之相對人」者，係中央或地方機關所為之行政處分，直接對處分相對人課予義務或產生法律上之不利益，亦即干預相對人在憲法上之一般行為自由權，自可肯定處分相對人具有主觀公權利。

❷第三人之公權利

A.原則——透過保護規範理論為之解釋

至於「授益行政處分之第三人」者，係中央或地方機關所為之行政處分，對於處分相對人而言係屬授益處分，但對第三人而言則間接受有不利益者。此時應如何探求法規範是否具有保護第三人之目的，則是透過保護規範理論對於法規範之解釋為之探求。❻⓪

B.例外——基本權作為第三人之公權利

若透過各種解釋之方式，仍舊無法推論出系爭法規範附有保護第三人之公權利者，是否可直接援引憲法上明文規範之基本權利作為第三人公權利依據者，則存有相當之爭議。

就權力分立原則之面向考量者，系爭法規範是否欲保護第三人，原則上應屬立法者之形成空間，亦即應尊重立法者決定而不應容許法院直接以基本權作為建構第三人公權利之基礎；但若國家公權力對於第三人之影響，**已經觸及該第三人基本權核心領域之際**，可例外容許法院援引憲法上基本權利作為第三人公權利之建構。❻①

❸原告之主張責任

---

❻⓪ 可供判斷及斟酌之一般規則，盛子龍，翁岳生編，《行政訴訟法逐條釋義》，2006，第 75 頁至第 76 頁。

❻① 德國聯邦行政法院於「建設法上鄰人之訴」，只要**當建設許可對鄰人財產權之影響，具有「持續性」且達「重大難以忍受」之程度時，始可援引財產權作為該鄰人公權利之建構**。盛子龍，翁岳生編，《行政訴訟法逐條釋義》，2006，第 76 頁至第 77 頁；陳清秀，《行政訴訟法》，2009，第 236 頁至第 238 頁。

在撤銷訴訟中，原告必須主張其本身公權利受行政處分違法侵害，此時法院始可針對原告之主張，審查原告是否有訴訟權能。鑑於訴訟權能之要求，主要係為避免公民訴訟之產生，即透過訴訟權能進行篩選之目的，故原告之主張責任，即有進一步探究之必要。

❶原告乃侵益處分之相對人——「相對人理論」

關於「侵益行政處分之相對人」者，係中央或地方機關所為之行政處分，直接對處分相對人課予義務或產生法律上之不利益，亦即干預相對人在憲法上之一般行為自由權，故原告只要提出自己為侵益處分相對人之主張即已足，法院即應認定原告具有訴訟權能，學理稱為「相對人理論」。❷

再者，系爭侵益處分相對人提起撤銷訴訟者，原則應對「原行政處分」及「訴願決定」一併表示不服。例如，A 醫療財團法人經 B 地方稅務局辦理房屋稅籍清查時，發現 A 不符免徵房屋稅要件，遂核定補徵房屋稅。A在申請復查未獲變更後，提起訴願仍遭駁回，故提起撤銷訴訟請求撤銷「原行政處分」及「訴願決定」（最高行政法院 101 判 498）。

❷原告受事實影響之第三人

關於受行政處分事實影響之第三人提起撤銷訴訟者，此時該第三人之主張程度為何，學理見解不一。❸至於實務目前之操作，似未對原告所應

---

❷ 林明昕，〈撤銷訴願及撤銷訴訟之訴訟權能〉，《法學講座》第 1 期，第 87 頁；盛子龍，翁岳生編，《行政訴訟法逐條釋義》，2006，第 78 頁。

❸ 德國學理見解，約有「主張理論」、「正當性理論」、「可能性理論」。德國實務在訴訟權能之審查，**大抵以「可能性理論」作為通說**。至於我國如何操作，尚有不同見解：⑴採取「可能性理論」說：本說引入德國多數見解所採「可能性理論」，作為我國操作上之判斷準據。盛子龍，翁岳生編，《行政訴訟法逐條釋義》，2004，第 78 頁至第 81 頁；同氏著，〈撤銷訴訟之訴訟權能〉，《中原財經法學》第 7 期，第 35 頁以下；陳敏，《行政法總論》，2007，第 1444 頁；林騰鷂，《行政訴訟法》，2008，第 88 頁；陳清秀，《行政訴訟法》，2009，第 221 頁至第 226頁；⑵採取「主張理論」說：本說係透過「認為損害其權利」之文字，解釋上似應採取主張理論。李惠宗，《行政法要義》，2008，第 593 頁；吳庚，《行政爭訟法論》，2009，第 154 頁。

主張具體陳述事實之程度做出闡釋，故尚無法得知實務之操作方式，有待日後實務進一步之表態。

至於該受行政處分事實影響之第三人提起撤銷訴訟者，僅需對訴願決定表示不服即可。

綜上所述，將撤銷訴訟之訴訟權能判斷，以圖【圖4-8】表示如下：

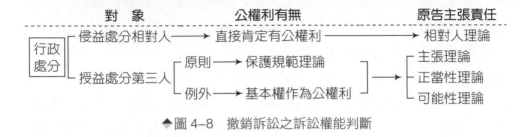

圖4-8　撤銷訴訟之訴訟權能判斷

(3)原告須已經依法提起訴願而未獲救濟

1原則——「訴願前置主義」[64]之要求

提起撤銷訴訟者，原告原則上必須先踐行訴願程序而未獲救濟時，該撤銷訴訟始屬合法。經依訴願法提起撤銷訴願而不服訴願審議委員會所為之訴願決定，向行政法院提起撤銷訴訟者，原則上係以訴願決定維持行政處分為要件。蓋以撤銷行政處分為目的之訴訟，係以行政處分之存在為前提，如在起訴時或訴訟進行中，該處分事實上已不存在時，自無提起或續行訴訟之必要。

因此，實務見解指出，提起撤銷訴訟，須以經過合法訴願為其前提，其未經過訴願程序，提起行政訴訟，自非法所許（最高行政法院101裁972；94裁614）。至於，人民於合法提起訴願後，縱使訴願決定從程序上予以不受理，嗣經提起行政訴訟，請求撤銷原行政處分，行政法院就該處分是否適法，依法仍可予以審查（最高行政法院93判1132；94判60）。

惟行政處分因期間之經過或其他事由而失效，其失效前所形成之法律效果，如非隨原處分之失效而當然消滅者，當事人因該處分之撤銷而有可

64　陳敏，《行政法總論》，2007，第1382頁謂「訴願先行程序」。

回復之法律上利益時，仍應許其提起或續行訴訟（釋 213）。

　　2 例外——無須踐行「訴願前置主義」

　　至於，例外無需先經訴願程序即可提起撤銷訴訟者，有下列態樣：

1 訴願人以外之利害關係人，65 認為訴願決定損害其權利或法律上利益者（第 4 條第 3 項）；66

2 已用盡其他相當於訴願程序而未獲救濟者；67

3 依行政程序法第 109 條規定，對於經聽證程序所作成之行政處分不服者，可逕行提起行政訴訟而毋庸踐行訴願程序；68

4 參加訴訟。

65　所謂「利害關係人」，係指**違法行政處分之結果致其現已存在之權利或法律上之利益受影響者**而言，若僅具經濟上、情感上或其他事實上之利害關係者則不屬之（最高行政法院 93 判 556）。

66　陳敏，《行政法總論》，2007，第 1383 頁認為，本項之適用，應以「訴願決定撤銷或變更原處分致利害關係人『首次損害』」為要件；最高行政法院 93 年 9 月庭長法官聯席會議決議：「……本法第 4 條第 3 項規定：『訴願人以外之利害關係人，認為第 1 項訴願決定，損害其權利或法律上之利益者，得向行政法院提起撤銷訴訟。』參照院解 641 意旨，不服受理訴願機關之決定者，雖非原訴願人亦得提起撤銷訴訟，但以該訴願決定撤銷或變更原處分，致損害其權利或利益者為限。故利害關係相同之人，自不得依前述規定起訴，應自行提起訴願以資救濟，其未提起訴願，基於訴願前置主義，原則上不得逕行提起行政訴訟。**惟於例外情形，如訴訟標的對於原訴願人及其他有相同利害關係之人必須合一確定者，則既經原訴願人踐行訴願程序，可認為原提起訴願之當事人，有為所有必須合一確定之人提起訴願之意，應解為與原訴願人利害關係相同之人得逕行依同法第 4 條第 1 項起訴……。」**

67　例如：公務員受其任職機關依公務人員考績法予以免職（釋 243，惟 2003 年公務人員保障法第 72 條規定，受處分人對於復審決定不服者，可直接提起行政訴訟而無須再經過訴願程序）、對於會計師所為懲戒處分之覆審決議（釋 295）、對於律師所為之懲戒處分（釋 378）。

68　蔡志方，《行政救濟法新論》，2007，第 293 頁認為，行政程序法第 109 條為本法第 4 條與第 5 條之特別規定，故此等案件與其他直接訴訟，均無須先經訴願之程序。

⑷須遵守法定期間

提起撤銷訴訟，應遵守法定起訴期間，若逾期提起者，依本法第 107 條第 1 項第 6 款之規定，應以裁定駁回。

①經訴願決定後提起行政訴訟

❶以「送達後」或「知悉時」作為起算時點

撤銷訴訟之提起，應於訴願決定書送達後 2 個月之不變期間內為之（第 106 條第 1 項前段）。❻❾但訴願人以外之利害關係人知悉在後者，自知悉時起算（第 106 條第 1 項後段）。

❷告示錯誤或未告示時之處理

若訴願決定機關告知當事人起訴期間有錯誤時，依訴願法第 92 條第 1 項規定，此時經訴願決定機關更正後，自更正通知送達日起作為計算「2 個月」之始期。

若訴願決定機關未為告知救濟期間，抑或告知錯誤而未更正者，此時依訴願法第 92 條第 2 項規定，自訴願決定書送達日起 1 年內提行政訴訟，均視為於法定期間內提起。

②無訴願決定之法定期間

❶無須經訴願程序而提起行政訴訟

若依法律特別規定無須經訴願程序即可提起行政救濟者，本法第 106 條第 3 項設有規定：「不經訴願程序即得提起第 4 條……之訴訟者，應於行政處分達到或公告後 2 個月之不變期間內為之。」❼❶

❷逾期未為訴願決定

若訴願機關逾期未為訴願決定時，此時提起行政訴訟之期間為何，本

---

❻❾ 陳敏，《行政法總論》，2007，第 1385 頁，註 32，基於法律安定之考量，對於此期間設置持保留之態度，並認為應參考德國行政法院法第 74 條第 1 項規定，起訴期間訂為「1 個月」即可。

❼❶ 本條文為 2010 年行政訴訟法修正時所增訂，其立法理由謂：「在法律特別規定不經訴願程序即得提起撤銷訴訟之情形，例如經聽證程序，作成負擔處分，或駁回人民之申請，依行政程序法第 109 條之規定，免經訴願程序即得提起撤銷訴訟，本法並未規定起訴期間，爰增訂第 3 項規定明定之。」

法未有規定，似可類推本法第 106 條規定，於「訴願決定機關應作成訴願決定最後之日起算 2 個月」。

③逾越 3 年之失權效

為考量法安定性之維護，自訴願決定書送達後，**❼**已逾 3 年者，則不得提起之（第 106 條第 2 項）。**❼**

2.行政法院之審理範圍

行政法院關於撤銷訴訟之司法審查功能，基於權力分立與制衡（司法→行政）之設計，原則上係針對行政處分之違法性為之審理，不含行政處分之妥當性。

(二)給付訴訟

給付訴訟之種類，尚得區分如下：**❼**

1.一般給付訴訟

一般給付訴訟，係人民與中央或地方機關間，因公法上原因發生財產上之給付或請求作成行政處分以外之其他非財產上之給付，**❼**得提起給付訴訟。因公法上契約發生之給付，亦同（第 8 條第 1 項）。前項給付訴訟之

---

❼ 陳敏，《行政法總論》，2007，第 1385 頁，註 33，本項所謂之送達，縱然對數人為之，自第 1 次之送達時起，即應進行所規定之 3 年不變期間，不論對其他之人是否及何時完成通知。

❼ 縱使期間內有產生遲誤期間之情事者，雖可經本法第 91 條之規定聲請回復原狀，但仍應遵守本法第 106 條所規定 3 年期間之限制。陳敏，《行政法總論》，2007，第 1386 頁；吳庚，《行政爭訟法論》，2009，第 163 頁。

❼ 給付訴訟可區分為本文下述「一般給付訴訟」及「課予義務訴訟」兩類型，後者亦可稱為「特別給付訴訟」。陳敏，《行政法總論》，2007，第 1365 頁；陳清秀，《行政訴訟法》，2009，第 156 頁至第 157 頁。

❼ 例如，人民申請建築主管機關補發建築執照，應提起一般給付訴訟：蓋其係請求作成事實行為，建築主管機關在補發建築執照前，應就申請人之是否適格、有無領得建築執照及遺失已否登報作廢等要件加以審查，無非事實行為遵循合法規範所必需。建築主管機關縱為拒絕之答復，僅屬不作事實行為之告知，並不生法律上效果，仍屬事實行為（最高行政法院 94 判 719）。

裁判，以行政處分應否撤銷為據者，應於依第 4 條第 1 項或第 3 項提起撤銷訴訟時，併為請求。原告未為請求者，審判長應告以得為請求（第 8 條第 2 項）。因此，**一般給付訴訟，相對於其他訴訟類型，特別是以「行政處分」為中心之撤銷訴訟及課予義務訴訟，係具有「備位」性質**，故若有其他訴訟類型得提供人民權利救濟時，即似無許其提起一般給付訴訟之餘地。

關於一般給付訴訟之種類及特別實體判決要件，繪圖【圖 4-9】說明如下：

```
┌ 行政法院必須有審判權
│                      ┌ 訴訟類型正確性 ── 非行政處分之一切行政行為
├ 特別實體判決要件 ┤
│                      └ 原告需有訴訟權能
└ 權利保護之必要性
```

◆圖 4-9　一般給付訴訟之種類及特別實體判決要件

⑴訴訟類型正確性──非行政處分之一切行政行為

①概　說

人民與中央或地方機關彼此間若產生公法法律關係之給付原因者，此時若有一方不為履行，則應循本法提起一般給付訴訟為之救濟。換言之，只要是依據公法法律關係所產生之給付爭議者，除適用課予義務訴訟之案型外，❼❺即有一般給付訴訟之適用。❼❻至於，該公法法律關係之形式為何，則非所問。❼❼

②訴訟標的

因公法法律關係所產生之給付內容，就人民請求行政機關作為之面向

---

❼❺ 課予義務訴訟為一般給付訴訟之特別規定，有鑑於第 5 條承認課予義務訴訟之類型，為使兩者得以區別，於一般給付訴訟之適用範圍，自當排除「得提起第 5 條之訴訟」之案件。

❼❻ 董保城，翁岳生編，《行政訴訟法逐條釋義》，2006，第 119 頁至第 120 頁。

❼❼ 公法法律關係形式表示之態樣，大抵可分為「以公法法律之形式」、「以行政處分之形式」、「以行政契約之形式」及「以事實行為之形式」等 4 種態樣為之表示。董保城，翁岳生編，《行政訴訟法逐條釋義》，2006，第 120 頁至第 121 頁。

而言，概有「財產上之給付」、「請求作成行政處分以外之其他非財產上之給付」及「公法契約之給付」之態樣；就人民請求行政機關不作為之面向而言，概有「命行政機關不得為特定行政處分」及「命行政機關不得為特定事實行為」之態樣。

◼1 人民請求行政機關作為訴訟

A.財產上之給付

所謂「財產上之給付」，並不限於金錢之給付，泛指具有財產交易價值之物，均可納入一般給付訴訟之範疇。再者，一般給付訴訟所稱「公法上之給付」，並不包括損害賠償之給付（最高行政法院 94 裁 666）。

⑷損失補償事件

在損失補償事件，❼❽受損失人若不獲行政機關補償，或補償金額不符其所要求者，此時受害人應採取何種訴訟行為之救濟，應視法律是否有明文規定而論。法律有明文規定❼❾應提起一般給付訴訟者，自當依據條文規定為之；若條文未規定者，則有賴行政機關依據個案所為之行為形式決定。

⑻公法上不當得利返還請求權

至於「公法上不當得利返還請求權」❽⓪之返還部分，應以何種訴訟種

---

❼❽ 關於損失補償之法理，釋 400：「……既成道路符合一定要件而成立公用地役關係者，其所有權人對土地既已無從自由使用收益，**形成因公益而特別犧牲其財產上之利益**，國家自應依法律之規定辦理徵收給予補償……。」

❼❾ 如：行政程序法第 120 條第 3 項、第 126 條第 2 項、第 145 條第 4 項及第 146 條第 5 項。

❽⓪ 有關公法上不當得利返還請求權之介紹，林錫堯，〈公法上不當得利法理試探〉，《當代公法新論（下）》，2002，第 267 頁以下；林明昕，〈「公法上不當得利」之體系思考〉，《月旦法學教室》第 36 期，第 81 頁至第 92 頁；陳愛娥，〈工業區開發管理基金與公法上之不當得利返還請求權──評司法院大法官釋字第 515 號解釋〉，《台灣本土法學雜誌》第 19 期，第 9 頁以下；劉建宏，〈行政主體向人民請求返還公法上不當得利之法律途徑〉，《台灣本土法學雜誌》第 64 期，第 37 頁以下；蕭文生，〈公法上不當得利返還請求權之實現──評最高行政法院 92 年判字第 62 號判決〉，《月旦法學雜誌》第 119 期，第 191 頁以下；詹鎮榮，〈行政機關之公法上不當得利返還請求權〉，《法學講座》第 23 期，第 57 頁以下。

類為之主張者，則應視行政機關是否有作成下命人民返還不當得利部分財產上給付之處分權能為之判斷：若行政機關有作成下命處分之權能者，**❽** 此時即無一般給付訴訟之適用，而應提起撤銷訴訟；若行政機關無作成下命處分之權能者，此時即有一般給付訴訟之適用。

B.請求作成行政處分以外之其他非財產上之給付

所謂「請求作成行政處分以外之其他非財產上之給付」者，係指人民之訴求內容，非要求行政機關作成行政處分之態樣者，均可提起一般給付訴訟，要求行政機關作成事實行為、排除違法狀況或行使「結果除去請求權」。**❽** 若其財產上之給付須經行政機關核定行政處分始能給付，但尚未經行政機關依實體法規定作成行政處分加以確定者，則於提起財產給付訴訟前，應先提起課予義務訴訟（第 5 條），請求行政法院判令行政機關作成該確定財產上請求權之行政處分（最高行政法院 94 判 487）。

⒜結果除去請求權

「公法上結果除去請求權」之救濟，係因事實行為所造成之損失，此時並未有行政處分存在，自應以一般給付訴訟為之救濟。**❽**

主張結果除去請求權，係對於違法行政行為所造成之結果，請求行政法院判決予以除去，以回復未受侵害前狀態之請求權，為德國實務訴訟類型之一，我國行政法規未有明文，得否援引，尚有爭議，縱然認結果除去請求權可作為公法上一般給付訴訟之請求權，亦須具備下列要件：a.須被告機關之行政行為（包括行政處分或其他高權行為）違法，或行為時合法，嗣因法律變更而成為違法者；b.直接侵害人民之權益；c.該侵害之狀態繼續存在，且有除去回復至行政行為前狀態之可能；d.被害人對於損害之發生無重大過失（最高行政法院 100 判 1305）。

---

❽ 詹鎮榮，〈行政機關之公法上不當得利返還請求權〉，《法學講座》第 23 期，第 54 頁至第 63 頁。

❽ 陳敏，《行政法總論》，2007，第 1406 頁。

❽ 彭鳳至，《德國行政訴訟制度及訴訟實務之研究》，1998，第 131 頁；董保城，翁岳生編，《行政訴訟法逐條釋義》，2006，第 122 頁。

⒝要求政府提供資訊

關於人民要求政府提供資訊之部分，人民係要求國家給予資訊之給付者，若國家不予提供資訊時，此時人民應如何救濟，政府資訊公開法施行後，配合該法規定，❽當行政機關駁回人民之申請者，該駁回係屬行政處分，此時人民應提起課予義務訴訟為之救濟。

⒞請求制定或修改法規命令

至於人民可否援引一般給付訴訟，向行政機關請求制定或修改法規命令（制定法規訴訟）者，向有爭議。❽人民若可於實體法面向中取得「請求制定或修改法規命令之公權利」者，反映於訴訟法上，應可肯認一般給付訴訟為正確訴訟類型。❽

C.公法契約之給付

依據本法第 8 條第 1 項後段之規定，公法上契約之給付，亦適用一般給付訴訟。

❷人民請求行政機關不作為訴訟

關於人民請求行政機關不作為訴訟，具有爭議者，乃「預防性不作為訴訟」之承認與否。❽預防性不作為訴訟之態樣，可區分為「請求法院命

---

❽　依據政府資訊公開法第 12 條及第 13 條規定，行政機關於程序尚須以行政處分之作成，作為核准之前提；再者，依據同法第 20 條及第 21 條規定，設有「訴願前置」之要求。

❽　關於德國法之討論，董保城，翁岳生編，《行政訴訟法逐條釋義》，2006，第 123 頁；吳庚，《行政爭訟法論》，2009，第 183 頁；吳綺雲，《德國行政給付訴訟之研究》，1995，第 128 頁以下；程明修，〈請求行政機關訂定法規命令之行政訴訟〉，《行政訴訟制度相關論文彙編》第 4 輯，2005，第 127 頁至第 174 頁。

❽　相同見解，李建良，〈行政爭訟〉，《行政法入門》，2006，第 599 頁；林騰鷂，《行政訴訟法》，2008，第 155 頁；不同見解者，認應提起確認訴訟，彭鳳至，《德國行政訴訟制度及訴訟實務之研究》，1998，第 45 頁；陳清秀，〈一般給付之訴對於行政程序及行政救濟程序之影響〉，《行政救濟、行政處罰、地方立法》，2001，第 53 頁；同氏著，《行政訴訟法》，2009，第 171 頁。

❽　德國與日本法制之發展，陳清秀，〈一般給付之訴對於行政程序及行政救濟程序之影響〉，《行政救濟、行政處罰、地方立法》，2001，第 60 頁至第 66 頁；蔡茂

行政機關不得為特定行政處分」及「請求法院命行政機關不得為特定事實
行為」兩種態樣：

A.請求法院命行政機關不得為特定行政處分

(A)原則──否定見解

關於類此態樣者，基於行政機關本即有適用法律、認定事實之權限，
且我國行政救濟體系設有暫時停止執行之配套，並考量避免訴願前置主義
之架空，原則上否認原告具有一般給付訴訟之權利保護必要性。[88]

(B)例外──肯定見解

然則，若原告主張「於事後為之救濟時，已無法期待提供人民有效權
利之保障（亦可稱之「無期待可能條款」理論）」者，或「有無法回復損害
之危險」者，在此兩種狀況下，[89]似有例外肯認原告具有一般給付訴訟之
權利保護必要性，進而可援引一般給付訴訟請求法院命行政機關不得為特
定行政處分之必要。[90]

B.請求法院命行政機關不得為特定事實行為

寅，〈預防性不作為（差止）訴訟之研究——以 2004 年日本行政事件訴訟法修正
為中心〉，《行政訴訟制度相關論文彙編》第 7 輯，2010，第 311 頁至第 326 頁。

[88] 相同見解，吳庚，《行政爭訟法論》，2009，第 185 頁。

[89] 吳庚，《行政爭訟法論》，2009，第 186 頁；李惠宗，《行政法要義》，2008，第
600 頁；陳清秀，《行政訴訟法》，2009，第 185 頁；林騰鷂，《行政訴訟法》，
2008，第 157 頁。

[90] 目前學理承認之案例類型，概有「行政處分作成後，因法律上（例如訴願法第
83 條及本法第 198 條『情況決定、判決』制度）或事實上之理由而不得事後撤
銷」、「附有行政罰或刑事制裁為後盾之行政處分」及「非人民所欲獲得之遲未作
成之行政處分」等，林騰鷂，《行政訴訟法》，2008，第 157 頁；然不同於學理之
探討，實務見解採取否定見解。最高行政法院（97 裁 4845）認為，「……針對將
來行政作為之預告，是否構成對特定主觀公權利之現實侵犯，法院基本上是採取
比較審慎之立場，**除非此等預告結果對人民法律地位形成重大明顯之不安，不然
考慮到司法資源之有限性，儘量讓實體審理時點延後。換言之，預防性訴訟之允
許，在司法實務上是一種例外，而不是原則……。**」對於實務見解採取質疑之立
場者，李惠宗，《行政法要義》，2008，第 587 頁、第 601 頁。

關於類此態樣者，由於原告係請求法院命行政機關「不得為特定事實行為」，並不涉及訴願前置主義及規避行政處分執行力之考量，此時似可肯認原告具備一般給付訴訟之權利保護必要性，進而可援引一般給付訴訟請求法院命行政機關不得為特定事實行為。❾❶

❸機關訴訟

所謂「機關訴訟」，於德國法承認「同一公法人下之二機關彼此權限產生爭議」及「機關成員與機關之間的權限爭議」兩種態樣。❾❷ 類此態樣之特色在於，機關訴訟係行政機關行政內部行為，並不產生符合行政程序法第 92 條行政處分，故在上述兩種態樣中，原告於訴訟類型之選擇上，應選擇一般給付訴訟為之救濟，始屬訴訟類型正確性。

⑵原告需有訴訟權能

本法第 8 條第 1 項，雖未若本法第 4 條第 1 項規定：「……認為損害其權利或法律上之利益……」明文承認訴訟權能，然基於避免訴權之濫用，而排除民眾訴訟之功能者，❾❸ 縱未見明文，然承認一般給付訴訟亦須有訴訟權能者，自屬當然之解釋。

就此而言，原告向行政法院提起一般給付訴訟者，依據「可能性理論」之操作，原告應主張對被告具有公法上財產給付請求權或作成行政處分以外之非財產給付請求權，並因行政機關不作為致損害原告之權利者，始肯認具有訴訟權能。❾❹

---

❾❶ 吳庚，《行政爭訟法論》，2009，第 185 頁採不同見解，認為必須被告將來有繼續侵害之虞，始可認有權利保護之必要。

❾❷ 陳清秀，《行政訴訟法》，2009，第 149 頁至第 151 頁；並參，黃俊杰，《公法實例研習》，2011，第 1 頁以下。

❾❸ 董保城，翁岳生編，《行政訴訟法逐條釋義》，2006，第 119 頁至第 123 頁；不同見解者，似認機關訴訟為無名訴訟之一種，應透過本法第 2 條之開放性概念發展，李惠宗，《行政法要義》，2008，第 607 頁。

❾❹ 陳敏，《行政法總論》，2004，第 1417 頁。

2.課予義務訴訟[95]

　　課予義務訴訟，係人民因中央或地方機關，對其依法申請之案件，於法令所定期間內應作為而不作為，認為其權利或法律上利益受損害者，經依訴願程序後，得向行政法院提起請求該機關應為行政處分或應為特定內容之行政處分之訴訟（第5條第1項）。

　　至於，人民因中央或地方機關對其依法申請之案件，予以駁回，認為其權利或法律上利益受違法損害者，經依訴願程序後，亦得向行政法院提起請求該機關應為行政處分或應為特定內容之行政處分之訴訟（第5條第2項）。

　　提起課予義務訴訟，須以有「依法申請之案件」存在為要件，所謂「依法申請」，係指人民依據個別法令（含法律、法規命令及自治規章）之規定，有向該管行政機關請求就某一特定具體之事件，作成行政處分或應為特定內容行政處分之權利者而言（最高行政法院101裁791）。[96]

　　關於課予義務訴訟之種類，繪圖【圖4–10】如下：

課予義務訴訟種類 ┌ 怠為處分訴訟
　　　　　　　　 └ 拒為處分訴訟

◆圖4–10　課予義務訴訟種類

　　實務見解指出，本法第5條所規定之課予義務訴訟，雖然有第1項之對怠為行政處分之課予義務訴訟及第2項之對否准（駁回）行政處分之課予義務訴訟之別；惟均屬為人民經由依法申請程序之公法上請求權無法實現所設之訴訟救濟類型（起訴前均須經訴願程序），其訴訟標的同為「原告

---

[95] 關於課予義務訴訟之立法，係參考德國聯邦行政法院法第42條規定「人民……並得起訴請求判決核發被拒絕或怠為之行政處分。除法律另有規定外，原告主張其權利因……拒絕核發行政處分或怠為行政處分而受侵害者，其訴始為合法」。吳綺雲譯，陳敏編，《德國行政法院法逐條釋義》，2002，第332頁。

[96] 最高行政法院（101裁874）指出，人民就其請求事項，若法令並無賦予人民申請權，或其所請求行政機關作成者並非行政處分，人民自不得提起課予義務訴訟，否則其起訴亦應認不備要件。

主張行政機關應為行政處分或特定內容行政處分」之公法上請求權。因此，原告提起課予義務訴訟，除聲明請求命被告機關作成行政處分或特定內容之行政處分外，另附帶聲明請求將否准處分或訴願決定撤銷，其乃附屬於課予義務訴訟之聲明，並非獨立之撤銷訴訟，與課予義務訴訟具一體性，不可分割（最高行政法院 101 判 492）。

⑴課予義務訴訟之種類

①怠為處分課予義務訴訟──特別實體判決要件

提起怠為處分課予義務訴訟，除須具備一般實體判決要件外，另外必須具備關於怠為處分課予義務訴訟特別實體判決要件，始可提起。

關於怠為處分課予義務訴訟之特別實體判決要件，繪圖【圖 4-11】如下：**❾❼**

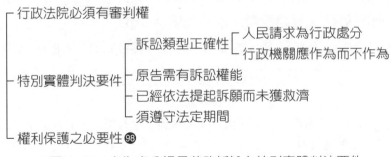

◆圖 4-11　怠為處分課予義務訴訟之特別實體判決要件

1訴訟類型正確性

A.原告請求行政機關作成一客觀上之行政處分

---

❾❼　陳敏，〈課予義務訴訟之制度功能及適用可能性──兼評新行政訴訟法及新訴願法之相關規定〉，《行政救濟、行政處罰、地方立法》，2001，第 18 頁至第 20 頁。

❾❽　最高行政法院（98 判 173）：「……提起行政訴訟訴請行政法院裁判者，應以有權利保護必要為前提要件。具備權利保護必要之要件者，**其起訴始有值得權利保護之利益存在**。且權利保護必要之要件為行政法院應依職權調查之事項，因此，**縱於高等行政法院最後言詞辯論終結時具備權利保護必要之要件**，惟向本院提起上訴後，本院依職權調查結果，如發現已欠缺權利保護必要之要件者，其訴即無值得權利保護之利益存在，仍應認訴為無理由，而為敗訴之判決……。」

怠為處分課予義務訴訟之對象，亦同拒為處分課予義務訴訟，必須是一個客觀上、事實上符合行政程序法第 92 條意義之行政處分。❾❾

B.行政機關應作為而不作為

怠為處分課予義務訴訟之適用，係原告向行政機關提出申請，但行政機關應作為而不作為。原告必需向對於該行政處分作成享有管轄權之行政機關提出申請者，亦即必須屬於「依法申請案件」。⑩

行政機關「應作為而不作為」之判斷，如何認定行政機關「消極怠為處分」者，須視行政機關的不作為「是否逾越法律所定之處理期間」而判斷。

2 原告需有訴訟權能

怠為處分課予義務訴訟，關於訴訟權能之判斷，如同拒為處分課予義務訴訟一般，以「可能性理論」為之判斷。

3 原告須已經依法提起訴願而未獲救濟

提起怠為處分課予義務訴訟者，原告必須先踐行訴願程序而未獲救濟

---

❾❾ 李惠宗，《行政法要義》，2008，第 596 頁認為，若原告所請求之內容「尚不具體」或「尚不特定」，則非課予義務訴訟之範疇。

⑩ 所謂依「法」，**必須該「法」具備「保護規範」之性質**。例如關於公平交易法第 20 條第 1 款關於「仿冒行為之制止」及第 24 條「不得為其他足以影響交易秩序之欺罔或顯失公平之行為」之規定，是否具有「保護規範」性質，有不同見解：(1)肯定說：認為**類此條文有保障競爭業者目的，故具備「保護規範」之性質，若業者向公平會檢舉而公平會置之不理時，檢舉人可提起怠為處分之課予義務訴訟**。林昱梅，〈公平交易法之檢舉與課予義務訴訟之訴訟權能〉，《法學講座》第 8 期，第 20 頁以下；李惠宗，《行政法要義》，2008，第 596 頁；(2)否定說：認為依公平法規定之檢舉，**條文並非具備保護規範性質，故僅有請願性質而不生提起課予義務訴訟之情形**。蘇永欽，〈檢舉人就公平會未為處分的函覆得否提起訴願〉，《公平交易季刊》第 5 卷第 4 期，第 11 頁。所謂「依法」之理解，並不限於形式意義法律，尚包括各種法規命令、自治規章等在內，並與申請人權利有關之行政處分或特定內容行政處分。但若人民申請者並非行政處分，而為陳情、建議等與申請人權利無關事項，則不包括在內。林騰鷂，《行政訴訟法》，2008，第 113 頁；吳庚，《行政爭訟法論》，2009，第 163 頁。

時，該怠為處分課予義務訴訟始屬合法（最高行政法院 101 裁 972）。(101)

較有疑問者，若人民提出申請而行政機關怠為決定，此怠為決定之狀態持續至行政訴訟繫屬後，行政機關始作成行政處分者，亦即產生學理「遲到的行政處分」之態樣。

此時行政法院之操作，應視該行政處分「是否滿足原告之申請」：A.若該行政處分係屬於駁回處分，亦即行政機關駁回人民之申請者，此時人民之主張不獲滿足，該行政訴訟程序之適法性並未受有影響，行政法院自可持續審理；B.若該行政處分係屬於核准處分，亦即行政機關允許人民之申請者，此時人民之主張獲有滿足，該行政訴訟程序自應予以駁回。(102)

4 原告須遵守法定期間

應於何時提起怠為處分課予義務訴訟，第 106 條規定「……第 5 條訴訟之提起，除本法別有規定外，應於訴願決定書送達後 2 個月之不變期間內為之。但訴願人以外之利害關係人知悉在後者，自知悉時起算。……第 5 條之訴訟，自訴願決定書送達後，已逾 3 年者，不得提起。……不經訴願程序即得提起第 5 條第 1 項之訴訟者，於應作為期間屆滿後，始得為之。但於期間屆滿後，已逾 3 年者，不得提起。」

2 拒為處分課予義務訴訟——特別實體判決要件

提起拒為處分課予義務訴訟，除須具備一般實體判決要件外，另外必須具備關於拒為處分課予義務訴訟特別實體判決要件，始可提起。

關於拒為處分課予義務訴訟之特別實體判決要件，繪圖【圖 4–12】如下：(103)

(101) 認為怠為處分課予義務訴訟應無須踐行訴願前置主義者，林騰鷂，《行政訴訟法》，2008，第 118 頁至第 119 頁；蔡志方，〈論行政訴訟先行程序之免除〉，《行政調查之建制與人權保障》，2009，第 299 頁。

(102) 林騰鷂，《行政訴訟法》，2008，第 116 頁至第 117 頁；吳庚，《行政爭訟法論》，2009，第 166 頁至第 167 頁指出，若屬於「訴願決定機關命該管機關作成行政處分」之情形時，由於受理訴願機關違反決定義務在先，原告起訴既屬合法，訴訟應繼續進行而不受影響；但若嗣後該管機關作成有利於原告之行政處分者，則應予以駁回。

行政法院必須有審判權

特別實體判決要件 ─┬─ 訴訟類型正確性 ─┬─ 人民請求為行政處分
　　　　　　　　　　│　　　　　　　　　└─ 行政處分之申請遭行政機關之駁回
　　　　　　　　　　├─ 原告需有訴訟權能
　　　　　　　　　　├─ 已經依法提起訴願而未獲救濟
　　　　　　　　　　└─ 須遵守法定期間

權利保護之必要性

◆圖 4-12　拒為處分課予義務訴訟之特別實體判決要件

1 訴訟類型正確性

A.原告請求行政機關作成一客觀上之行政處分

　　拒為處分課予義務訴訟之對象，必須是一個客觀上、事實上符合行政程序法第 92 條意義之行政處分，若人民係請求為事實行為者，自當無拒為處分課予義務訴訟之適用，行政法院亦不受當事人主張之拘束。 **⑩**

B.原告向行政機關提出申請但遭駁回

　　拒為處分課予義務訴訟之適用，係原告向行政機關提出申請但遭駁回。原告必需向對於該行政處分作成享有管轄權之行政機關提出申請者， **⑩** 亦即必須屬於「依法申請案件」。

　　再者，行政機關駁回人民之申請，若是全部駁回者，例如申請 1,000 萬元補助費而全數駁回者，自然符合拒為處分課予義務訴訟之要求；若行政機關為「一部駁回」（例如申請 1,000 萬元補助費但僅核准 500 萬元）或

---

⑩　陳敏，〈課予義務訴訟之制度功能及適用可能性——兼評新行政訴訟法及新訴願法之相關規定〉，《行政救濟、行政處罰、地方立法》，2001，第 14 頁至第 18 頁。

⑩　就此而言，審判長可透過闡明權（本法第 125 條）之概念，曉諭原告更換訴訟類型。

⑩　許宗力，翁岳生編，《行政訴訟法逐條釋義》，2006，第 97 頁，若人民未向享有管轄權之行政機關提出申請而遭駁回者，此時人民逕行提起課予義務訴願及課予義務訴訟時，即產生管轄權之瑕疵，行政法院似應就有管轄權機關是否有作成行政處分義務的問題作實質審查，不宜直接將管轄權欠缺而有瑕疵的駁回處分予以撤銷。蓋此時既有實體處分存在，管轄權瑕疵應可視為治癒。

為「修正許可」（例如主管機關修改相對人之建築物設計圖後給予建築執照者），應理解為「人民給付請求權未獲滿足」而允許提起拒為處分課予義務訴訟。[106]

另者，行政機關對於相對人之申請，附加對相對人不利且相對人未主張之附款者，此時亦可基於「人民給付請求權未獲滿足」之考量，允許相對人提起拒為處分課予義務訴訟。[107]

2 原告需有訴訟權能

關於訴訟權能之判斷，原告首先應主張，行政機關駁回其申請係違法侵害原告之權利或法律上利益。

至於原告陳述之範圍，原告是否須具體陳述事實，在課予義務訴訟中並未若撤銷訴訟般區分「相對人理論」及「可能性理論」之探討，而是一律適用「可能性理論」為之判斷。[108]就此結論之理由，主要是為防止課予義務訴訟淪為公民訴訟，而違背本法之主要考量。

在拒為處分課予義務訴訟中關於訴訟權能之判斷，亦即可能性理論於拒為處分課予義務訴訟之適用，必須符合「原告主張須為公權利」、「原告所主張之公權利係歸屬於原告」及「原告權利受違法侵害之可能」之要求。

至於，如何判斷原告有公權利可資主張者，則有賴前述「保護規範理論」為之判斷。

3 原告須已經依法提起訴願而未獲救濟

---

[106] 許宗力，翁岳生編，《行政訴訟法逐條釋義》，2006，第 96 頁，稱「部分課予義務訴訟，係針對行政處分規制內容之一部提起者。」

[107] 陳敏，〈課予義務訴訟之制度功能及適用可能性——兼評新行政訴訟法及新訴願法之相關規定〉，《行政救濟、行政處罰、地方立法》，2001，第 41 頁至第 42 頁認為，對於各種附款，原則上均可提起撤銷訴訟；但在裁量處分，行政機關如知該附款為違法，或無裁量瑕疵則不致為該處分或將為其他決定者，則應允許提起課予義務訴訟。

[108] 許宗力，翁岳生編，《行政訴訟法逐條釋義》，2006，第 99 頁；陳敏，〈課予義務訴訟之制度功能及適用可能性〉，《行政救濟、行政處罰、地方立法》，2001，第 17 頁。

A.原告應先踐行訴願程序

提起拒為處分課予義務訴訟者，原告必須先踐行訴願程序而未獲救濟時，該拒為處分課予義務訴訟始屬合法（最高行政法院 101 裁 972）。

就現行法之設計，人民對於系爭駁回行政處分有所不服者，似應先依訴願法第 1 條規定提起訴願。

B.提起訴願而未獲救濟

若人民提起訴願而未獲救濟時，即可向行政法院提起拒為處分課予義務訴訟。所謂「未獲救濟」，包括訴願決定機關駁回人民之請求，或逾期不為訴願決定。**⑩**

若於行政訴訟繫屬後尚未作出裁判前，訴願審議機關作出訴願決定，亦即產生學理上「遲到的訴願決定」之態樣，此時行政法院應視該訴願決定「是否滿足原告之申請」：(A)若訴願決定滿足原告之申請，此時該訴訟繫屬即以「欠缺權利保護必要性」駁回；(B)若訴願決定並未滿足原告之申請，此時該訴訟繫屬適法性並不受影響，行政法院可續行訴訟程序。**⑩**

■4原告須遵守法定期間

應於何時提起拒為處分課予義務訴訟，第 106 條規定：「……**第 5 條訴訟之提起**，除本法別有規定外，應於訴願決定書送達後 2 個月之不變期間內為之。但訴願人以外之利害關係人知悉在後者，自知悉時起算。……第 5 條之訴訟，自訴願決定書送達後，已逾 3 年者，不得提起。不經訴願程序即得提起……第 5 條第 2 項之訴訟者，應於行政處分達到或公告後 2 個月之不變期間內為之。」

⑵課予義務訴訟與撤銷訴訟之區別

①分離（孤立）的撤銷訴訟

課予義務訴訟與撤銷訴訟間之區別，除「給付判決與形成判決」之不同外，**⑪**另外涉及是否應承認學理上「分離（孤立）的撤銷訴訟」之概念，

---

⑩　陳敏，《行政法總論》，2007，第 1390 頁。

⑩　許宗力，翁岳生編，《行政訴訟法逐條釋義》，2006，第 99 頁。

⑪　李建良，〈行政訴訟法實務十年掠影（二〇〇〇年～二〇一〇年）〉，《月旦法學雜

向來為學理上具有爭議的問題。

1 「分離（孤立）的撤銷訴訟」之意義

所謂「分離（孤立）的撤銷訴訟」，係指行政機關對於人民依法申請之授益行政處分予以駁回者，人民單獨提起撤銷訴訟請求行政法院撤銷駁回處分，而不提起課予義務訴訟者之謂。⑫

2 原則不予承認；例外於原告能提出正當理由時承認

關於「分離（孤立）的撤銷訴訟」之概念是否應予承認，似受質疑，蓋課予義務訴訟相對於撤銷訴訟而言，屬於特殊之訴訟類型，應提起課予義務訴訟時，即不得提起撤銷訴訟；再者，依權利保護之必要性，原告應選擇最簡易且有效的訴訟類型以達成其目的，而課予義務訴訟比撤銷訴訟更能達到目的。故關於人民提起申請遭行政機關駁回者，人民於行政救濟中訴訟類型正確性之選擇，應透過課予義務訴訟救濟。

然則，若原告能提出正當理由顯示選擇撤銷訴訟時將對其權利保護更為有利者，亦即原告因特殊事由而具有權利保護必要性時，此時則例外允許原告提起之。⑬

2 行政程序重開之救濟

行政程序法第 128 條規定有「行政程序重新開始」之規定，主要是針對產生形式存續力之行政處分於一定要件下可以再為救濟之規定。⑭實務

誌》第 182 期，第 39 頁。

⑫　蔡志方，《行政救濟法新論》，2007，第 288 頁認為，「分離的撤銷訴訟」乃撤銷訴訟之亞型，故提起分離的撤銷訴訟，必須踐行訴願前置主義，並且無本法第 106 條第 1 項後段及第 2 項規定之適用。

⑬　相類似見解，彭鳳至，〈行政訴訟種類理論與適用問題之研究〉，《行政命令、行政處罰及行政爭訟之比較研究》，2001，第 293 頁；林錫堯，《行政法要義》，2006，第 645 頁；另可參閱陳敏，〈課予義務訴訟之制度功能及適用可能性──兼評新行政訴訟法及新訴願法之相關規定〉，《行政救濟、行政處罰、地方立法》，2001，第 40 頁；陳清秀，《行政訴訟法》，2009，第 158 頁至第 160 頁。

⑭　至於行政程序法第 128 條之內容探討，洪家殷，〈論行政處分程序之再度進行──以德國 1976 年行政程序法第 51 條以下之規定為中心〉，《政大法學評論》第 45

見解指出，其屬特別救濟途徑，本諸例外從嚴之原則，該條所謂「法定救濟期間經過後」，自應認係指行政處分因法定救濟期間經過後，不能再以通常之救濟途徑，加以撤銷或變更，而發生形式確定力者而言。如當事人或利害關係人已依法提起行政救濟，無論在行政救濟程序中或已終結，均應依行政救濟之程序進行及定其效果，自無再許其另闢蹊徑申請程序重開之理，否則不但有違訴訟經濟原則，亦使行政處分存續力與法院判決既判力產生衝突，顯不符程序重開之本旨，此為行政訴訟實務一致之見解（最高行政法院 101 判 354）。

行政程序法第 128 條規定之處理程序【圖 4-13】：

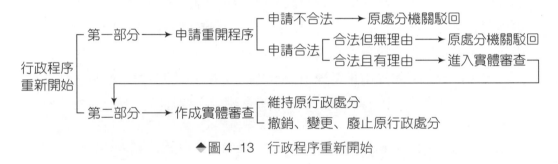

◆圖 4-13　行政程序重新開始

❶行政機關拒絕重開行政程序——提起課予義務訴訟

關於行政程序重新開始之流程，如上述圖示。行政機關若為撤銷、變更、廢止原行政處分者，則人民之請求已獲得滿足，此時並不生有行政救濟之問題。然則，若行政機關為「申請不合法而駁回」、「申請合法但無理由而駁回」，亦即行政機關拒絕重開行政程序者，該駁回行政處分似應理解為「人民請求行政機關作成行政處分，而行政機關未滿足人民請求」，故此時人民之訴訟類型正確性，應選擇課予義務訴訟，而非撤銷訴訟。

❷重開程序而維持原行政處分——提起課予義務訴訟

若行政機關受理申請，但作成「維持原行政處分」之決定者，該「維持原行政處分」之決定亦應如同前述，理解為「人民請求行政機關作成行

期，第 305 頁以下；教科書部分則可參閱陳敏，《行政法總論》，2007，第 488 頁以下；黃俊杰，《行政程序法》，2010，第 197 頁至第 200 頁。

政處分，而行政機關未滿足人民之請求」，故此時人民之訴訟類型正確性，亦應選擇課予義務訴訟為妥。

關於行政程序重新開始於行政救濟之探討，繪圖【圖4-14】如下：

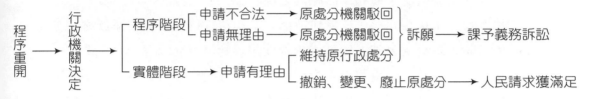

◆圖4-14　行政救濟上行政程序重新開始

3.合併請求損害賠償

提起行政訴訟，亦得於同一程序中，合併請求損害賠償或其他財產上給付（第7條）。[115]

本條所定之合併請求損害賠償，既稱合併請求，則必須另有主要法律關係之行政訴訟存在，始能合併請求損害賠償，亦即不得單獨提起附隨之損害賠償之行政訴訟（最高行政法院94裁666）。[116]

早期由於行政法院之效能不彰，故本質屬公法性質之國家賠償訴訟審判權，基於法政策面之考量，劃歸普通法院。[117]行政訴訟法修正後，透過

---

[115] 本條文是否為獨立之訴訟類型者，有不同見解：(1)肯認本條文屬獨立之訴訟類型，李惠宗，《行政法要義》，2008，第606頁；(2)否定本條文屬獨立之訴訟類型，僅可視本條文為「關於損害賠償或其他財產上給付訴訟提起之特別規定」者，陳計男，《行政訴訟法釋論》，2000，第204頁；董保城，翁岳生編，《行政訴訟法逐條釋義》，2006，第115頁；蔡志方，《行政救濟法新論》，2007，第208頁；彭鳳至，〈行政訴訟種類理論與適用問題之研究〉，《行政命令、行政處罰及行政爭訟之比較研究》，2001，第284頁至第286頁。

[116] 類似見解，林錫堯，《行政法要義》，2006，第648頁。

[117] 「行政事件歸行政法院、國賠事件歸普通法院」之立法模式，雖有其時代之背景，但此舉割裂公法上損害賠償救濟途徑之法治，亦飽受學界之批評。程明修，〈行政法侵權損害賠償訴訟的多元結構及體系矛盾〉，《台灣本土法學雜誌》第36期，第45頁以下。

本條文之增訂，使行政法院因此可藉由本條規定，取得原先由普通法院審理之國家賠償訴訟審判權，並已獲得學理之肯認。 ⑱

4.一般給付訴訟與課予義務訴訟之區別

(1)一般給付訴訟與課予義務訴訟相同之處

第 8 條第 1 項規定之一般給付訴訟，其與第 5 條課予義務訴訟之共通點，係二者皆為實現公法上給付請求權而設。

關於二者之區別，實務見解指出，在於一般給付訴訟之適用範圍，限於給付訴訟中，課予義務訴訟所未包括之領域，亦即公法上非屬行政處分之公權力行政行為，故一般給付訴訟對於課予義務訴訟而言，具有補充性。 ⑲ 因此，爭議事件如可直接作為課予義務訴訟之訴訟對象者，即不得提起一般給付訴訟， ⑳ 換言之，人民對於系爭案件如能透過課予義務訴訟而獲得救濟者，即不得提起一般給付訴訟（最高行政法院 93 裁 1203；94 判 465）。 ㉑

---

⑱ 董保城，翁岳生編，《行政訴訟法逐條釋義》，2006，第 115 頁；陳敏，《行政法總論》，2004，第 1348 頁。

⑲ 李建良，〈行政訴訟法實務十年掠影（二〇〇〇年～二〇一〇年）〉，《月旦法學雜誌》第 182 期，第 40 頁。

⑳ 換言之，人民欲提起一般給付訴訟者，僅限於該訴訟得「直接」行使給付請求權者，如按其所依據實體法之規定，尚須先經行政機關核定其給付請求權者，則於提起一般給付訴訟之前，應先提起課予義務訴訟，請求行政機關作成該特定之行政處分。李建良，〈行政訴訟法實務十年掠影（二〇〇〇年～二〇一〇年）〉，《月旦法學雜誌》第 182 期，第 42 頁。

㉑ 另可參閱最高行政法院（98 判 147）：「……人民請求國家為一定之行為時，國家應為之行為，可能是法律行為，也可能是事實行為。如屬法律行為，可能為行政處分，亦可能為行政處分以外之其他法律行為。**如屬行政處分者，人民固應依本法第 5 條之規定，提起課予義務訴訟。如屬行政處分以外之法律行為或事實行為，則得依本法第 8 條規定提起給付訴訟。**至於事實行為中之金錢給付，須因公法上原因發生財產上之給付，而其請求金額已獲准許或已確定應支付或返還者，即得直接提起一般給付訴訟。各級公立學校教職員之退休案須先經主管機關加以審定，而退休案經審定後，退休教職員之退休金給付請求權即已確定，審定機關

(2)一般給付訴訟與課予義務訴訟之比較

關於一般給付訴訟與課予義務訴訟相異之處，整理如下：❶❷

	一般給付訴訟（第 8 條）	課予義務訴訟（第 5 條）
給付內容	非行政處分之給付	行政處分
訴願先行	✕	○
裁判方式	1.行政機關無裁量權 →命一定作為或不作為 2.行政機關有裁量權 →類推本法第 200 條第 3、4 款	本法第 200 條第 3、4 款
強制執行	○（本法第 305 條）	✕

(三)確認訴訟

本法第 6 條規定，確認訴訟，係確認行政處分無效及確認公法上法律關係成立或不成立之訴訟，非原告有即受確認判決之法律上利益者，不得提起之。其確認已執行而無回復原狀可能之行政處分或已消滅之行政處分為違法之訴訟，亦同（第 1 項）。確認行政處分無效之訴訟，須已向原處分機關請求確認其無效未被允許，或經請求後於 30 日內不為確答者，始得提起之（第 2 項）。確認訴訟，於原告得提起或可得提起撤銷訴訟、課予義務訴訟或一般給付訴訟者，不得提起之。但確認行政處分無效之訴訟，不在此限（第 3 項）。應提起撤銷訴訟、課予義務訴訟，誤為提起確認行政處分無效之訴訟，其未經訴願程序者，行政法院應以裁定將該事件移送於訴願管轄機關，並以行政法院收受訴狀之時，視為提起訴願（第 4 項）。❶❸

應通知支給機關核轉退休教職員之原服務學校，依法定日期發給退休金。**是退休教職員於審定退休後，如因退休金發給、執行等爭議涉訟，而本於退休金給付請求權對相關主管機關有所請求時，因其請求權業經審定確定，即得逕依本法第 8 條第 1 項規定提起一般給付訴訟，無庸提起課予義務訴訟，請求相關主管機關作成核定之行政處分……。」**

❶❷ 董保城，翁岳生編，《行政訴訟法逐條釋義》，2006，第 125 頁至第 126 頁。

❶❸ 若原告提起確認訴訟時，已經逾越法律救濟期間者，受移送之訴願管轄機關僅可

關於確認訴訟之特別實體判決要件，繪圖【圖 4-15】如下：

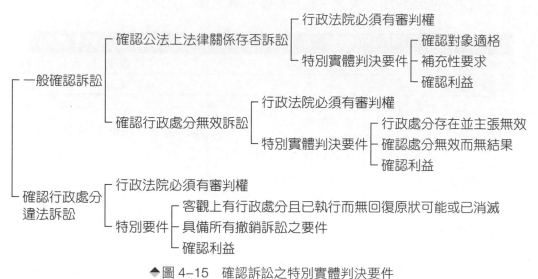

◆圖 4-15 確認訴訟之特別實體判決要件

1.一般確認訴訟——特別實體判決要件

提起一般確認訴訟，除須具備一般實體判決要件之外，另外必須具備關於一般確認訴訟特別實體判決要件，始可提起。關於一般確認訴訟之特別實體判決要件，參酌【圖 4-15】。

(1)確認公法上法律關係存否訴訟

1 訴訟類型正確性——確認對象適格

確認公法上法律關係存否訴訟，係以公法上法律關係為其標的。❹關

為不受理之決定。就此而言，行政法院應可自行受理並裁定駁回確認訴訟，而毋庸踐行本法第 6 條第 4 項之移送規定。陳敏，《行政法總論》，2007，第 1396 頁；從條文之規定以觀，**似乎未承認「預防性確認訴訟」及「中間確認訴訟」等類型**，然學理有肯定類此訴訟種類，可透過本法第 3 條所創設。黃錦堂，翁岳生編，《行政訴訟法逐條釋義》，2006，第 113 頁至第 114 頁。

❹ 高雄高等行政法院 (98 訴 177)：「……私有土地上所形成之供不特定公眾通行之用的道路，在公法上如認已成立公用地役關係存在，則其所有權之行使應受限制。而**所謂公用地役關係，係指私法上所有權人之所有物在國家或行政主體所設定的公共目的範圍內負有公法上的供役性**。私法上所有權人一方面在對其所有物

於類此訴訟類型之正確性，必須屬於「確認對象適格」之案件。所謂確認公法上法律關係存否訴訟，其確認對象適格，必須是一個「已經充分具體化」 ❿ 之法律關係始屬適格；換言之，就一個具體的事實，在適用公法法規後所產生人與人之間或人與物之間的法律關係者，即可肯認該案件具有「確認對象適格」。 ❿

　　若原告所欲確認之對象，屬於單純成分、非獨立部分或先決問題，僅為權利義務的前提，而未直接構成權利義務者，則不得作為確認標的。 ❿例如「是否素行良好」（人之屬性）、「建地地質是否可承載建物」、「真偽、證書之真偽」等，自難謂符合「充分具體化」之要求。

2 補充性要求

　　確認訴訟，於原告得提起或可得提起撤銷訴訟、課予義務訴訟或一般

的使用，負有公法上公用地役關係存在的範圍內容忍公眾使用之義務，另一方面，所有權人亦在其所負有容忍義務範圍內，不再承擔對該物的修繕、管理與維護之義務，而由國家或行政主體承擔。**是所有權人爭執其所有之系爭土地不成立或不存在公用地役關係，即難認無確認之法律上利益，其據以提起確認訴訟，乃為正確之訴訟類型……。**」

❿ 陳敏，《行政法總論》，2007，第 1397 頁認為，**現在、過去及未來（預防確認訴訟）之法律關係，均為確認訴訟之範圍**；類似見解，林錫堯，《行政法要義》，2006，第 652 頁至第 653 頁；黃錦堂，翁岳生編，《行政訴訟法逐條釋義》，2004，第 104 頁、第 106 頁；林騰鷂，《行政訴訟法》，2008，第 142 頁至第 145 頁；陳清秀，《行政訴訟法》，2009，第 198 頁至第 200 頁。

❿ 最高行政法院（93 裁 1201）指出，「……公法上法律關係係指特定生活事實之存在，因法規之規範效果，在兩個以上權利主體（人）間所產生之權利義務關係，或產生人對權利客體（物）間之利用關係。行政法上法律關係之成立有直接基於法規規定者，亦有因行政處分、行政契約或事實行為而發生者，但法規、行政行為及事實行為均非法律關係本身，皆不得以其存否為確認訴訟之標的……。」林錫堯，《行政法要義》，2006，第 652 頁認為，對於事實行為之作為或不作為如不得依給付訴訟救濟者，應有類推本法第 6 條第 1 項提起確認訴訟之適用；然根本之道仍應透過修法處理。

❿ 黃錦堂，翁岳生編，《行政訴訟法逐條釋義》，2006，第 105 頁；林騰鷂，《行政訴訟法》，2008，第 140 頁。

給付訴訟者，不得提起之。但確認行政處分無效之訴訟，不在此限（本法第 6 條第 3 項）。因此，除確認行政處分無效訴訟外，其餘確認訴訟之類型均有「確認訴訟補充性」之適用；再者，「確認訴訟補充性」之要求，擴張到課予義務訴訟與一般給付訴訟。

③原告必須有即受確認判決之法律上利益──確認利益

所謂「有即受確認判決之法律上利益」，須因**行政處分是否合法生效不明確，致原告在法律上地位有受侵害之危險，而此項危險得以對於被告之確認判決除去**之者，始為存在（最高行政法院 94 判 727）。

「有即受確認判決之法律上利益」，即為確認訴訟之「確認利益」。 ⓻

⑵確認行政處分無效訴訟

①訴訟類型正確性──行政處分存在並主張其無效

確認行政處分無效訴訟，係以「行政處分無效」為其標的，⓻無效之行政處分並無可撤銷之效力，⓻故僅能以確認行政處分無效訴訟，確認其為無效。 ⓻

②原告須先向原處分機關請求確認該行政處分無效而無結果

確認行政處分無效之訴訟，須已向原處分機關請求確認其無效未被允許，或經請求後於 30 日內不為確答者，始得提起之（第 6 條第 2 項）。因此，確認行政處分無效之訴訟，應以有核准職權之機關為原處分機關，當事人始為適格（最高行政法院 92 判 756）。

③原告必須有即受確認判決的法律上利益──確認利益

提起確認行政處分無效之訴訟，係以所確認之對象為行政處分，且必

⓻　陳敏，《行政法總論》，2007，第 1398 頁至第 1399 頁。

⓻　蔡志方，〈論行政訴訟上確認之訴〉，《全國律師》第 3 卷第 1 期，第 46 頁，就文義以觀，確認行政處分無效之訴係以「確認行政處分無效」作為其特別實體判決要件，故若為「確認行政處分有效之訴」並不能適用本類型，而應適用「確認公法上法律關係存否訴訟」始為正確。

⓻　依行政程序法第 111 條之規定，無效的行政處分**「自始、當然、絕對無效」**。

⓻　蔡志方，〈論行政訴訟上確認之訴〉，《全國律師》第 3 卷第 1 期，第 45 頁認為，若**該行政處分已失效或不存在者，則不得提起確認行政處分無效之訴。**

須原告有即受確認判決之法律上利益為要件，始得提起（最高行政法院
101 判 449）。而得提起確認行政處分無效之訴者，不以受行政處分之相對
人為限，利害關係人亦得提起（最高行政法院 93 判 74）。

2.確認行政處分違法訴訟──特別實體判決要件

提起確認行政處分違法訴訟，除須具備一般實體判決要件之外，另外
必須具備關於確認行政處分違法訴訟特別實體判決要件，始可提起。關於
確認行政處分違法訴訟之特別實體判決要件，參酌【圖 4–15】。

⑴客觀上有行政處分且無回復原狀可能或已消滅

1客觀上有行政處分存在

確認行政處分違法訴訟，係以行政處分之違法性為其標的。故確認行
政處分違法訴訟之適用，必須有一個客觀上、事實上符合行政程序法第 92
條意義下之行政處分存在（最高行政法院 101 判 449）。

2系爭行政處分於客觀上無回復原狀可能或已消滅

■執行而無回復原狀可能或已消滅之行政處分

行政處分「消滅」係指行政處分之規制效力已不存在，進而無從撤銷
之謂。考量行政處分雖執行完畢，但若仍有回復原狀可能時，仍應以撤銷
訴訟予以救濟，故第 6 條第 1 項後段規定「其確認已執行而無回復原狀可
能之行政處分或已消滅之行政處分為違法之訴訟，亦同」。

■確認行政處分違法訴訟「時點」上考量

至於行政處分「何時」產生消滅者，本法第 196 條第 2 項：「撤銷訴訟
進行中，原處分已執行而無回復原狀可能或已消滅者，於原告有即受確認
判決之法律上利益時，行政法院得依聲請，確認該行政處分為違法」之規
定，亦即「續行確認訴訟」之明文。

就此而言，若在撤銷訴訟起訴「前」行政處分消滅者，此時有本法第
6 條第 1 項後段之適用；撤銷訴訟起訴「後」行政處分消滅者，則有第 196
條第 2 項之適用。故無論行政處分之消滅時點為何，均有確認行政處分違
法訴訟之適用。

■逾越撤銷訴訟期間後始消滅

若違法行政處分逾越撤銷訴訟期間後始消滅者，此時可否單獨提起確認行政處分違法訴訟，則有不同見解。⑬本書認為，似應視遲誤是否可歸責於原告而論：A.若遲誤係不可歸責於原告，並且未逾越國家賠償法之時效者，此時似應允許單獨提起，且肯認有確認利益；B.若遲誤係可歸責於原告者，則不可單獨提起。⑬

⑵具備所有撤銷訴訟之要件

原告所提起之確認行政處分違法訴訟，必須具備提起撤銷訴訟之所有特別實體判決要件。關於此要件之成立，係鑑於確認行政處分違法訴訟乃由撤銷訴訟所轉換，故提起確認行政處分違法訴訟之前提，必須是原來所提起之撤銷訴訟係屬合法。⑬故撤銷訴訟中關於「訴訟權能」、「踐行訴願程序」及「遵守法定期間」之特別實體判決要件，亦須具備。

⑶原告必須有即受確認判決之法律上利益──確認利益

提起確認行政處分違法之訴訟，係以所確認之對象為行政處分，且必須原告有即受確認判決之法律上利益為要件，始得提起（最高行政法院101判449）。關於確認行政處分違法訴訟之確認利益判斷，目前大抵承認「有重複受到同樣不利處分之危險者」、⑬「平反（回復）名譽之利益」及

---

⑬ 本爭議有「肯定」與「否定」兩種見解：⑴肯定得單獨提起確認行政處分違法訴訟者認為，若不允許單獨提起者，會造成無法確定行政處分是否違法及請求國家賠償；⑵否定得單獨提起確認行政處分違法訴訟者認為，採肯定說者有違反確認訴訟補充性之虞；再者，不應使撤銷或課予訴訟之期間規定成為具文；最後，本法第12條第1項不能成為單獨起訴之依據。彭鳳至，〈行政訴訟種類理論與適用問題之研究〉，《行政命令、行政處罰及行政爭訟之比較研究》，2001，第286頁以下。

⑬ 相同見解，陳敏，《行政法總論》，2004，第1150頁，註5；吳志光，《以行政處分違法或無效為先決問題之國家賠償訴訟》，《台灣本土法學雜誌》第87期，第164頁。

⑬ 陳敏，《行政法總論》，2004，第1381頁。

⑬ 釋546：「……所謂被侵害之權利或利益，經審議或審判結果，無從補救或無法回復者，並不包括依國家制度設計，性質上屬於重複發生之權利或法律上利益，人民因參與或分享，得反覆行使之情形。是人民申請為公職人員選舉候選人時，

「作為將來裁判之依據或準備行為者」❸❻等 3 種態樣。❸❼

3.續行確認訴訟

續行確認訴訟，規定於第 196 條第 2 項。提起續行確認訴訟，除須具備一般實體判決要件之外，另外必須具備關於續行確認訴訟特別實體判決要件，始可提起。關於續行確認訴訟之特別實體判決要件，繪圖【圖 4-16】如下：

```
┌ 行政法院必須有審判權
│              ┌ 已提起撤銷訴訟，且具備撤銷訴訟之實體裁判要件
│              │ 提起撤銷訴訟後行政處分已消滅或已終結
├ 特別要件 ─┤ 程序中轉換為對已消滅行政處分違法性確認之訴
│              └ 具備確認利益
```

◆圖 4-16　續行確認訴訟之特別實體判決要件

(1)具備撤銷訴訟之實體裁判要件

續行確認訴訟係由撤銷訴訟轉換而來，因此必須具備撤銷訴訟之特別實體判決要件，亦即原撤銷訴訟之提起必須合法。❸❽

因主管機關認其資格與規定不合，而予以核駁，申請人不服提起行政爭訟，雖選舉已辦理完畢，但人民之被選舉權，既為憲法所保障，且性質上得反覆行使，若該項選舉制度繼續存在，則審議或審判結果對其參與另次選舉成為候選人資格之權利仍具實益者，並非無權利保護必要者可比，此類訴訟相關法院自應予以受理，本院上開解釋，應予補充……。」

❸❻ 吳志光，〈以行政處分違法或無效為先決問題之國家賠償訴訟〉，《台灣本土法學雜誌》第 87 期，第 166 頁認為，系爭行政處分於訴訟「前」消滅者，原告提起確認行政處分違法訴訟，並同時依據本法第 7 條之規定，合併請求國家賠償者，亦符合「紛爭解決一次性」之要求，此時應肯認原告有確認利益。

❸❼ 黃錦堂，翁岳生編，《行政訴訟法逐條釋義》，2004，第 112 頁提出「該不利益行政處分或措施係屬對重要基本權利地位產生影響，而有必要做根本性之釐清」及「不排除尚有其他之類型」之態樣。

❸❽ 張文郁，〈論行政訴訟之起訴期間〉，《權利與救濟(二)——實體與程序之關聯》，2008，第 205 頁至第 207 頁分析，續行確認訴訟是否有「起訴時間之限制」，尚

⑵提起撤銷訴訟後行政處分已消滅或已終結

該撤銷訴訟之提起，於程序進行中，行政處分之效力已消滅者，自無從撤銷之可能而有確認之必要。

⑶程序中轉換為對已消滅行政處分違法性確認之訴

由於撤銷訴訟程序中行政處分已消滅，故此時應將訴訟轉換成請求確認該消滅行政處分違法或無效。此轉換與本法第 111 條所謂「訴訟變更」不同，並無須對造當事人同意。❸

⑷原告必須有即受確認判決的法律上利益──確認利益

關於續行確認訴訟之確認利益判斷，目前大抵承認「有重複受到同樣不利處分之危險者」、「平反（回復）名譽之利益」及「作為將來裁判之依據或準備行為者」等 3 種態樣，與確認行政處分違法訴訟相同。

㈣公益訴訟及選罷訴訟

1.公益訴訟

公益訴訟❹，係人民為維護公益，就無關自己權利及法律上利益❹之

有不同見解：⑴多數見解認為，應類推適用撤銷訴訟或課予義務訴訟之起訴時間，避免規避起訴期間之規定；⑵少數見解認為，除非於行政處分解消，起訴期間已經過，否則行政處分解消後所提起之續行確認訴訟，應無起訴期間之限制。

❸ 相同見解，陳敏，《行政法總論》，2007，第 1402 頁；程明修，《2009 年行政訴訟法修正內容簡介》，2010，第 10 頁；黃錦堂，翁岳生編，《行政訴訟法逐條釋義》，2006，第 113 頁；蔡志方，〈論行政訴訟上確認之訴〉，《全國律師》第 3 卷第 1 期，第 50 頁；不同見解認為，此轉換仍為訴訟之變更，不過此變更為「法定變更」而無須獲得對造同意。吳庚，《行政爭訟法論》，2009，第 180 頁；劉建宏，〈2009 年行政訴訟法修法評釋〉，《月旦法學雜誌》第 179 期，第 203 頁。

❹ 外國比較法例，日本係「選舉訴訟」及「住民訴訟」（納稅人訴訟），德國係「團體訴訟」，美國則是「公民訴訟」。葉俊榮，翁岳生編，《行政訴訟法逐條釋義》，2006，第 127 頁至第 129 頁。至於各國法例之詳細介紹，德國團體訴訟，陳榮宗，〈美國群眾訴訟與西德團體訴訟（上）〉，《法學叢刊》第 118 期，第 16 頁以下；關於美國公民訴訟，葉俊榮，〈民眾參與環保法令之執行──論我國引進美國環境法上「公民訴訟」之可能性〉，《環境政策與法律》，1998，第 229 頁以下；

事項，對於行政機關之違法行為，得提起行政訴訟。但以法律有特別規定者為限（第9條）。⓯因為此種訴訟究屬例外，不宜過度擴張，故實務見解指出，人民提起「維護公益訴訟」，以其所援引指摘行政機關「違法行為」之該「法律」有特別規定人民得依據該法律提起「維護公益訴訟」者為限。至於，是否合乎公益，應由行政法院認定之（最高行政法院101裁792）。

　　所謂「法律有特別規定」，例如，空氣污染防制法第81條規定：「公私場所違反本法或依本法授權訂定之相關命令而主管機關疏於執行時，受害人民或公益團體得敘明疏於執行之具體內容，以書面告知主管機關。主管機關於書面告知送達之日起60日內仍未依法執行者，受害人民或公益團體得以該主管機關為被告，對其怠於執行職務之行為，直接向行政法院提起訴訟，請求判令其執行。行政法院為前項判決時，得依職權判命被告機關支付適當律師費用、偵測鑑定費用或其他訴訟費用予對維護空氣品質有具體貢獻之原告。……」

　　故若非行政機關之違法行為，或無人民得提起公益訴訟之特別規定，則提起本訴顯屬不合要件而為不合法（最高行政法院94裁594）。

　　而以公益為目的之社團法人或以公益為目的之非法人之團體，若於其章程所定目的範圍內，由多數有共同利益之社員，就一定之法律關係，授與訴訟實施權者，⓮得為公共利益提起訴訟。⓯惟此等公益訴訟實施權之

　　關於日本民眾訴訟，林素鳳，〈日本民眾訴訟與我國公益訴訟〉，《論權利保護之理論與實踐》，2006，第613頁至第626頁。

⓮ 葉俊榮，翁岳生編，《行政訴訟法逐條釋義》，2006，第131頁至第132頁認為，**應適度的放寬「無關自己權利及法律上利益」之範圍，避免過於僵硬適用，而造成制度運用上之荒謬。**

⓯ 葉俊榮，翁岳生編，《行政訴訟法逐條釋義》，2004，第130頁，本條文立法目的在於突破傳統「訴訟利益理論」（應係指「公權力理論」），但此舉乃屬例外，故本條設有但書之規定，避免造成濫訴之可能。

⓯ 吳庚，《行政爭訟法論》，2009，第61頁認為，「訴訟實施權」與「訴訟權能」不同，前者之作用在於**排除為他人權利或公共利益而爭訟之資格**；後者尚須**具備個人權益遭受公權力主體作為或不作為侵害之法律上處境**，亦即兼有「對抗權利侵

授與，應以文書證之（第 35 條）。⑮

2.選罷訴訟

關於選舉罷免事件之爭議⑯，除法律別有規定外，⑰得依本法提起行政訴訟（第 10 條）。⑱所謂「法律別有規定」，例如，公職人員選舉罷免法第 118 條關於管轄法院之規定。

關於各級民意機關依據其相關組織法規所規定的內部選舉罷免，屬於議會自律之範疇，故在各級民意機關之內部選舉罷免產生爭議者，原則上應由各該民意機關，依其內部程序自行解決，而無本條文之適用。⑲

3.準用規定

前述（第 9 條、第 10 條）訴訟，依其性質，係準用撤銷、確認或給付訴訟有關之規定（第 11 條）。

害」及「涉及本身」兩項要素。本法第 35 條之立法，仍沿用民事訴訟之訴訟實施權之術語。

⑭ 公益訴訟，係準用第 33 條（選定當事人訴訟行為之限制）之規定。關於「得為公共利益」立法之批評，陳計男，《行政訴訟法釋論》，2000，第 72 頁以下；吳庚，《行政爭訟法論》，2009，第 63 頁至第 64 頁。

⑮ 關於第 35 條之批評與建議，彭鳳至，〈論行政訴訟中之團體訴訟——兼論行政訴訟法第 35 條之再修正〉，《當代公法新論（下）》，2002，第 100 頁以下。

⑯ 葉俊榮，翁岳生編，《行政訴訟法逐條釋義》，2004，第 137 頁，此處「選舉罷免事件之爭議」，係指依法辦理選舉罷免所生之爭議，並非傳統上屬於民事法院管轄之選舉罷免爭議。若選舉罷免之爭議，因主管機關依法介入，而作成行政處分者，此時應以撤銷訴訟作為正確之訴訟類型選擇，而無本條文之適用。

⑰ 葉俊榮，翁岳生編，《行政訴訟法逐條釋義》，2006，第 138 頁至第 139 頁認為，所謂「法律」之理解，**應限於立法院通過，經總統公布之形式意義法律，而不包括行政命令**，避免使行政命令凌駕本法第 2 條之虞。

⑱ 李惠宗，《行政法要義》，2008，第 558 頁認為，除非其他法律有特別規定之外，由行政機關依職權所參與之選舉爭議，例如農會、漁會等人民團體選舉之爭議，即應改由行政法院審理。

⑲ 葉俊榮，翁岳生編，《行政訴訟法逐條釋義》，2006，第 138 頁。

參、當事人

一、當事人

依本法第 23 條規定，行政訴訟當事人，包括原告、被告及參加訴訟之人（依第 41 條與第 42 條）。⑮⁰

㈠當事人之範圍

本法所謂當事人，係在行政訴訟程序中，基於自己之程序權利，而參與行政訴訟程序之人。⑮¹

1.行政訴訟之原告

關於行政訴訟之原告，係指向行政法院提起行政訴訟之人。釋 40 曾謂：「僅人民始得為行政訴訟之原告。臺灣省物資局依其組織規程係隸屬於臺灣省政府之官署，與院解 2990 所稱之鄉鎮自治機關不同，自不能類推適用此項解釋。至海關緝私條例第 32 條對於提起行政訴訟之原告，並無特別規定，要非官署所得引為提起行政訴訟之根據。」惟此見解，已不符現行行政訴訟制度之要求。

2.行政訴訟之被告

行政訴訟之被告，係原告對其向行政法院提起行政訴訟之人。作為被告機關之類型包括：

---

⑮⁰　陳慈陽，〈環境訴訟中當事人適格問題──簡評高高行 98 訴 47 號判決〉，《台灣法學雜誌》第 147 期，第 235 頁至第 236 頁指出，在環境訴訟中，人民通常不會是所謂「行政處分相對人」，故在理解當事人範圍時，則會有較為不同之操作：⑴透過保護規範理論中「可能性理論」之操作，擴大訴權之範圍。例如臺北高等行政法院（98 訴 504）即採取類此看法；⑵亦有認為，在判斷是否具備訴訟權能時，應著重於「具主觀公法請求權」及「程序中當事人與公益具『時間與空間緊密關聯性』」者。

⑮¹　陳敏，《行政法總論》，2007，第 1419 頁。

⑴**經訴願程序之行政訴訟被告機關**

　　經訴願程序之行政訴訟，其被告為「駁回訴願時之原處分機關」與「撤銷或變更原處分時，為撤銷或變更之機關」（第 24 條）。❷

⑵**受委託行使公權力之團體或個人之行政訴訟被告**

　　人民與受委託行使公權力之團體或個人，因受託事件涉訟者，以受託之團體或個人為被告（第 25 條）。❸

⑶**被告機關經裁撤或改組之行政訴訟被告機關**

　　被告機關經裁撤或改組者，以承受其業務之機關為被告機關；無承受其業務之機關者，以其直接上級機關為被告機關（第 26 條）。

㈡當事人能力

1.當事人能力之內容

　　當事人能力，係指得為行政訴訟主體之能力，亦即得提起行政訴訟或受訴之能力（最高行政法院 94 裁 2016），並享受或負擔行政訴訟上各種效果之一般能力與資格。❹

❷　學界認為，本法第 24 條應為下列解讀：⑴訴願決定維持原處分時，亦即駁回訴願人之訴願時，應以「原處分機關」為被告；⑵訴願決定全部撤銷或變更原處分時，第三人若不服而提起撤銷訴訟時，應以「訴願決定機關」為被告；⑶訴願決定撤銷或變更一部原處分時，第三人若對訴願決定維持而未撤銷變更之部分不服者，應以「原處分機關」為被告。陳敏，《行政法總論》，2007，第 1445 頁至第 1446 頁；陳春生，翁岳生編，《行政訴訟法逐條釋義》，2006，第 206 頁至第 207 頁；張文郁，〈撤銷訴訟之被告〉，《月旦法學教室》第 71 期，第 21 頁。

❸　釋 269 謂：「……依法設立之團體，如經政府機關就特定事項依法授與公權力者，在其授權範圍內，既有政府機關之功能，以行使該公權力為行政處分之特定事件為限，當有行政訴訟之被告當事人能力……。」此外，張文郁，〈撤銷訴訟之被告〉，《月旦法學教室》第 71 期，第 21 頁認為，在受託公權力之態樣時，應回歸第 24 條判斷被告，故本條文實為贅文；類似見解，蔡志方，《行政救濟法新論》，2007，第 161 頁至第 163 頁。

❹　蔡茂寅，〈行政機關之爭訟當事人能力〉，《台灣本土法學雜誌》第 4 期，第 108 頁。

　　有行政訴訟當事人能力者，指自然人、❶⁵⁵法人、❶⁵⁶中央及地方機關、❶⁵⁷非法人之團體（第 22 條）。❶⁵⁸

　　所謂「非法人團體」，係指由多數人所組成，有一定之組織、名稱及目的，且有一定之事務所或營業所為其活動中心，並有獨立之財產，而設有代表人或管理人對外代表團體及為法律行為者始屬之（最高行政法院 94 裁 637）。❶⁵⁹例如，私立學校董事會，在法律性質上為非法人團體，董事會有

---

❶⁵⁵ 「自然人」之意義，係從民法之規定，**嬰兒以將來非死產者為限，有權利能力；既然有權利能力者，當然有當事人能力，故本法無需同民訴第 40 條第 2 項另外規定**。陳春生，翁岳生編，《行政訴訟法逐條釋義》，2006，第 195 頁至第 196 頁。

❶⁵⁶ 陳敏，《行政法總論》，2007，第 1438 頁，法人於清算時期是否具有當事人能力，似可類推民法第 40 條第 2 項之法理，於清算之必要範圍之內，視為存續而肯定有當事人能力。

❶⁵⁷ 林騰鷂，《行政訴訟法》，2008，第 224 頁謂應透過行政程序法第 2 條第 2 項及第 3 項界定「中央與地方機關」之意涵；最高行政法院 94 年 6 月份庭長法官聯席會議亦採相同見解，謂：「行政程序法第 2 條第 2 項……，行政機關乃國家、地方自治團體或其他行政主體所設置，得代表各行政主體為意思表示之組織。所謂『組織』，須有單獨法定地位，固以具備獨立之人員編制及預算為原則。惟**實務上為避免政府財政過度負擔，及基於充分利用現有人力之考量，亦有由相關機關支援其他機關之人員編制，或由相關機關代為編列其他機關預算之情形，尚難因該其他機關之人員編制及預算未完全獨立，而否定其為行政機關**。各地方法院及其分院檢察署犯罪被害人補償審議委員會及各高等法院及其分院檢察署犯罪被害人補償覆審委員會之設置，依犯罪被害人保護法第 14 條、第 15 條、第 20 條之規定，**具有單獨法定地位，且得代表國家受理被害人補償金之申請及調查，並作成准駁之決定，是該審議委員會及補償覆審委員會自屬行政機關，應有當事人能力**。」

❶⁵⁸ 陳敏，《行政法總論》，2007，第 1437 頁認為，具有權利能力之法律主體，始有「實質之當事人能力」；未具有權利能力之法律主體，僅有「形式之當事人能力」；吳庚，《行政爭訟法論》，2009，第 59 頁認為，本法第 22 條兼採「權利主體原則」及「機關原則」，其範圍顯較民事訴訟為廣；然在實際運用上，仍深受民事訴訟之影響。

一定之名稱及事務所，為因應實際需要，本法承認其具有當事人能力及當事人適格（最高行政法院93判403）。❿

　　至於，獨資商號，並無當事人能力，而應以商號負責人為處罰之對象，始符合法律規定（最高行政法院93判399）；而教師不服大學、獨立學院、專科學校所屬校、院、系（所）教師評審委員會就教師升等所為之評審，應以該校、院為被告，始屬適格，至其校、院、系（所）教師評審委員會僅屬其校、院之內部單位，並無當事人能力（最高行政法院94裁2016）；考試院訴願審議委員會為考試院之內部單位，不具有機關地位，其職責為專門處理訴願事件，欠缺行政訴訟之當事人能力（最高行政法院94裁1654）；銓敘部退撫司，僅屬銓敘部之內部單位，無行政訴訟主體之能力（最高行政法院94裁260）。

2.當事人能力之欠缺

(1)自始欠缺

　　行政訴訟程序中主要當事人欠缺當事人能力者，其訴訟乃不合法，行政法院審判長應先行命補正；❻經諭知補正而仍逾期不為補正者，應依本法第107條第1項第3款之規定，予以裁定駁回。

(2)訴訟程序進行中欠缺

　　若當事人喪失當事人能力之時點，係在於提起行政訴訟之後，除法律別有規定之外，訴訟程序當然停止。訴訟程序當然停止之態樣如下：

---

❺　釋486：「……自然人及法人為權利義務之主體，固均為憲法保護之對象；惟為貫徹憲法對人格權及財產權之保障，**非具有權利能力之『團體』，如有一定之名稱、組織而有自主意思，以其團體名稱對外為一定商業行為或從事事務有年，已有相當之知名度，為一般人所知悉或熟識，且有受保護之利益者，不論其是否從事公益，均為商標法保護之對象**，而受憲法之保障……。」

❿　最高行政法院（93判399）指出：「……當事人之適格為權利保護要件之一，當事人就具體特定之訴訟標的法律關係如無訴訟實施權，當事人即非適格，原告欠缺權利保護要件，法院自應認其訴為無理由，以判決駁回之……。」

❻　陳計男，《行政訴訟法釋論》，2000，第47頁，**考量現行法未採取律師強制代理，故在不影響當事人主體同一性之範圍內，仍有補正當事人能力之空間。**

1 當事人死亡

當事人死亡者，訴訟程序在有繼承人、遺產管理人或其他依法令應續行訴訟之人承受其訴訟以前當然停止（第 186 條準用民訴第 168 條）。[162]惟於有訴訟代理人時不適用之。但法院得酌量情形，裁定停止其訴訟程序（第 186 條準用民訴第 173 條）。

2 法人之合併解散

法人因合併而消滅者，訴訟程序在因合併而設立或合併後存續之法人，承受其訴訟以前當然停止（第 186 條準用民訴第 169 條）。[163]惟於有訴訟代理人時不適用之。但法院得酌量情形，裁定停止其訴訟程序（第 186 條準用民訴第 173 條）。

3 行政機關之裁撤改組

被告機關經裁撤或改組者，以承受其業務之機關為被告機關；無承受其業務之機關者，以其直接上級機關為被告機關（第 26 條）。

(三)當事人適格

1.概　說

行政訴訟程序中，除須具備有當事人能力之外，尚須具備有一定之資格，於特定訴訟中以自己名義為原告或被告，而受本案之判決，此資格為「訴訟實施權」。[164]具有訴訟實施權之當事人，即具有當事人適格。

---

[162] 最高行政法院 90 年 12 月份第 2 次庭長法官聯席會議：「……行政罰鍰係國家為確保行政法秩序之維持，對於違規之行為人所施之財產上制裁，而**違規行為之行政法上責任，性質上不得作為繼承之對象。如違規行為人於罰鍰處分之行政訴訟程序中死亡者，其當事人能力即行喪失。尚未確定之罰鍰處分，對該違規行為人也喪失繼續存在之意義而失效。**又其繼承人復不得承受違規行為人之訴訟程序，受理行政訴訟之高等行政法院應適用本法第 107 條第 1 項第 3 款，以裁定駁回違規行為人之起訴……。」

[163] 陳敏，《行政法總論》，2007，第 1441 頁認為，組織體在行政程序或行政訴訟進行中被解散時，如**爭訟標的即在於解散決定，或與解散有密切關聯時，則被解散之組織體仍具有當事人能力。**

簡言之,所謂當事人適格,係在個別訴訟中就訴訟標的主張自己權益之人,亦即具有訴訟權能而受本案判決。[165]

2.欠缺時之處理

行政訴訟之當事人不適格者,其訴訟係不合法。[166]惟行政訴訟多由人民對行政機關提起,由在撤銷訴訟之情形,若因當事人不適格而遭駁回者,則有逾越撤銷訴訟不變期間之可能,因此本法第107條第2項規定,於撤銷訴訟中若原告於訴狀誤列被告尚可補正者,審判長應定期先行補正。[167]

3.各項訴訟類型之當事人適格

當事人適格於各訴訟類型中會有不同之展現,分析如下:

⑴原告當事人適格

1 撤銷訴訟之原告當事人適格

提起撤銷訴訟之原告,若是行政處分之相對人者,基於「相對人理論」之適用,通常可直接認定具備訴權;若行政處分之第三人提起撤銷訴訟者,此時即基於「可能性理論」,認定「權利或利益受行政處分侵害之可能」。[168]

2 課予義務訴訟之原告當事人適格

提起課予義務訴訟之原告,對於所申請行政處分之作成,具有權利或法律上利益者,有課予義務訴訟之訴權,而無相對人理論之適用。

---

[164] 陳清秀,《行政訴訟法》,2009,第217頁至第219頁。

[165] 陳敏,《行政法總論》,2007,第1441頁。

[166] 實務似乎以「當事人適格」涵蓋「本案適格」,故對於欠缺「當事人適格」者係以判決駁回。最高行政法院90年6月份庭長法官聯席會議:「本法第107條第1項各款係屬廣義之訴的利益要件,由於各款具有公益性,應由法院依職權調查,如有欠缺或命補正而不能補正者,法院應以裁定駁回之。至於**欠缺當事人適格、權益保護必要之要件,屬於狹義的『訴的利益』之欠缺,此等要件是否欠缺,常須審酌當事人之實體上法律關係始能判斷,自以判決方式為之,較能對當事人之訴訟程序權為周全之保障**……。」

[167] 陳敏,《行政法總論》,2007,第1442頁;陳計男,《行政訴訟法釋論》,2000,第56頁以下。

[168] 吳庚,《行政爭訟法論》,2009,第60頁至第61頁。

③給付訴訟之原告當事人適格

提起給付訴訟之原告，主張對被告具公法上財產給付請求權、或作成行政處分以外之非財產給付請求權，並因被告不履行給付義務而損害其權利之原告，具有給付訴訟之訴權。

④確認訴訟之原告當事人適格

提起確認訴訟之原告，對行政處分為無效之確認，或對公法上法律關係存否之確認，主張有即受確認判決之法律上利益者（確認利益），即具備確認訴訟之訴權。

⑵被告當事人適格

①撤銷訴訟之被告當事人適格

撤銷訴訟之被告當事人適格，即本法第 24 條「駁回訴願時之原處分機關」[169]與「撤銷或變更原處分時，為撤銷或變更之機關」、第 25 條「受委託行使公權力之團體或個人」與第 26 條「被告機關經裁撤或改組時之承受其業務之機關或上級機關」之規定。

②課予義務訴訟之被告當事人適格

課予義務訴訟之被告當事人適格，應以原告所主張，對其有作成行政處分請求權之行政機關為被告。

③給付訴訟之被告當事人適格

給付訴訟之被告當事人適格，應以原告所主張，原告對之有給付請求權之人為被告。

④確認訴訟之被告當事人適格

確認訴訟之被告當事人適格，若是確認行政處分無效訴訟，應以作成該行政處分之原處分機關為被告；若是確認公法上法律關係存否訴訟，應以法律關係之他方為被告，由第三人提起者，應以形成或確認公法上法律關係之行政機關為被告。[170]

---

[169] 最高行政法院（101 裁 753）：「……經訴願程序之行政訴訟，其駁回訴願時之原處分機關始為被告機關當事人適格，本法第 24 條第 1 款定有明文規定……。」

[170] 陳計男，《行政訴訟法釋論》，2000，第 51 頁以下。

㈣訴訟能力

能獨立以法律行為負義務者，有訴訟能力（第 27 條第 1 項），❶得自行或授權他人為訴訟行為之資格。

1.自然人之訴訟能力

⑴一般自然人之訴訟能力

1 無訴訟能力者應由法定代理人代為訴訟行為

本法區分「有訴訟能力」及「無訴訟能力」兩類。有訴訟能力者自可為訴訟行為；無訴訟能力者應由法定代理人代為訴訟行為。因此，受監護、扶助宣告之人為無行為能力之人，故受監護、扶助宣告之人為訴訟當事人時，應由其監護人或扶助人即法定代理人為訴訟行為（最高行政法院 94 判 275）。

2 欠缺法定代理權之補正與准予暫為訴訟行為

行政法院認為法定代理權有欠缺而可以補正者，應定期間命其補正，如恐久延致當事人受損害時，得許其暫為訴訟行為（第 28 條準用民訴第 49 條）。

法定代理權經補正後，無訴訟行為能力人原來之訴訟行為，溯及於行為時發生效力（第 28 條準用民訴第 48 條）。❷

⑵特別代理人之選任

1 依聲請選任

❶由當事人對造提出聲請

對於無訴訟能力人為訴訟行為，因其無法定代理人，或其法定代理人

---

❶ 吳庚，《行政爭訟法論》，2009，第 65 頁認為，民訴關於訴訟能力之制度，係考量並配合民法而設計，本法幾全盤承襲，殊值商榷。德國法例中「依公法規定具備單獨行為之能力者亦有訴訟能力」之立法例，應具有參考價值；相同見解，蔡志方，《行政救濟法新論》，2007，第 172 頁。

❷ 陳春生，翁岳生編，《行政訴訟法逐條釋義》，2006，第 217 頁，無訴訟能力人事後成為具訴訟能力人，對之前訴訟行為自我同意時，亦可產生補正效力。

不能行代理權，恐致久延而受損害者，則得聲請受訴法院之審判長選任特別代理人（第 28 條準用民訴第 51 條第 1 項）（最高行政法院 93 判 394）。

☑ 親屬或利害關係人提出聲請

無訴訟能力人有為訴訟之必要，而無法定代理人，或法定代理人不能行代理權者，其親屬或利害關係人，得聲請受訴法院之審判長，選任特別代理人（第 28 條準用民訴第 51 條第 2 項）。

☑ 特別代理人之權限

特別代理人於法定代理人或本人承當訴訟以前，代理當事人為一切訴訟行為。但不得為捨棄、認諾、撤回或和解（第 28 條準用民訴第 51 條第 4 項）。

2. 行政機關與組織體之訴訟能力

法人、中央及地方機關、非法人之團體，應由其代表人或管理人為訴訟行為（第 27 條第 2 項）。❸若類此行政機關與組織體未由代表人或管理人為訴訟行為者，其訴訟不合法。❹

3. 欠缺訴訟能力者

欠缺訴訟能力所為之訴訟行為，係屬無效。法院基於無效訴訟行為所為之裁判，當然違背法令。該裁判尚未確定者，可提起上訴救濟（第 242 條、第 243 條第 2 項第 4 款）；該裁判已確定者，則可透過再審救濟（第 273 條第 1 項第 5 款）。

---

❸ 至於，依法令得為訴訟上行為之代理人，則準用之；陳春生，翁岳生編，《行政訴訟法逐條釋義》，2006，第 212 頁、第 214 頁，此立法係採取「**法人擬制說**」之立法，與實體法採取「法人實在說」不同。

❹ 陳春生，翁岳生編，《行政訴訟法逐條釋義》，2006，第 216 頁，若因行政機關首長更替而行政法院不知情未命補正者，則有產生被告訴訟能力欠缺之問題。此時應考慮類推民訴第 48 條規定：「於能力、法定代理權或為訴訟所必要之允許有欠缺之人所為之訴訟行為，經取得能力之本人、取得法定代理權或允許之人、法定代理人或有允許權人之承認，溯及於行為時發生效力」，**事後經取得現代表人追認者，不影響之前所為訴訟行為之效力。**

二、選定當事人

㈠選定或指定

選定當事人之方式，包括自由選定與命為選定，至於，行政法院依職權指定，則為最後之手段（第 29 條）。

1.自由選定

多數有共同利益之人，得由其中選定 1 人至 5 人，為全體起訴或被訴（第 29 條第 1 項），為自由選定。

2.命為選定

訴訟標的對於多數有共同利益之人，必須合一確定，⑰⑤而未為前述自由選定者，行政法院得限期命為選定（第 29 條第 2 項前段）。

3.職權指定

行政法院已限期命為選定，惟逾期仍未選定者，行政法院得依職權指定之（第 29 條第 2 項後段）。

㈡效　力

依其對象，得區分為兩方面：

1.其他當事人──脫離訴訟

訴訟繫屬後，經選定或指定當事人者，其他當事人脫離訴訟（第 29 條第 3 項）。⑰⑥

2.被選定或被指定之人──更換增減與訴訟行為

多數有共同利益之人，於選定當事人或由行政法院依職權指定當事人後，得經全體當事人之同意更換或增減之（第 30 條第 1 項）。⑰⑦

---

⑰⑤ 吳庚，《行政爭訟法論》，2009，第 69 頁認為，所謂「合一確定」，係指**行政法院對於訴訟標的之裁判必須一致**而言，亦即同勝同敗。

⑰⑥ 此脫離訴訟之規定，並**不會產生當事人適格喪失之情形**。陳計男，《行政訴訟法釋論》，2000，第 68 頁至第 69 頁；林騰鷂，《行政訴訟法》，2008，第 237 頁。

行政法院職權指定之當事人，如有必要，亦得依職權更換或增減之（第30 條第 2 項）。**⑱**

經更換或增減者，原被選定或指定之當事人喪失其資格（第 30 條第 3 項）。

至於，被選定或被指定之人中有因死亡或其他事由喪失其資格者，其他被選定或被指定之人，仍得為全體為訴訟行為（第 31 條）。

㈢通知及文書

訴訟當事人之選定、指定及其更換、增減，若將影響他造當事人之權益與訴訟之進行，則應通知他造當事人，且應以文書證之（第 32 條、第 34 條）。**⑲**

㈣限　制

被選定之人，雖得為全體為訴訟行為，惟其他當事人脫離訴訟，故其行使權利應有一定之限制（第 33 條），**⑱**即非得全體之同意，不得為捨棄、認諾、撤回或和解，藉以保護選定人之重大利益。**⑱**

---

⑰ 陳春生，翁岳生編，《行政訴訟法逐條釋義》，2006，第 225 頁，除須經「全體同意」之外，欲為變更或增減者，**須向行政法院依法定方法表示，即可發生法律上效力，無須經行政法院同意，亦不需行政法院准許。**

⑱ 陳春生，翁岳生編，《行政訴訟法逐條釋義》，2006，第 225 頁指出，此介入之權限，主要係為防止當事人「不為選定行為」，或「無法表達其意思」，或「怠於表達其意思」。

⑲ 實務以「選定書」作為證明；然若以其他共同或個別書面載明選定意旨者，亦可生法律上效力。陳春生，翁岳生編，《行政訴訟法逐條釋義》，2006，第 232 頁。

⑱ 選定當事人之方式，區分「選定」及「指定」兩種態樣，而本法第 33 條，僅規定「被選定人」而不及於「被指定人」，似有疏漏。陳敏，《行政法總論》，2007，第 1427 頁；吳庚，《行政爭訟法論》，2009，第 70 頁，註 20。

⑱ 學理有認為，**本條文僅規範「被選定人」而未及於「被指定之當事人」，應屬疏忽，故被指定之當事人是否得為捨棄、認諾、撤回或和解，仍應類推本條文之規定。**陳計男，《行政訴訟法釋論》，2000，第 70 頁；陳春生，翁岳生編，《行政訴

但是，訴訟標的對於多數有共同利益之各人，若非必須合一確定，則經原選定人之同意，得就其訴之一部為撤回或和解者，蓋不會影響其他當事人之權利。惟「捨棄」與「認諾」之部分，雖未明文規定，然應視是否影響其他當事人之權利。

(五)準用規定

被選定人所為之訴訟行為，經全體當事人承認者，溯及於行為時發生效力（第36條準用民訴第48條）。被選定人之資格或權限欠缺而可以補正者，審判長應定期間命其補正；如恐久延致當事人受損害時，得許其暫為訴訟行為（第36條準用民訴第49條）。

三、共同訴訟

(一)共同訴訟之要件

所謂共同訴訟（第37條），係指2人以上為共同訴訟人，一同起訴或一同被訴。[182] 亦即一造或兩造皆為多數人時之謂。[183]

1.共同訴訟之實體要件

得為共同訴訟之情形，包括：

(1)為訴訟標的之行政處分，係二以上機關共同為之者（第37條第1項第1款）；[184]

訟法逐條釋義》，2006，第229頁。

[182] 共同訴訟涉及多數主體合併為訴訟，故亦稱「**主觀訴之合併**」。陳敏，《行政法總論》，2007，第1420頁；林騰鷂，《行政訴訟法》，2008，第242頁；洪家殷，翁岳生編，《行政訴訟法逐條釋義》，2006，第239頁。

[183] 陳計男，《行政訴訟法釋論》，2000，第76頁至第77頁指出，是否以共同訴訟之型態進行訴訟，原則上係取決於當事人自由決定；然若有「追加原非當事人之人為當事人」（第111條第3項）、「當事人一造死亡而由多數人承受訴訟」（第186條準用民訴第168條）、「經行政法院命合併辯論及裁判」（第127條）之態樣時，亦得由起訴時之單一訴訟轉變為共同訴訟。

⑵為訴訟標的之權利、義務或法律上利益，為其所共同者（第 37 條第 1 項第 2 款）；

⑶為訴訟標的之權利、義務或法律上利益，於事實上或法律上有同一或同種類之原因者（第 37 條第 1 項第 3 款）。

2. 共同訴訟之程序要件

除實體要件之外，共同訴訟亦有程序要件，包括：⑴行政法院對各訴均有管轄權，其中，因同種類之事實上或法律上原因行共同訴訟者，以被告之住居所、公務所、機關、主事務所或主營業所之所在地，在同一行政法院管轄區域內者為限（第 37 條第 2 項）；⑱⑵對合併之數訴，所進行之訴訟程序必須種類相同；⑱⑶數訴均需踐行先行程序。⑱

(二)共同訴訟之效力

1. 共通效力

符合共同訴訟要件者，得一同起訴或一同被訴。共同訴訟人，各有續行訴訟之權（第 40 條第 1 項）。

因此，行政法院指定期日者，應通知各共同訴訟人到場，以維護共同訴訟人之權益（第 40 條第 2 項）。

---

⑱ 洪家殷，翁岳生編，《行政訴訟法逐條釋義》，2006，第 242 頁指出，「二以上機關共同為之」係由二以上機關之名義共同為之，故在「多階段行政處分」之情形，由於僅有一行政機關之名義作成，故無本款之適用。

⑱ 第 39 條之規定，係關於提起共同訴訟之特別要件，至於，所提訴訟之一般要件，仍應符合各該規定（最高行政法院 93 裁 794）。

⑱ 簡易訴訟程序，由於性質較一般程序而言較為簡便，本質上並無不同。故簡易訴訟程序可併普通程序審理。

⑱ 最高行政法院 93 年 9 月份庭長法官聯席會議：「……如訴訟標的對於原訴願人及其他有相同利害關係之人必須合一確定者，則既經原訴願人踐行訴願程序，可認為原提起訴願之當事人，有為所有必須合一確定之人提起訴願之意，應解為與原訴願人利害關係相同之人得逕行依同法第 4 條第 1 項起訴。」

2.個別效力

依共同訴訟種類之不同，而有差異：⑱

(1)普通共同訴訟

於普通共同訴訟中，一人之行為或他造對於共同訴訟人中一人之行為及關於其一人所生之事項，除別有規定外，其利害不及於他共同訴訟人（第38條），採取「共同訴訟人個別獨立生效」之立法例。⑲

各共同訴訟人於訴訟過程中可依其己意為訴訟行為；各共同訴訟人之訴訟行為效力並不及於其他共同訴訟人，亦不受他共同訴訟人之影響。⑲⁰行政法院亦可對各共同訴訟人為各別之裁判。⑲¹

(2)必要共同訴訟

必要共同訴訟，即訴訟標的對於共同訴訟之各人，必須合一確定者⑲²，

---

⑱ 陳敏，《行政法總論》，2007，第1423頁至第1425頁，「普通共同訴訟」與「必要共同訴訟」之區分，在於**訴訟標的對各共同訴訟人是否需「合一確定」**。前者並不須合一確定，僅在於訴訟經濟考量下，予以統一解決；後者則是因程序或實體之理由，有必要合一確定，而為共同起訴或被訴者。

⑲ 駱永家，〈共同訴訟〉，《法學叢刊》第132期，第35頁。本篇文章雖在說明民訴中「共同訴訟人獨立原則」，但其法理亦可適用於本法。

⑲⁰ 劉建宏，〈行政訴訟上之共同訴訟㈠──普通共同訴訟〉，《法學講座》第11期，第60頁至第66頁；陳計男，《行政訴訟法釋論》，2000，第82頁至第83頁。

⑲¹ 再者，民訴所提出「主張共通原則」與「證據共通原則」，於本法亦有適用。陳計男，《行政訴訟法釋論》，2000，第83頁；洪家殷，翁岳生編，《行政訴訟法逐條釋義》，2006，第245頁。

⑲² 有「合一確定」之必要者，係基於「程序」或「實體」之理由。前者於實體法律關係上，原可個別起訴或應訴，但於共同起訴或應訴時，判決確定力及於所有當事人，或因訴訟標的不可分，或因所爭執之權力不可分者，亦可稱「非固有（類似、非真正）之必要共同訴訟」；後者不僅訴訟標的必須合一確定，且必須共同起訴或應訴，否則當事人不適格者，亦可稱「固有（真正）之必要共同訴訟」。陳敏，《行政法總論》，2007，第1424頁至第1426頁；亦有認為，我國實務之運作，並不重視「非固有」及「固有」之區分，少有因數人未一同起訴或應訴，而以當事人不適格遭駁回之事例。陳計男，《行政訴訟法釋論》，2000，第85頁。

共同訴訟人中一人之行為有利益於共同訴訟人者，其效力及於全體；❶❾❸不利益者，❶❾❹對於全體不生效力（第 39 條第 1 款）。

　　他造對於共同訴訟人中一人之行為，其效力及於全體（第 39 條第 2 款）。

　　若共同訴訟人中之一人，生有訴訟當然停止或裁定停止之原因者，其當然停止或裁定停止之效力及於全體（第 39 條第 3 款）。

　　關於共同訴訟之要件及效力，繪圖【圖 4–17】如下：

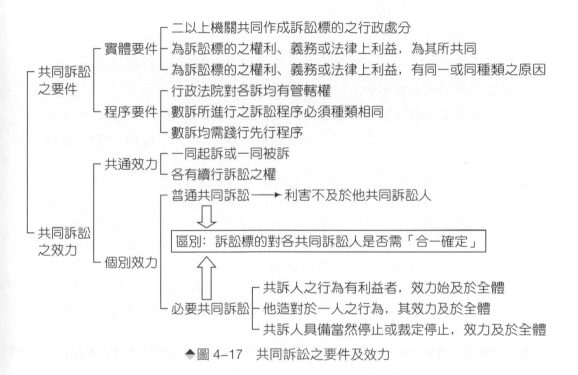

▲圖 4–17　共同訴訟之要件及效力

---

❶❾❸　例如，共同訴訟人中之一人，對於下級法院之判決聲明不服提起上訴，其效力應及於共同訴訟人全體，即應視其上訴為共同訴訟人全體所為（最高行政法院 94 判 203）；陳計男，《行政訴訟法釋論》，2000，第 115 頁指出，**是否有利，以行為時形式觀察即可，無需取決於法院最後之審理結果。**

❶❾❹　**所謂「不利益行為」，諸如訴訟上自認、捨棄、認諾、和解或撤回，而其他共同訴訟人未為此等行為者，則對全體共同訴訟人皆不生效力。**陳計男，《行政訴訟法釋論》，2000，第 87 頁以下。

四、訴訟參加

參加訴訟，須以訴訟標的對於第三人及當事人一造必須合一確定，或撤銷訴訟之結果，第三人之權利或法律上利益將受損害者為要件。⑲⑤

㈠種　類

1. 必要共同訴訟之獨立參加

⑴行政法院以裁定命其參加

訴訟標的對於第三人及當事人一造必須合一確定者，行政法院係「應」以裁定命該第三人參加訴訟（第41條）。⑲⑥

本條規定，應限於固有必要共同訴訟之情形，即依法律規定必須數人一同起訴或數人一同被訴，當事人之適格始無欠缺之情形。⑲⑦若數人在法

---

⑲⑤　最高行政法院（91裁聲1）指出，訴訟當事人（原告或被告），並無聲請命第三人參加訴訟之權；張文郁，〈行政訴訟之訴訟參加與民事訴訟之訴訟參加之比較〉，《公法學與政治理論》，2004，第591頁以下；劉建宏，〈共同訴訟與訴訟參加之關係〉，《法學講座》第19期，第26頁認為，考量我國行政訴訟制度採取「處分權主義」之操作，利害關係人可自行決定其以何種地位受保護，故共同訴訟制度與訴訟參加制度有發生競合之情形。亦即，**若利害關係人同時符合共同訴訟及訴訟參加之要件者，原則上得依其主觀意願選擇共同起訴而為被告，或者以訴訟程序參與人之地位參加訴訟。**

⑲⑥　陳春生，翁岳生編，《行政訴訟法逐條釋義》，2006，第203頁認為，本法對於「合一確定」之理解，無須如同民訴般同時承認固有必要共同訴訟與類似必要共同訴訟，而僅指固有必要共同訴訟；最高行政法院（94判432；101裁598）亦採相同見解，謂：「……本法第41條『訴訟標的對於第三人及當事人一造必須合一確定者，行政法院應以裁定命該第三人參加訴訟』規定之適用，**應限於固有必要共同訴訟之情形，即依法律之規定必須數人一同起訴或數人一同被訴，當事人之適格始無欠缺之情形。**若數人在法律上各有獨立實施訴訟之權能，而其中一人起訴或一人被訴時，所受之本案判決依法律規定對於他人亦有效力者，如該他人為共同訴訟人，則為類似必要共同訴訟之情形，即無須由行政法院依職權裁定命該他人參加訴訟……。」

律上各有獨立實施訴訟之權能，而其中一人起訴或一人被訴時，所受之本案判決依法律規定對於他人亦有效力者，如該他人為共同訴訟人，則為類似必要共同訴訟之情形，即無須由行政法院依職權裁定命該他人參加訴訟（最高行政法院 101 裁 598）。而若訴訟標的無合一確定關係，則裁定駁回（最高行政法院 94 判 142）。

⑵**參加後行為效力**

由於參加人與當事人一造之利害關係一致，故本法第 46 條規定，必要共同訴訟之獨立參加訴訟，準用第 39 條（必要共同訴訟效力）之規定。透過第 46 條之準用規定，參加人不僅得提出獨立之攻擊防禦方法，並且得為與其所參加之主要當事人不一致之主張，但僅對參加人本身生效。惟參加人不得為訴之變更或終結訴訟程序之行為。**⑱**

⑶**應參加而未參加之處理**

若參加人應參加而未參加者，而法院為撤銷或變更原處分或決定之判決者，依據本法第 215 條規定，該決定或判決對未參加之第三人亦有效力，對於未參加之第三人之保障似有所欠缺。就此而言，若該判決尚未產生既判力者，上訴審法院應依職權廢棄該判決並將該事件駁回原審法院；**⑲**若該判決已生既判力者，依據本法第 284 條第 1 項之規定，賦予第三人聲請重新審理，以資救濟。**⑳**

2.利害關係人之獨立參加

利害關係人之獨立參加，或稱普通參加：**㉑**

---

⑰ 相同見解，張文郁，〈行政訴訟之必要參加〉，《月旦法學教室》第 82 期，第 24 頁。

⑱ 陳敏，《行政法總論》，2007，第 1430 頁。

⑲ 蕭文生，翁岳生編，《行政訴訟法逐條釋義》，2004，第 259 頁至第 260 頁，**若上訴審法院未排除者，多數見解認為，該違法判決對於所有訴訟當事人皆不生效力。**

⑳ 陳敏，《行政法總論》，2007，第 1431 頁；蕭文生，翁岳生編，《行政訴訟法逐條釋義》，2006，第 260 頁。

㉑ 吳庚，《行政爭訟法論》，2009，第 75 頁。

(1)依職權命參加或第三人聲請參加

行政法院認為撤銷訴訟之結果，第三人之權利或法律上利益將受損害者，⑳ 係「得」⑳ 依職權命其獨立參加訴訟，並得因該第三人之聲請，⑳ 裁定允許其參加（第 42 條第 1 項；最高行政法院 101 判 153）。⑳ 就文義以觀，法院是否允許獨立參加，有其裁量權；然則，若法院撤銷或變更原處分或決定之確定判決，但未命利害關係人獨立參加時，該利害關係人尚可以第 284 條聲請重新審理。

此外，訴願人已向行政法院提起撤銷訴訟，利害關係人就同一事件再行起訴者，視為參加（第 42 條第 4 項；最高行政法院 101 判 216）。⑳

---

⑳ 吳庚，《行政爭訟法論》，2009，第 75 頁至第 76 頁認為，「第三人之權利或法律上利益將受損害」**應擴張解釋，只要因判決結果可增加其法律上權利、利益或改善其法律地位之人，即可依本規定參加訴訟**；再者，只要依參加時點判斷，「**有可能**」對第三人之權益產生影響即為已足，不須事實上確定對第三人之權益發生影響始允許其參加。

⑳ 吳庚，《行政爭訟法論》，2009 年 4 版，元照總經銷，第 77 頁認為，若獨立參加要件具備而法院可能判決撤銷或變更原處分或決定時，應即命第三人獨立參加，以免已判決確定案件因重新審理而浪費訴訟程序並增訟累。

⑳ 吳庚，《行政爭訟法論》，2009，第 77 頁，參加要件是否具備，法院應隨時依職權審查，若嗣後發現不具備要件時，應將准予參加之裁定廢棄。

⑳ 第三人參加訴訟後，是否會對原告、被告處分權之行使產生影響，尚有不同見解：(1)否定說：認為獨立參加人並非原告與被告，故原告與被告之處分權並不因第三人參加而受影響；亦即，**法律既未規定得參加人之同意，故獨立參加人參加訴訟後，不能干涉原告及被告處分權之行使**。劉建宏，〈訴訟參加制度在我國行政訴訟法上之適用——普通參加與輔助參加〉，《行政訴訟制度相關論文彙編》第 7 輯，2010，第 221 頁至第 222 頁；(2)肯定說：認為考量訴訟參加制度係**追求同一訴訟程序解決紛爭並追求訴訟經濟之立法目的，加諸以原告、被告及獨立參加人之權利義務關係相牽連**，似應認為原告、被告處分權之行使，若未經獨立參加人之同意或參與，應受有某種程度之限制。吳庚，《行政爭訟法論》，2009，第 78 頁至第 79 頁。

⑳ 陳計男，《行政訴訟法釋論》，2000，第 116 頁，將第 42 條第 4 項之條文理解為「準利害關係人之獨立參加」；林騰鷂，《行政訴訟法》，2008，第 257 頁，則理

　　依本法第 42 條而參加訴訟者，因其權利或法律上利益會因訴訟之結果而直接受到影響，為判決效力所及，故係居於當事人地位而為訴訟行為，包括不服原判決而提起上訴，與同法第 44 條所規定僅輔助一造而為訴訟行為之輔助參加人不同（最高行政法院 95 判 1239）。

⑵提出獨立攻防方法

　　前述參加，準用第 39 條第 3 款之規定。獨立參加人係為維護自己之權利或法律上之利益而參加訴訟，**❷⓿❼**故得提出獨立之攻擊或防禦方法（第 42 條第 2 項），**❷⓿❽**但並無規定參加人得提出獨立之訴之聲明，而成為所謂「參加人之訴」（最高行政法院 100 判 816；93 裁 285）。**❷⓿❾**

⑶參加書狀應記載事項

　　前述第三人聲請參加訴訟者，應向本訴訟繫屬之行政法院提出參加書狀，書狀中應表明之事項，包括：①本訴訟及當事人；②參加人之權利或法律上利益，因撤銷訴訟結果將受如何之損害；③參加訴訟之陳述（第 43 條第 1 項）。**❷❶⓿**

　　行政法院認為聲請不合規定者，應以裁定駁回之（第 43 條第 2 項）。針對駁回之裁定，得為抗告（第 43 條第 3 項）。惟在駁回參加之裁定未確

　　解為「視同利害關係人之獨立參加」。

❷⓿❼ 吳庚，《行政爭訟法論》，2009，第 76 頁認為，獨立訴訟人係為自己利益進行訴訟，故在訴訟上不得代表缺席之原告或被告為訴訟行為。

❷⓿❽ 陳敏，《行政法總論》，2007，第 1433 頁認為，獨立攻防方法應限於「**不違反主要當事人訴訟主張之範圍內**」，始得為之。

❷⓿❾ 換言之，本法並未若民訴承認「主參加訴訟」。不同看法，吳庚，《行政爭訟法論》，2009，第 80 頁至第 81 頁。

❷❶⓿ 臺北高等行政法院（96 訴 3341）：「……**第三人依本法第 42 條第 1 項規定，聲請參加訴訟，須撤銷訴訟之結果，將損害該第三人之權利或法律上之利益者，始得為之；如僅涉及經濟上、文化上、精神上或其他事實上之利益者，則不與焉。**行政法院 75 判 362 判例意旨可資參照。聲請人固與原告為夫妻關係，然與原告為不同之權利義務主體，……其所受影響者，僅其與配偶即原告共同經濟上或其他事實上之利益而已，尚不得因此即謂本件訴訟結果致聲請人之權利或法律上之利益受侵害，是本件聲請人聲請參加訴訟，核與首揭規定不符，應予駁回……。」

定前，參加人得為訴訟行為（第 43 條第 4 項）。

⑷未獲參加允許之第三人救濟

有利害關係之第三人若未經法院依職權或依聲請,而命其參加訴訟者,此時該第三人並非行政訴訟程序中當事人，該訴訟判決對其並不生效力。惟撤銷或變更原處分之判決，依據本法第 215 條之規定，對於未參加之第三人亦有效力。

就此而言，依據本法第 284 條第 1 項之規定，第三人可聲請重新審理以資救濟。㉑

3.輔助參加

⑴輔助參加人之態樣㉒

①行政機關之輔助參加

行政法院認其他行政機關有輔助一造㉓之必要者，係「得」命其參加訴訟（第 44 條第 1 項）。㉔該其他行政機關，亦得依同條第 2 項申請參加。㉕

㉑ 陳敏，《行政法總論》，2007，第 1433 頁。

㉒ 劉建宏，〈我國行政訴訟法上訴訟參加制度類型之檢討──論行政訴訟法第 44 條第 2 項「利害關係人輔助參加制度之妥當性」〉，《月旦法學雜誌》第 84 期，第 140 頁至第 142 頁認為，第 44 條所規定之輔助參加，有其不妥之處：⑴**輔助參加人之資格不限於「有法律上利害關係者」，恐係立法疏漏所致**；⑵**輔助參加人之資格較獨立參加人更為廣泛，造成輕重失衡**；⑶**輔助參加人資格太過廣泛，不利訴訟程序之進行。**

㉓ 關於本條文「一造」之意義，有不同見解：⑴有謂應限於當事人中之行政機關，而不及於為他造之人民，以免造成行政意思之分裂。陳計男，《行政訴訟法釋論》，2000，第 128 頁；⑵有謂亦得為輔助人民而行政機關參加訴訟。陳清秀，《行政訴訟法》，2009，第 300 頁；⑶亦有謂原則上應指訴訟當事人之行政機關，如所輔助之訴訟當事人為人民者，則命其參加之行政機關，與為他造當事人之行政機關應不屬於同一行政主體。陳敏，《行政法總論》，2007，第 1434 頁。

㉔ 陳敏，《行政法總論》，2007，第 1434 頁，註45，行政法院依本條文之規定命參加者，當事人不得異議。

㉕ 劉建宏,〈我國行政訴訟法上訴訟參加制度類型之檢討──論行政訴訟法第 44 條

2 利害關係人之輔助參加

前述有利害關係之第三人，亦得主動聲請參加（第 44 條第 2 項）。而第三人聲請參加訴訟，必須就兩造之訴訟有法律上之利害關係❷⁶始得為之（最高行政法院 93 裁 107；92 裁 263）。

3 告知參加

依本法第 48 條準用民訴第 65 條，當事人得於訴訟繫屬中，將訴訟告知於因自己敗訴而有法律上利害關係之第三人，謂之告知訴訟。

⑵ 輔助參加人於行政訴訟上之地位

輔助參加人因參加訴訟，具有下列之法律地位：

1 輔助當事人為一切訴訟行為

於言詞辯論終結前，輔助參加人得為當事人於適當時期提出攻擊防禦方法，惟參加時依訴訟進行程度，當事人已不可為之訴訟行為者，輔助參加人亦不得為之（第 132 條準用民訴第 196 條）。

2 參加人與當事人之行為不可牴觸

參加人得按參加時之訴訟程度，輔助當事人為一切訴訟行為。但其行為與該當事人之行為牴觸者，不生效力（第 48 條準用民訴第 61 條）。❷⁷

3 輔助當事人原則上不可主張本訴訟裁判不當

第 2 項「利害關係人輔助參加制度之妥當性」〉，《月旦法學雜誌》第 84 期，第 140 頁；吳庚，《行政爭訟法論》，2009，第 81 頁，行政機關輔助參加制度，特別在由兩個以上機關本於各自職權共同參與之「多階段行政處分」之救濟上，具有重要實益。

❷⁶ 陳計男，《行政訴訟法釋論》，2000，第 117 頁，所謂「法律上之利害關係」，係**第三人之法律上地位，因當事人一造所獲得之判決，將受有不利益或免受不利益者**之謂。

❷⁷ 陳計男，《行政訴訟法釋論》，2000，第 118 頁，受輔助訴訟當事人之行為，若僅為消極之不行為者，參加人即無從與其為相牴觸之行為；吳庚，《行政爭訟法論》，2009，第 83 頁認為，縱使輔助參加人與被輔助人所為之訴訟行為相牴觸，皆有促使行政法院進一步調查之作用，符合本法第 125 條職權調查之要求，故一律準用民訴第 61 條之規定，似非妥適。

由於輔助參加人並非訴訟當事人，故輔助參加人對於其所輔助之當事人，不得主張本訴訟之裁判不當。[218] 但輔助參加人因參加時訴訟之程度或因該當事人之行為，不能用攻擊或防禦方法，或當事人因故意或重大過失不用輔助參加人所不知之攻擊或防禦方法者，不在此限（第 48 條準用民訴第 63 條）。

4 參加人之承擔訴訟

參加人經兩造同意時，得代其所輔助之當事人承當訴訟[219]（第 48 條準用民訴第 64 條第 1 項）。參加人承當訴訟者，其所輔助之當事人，脫離訴訟。但本案之判決，對於脫離之當事人，仍有效力（第 48 條準用民訴第 64 條第 2 項）。

(二)效　力

1.命參加之裁定

行政法院命參加之裁定，應記載訴訟之程度及命參加之理由，[220] 並送達於訴訟當事人（第 45 條第 1 項）。

而行政法院為前述裁定之前，應命當事人或第三人，以書狀或言詞為陳述（第 45 條第 2 項）。但是，對於命參加訴訟之裁定，則不得聲明不服（第 45 條第 3 項）。[221]

2.判　決

行政法院之判決，對於經其依第 41 條（必要共同訴訟之獨立參加）及第 42 條（利害關係人之獨立參加）規定，裁定命其參加或許其參加而未為

---

[218] 法院判決對於輔助參加人僅生間接效力。陳計男，《行政訴訟法釋論》，2000，第 118 頁至第 119 頁；吳庚，《行政爭訟法論》，2009，第 83 頁。

[219] 陳計男，《行政訴訟法釋論》，2000，第 119 頁以下，在撤銷訴訟中，**當事人輔助被告行政機關者，應不得由承當訴訟而成為撤銷訴訟之被告**。

[220] 蕭文生，翁岳生編，《行政訴訟法逐條釋義》，2006，第 255 頁指出，違反此說明義務並不會導致該項裁定無效或得撤銷。

[221] 蕭文生，翁岳生編，《行政訴訟法逐條釋義》，2006，第 255 頁指出，雖然對法院裁定不可聲明不服，但並非排除由法院本身廢止命參加訴訟裁定的可能性。

參加者，亦有效力（第 47 條），為本訴訟判決效力之擴張。㉒㉒

　　關於訴訟參加之態樣及效力，繪圖【圖 4-18】如下：

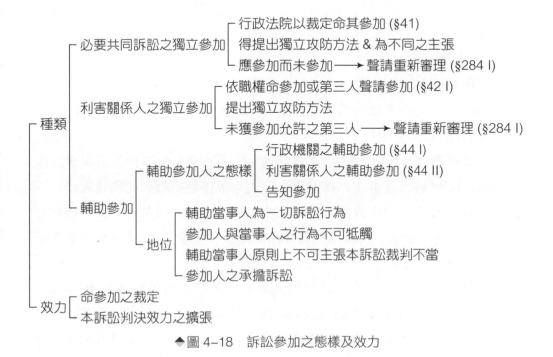

◆圖 4-18　訴訟參加之態樣及效力

五、訴訟代理人

㈠訴訟代理人之限制

　　所謂「委任訴訟代理人」，係當事人授與訴訟代理人以代理權，使其代為或代受訴訟行為，而法律效果則歸屬於當事人之謂。㉒㉓

㉒㉒　吳庚，《行政爭訟法論》，2009，第 79 頁，註 41 認為，第 47 條與第 215 條規定有重疊之處。

㉒㉓　陳計男，《行政訴訟法釋論》，2000，第 139 頁，當事人委任訴訟代理人後，仍得自為訴訟行為。當事人本人之事實上陳述與訴訟代理人之陳述相矛盾時，依本法第 56 條準用民訴第 72 條規定，應以當事人本人之陳述為準；惟如當事人未能及時撤銷或更正者，該訴訟代理人之陳述仍有效力。

行政訴訟之進行，本法並非採取強制代理制度。

1.人數限制

當事人得自由委任代理人為訴訟行為。❷❷但是，每一當事人委任之訴訟代理人，不得逾3人（第49條第1項），❷❷此為人數之限制。

2.資格限制

(1)以律師代理為原則

原則上，行政訴訟應以律師為訴訟代理人（第49條第2項本文）。

(2)特定資格代理為例外

非律師得為訴訟代理人之資格，包括：①稅務行政事件，具備會計師資格者；②專利行政事件，具備專利師資格或依法得為專利代理人者；③當事人為公法人、中央或地方機關、公法上之非法人團體時，其所屬專任人員辦理法制、法務、訴願業務或與訴訟事件相關業務者（第49條第2項但書）。

委任前項之非律師為訴訟代理人者，應得審判長許可（第49條第3項）。再者，以非律師為訴訟代理人，審判長許其為本案訴訟行為者，視為已有前項之許可（第49條第4項）。類此許可，審判長得隨時以裁定撤銷之，並應送達於為訴訟委任之人（第49條第5項）。

(二)委任及終止

1.委 任

訴訟代理人之委任（第50條本文），係應於最初為訴訟行為時，提出

---

❷❷ 訴訟代理人是否限於「有訴訟能力之人」，有不同見解：(1)肯定說，陳敏，《行政法總論》，第1424頁；(2)否定說，係由民法代理人（民法第104條）之觀點所提出，陳計男，《行政訴訟法釋論》，2000，第134頁。

❷❷ 陳敏，《行政法總論》，2007，第1450頁，委任多數代理人者，由於各代理人均可為單獨代理，若分別所為之訴訟行為內容不一致時，如前一代理人所為之訴訟行為，為可撤銷或撤回之行為，可視為後一代理人之行為，撤銷或撤回前一代理人之行為；陳計男，《行政訴訟法釋論》，2000，第134頁，他造或法院對訴訟代理人中一人所為之訴訟行為，其效力及於全體。

委任書。委任書，係證明當事人授與訴訟代理權之文書；當事人作成委任書，僅須表明授與代理權之意旨及所授權限之範圍為已足。若訴訟代理權有欠缺而可以補正者，關於補正訴訟代理權欠缺之時期，依本法第 56 條準用民訴第 75 條規定，並未設任何限制，在同一審級之訴訟程序中，得補正此項欠缺；於上級審之訴訟程序中，得補正下級審代理權之欠缺，一經補正，其效力及於無代理權人前此代為及代受訴訟行為之全部（最高行政法院 94 判 579）。

　　但是，由當事人以言詞委任，並經行政法院書記官記明筆錄者，則不須提出委任書（第 50 條但書）。若欲對於訴訟代理人之代理權加以限制者，應於委任書或筆錄內表明。

　　訴訟代理權之委任，應於每一審級各別為之。下級審之訴訟代理人，在上級審或在發回之更審中，亦需重為委任，始得為訴訟代理人。訴訟代理人在下級審受提起上訴之特別委任者，於提起上訴後，在上訴審中仍需重為委任。❷❷⓺

2.終　止

　　訴訟代理人委任之終止（第 54 條第 1 項），應以書狀提出於行政法院，由行政法院送達於他造。

　　不過，若係由訴訟代理人終止委任者，則自為終止之意思表示之日起 15 日內，仍應為防衛本人權利所必要之行為（第 54 條第 2 項）。

㈢訴訟代理人之權限

1.概括代理權

　　訴訟代理人之權限，原則上就其受委任之事件，有為一切訴訟行為之權（第 51 條第 1 項本文），即全部代理權或概括代理權。❷❷⓻

---

❷❷⓺　陳敏，《行政法總論》，2007，第 1450 頁；陳計男，《行政訴訟法釋論》，2000，第 135 頁。

❷❷⓻　陳敏，《行政法總論》，2007，第 1450 頁，當有複數代理人而為不同之事實上陳述時，審判長應為之闡明，有必要時命當事人到場陳述；若仍不能明瞭時，則依

2.特別委任之事項

關於捨棄、認諾、撤回、和解、提起反訴、上訴或再審之訴及選任代理人，非受特別委任不得為之（第 51 條第 1 項但書）。

至於，強制執行之行為或領取所爭物，若非受特別委任亦不得為之（第 51 條第 2 項）。

3.單獨代理權

訴訟代理人擁有各別（單獨）代理權，即代理人有 2 人以上者，均得單獨代理當事人（第 52 條第 1 項）。違反前述規定而為委任者，仍得單獨代理之（第 52 條第 2 項）。**❷❷❽**

4.代理權限不因本人死亡、破產或訴訟能力喪失而消滅

訴訟代理人之代理權，具有持續效力，即不因本人死亡、破產或訴訟能力喪失而消滅。法定代理有變更或機關經裁撤、改組者，亦同（第 53 條）。反之，若訴訟代理人死亡或喪失訴訟能力者，其訴訟代理權則歸於消滅。**❷❷❾**

㈣複代理人

第 49 條承認「複代理」制度，規定訴訟代理人委任複代理人者，不得逾 1 人。

此外，前述（第 49 條第 1 項至第 4 項）關於訴訟代理人之規定，於複代理人適用之（最高行政法院 101 裁 1128）。

據本法第 189 條第 1 項規定，斟酌全辯論意旨及調查證據結果判斷之。

❷❷❽ 於複數代理人，各訴訟代理人均為單獨代理，故法院或他造當事人對訴訟代理人中一人所為之訴訟行為，效力及於全體。陳敏，《行政法總論》，2004，第 1422 頁；陳計男，《行政訴訟法釋論》，2000，第 138 頁。

❷❷❾ 陳敏，《行政法總論》，2007，第 1451 頁；林騰鷂，《行政訴訟法》，2008，第 272 頁，其他訴訟代理權消滅之事由：**法院禁止代理、為訴訟代理人之律師喪失律師資格、為委任之當事人脫離訴訟、委任事件終了**等。

六、訴訟輔佐人

輔佐人，係當事人或訴訟代理人於期日偕同到場為訴訟行為之人（第55條第1項）。

輔佐人到場之方式，得區分為「主動到場」及「被動到場」兩類。前者乃當事人或訴訟代理人，經審判長之許可，得主動於期日偕同輔佐人到場。但人數不得逾2人（第55條第1項）；後者乃審判長認為必要時，得命當事人或訴訟代理人，偕同輔佐人到場（第55條第2項）。

不過，依本法第55條規定意旨，行政訴訟輔佐人係當事人或訴訟代理人經行政法院許可，於行政法院所定期日，偕同到場輔佐其為訴訟行為之第三人。但若上訴不合法，行政法院就無指定期日許可上訴人偕同輔佐人到場必要（最高行政法院98裁985）。

不論主動到場或被動到場，若審判長認為輔佐人不適當時，均得撤銷其許可或禁止其續為訴訟行為（第55條第3項）。

輔佐人所為之陳述，當事人或訴訟代理人若不為即時撤銷或更正者，即視為當事人或訴訟代理人所為之陳述（第56條準用民訴第77條）。❷③⓿

例如，上訴人訴願狀所提出行政機關之書函（即原處分）影本及其訴訟輔佐人於原審準備程序期日陳稱，係因收受該函始知原眷戶權益被註銷而提起訴願等語，足證上訴人確已收受上開書函之送達（最高行政法院100裁1622）。

---

❷③⓿　陳敏，《行政法總論》，2007，第1453頁。

第五章
行政法院之受理

本章架構

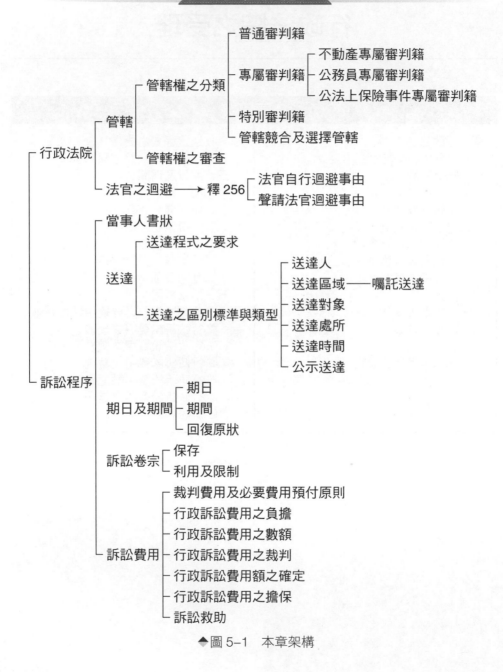

◆圖 5-1　本章架構

壹、行政法院

一、管　轄

(一)概　說

1.行政訴訟審判權

憲法第 77 條規定：「司法院為國家最高司法機關，掌理民事、刑事、行政訴訟之審判及公務員之懲戒。」基於此規定，司法院設行政法院審理行政訴訟案件，即行政訴訟審判權。❶就此，釋 466 認為：「……訴訟救濟究應循普通訴訟程序抑或依行政訴訟程序為之，則由立法機關依職權衡酌訴訟案件之性質及既有訴訟制度之功能等而為設計。**我國關於民事訴訟與行政訴訟之審判，依現行法律之規定，分由不同性質之法院審理，係採二元訴訟制度。除法律別有規定外，關於因私法關係所生之爭執，由普通法院審判；因公法關係所生之爭議，則由行政法院審判之……。**」

依行政法院組織法第 1 條規定：「行政法院掌理行政訴訟審判事務」，則行政訴訟案件劃歸行政法院審判，❷亦即行政法院取得行政訴訟管轄權。

此外，依本法第 3 條之 1 規定：「辦理行政訴訟之地方法院行政訴訟庭，亦為本法所稱之行政法院。」例如，臺北地方法院辦理交通裁決事件（101 交 29；101 交 25）及稅捐事件（營業稅：101 簡 17；地價稅：101 簡 7）等。

---

❶　蔡志方，《行政救濟法新論》，2007，第 144 頁區分「行政法院掌理一般行政訴訟審判權」及「由他機關審理之特別行政訴訟審判權」。

❷　蔡志方，〈行政訴訟審判權與審級之重整〉，《行政訴訟制度相關論文彙編》第 5 輯，2007，第 5 頁至第 6 頁；同氏著，〈論行政訴訟先行程序之免除〉，《行政調查之建制與人權保障》，2009，第 244 頁至第 248 頁，指出屬於實質意義之行政法院，尚有公務員懲戒委員會、審理公務人員選舉罷免訴訟之普通法院、審理交通違規裁決之普通法院、審理國家賠償之普通法院、司法院冤獄賠償法庭、審理社會秩序維護法裁罰之普通法院、律師懲戒委員會與複審委員會。

2.智慧財產法院作為行政法院

智慧財產法院於民國 97 年 7 月成立，有關智慧財產案件❸之行政訴訟，第一審管轄法院為智慧財產法院；若不服智慧財產法院之判決者，可上訴至最高行政法院，智慧財產案件以最高行政法院作為法律審法院。故智慧財產法院仍可視為行政訴訟審判權之一部。❹ 例如，智慧財產法院辦理商標廢止事件（101 行商訴 34）及專利權消滅事件（101 行專訴 60）等。

關於行政訴訟審判權與管轄權（最高行政法院 101 裁 966）之區分，繪圖【圖 5-2】如下：

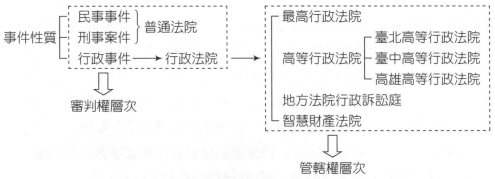

◆圖 5-2　審判權與管轄權之區分

㈡管轄權之分類

本法關於管轄權之分類，原則上以「土地管轄」為規定❺。所謂「土地管轄」，係在同具有事務管轄之行政法院間，依據其轄區不同所為之管轄權分配。本法原則上採取「以原就被原則」，以被告之所在地或住居所決定行

---

❸ 智慧財產法院組織法第 2 條：「……智慧財產法院依法掌理關於智慧財產之民事訴訟、刑事訴訟及行政訴訟之審判事務……」，類此案件若涉及行政訴訟者，亦屬智慧財產法院所管轄之案件。

❹ 陳清秀，《行政訴訟法》，2009，第 269 頁。

❺ 管轄權之分類，有「事務管轄」、「功能管轄」及「土地管轄」等 3 種。陳敏，《行政法總論》，2007，第 1414 頁至第 1418 頁；陳清秀，《行政訴訟法》，2009，第 272 頁至第 273 頁。

政法院之土地管轄（第 13 條第 1 項、第 14 條第 1 項）。定行政法院之管轄，係以起訴時為準（第 17 條），❻稱管轄恆定原則。換言之，行政訴訟提起時該行政法院有管轄權者，並不因嗣後事實如何變化，使管轄權產生變化。❼

關於管轄分配之規定，繪圖【圖 5-3】如下：

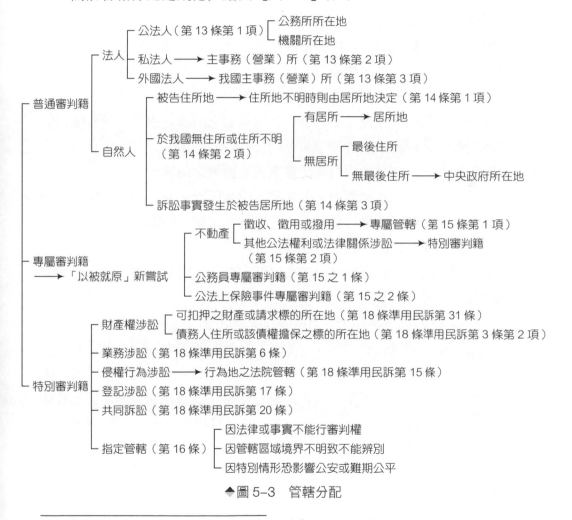

◆圖 5-3　管轄分配

---

❻ 蔡震榮，翁岳生編，《行政訴訟法逐條釋義》，2006，第 180 頁，所謂「起訴時」，係指**原告以訴狀提出於行政法院，亦即訴訟繫屬時之謂**。

❼ 至於若起訴時無管轄權，嗣後因情事變更而有管轄權者，此時是否仍應以「起訴時」決定管轄權者，蔡震榮，翁岳生編，《行政訴訟法逐條釋義》，2006，第 180 頁認為，類此嗣後變更而有管轄權之情形，仍應認為其「自始有管轄權」。

管轄之行政法院，依下列方式定之：

1.普通審判籍

⑴法人之普通審判籍

關於法人之普通審判籍（第 13 條），區分如下：

①對於公法人之訴訟

對於公法人❽之訴訟，由其公務所所在地之行政法院管轄。其以公法人之機關為被告時，由該機關所在地之行政法院管轄（第 13 條第 1 項）。

②對於私法人或其他得為訴訟當事人之團體之訴訟

對於私法人或其他得為訴訟當事人之團體之訴訟，由其主事務所或主營業所所在地之行政法院管轄（第 13 條第 2 項）。

③對於外國法人或其他得為訴訟當事人之團體之訴訟

對於外國法人或其他得為訴訟當事人之團體之訴訟，由其在中華民國之主事務所或主營業所所在地之行政法院管轄（第 13 條第 3 項）。

⑵自然人之普通審判籍

關於自然人之普通審判籍（第 14 條），參酌民訴第 1 條「以原就被」之法理設計，區分如下：

本法第 13 條以外之訴訟，由被告住所地之行政法院管轄，其住所地之行政法院不能行使職權者，由其居所地之行政法院管轄（第 14 條第 1 項）。

被告在中華民國現無住所或住所不明者，以其在中華民國之居所，視為其住所；無居所或居所不明者，以其在中華民國最後之住所，視為其住所；無最後住所者，以中央政府所在地，視為其最後住所地（第 14 條第 2 項）。

訴訟事實發生於被告居所地者，得由其居所地之行政法院管轄（第 14 條第 3 項）。

2.專屬審判籍

---

❽ 蔡震榮，〈公法人概念之探討〉，《當代公法理論》，1997，第 25 頁以下，所謂公法人，係指依法律規定，執行公共事務，而具權力能力之組織體而言。**我國現行所承認之公法人，有國家、地方自治團體、農田水利會（釋 518；釋 628）。**

　　由於「以原就被」的模式，在現行中央機關多在臺北市的情形下，難免造成臺北高等行政法院的大量案件負荷，故對此予以調整。

(1)不動產專屬審判籍

　　第 15 條第 1 項：「因不動產徵收、徵用或撥用之訴訟，專屬不動產所在地之行政法院管轄。」

　　為使不動產所在地之法院易於調查不動產現狀，以收審判迅速之效，故所謂「專屬」，依其立法意旨應具有排他性質，在與其他土地管轄審判籍發生競合時，仍應以專屬管轄為優先，而由其不動產所在地之法院管轄（高雄高等行政法院 91 訴 683）。

　　至於，非屬「不動產之公法上權利或法律關係涉訟」之其他不動產公法上權利或法律關係涉訟事件，基於「為調查證據方便」之訴訟經濟考量，第 15 條第 2 項：「除前項情形外，其他有關不動產之公法上權利或法律關係涉訟者，得由不動產所在地之行政法院管轄。」

(2)公務員專屬審判籍

　　關於公務員職務關係之訴訟，得由公務員職務所在地之行政法院管轄（第 15 條之 1）。

(3)公法上保險事件專屬審判籍

　　關於公法上保險事件涉訟時之審判籍，第 15 條之 2 區分為下列兩種態樣：

1 由為原告之被保險人、受益人之住居所地或被保險人從事職業活動所在地之行政法院管轄

　　因公法上之保險事件涉訟者，得由為原告之被保險人、受益人之住居所地或被保險人從事職業活動所在地之行政法院管轄（第 15 條之 2 第 1 項）。

2 投保單位為原告時，得由其主事務所或主營業所所在地之行政法院管轄

　　前項訴訟事件於投保單位為原告時，得由其主事務所或主營業所所在地之行政法院管轄（第 15 條之 2 第 2 項）。

3.特別審判籍

本法並未若民訴詳細規定，而是透過準用民訴相關規定如下：

(1)財產權涉訟

對於在中華民國現無住所或住所不明之人，因財產權涉訟者，得由被告可扣押之財產或請求標的所在地之法院管轄（第 18 條準用民訴第 3 條第 1 項）。

被告之財產或請求標的如為債權，以債務人住所或該債權擔保之標的所在地，視為被告財產或請求標的之所在地（第 18 條準用民訴第 3 條第 2 項）。

(2)業務涉訟

對於設有事務所或營業所之人，因關於其事務所或營業所之業務涉訟者，得由該事務所或營業所所在地之法院管轄（第 18 條準用民訴第 6 條）。

(3)侵權行為涉訟

因侵權行為涉訟者，得由行為地之法院管轄（第 18 條準用民訴第 15 條第 1 項）。

因船舶碰撞或其他海上事故，請求損害賠償而涉訟者，得由受損害之船舶最初到達地，或加害船舶被扣留地，或其船籍港之法院管轄（第 18 條準用民訴第 15 條第 2 項）。

因航空器飛航失事或其他空中事故，請求損害賠償而涉訟者，得由損害航空器最初降落地，或加害航空器被扣留地之法院管轄（第 18 條準用民訴第 15 條第 3 項）。

(4)登記涉訟

因登記涉訟者，得由登記地之法院管轄（第 18 條準用民訴第 17 條）。

(5)共同訴訟

共同訴訟之被告數人，其住所不在一法院管轄區域內者，各該住所地之法院俱有管轄權。但依第 4 條至前條規定有共同管轄法院者，由該法院管轄（第 18 條準用民訴第 20 條）。

(6)指定管轄

指定管轄（第 16 條），係直接上級行政法院之職權，其應依當事人之聲請❾或受訴行政法院之請求為之。

指定管轄之原因，包括：①有管轄權之行政法院因法律或事實不能行使審判權；❿②因管轄區域境界不明，⓫致不能辨別有管轄權之行政法院；③因特別情形由有管轄權之行政法院審判，恐影響公安或難期公平。得聲請指定管轄者，係指有管轄權之行政法院，有時因特定事由（例如因法律或事實上原因、管轄區域境界不明、恐發生糾眾暴動事件等情形），不能或不便行使審判權，因此，不得不另設指定管轄之制度，以濟其窮而言。至於法官就訴訟事件行使審判權時，如有令人疑其未能公正之情形，則屬當事人得聲請法官迴避之事由，尚與得聲請指定管轄之規定不合（最高行政法院 101 裁聲 41）。

前述聲請，得向受訴行政法院或直接上級行政法院為之（第 16 條第 2 項）。

4.管轄競合及選擇管轄

被告住所、不動產所在地、侵權行為地或其他據以定管轄法院之地，跨連或散在數法院管轄區域內者，各該法院俱有管轄權（第 18 條準用民訴第 21 條）。⓬

---

❾　蔡震榮，翁岳生編，《行政訴訟法逐條釋義》，2006，第 179 頁認為，當事人聲請指定管轄時，**除一般顯著之事實外，關於指定管轄原因之事實，應由當事人負舉證責任。**

❿　所謂事實不能，例如行政法院所在地因天災或因房舍倒塌，而無法上班開庭者屬之；所謂法律不能，係依法律應以合議庭為之審理，但法官因迴避之事由（包含自行迴避及經裁定迴避），造成無法組成合議庭者屬之。陳計男，《行政訴訟法釋論》，2000，第 23 頁；蔡震榮，翁岳生編，《行政訴訟法逐條釋義》，2006，第 178 頁。

⓫　蔡震榮，翁岳生編，《行政訴訟法逐條釋義》，2006，第 178 頁，此「境界不明」，並不包含「同時橫跨兩個法院管轄區域內」之情形，類此情形應為競合管轄之處理。

⓬　蔡志方，《行政救濟法新論》，2007，第 155 頁認為，本法準用民訴第 22 條規定，

同一訴訟，數法院有管轄權者，原告得任向其中一法院起訴（第 18 條準用民訴第 22 條）。

㈢管轄權之審查

管轄權乃行政訴訟之一般判決實體要件，行政法院應依職權審查是否具備。若行政法院依職權發現無管轄權者，本法第 18 條規定準用民訴（第 28 條、第 29 條、第 30 條及第 31 條）關於移送之規定如下：

1.訴訟之全部或一部，法院認為無管轄權者，依原告聲請或依職權以裁定移送於其管轄法院。移送訴訟之聲請被駁回者，不得聲明不服（準用民訴第 28 條）； 2.移送訴訟前如有急迫情形，法院應依當事人聲請或依職權為必要之處分（準用民訴第 29 條）； 3.移送訴訟之裁定確定時，受移送之法院受其羈束。❸前項法院，不得以該訴訟更移送於他法院。但專屬於他法院管轄者，不在此限（準用民訴第 30 條）； 4.移送訴訟之裁定確定時，視為該訴訟自始即繫屬於受移送之法院。前項情形，法院書記官應速將裁定正本附入卷宗，送交受移送之法院（準用民訴第 31 條）。

例如，關於當事人間給付補助款事件，原告向臺灣臺北地方法院提起行政訴訟，惟被告之公務所所在地係在新北市板橋區，依本法第 13 條第 1 項之規定，應由臺灣板橋地方法院行政訴訟庭管轄。原告向無管轄權之本院起訴，顯係違誤，依本法第 18 條準用民訴第 28 條第 1 項規定，自應依職權移送於其管轄法院（臺灣臺北地方法院 101 簡 5）。

係採廣義管轄權競合之概念，故一般審判籍與特別審判籍，以原告選擇主義作為原則。

❸ 陳敏，《行政法總論》，2007，第 1417 頁。若受移送之行政法院，依法無管轄權者，亦因之而取得管轄權。

二、法官之迴避

㈠法官迴避之意旨

法官應自行迴避之規範目的，係為保持法官客觀超然之立場，維護審級之利益及裁判之公平，以確保人民受公平審判之訴訟權益（釋 256）。

㈡法官自行迴避之事由

為維護審判之公正性，行政法院法官❶❹應自行迴避之原因（第 19 條），包括：1.有民訴第 32 條第 1 款至第 6 款情形之一者；2.曾在中央或地方機關參與該訴訟事件之行政處分或訴願決定者；3.曾參與該訴訟事件相牽涉之民刑事裁判者；❶❺ 4.曾參與該訴訟事件相牽涉之公務員懲戒事件議決者；5.曾參與該訴訟事件之前審裁判者；6.曾參與該訴訟事件再審前之裁判者。但其迴避以一次為限。❶❻

㈢聲請法官迴避事由

至於，本法第 20 條規定「民訴第 33 條至第 38 條之規定，於本節準用之」，而民訴第 33 條規定遇有下列情形，當事人得聲請法官迴避：「……法官有前條所定以外之情形，足認其執行職務有偏頗之虞者。」❶❼

---

❶❹ 行政法院之司法事務官、書記官及通譯，準用法官迴避之規定。

❶❺ 蔡震榮，翁岳生編，《行政訴訟法逐條釋義》，2006，第 187 頁。所謂「相牽涉之民刑事裁判」，係指**同一事件因管轄原因之不同，而民、刑事法院各享有該事件之審判權**之謂。

❶❻ 對於「迴避以一次為限」之立法質疑者，林騰鷂，《行政訴訟法》，2008，第 208 頁。

❶❼ 最高行政法院（93 裁 985）謂：「……認法官就其聲明之證據不為調查或指揮訴訟欠當，或於曉諭發問時態度欠佳，或於訴訟進行中公開心證，均不得據為聲請迴避之原因。又本法第 20 條之規定，於行政法院之書記官準用之，為本法第 21 條所明定。且此種迴避之原因，依民訴第 34 條第 2 項、第 284 條規定，應提出

　　關於行政訴訟案件之審理，遇有上開情形，當事人得聲請法官迴避；惟當事人欲聲請法官迴避者，係以聲請迴避對象之法官，為承辦案件之法官，且該案件尚未終結為必要，苟該案件並非聲請人對之聲請迴避之法官所承辦，或該案件業已終結，自無聲請法官迴避之可言（最高行政法院 94 裁 662）。❽而所謂足認法官執行職務有偏頗之虞，係指法官對於訴訟標的有特別利害關係，或與當事人之一造有密切之交誼或嫌怨，或基於其他情形客觀上足疑其為不公平之審判者為其原因事實，若僅憑當事人之主觀臆測，或認法官指揮訴訟欠當，則不得謂其有偏頗之虞（最高行政法院 101 裁 870）。

貳、訴訟程序

一、當事人書狀

㈠應記載事項

　　當事人書狀，❾除別有規定外，其應記載之事項，包括： 1.當事人姓名、性別、年齡、身分證明文件字號、職業及住所或居所；當事人為法人、機關或其他團體者，❿其名稱及所在地、事務所或營業所； 2.有法定代理人、代表人或管理人者，其姓名、性別、年齡、身分證明文件字號、職業、

能即時調查之證據，以為釋明……。」林騰鷂，《行政訴訟法》，2008，第 210 頁至第 211 頁。

❽ 最高行政法院（94 判 86）指出，當事人欲聲請法官迴避者，**應於言詞辯論終結前為之**；林騰鷂，《行政訴訟法》，2008，第 211 頁至第 213 頁。

❾ 陳計男，《行政訴訟法釋論》，2000，第 245 頁認為，當事人以外之訴訟關係人，向行政法院聲明或陳述者，應參照當事人書狀之規定辦理為宜。

❿ 陳計男，《行政訴訟法釋論》，2000，第 246 頁至第 247 頁，所謂「其他團體」者，指**有當事人能力之非法人團體**而言，例如本法第 25 條之受託團體、第 27 條之非法人團體。

住所或居所，及其與法人、機關或團體之關係； 3.有訴訟代理人者，其姓名、性別、年齡、身分證明文件字號、職業、住所或居所； 4.應為之聲明； 5.事實上及法律上之陳述； 6.供證明或釋明用之證據； 7.附屬文件及其件數； 8.行政法院； 9.年、月、日（第 57 條）。

　　本條規定，為一般書狀應記載之事項（最高行政法院 94 裁 572）。而起訴應依本法第 105 條第 1 項第 2 款規定，以訴狀表明起訴之聲明，暨依第 57 條第 4 款規定，當事人書狀，應記載應為之聲明，提出於行政法院為之，此為法定必備之程式（最高行政法院 100 裁 1277）。

㈡簽　名

　　當事人、法定代理人、代表人、管理人或訴訟代理人，應於書狀內簽名或蓋章；其以指印代簽名者，應由他人代書姓名，記明其事由並簽名（第 58 條）。

㈢準用民訴之規定

　　民訴第 116 條第 3 項、第 118 條至第 121 條之規定，於本節準用之（第 59 條）。本條文之準用，分析如下：

1.以電信傳真或其他科技設備將書狀傳送於法院

　　當事人得以電信傳真或其他科技設備將書狀傳送於法院，效力與提出書狀同。其辦法，由司法院定之（第 59 條準用民訴第 116 條第 3 項）。蓋隨著科技之進步，以電信傳真或其他科技設備傳送文書，已日漸普遍，民訴第 116 條第 3 項關於當事人得以電信傳真或其他科技設備將書狀傳送於法院，效力與提出書狀同之規定，應可為本法所準用。

2.書狀內引用證據

⑴引用所執之文書

①引用全部——添具原本、繕本或影本

　　當事人於書狀內引用所執之文書者，應添具該文書原本或繕本或影本（第 59 條準用民訴第 118 條第 1 項前段）。

2引用一部——祇具節本並摘錄之

當事人於書狀內僅引用一部分者，得祇具節本，摘錄該部分及其所載年、月、日並名押、印記（第 59 條準用民訴第 118 條第 1 項中段）。

3他造所知或浩繁難以備錄——祇表明該文書

如文書係他造所知或浩繁難以備錄者，得祇表明該文書（第 59 條準用民訴第 118 條第 1 項）。

(2)引用非其所執之文書、其他證物或證人

1引用非其所執之文書或其他證物——表明執有人

當事人於書狀內引用非其所執之文書或其他證物者，應表明執有人姓名及住居所或保管之機關（第 59 條準用民訴第 118 條第 2 項前段）。

2引用證人——表明該證人姓名及住居所

引用證人者，應表明該證人姓名及住居所（第 59 條準用民法第 118 條第 2 項後段）。

3.書狀繕本或影本之提出

(1)按應受送達之他造人數提出繕本或影本

書狀及其附屬文件，除提出於法院者外，應按應受送達之他造人數，提出繕本或影本（第 59 條準用民訴第 119 條第 1 項）。

(2)繕本或影本與書狀有不符——以提出於法院者為準

繕本或影本與書狀有不符時，以提出於法院者為準（第 59 條準用民訴第 119 條第 2 項）。

4.他造對附屬文件原本之閱覽

(1)他造得請求閱覽附屬文件

當事人提出於法院之附屬文件原本，他造得請求閱覽；所執原本未經提出者，法院因他造之聲請，應命其於 5 日內提出，並於提出後通知他造（第 59 條準用民訴第 120 條第 1 項）。

(2)閱覽期間與製作繕、影本

他造接到前項通知後，得於 3 日內閱覽原本，並製作繕本或影本（第 59 條準用民訴第 120 條第 2 項）。

5.書狀欠缺之補正

書狀不合程式或有其他欠缺者，審判長應定期間命其補正（第 59 條準用民訴第 121 條第 1 項）（最高行政法院 100 裁 1277）。因命補正欠缺，得將書狀發還；如當事人住居法院所在地者，得命其到場補正（第 59 條準用民訴第 121 條第 2 項）。書狀之欠缺，經於期間內補正者，視其補正之書狀，與最初提出同（第 59 條準用民訴第 121 條第 3 項）。

㈣訴訟所為之聲明或陳述應作筆錄

於言詞辯論外，關於訴訟所為之聲明或陳述，除依本法應用書狀者外，得於行政法院書記官前以言詞為之。就此情形，行政法院書記官應作筆錄，並於筆錄內簽名（第 60 條）。

二、送　達

送達之目的，除確認應受送達人知悉文書存在之外，亦為確保其得知文書之內容。故訴願及行政訴訟文書之送達，係訴願法及本法所定之送達機關將應送達於當事人或其他關係人之文書，依各該法律之規定，交付於應受送達人本人；於不能交付本人時，以其他方式使其知悉文書內容或居於可得知悉之地位，俾其決定是否為必要之行為，以保障其個人權益。為使人民確實知悉文書之內容，人民應有受合法通知之權利，此項權利應受正當法律程序之保障（釋 667 解釋理由書）。

㈠送達程式之要求

送達，除別有規定外，付與該文書之繕本或影本（第 83 條準用民訴第 126 條）。❷❶

---

❷❶　吳庚，《行政爭訟法論》，2009，第 103 頁認為，本法第 61 條至第 82 條已定有若干條文，第 83 條又準用民訴之規定，屬於立法粗糙之表現。

1.送達證書之製作

(1)應記載事項

送達人應作送達證書，記載下列各款事項並簽名：①交送達之法院；②應受送達人；③應送達之文書；④送達處所及年、月、日、時；⑤送達方法（第83條準用民訴第141條第1項）。

(2)交收領人簽名、蓋章或按指印

送達證書，應於作就後交收領人簽名、蓋章或按指印；如拒絕或不能簽名、蓋章或按指印者，送達人應記明其事由（第83條準用民訴第141條第2項）。

(3)非應受送達人本人收受時，記明其姓名

收領人非應受送達人本人者，應由送達人記明其姓名（第83條準用民訴第141條第3項）。

(4)提出於行政法院附卷

送達證書，應提出於行政法院附卷（第83條準用民訴第141條第4項）。

2.不能送達時處置

不能為送達者，送達人應作記載該事由之報告書，提出於法院附卷，並繳回應送達之文書（第83條準用民訴第142條第1項）。法院書記官應將不能送達之事由，通知使為送達之當事人（第83條準用民訴第142條第2項）。

3.以電信傳真或其他科技設備傳送

訴訟文書，得以電信傳真或其他科技設備傳送之；其有下列情形之一者，傳送與送達有同一之效力：(1)應受送達人陳明已收領該文書者；(2)訴訟關係人就特定訴訟文書聲請傳送者（第83條準用民訴第153之1條第1項）。前項傳送辦法，由司法院定之（第83條準用民訴第153之1條第2項）。

(二)送達之區別標準與類型

送達之區別標準與類型，分析如下：

1.送達人

送達，除別有規定外，由行政法院書記官依職權為之（第61條），稱

為「職權送達」，㉒由行政法院書記官交執達員或郵務機構行之（第 62 條第 1 項）。㉓由郵務機構行送達者，以郵務人員為送達人；㉔其實施辦法由司法院會同行政院定之（第 62 條第 2 項）。

2.送達區域

於管轄區域外之送達，稱為「囑託送達」，本法第 63 條、第 77 條至第 80 條規定，區分如下：

⑴得囑託

1囑託送達地之地方法院

行政法院得向送達地之地方法院為送達之囑託（第 63 條）。

2治外法權之人——囑託外交部

於有治外法權人之住居所或事務所為送達者，得囑託外交部為之（第 83 條準用民訴第 144 條）。

⑵應囑託

1對於外國或境外為送達

於外國或境外為送達者，應囑託該國管轄機關或駐在該國之中華民國使領館或其他機構、團體為之（第 77 條第 1 項）。惟不能依前項之規定為囑託送達者，得將應送達之文書交郵務機構以雙掛號發送，以為送達（第 77 條第 2 項）。

2對於駐外人員為送達

㉒　行政法院書記官於法院內將文書付與應受送達人者，應命受送達人提出收據附卷。

㉓　郵務機構送達行政訴訟文書實施辦法第 3 條：「郵務機構送達行政訴訟文書，以送達地設有郵務機構者為限。如送達地為不按址投遞區，得以通知單放置應受送達人所設路邊受信箱、郵務機構設置之公共受信箱或應受送達人指定之處所，通知於指定期間內前往最近之郵務機構領取，經通知 2 次而逾期不領取者，得註明緣由，退回原寄行政法院。」

㉔　吳庚，《行政爭訟法論》，2009，第 105 頁，依郵政法第 6 條第 1 項規定：「除中華郵政公司及受其委託者外，無論何人，不得以遞送信函、明信片或其他具有通信性質之文件為營業」，據此規定，行政法院不得委託私人經營之送達企業或公司送達。然若違反此規定，尚非無效，仍應視應受送達人是否確實收受送達為之判斷。

對於駐在外國之中華民國大使、公使、領事或其他駐外人員為送達者，應囑託外交部為之（第 78 條）。

③ 對於軍人為送達

對於在軍隊或軍艦服役之軍人為送達者，應囑託該管軍事機關或長官為之（第 79 條）。

④ 對於在監所人為送達

對於在監所人為送達者，應囑託該監所長官為之（第 80 條）。

(3)受囑託送達之處置

受囑託之機關或公務員，經通知已為送達或不能為送達者，法院書記官應將通知書附卷；其不能為送達者，並應將其事由通知使為送達之當事人（第 83 條準用民訴第 148 條）。

3.送達對象

關於送達對象，本法第 64 條至第 70 條規定，區分如下：

(1)對於無訴訟能力人之送達

① 對於自然人為送達

1 有陳明法定代理人

對於無訴訟能力人為送達者，應向其全體法定代理人為之。但法定代理人有 2 人以上，如其中有應為送達處所不明者，送達得僅向其餘之法定代理人為之（第 64 條第 1 項）。

2 未陳明法定代理人

然而，無訴訟能力人為訴訟行為，卻未向行政法院陳明其法定代理人者，於補正前，行政法院得向該無訴訟能力人為送達（第 64 條第 4 項）。**㉕**

② 對於法人、中央及地方機關或非法人之團體為送達

對於法人、中央及地方機關或非法人之團體為送達者，應向其代表人或管理人為之（第 64 條第 2 項）。代表人或管理人有 2 人以上者，送達得

㉕ 吳庚，《行政爭訟法論》，2009，第 107 頁認為，為避免侵害無訴訟能力人正當法律程序之要求，故本項應限縮於「命補正法定代理人」之情形，始得依本規定為送達。

僅向其中 1 人為之（第 64 條第 3 項）。

⑵對外國法人之送達

對於在中華民國有事務所或營業所之外國法人或團體為送達者，應向其在中華民國之代表人或管理人為之（第 65 條第 1 項）。其代表人或管理人有 2 人以上者，送達得僅向其中 1 人為之（第 65 條第 2 項）。

⑶對訴訟代理人之送達

訴訟代理人，除受送達之權限受有限制者外，送達應向該代理人為之。但是，審判長認為必要時，亦得命送達於當事人本人（第 66 條）。

⑷指定送達代收人及付郵送達

①原則——由當事人決定是否指定

❶指定代收人具備收受送達效力

當事人或代理人，經指定送達代收人，並向受訴行政法院陳明者，應向該代收人為送達（第 67 條本文）。㉖但是，審判長認為必要時，仍得命送達於當事人本人（第 67 條但書）。送達人將文書交付代收人時，即生送達效力；至於送達代收人是否確實將代收文書交付予應受送達人、何時交付，皆不影響送達之效力（最高行政法院 100 裁 2992）。

❷指定效力

送達代收人經指定陳明後，其效力及於同地之各級行政法院。但是，該當事人或代理人別有陳明者，不在此限（第 68 條）。

②無住居所、事務所及營業所而應指定代收人

❶指定後陳明於行政法院

當事人或代理人於中華民國無住居所、事務所及營業所者，應指定送

㉖　送達代收人既為當事人之收受送達代理人，則其過失應由當事人承受，是已送達代理人因故意、過失延交付文書與當事人，致其遲誤不變期間者，當事人不得申請回復原狀（最高法院 31 上 6711 判例）；實務認為，若於指定代收人後，仍向當事人為送達尚不生不利之情事者，仍可向當事人送達（最高法院 26 渝抗 502 判例）。對於此實務見解之質疑，吳庚，《行政爭訟法論》，2009，第 110 頁至第 111 頁。

達代收人向受訴行政法院陳明（第 69 條）。

2 未依規定指定之處理

當事人或代理人未依規定指定送達代收人者，行政法院得將應送達之文書交付郵務機構以掛號發送（第 70 條）。

4.送達處所

(1)原則——交由受送達人

1 受送達人為自然人

1 住居所、事務所或營業所為送達

送達之處所，原則上於應受送達人之住居所、事務所或營業所行之。但是，在他處會晤應受送達人時，得於會晤處所行之（第 71 條第 1 項）。

2 就業處所為送達

應受送達人有就業處所者，亦得向該處所為送達（第 71 條第 3 項）。

3 行政法院內自行交付送達

行政法院書記官，得於法院內，將文書付與應受送達人，以為送達，惟應命受送達人提出收據附卷（第 76 條）。

2 受送達人為法人、機關、非法人之團體之代表人或管理人

1 事務所、營業所或機關所在地為送達

對於法人、機關、非法人之團體之代表人或管理人為送達者，應向其事務所、營業所或機關所在地行之，惟必要時亦得於會晤之處所或其住居所行之（第 71 條第 2 項）。

2 就業處所為送達

應受送達人有就業處所者，亦得向該處所為送達（第 71 條第 3 項）。

3 商業訴訟事件之送達

關於商業之訴訟事件，送達得向經理人為之（第 83 條準用民訴第 131 條）。

(2)不獲會晤應受送達人——補充送達

1 同居人、受僱人、願代為收受人及接收郵件人員

雖已送達於住居所、事務所、營業所或機關所在地，㉗惟不獲會晤應

㉗ 吳庚，《行政爭訟法論》，2009，第 113 頁認為，「住居所、事務所、營業所或機

受送達人 ❷者，得將文書付與有辨別事理能力 ❷之同居人、❸受雇人或願代為收受而居住於同一住宅之主人，稱為「補充送達」（第 72 條第 1 項）。❸至於，在所定送達處所之接收郵件人員，視為前項之同居人或受雇人（第 72 條第 2 項）。❸ 例如，受公寓大廈管理委員會僱用之管理員，其所服勞務包括為公寓大廈住戶接收文件，性質即與行政程序法第 73 條第 1 項規定應送達處所之接收郵件人員相當。郵政機關之郵差於應送達處所因不獲會晤應受送達人，而將文書付與該公寓大廈之管理員，即已發生合法送達之效力（最高行政法院 101 裁 928）。❸違法之補充送達，係不生送達效力。惟違法補充送達後，應受送達人已接獲轉交之送達文書時，則自其實際收受文書之時生送達效力（最高法院 19 抗 46 判例）。

2 補充送達人為他造當事人

關所在地」應為應受送達人確實之生活重心地點，但無須受民法第 20 條之限制。若依戶籍法將戶籍設於某地，然實際上未於該處生活，而為送達人不知者，不妨害補充送達之效力。

❷ 吳庚，《行政爭訟法論》，2009，第 114 頁認為，「不獲會晤應受送達人」者，僅需**送達人受告知受送達人現時不在該處所為已足，不需進屋尋找或求證。**

❷ 吳庚，《行政爭訟法論》，2009，第 114 頁，是否有「辨別事理能力」，係由**為送達之行政機關負舉證責任。**

❸ 由同居人代收應送達之文書，即發生送達之效力，至該代收之同居人何時轉交本人，在所不問（最高行政法院 94 裁 31）。

❸ 吳庚，《行政爭訟法論》，2009，第 116 頁認為，若同居人、受雇人並非應受送達人之代理人，若因其故意、過失未將所收受文書轉交應受送達人，致其遲誤法定期間者，得為聲請回復原狀之理由。

❸ 林騰鷂，《行政訴訟法》，2008，第 287 頁，若接受郵件人員與應受送達人並無同居人或受雇人之關係，自無代收行政訴訟文書之權，若對之為送達，該送達則為不合法。

❸ 受社區管理委員會之僱用而任代轉信件之管理員，與本法第 72 條第 1 項規定所稱之受雇人相當，因此，「抗告人所住社區既設有管理員，郵政機關之郵差將該決定書交付管理員，以此方式為補充送達，自符合規定，而發生合法送達之效力，至該管理員何時將文書轉交抗告人，對已生之送達效力不受影響。」（最高行政法院 94 裁 17）

但是，如同居人、受雇人、居住於同一住宅之主人或接收郵件人員為他造當事人者，則不適用補充送達之規定（第 72 條第 3 項）。

⑶寄存送達

1 寄存送達之意義

若送達不能依前述規定為之者（亦即不能為補充送達），❸則得將文書寄存於送達地之自治或警察機關，並作送達通知書❸2 份，1 份黏貼於應受送達人住居所、事務所或營業所門首，1 份交由鄰居轉交或置於應受送達人之信箱或其他適當之處所，以為送達，稱為「寄存送達」（第 73 條第 1 項）。前項情形，如係以郵務人員為送達人者，得將文書寄存於附近之郵務機構（第 73 條第 2 項）。

2 寄存送達之效力起點

寄存送達，自寄存之日起，經 10 日發生效力（第 73 條第 3 項）。

3 寄存機關或機構保存期間

寄存之文書自寄存之日起，寄存機關或機構應保存3個月（第73條第4項）。

⑷留置送達

此外，應受送達人拒絕收領而無法律上理由者，應將文書置於送達處所，以為送達，稱為「留置送達」（第 74 條第 1 項）。惟如有難達留置情事者，係準用寄存送達之規定（第 74 條第 2 項）。

5.送達時間

⑴原則——不得於星期日或其他休息日或日出前、日沒後為之

送達，除由郵務機構行之者外，非經審判長或受命法官、受託法官或送達地地方法院法官之許可，不得於星期日或其他休息日或日出前、日沒後為之（第 75 條第 1 項本文）。

---

❸ 換言之，送達人於應送達處所未見應受送達人時，應先以補充送達為之送達，不可逕自為寄存送達。

❸ 吳庚，《行政爭訟法論》，2009，第 117 頁認為，此通知書雖未有一定程式規定，但解釋上**應記載「寄存文書處所」、「黏貼日期」、「交付送達之法院」、「應送達之文書」**，始為適法。

⑵例外——應受送達人不拒絕收領時仍可送達

然則，應受送達人若不拒絕收領者，則不受第 75 條第 1 項本文之限制，此時仍可為送達（第 75 條第 1 項但書）。此許可，書記官應於送達之文書內記明（第 75 條第 2 項）。

6.公示送達

⑴公示送達之事由

行政法院得依聲請或依職權為公示送達之事由（第 81 條），係對於當事人之送達有下列情形：①應為送達之處所不明者；㊱②於有治外法權人住居所或事務所為送達而無效者；③於外國為送達，不能依第 77 條之規定辦理或預知雖依該條規定辦理而無效者。

⑵公示送達之方法

①黏貼公告

公示送達，應由法院書記官保管應送達之文書，而於法院之公告處黏貼公告，曉示應受送達人應隨時向其領取。但應送達者如係通知書，應將該通知書黏貼於公告處（第 83 條準用民訴第 151 條第 1 項）。

②登載於公報或新聞紙，或用其他方法通知或公告

除前項規定外，法院應命將文書之繕本、影本或節本，登載於公報或新聞紙，或用其他方法通知或公告之（第 83 條準用民訴第 151 條第 2 項）。

⑶公示送達證書

為公示送達者，法院書記官應作記載該事由及年、月、日、時之證書附卷（第 83 條準用民訴第 153 條）。

⑷公示送達之生效時點

㊱　吳庚，《行政爭訟法論》，2009，第 120 頁以下認為，「應為送達之處所不明」者，並非要求眾人用盡一切手段皆無法得知之絕對不明，然而亦非指行政法院主觀不明，**係指行政法院依其自身以及相關機關所掌握之資訊，用盡一切通常可期待之方法，仍無法查明當事人之住居所及所在處所**。因此，行政法院依其資料寄送文書而遭退回時，不可立即逕自為公示送達，**仍應經查證後確實不明者，始有公示送達之適用**。

公示送達之生效時期（第82條），係自將公告或通知書黏貼牌示處之日起，其登載公報或新聞紙者，自最後登載之日起，經20日發生效力；於依第81條第3款為公示送達者，經60日發生效力。但是，對同一當事人仍為公示送達者，自黏貼牌示處之翌日起發生效力。

關於送達之規定，繪圖【圖5-4】如下：

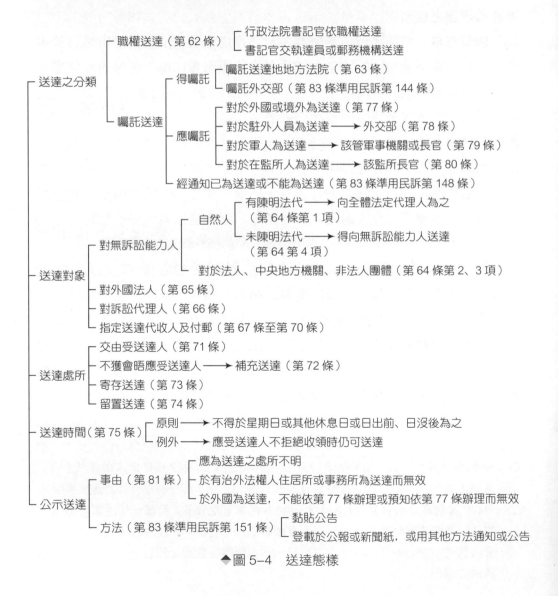

◆圖5-4　送達態樣

三、期日及期間[37]

㈠期　日

1.指定與限制

期日之指定，除別有規定外，係由審判長依職權定之（第84條第1項），且除有不得已之情形外，不得於星期日或其他休息日定之（第84條第2項）。

2.告知程式

⑴原則──製作通知書

期日之指定，影響訴訟關係人之權益，故審判長定期日後，行政法院之書記官，應製作通知書，並送達於訴訟關係人（第85條）。

⑵例外──經審判長面告或關係人曾以書狀陳明屆期到場

但是，經審判長面告以所定之期日命其到場，或訴訟關係人曾以書狀陳明屆期到場者，與送達有同一之效力（第85條但書）。

3.處所與進行

期日應為之行為，原則上係於行政法院內為之。但是，在行政法院內不能為或為之而不適當者，不在此限（第86條）。

期日之進行，係以朗讀案由為開始（第87條第1項）。惟如有重大理由，期日得變更或延展之（第87條第2項）。變更或延展期日之職權，除別有規定外，亦由審判長裁定之（第87條第3項）。

㈡期　間

1.酌定與起算

期間，除法定者外，係由行政法院或審判長酌量情形定之（第88條第

---

[37] 受命法官或受託法官關於其所為之行為，得定期日及期間。第84條至第87條、第88條第1項、第2項及第90條之規定，於受命法官或受託法官定期日及期間者，準用之。

1 項)。

　　行政法院或審判長所定之期間，自送達定期間之文書時起算；無庸送達者，自宣示定期間之裁判時起算（第 88 條第 2 項）。

2.計　算

⑴依民法規定為之計算

　　期間之計算，係依民法之規定（第 88 條第 3 項）。例如，期間之末日為星期日，依民法第 122 條之規定，應以休息日之次日為屆滿日（最高行政法院 94 裁 852）。

⑵在途期間之扣除

　　若當事人不在行政法院所在地住居者，計算法定期間，應扣除其在途之期間。❸❽但是，有訴訟代理人住居行政法院所在地，得為期間內應為之訴訟行為者，不在此限（第 89 條第 1 項）。

　　前項應扣除之在途期間，由司法院定之（第 89 條第 2 項）。❸❾

⑶除不變期間外可伸長或縮短

　　期間，除不變期間外，如有重大理由，得伸長或縮短之。期間之伸長或縮短，原則上係由行政法院裁定，但期間係審判長所定者，則由審判長裁定（第 90 條）。

㈢回復原狀

　　關於回復原狀之聲請要件與處理程式（第 91 條至第 93 條），分析如下：

1.聲請要件

⑴因天災或其他不應歸責於己之事由所致

　　回復原狀之事由，係因天災或其他不應歸責於己之事由，❹❍致遲誤不

---

❸❽　因此，計算期間之末日，應先扣除在途期間，而非先計算期間末日後再扣除在途期間（最高行政法院 94 裁 206）。至於應扣除之在途期間，由司法院定之。

❸❾　陳計男，《行政訴訟法釋論》，2000，第 277 頁認為，裁定期間原則上無庸扣除在途期間，僅於「明示扣除」之情形始須扣除。

變期間者，於其原因消滅後 1 個月內，如該不變期間少於 1 個月者，於相等之日數內，得聲請回復原狀（第 91 條第 1 項）。❹惟該期間不得伸長或縮短之（第 91 條第 2 項）。

所謂不應歸責於己之事由，係指依客觀之標準，以通常人之注意，而不能預見或不可避免之事由，且該事由之發生與訴訟行為逾期有相當因果關係者而言（最高行政法院 97 裁 2499 判例）。

⑵書面聲請並釋明

回復原狀之聲請，應以書狀為之，並釋明遲誤期間之原因及其消滅時期（第 91 條第 4 項）。

⑶須於法定期間內完成聲請

至於，遲誤不變期間已逾 1 年者，不得聲請回復原狀，遲誤提起本法第 106 條（撤銷訴訟及課予義務訴訟）之起訴期間已逾 3 年者，亦同（第 91 條第 3 項）。

2.處理程式

⑴提起聲請之對象

因遲誤上訴或抗告期間而聲請回復原狀者，係向為裁判之原行政法院為之；遲誤其他期間者，則向管轄該期間內應為訴訟行為之行政法院為之（第 92 條第 1 項）。

⑵同時補行訴訟行為

聲請回復原狀，應同時補行期間內應為之訴訟行為（第 92 條第 2 項）。

⑶由受聲請之行政法院與補行之訴訟行為合併裁判

回復原狀之聲請，由受聲請之行政法院與補行之訴訟行為合併裁判之。但是，原行政法院認其聲請應行許可，而將上訴或抗告事件送交上級行政

---

❹　若未注意原審裁定所列提起抗告法定不變期間，以致逾期提起抗告，為可歸責抗告人之事由，則不符合聲請回復原狀之法定要件（最高行政法院 94 裁 264）。

❹　換言之，當事人因病居住他處，既非不能指定他人代收送達及委任他人代為訴訟行為，其未為指定及委任致遲誤不變期間，不能謂非應歸責於己之事由，自不得聲請回復原狀（最高行政法院 97 裁 2499 判例）。

法院者，應由上級行政法院合併裁判（第 93 條第 1 項）。

⑷回復原狀而變更原裁判時，準用再審規定

若因回復原狀而變更原裁判者，則準用本法第 282 條關於再審判決效力之規定（第 93 條第 2 項）。

四、訴訟卷宗

㈠保　存

當事人書狀、筆錄、裁判書及其他關於訴訟事件之文書，行政法院應保存者，應由行政法院書記官編為卷宗（第 95 條第 1 項）。

卷宗滅失事件之處理，準用民刑事訴訟卷宗滅失案件處理法之規定（第 95 條第 2 項）。

㈡利用及限制

1.聲請權人

當事人、訴訟代理人、第 44 條之參加人及其他經許可之第三人之閱卷規則，由司法院定之（第 96 條第 3 項）。

⑴當事人

當事人得向行政法院書記官聲請閱覽、抄錄、影印或攝影卷內文書，或預納費用請求付與繕本、影本或節本（第 96 條第 1 項）。

⑵第三人

第三人經當事人同意或釋明有法律上之利害關係，而為前項之聲請者，應經行政法院裁定許可（第 96 條第 2 項）。

2.限　制

但是，裁判草案及其準備或評議文件，除法律別有規定外，不得交當事人或第三人閱覽、抄錄、影印或攝影，或付與繕本、影本或節本；裁判書在宣示或公告前，或未經法官簽名者，亦同（第 97 條）。

五、訴訟費用

本法於民國 89 年修法時，本採「行政訴訟無償主義」，亦即不徵收裁判費用。然經諸多討論後，❷於民國 96 年修法時確立徵收裁判費用制度。

㈠裁判費用及必要費用預付原則

1.以預付為原則

裁判費除法律別有規定外，當事人應預納之。其未預納者，審判長應定期命當事人繳納，逾期未納者，行政法院應駁回其訴、上訴、抗告、再審或其他聲請（第 100 條第 1 項）。進行訴訟之必要費用，審判長得定期命當事人預納。逾期未納者，由國庫墊付，並於判決確定後，依職權裁定，向應負擔訴訟費用之人徵收之（第 100 條第 2 項）。

2.裁定具備執行名義

命當事人定期繳納裁判費用之裁定，得為執行名義（第 100 條第 3 項）。

3.溢收裁判費之處置

訴訟費用如有溢收情事者，法院應依聲請並得依職權以裁定返還之（第 104 條準用民訴第 77 之 26 條第 1 項）。前項聲請，至遲應於裁判確定或事件終結後 3 個月內為之（第 104 條準用民訴第 77 之 26 條第 2 項）。裁判費如有因法院曉示文字記載錯誤或其他類此情形而繳納者，得於繳費之日起 5 年內聲請返還，法院並得依職權以裁定返還之（第 104 條準用民訴第 77 之 26 條第 3 項）。

㈡行政訴訟費用之負擔

1.當事人負擔訴訟費用

⑴因裁判而終結時之訴訟費用負擔

①敗訴之人負擔訴訟費用

---

❷ 行政訴訟是否應徵收費用，向有肯、否二說，林騰鷂，《行政訴訟法》，2008，第 311 頁至第 314 頁。

訴訟費用指裁判費及其他進行訴訟之必要費用，由敗訴之當事人負擔（第98條第1項本文）。

2勝訴之當事人亦須負擔

本法於下列情形時，亦要求勝訴當事人負擔訴訟費用：

❶情況判決之訴訟費用負擔

行政法院為第198條之情況判決時，由於考量公益，在被告機關實際上敗訴但獲勝訴判決時，應由被告負擔訴訟費用（第98條第1項但書）。

❷被告對原告主張逕行認諾，並能證明其無庸起訴

被告對於原告關於訴訟標的之主張逕行認諾，並能證明其無庸起訴者，訴訟費用，由原告負擔（第104條準用民訴第80條）。

❸不當伸張或防衛權利所必要

因下列行為所生之費用，法院得酌量情形，命勝訴之當事人負擔其全部或一部：A.勝訴人之行為，非為伸張或防衛權利所必要者；B.敗訴人之行為，按當時之訴訟程度，為伸張或防衛權利所必要者（第104條準用民訴第81條）。

❹未適時為攻防方法，或遲誤期日期間，或可歸責於己致訴訟延滯

當事人不於適當時期提出攻擊或防禦方法，或遲誤期日或期間，或因其他應歸責於己之事由而致訴訟延滯者，雖該當事人勝訴，其因延滯而生之費用，法院得命其負擔全部或一部（第104條準用民訴第82條）。

3一勝一敗──平均負擔

各當事人一部勝訴、一部敗訴者，其訴訟費用，由法院酌量情形，命兩造以比例分擔或命一造負擔，或命兩造各自負擔其支出之訴訟費用（第104條準用民訴第79條）。

(2)非因裁判而終結時之訴訟費用

1原告撤回訴訟

原告撤回其訴者，訴訟費用由原告負擔。其於第一審言詞辯論終結前撤回者，得於撤回後3個月內聲請退還該審級所繳裁判費3分之2（第104條準用民訴第83條第1項）。

2 原告撤回上訴或抗告

前項規定，於當事人撤回上訴或抗告者準用之（第 104 條準用民訴第 83 條第 2 項）。

3 當事人為和解

當事人為和解者，其和解費用及訴訟費用各自負擔之。但別有約定者，不在此限（第 104 條準用民訴第 84 條第 1 項）。

和解成立者，當事人得於成立之日起 3 個月內聲請退還其於該審級所繳裁判費 3 分之 2（第 104 條準用民訴第 84 條第 2 項）。

(3) 共同訴訟之訴訟費用負擔

1 按其人數平均分擔訴訟費用

共同訴訟人，按其人數，平均分擔訴訟費用。但共同訴訟人於訴訟之利害關係顯有差異者，法院得酌量其利害關係之比例，命分別負擔（第 104 條準用民訴第 85 條第 1 項）。

2 連帶或不可分之債敗訴時連帶負擔

共同訴訟人因連帶或不可分之債敗訴者，應連帶負擔訴訟費用（第 104 條準用民訴第 85 條第 2 項）。

3 專為自己之利益而為訴訟行為

共同訴訟人中有專為自己之利益而為訴訟行為者，因此所生之費用，應由該當事人負擔（第 104 條準用民訴第 85 條第 3 項）。

2. 參加人負擔訴訟費用

因可歸責於參加人之事由致生無益之費用者，行政法院得命該參加人負擔其全部或一部（第 99 條第 1 項）。❸

依第 44 條參加訴訟所生之費用，由參加人負擔。但他造當事人依第 98 條第 1 項及準用民訴第 79 條至第 84 條規定應負擔之訴訟費用，仍由該當事人負擔（第 99 條第 2 項）。❹

---

❸ 吳庚，《行政爭訟法論》，2009，第 131 頁認為，**本項僅限於「必要參加人與獨立參加人」，不包括輔助參加人**。

❹ 吳庚，《行政爭訟法論》，2009，第 128 頁至第 130 頁，對於訴訟參加裁判費之徵

3.第三人負擔訴訟費用

法院書記官、執達員、法定代理人或訴訟代理人因故意或重大過失，致生無益之訴訟費用者，法院得依聲請或依職權以裁定命該官員或代理人負擔（第 104 條準用民訴第 89 條第 1 項）。

㈢行政訴訟費用之數額

1.起訴之裁判費

⑴原則──按件徵收裁判費

起訴，按件徵收裁判費新臺幣 4 千元。適用簡易訴訟程序之事件，徵收裁判費新臺幣 2 千元（第 98 條第 2 項）。

⑵例外──主張數項標的、變更、追加或提起反訴

若以一訴主張數項標的，或為訴之變更、追加或提起反訴者，不另徵收裁判費（第 98 之 1 條）。

2.上訴之裁判費

上訴，依第 98 條第 2 項規定，加徵裁判費 2 分之 1（第 98 之 2 條第 1 項）。發回或發交更審再行上訴，或依第 257 條第 2 項為移送，經判決後再行上訴者，免徵裁判費（第 98 之 2 條第 2 項）。

3.再審之裁判費

再審之訴，按起訴法院之審級，依第 98 條第 2 項及前條第 1 項規定徵收裁判費（第 98 之 3 條第 1 項）。

對於確定之裁定聲請再審者，徵收裁判費新臺幣 1 千元（第 98 之 3 條條第 2 項）。

收規定，批評如下：⑴必要參加人和獨立參加人均屬於本法第 23 條之當事人，並受判決效力所及，因此必要參加人和獨立參加人之地位自與輔助參加人有異，其訴訟費用負擔應有所區別；⑵依第 98 之 1 條規定，訴之追加之情形並不再徵收裁判費；必要參加人與獨立參加人均屬「訴之主觀追加」之情形，理應不徵收裁判費。

4.抗告之裁判費

抗告，徵收裁判費新臺幣 1 千元（第 98 之 4 條）。

5.聲請之裁判費

聲請或聲明，不徵收裁判費。但下列聲請，徵收裁判費新臺幣 1 千元：⑴聲請參加訴訟或駁回參加；⑵聲請回復原狀；⑶聲請停止執行或撤銷停止執行之裁定；⑷起訴前聲請證據保全；⑸聲請重新審理；⑹聲請假扣押、假處分或撤銷假扣押、假處分之裁定（第 98 之 5 條）。

6.其他費用

下列費用之徵收，除法律另有規定外，其項目及標準由司法院定之：⑴影印費、攝影費、抄錄費、翻譯費、運送費及登載公報新聞紙費；⑵證人及通譯之日費、旅費；⑶鑑定人之日費、旅費、報酬及鑑定所需費用；⑷其他進行訴訟及強制執行之必要費用（第 98 之 6 條第 1 項）。

郵電送達費及行政法院人員於法院外為訴訟行為之食、宿、交通費，不另徵收（第 98 之 6 條第 2 項）。

至於，交通裁決事件之裁判費，第二編第三章別有規定者，從其規定（第 98 之 7 條）。

(四)行政訴訟費用之裁判

1.經判決而終結之費用裁判

⑴行政法院為終局判決

行政法院為終局判決時，應依職權為訴訟費用之裁判（第 104 條準用民訴第 87 條第 1 項）。**❹❺**

⑵最高行政法院變更或廢棄高等行政法院之裁判

上級法院廢棄下級法院之判決，而就該事件為裁判或變更下級法院之判決者，應為訴訟總費用之裁判；受發回或發交之法院為終局之判決者亦

---

❹❺ 林騰鷂，《行政訴訟法》，2008，第 318 頁，若行政法院疏忽而未為費用之裁判時，當事人可依本法第 218 條準用民訴第 233 條之規定，聲請行政法院以判決補充之。

同（第 104 條準用民訴第 87 條第 2 項）。

⑶對訴訟費用聲明不服之限制

訴訟費用之裁判，非對於本案裁判有上訴時，不得聲明不服（第 104 條準用民訴第 88 條）。

2.不經裁判而終結之費用裁判

訴訟不經裁判而終結者，法院應依聲請以裁定為訴訟費用之裁判（第 104 條準用民訴第 90 條第 1 項）。

3.以裁定終結

本節之規定，於法院以裁定終結本案或與本案無涉之爭點者準用之。換言之，以裁定終結之爭點，亦可徵收裁判費；其徵收之辦法，準用民訴第 78 條至第 95 之 1 條之規定（第 104 條準用民訴第 95 條）。

舉例而言，原確定裁定於主文為抗告駁回，抗告訴訟費用由抗告人負擔之諭知，並於裁定理由記載：「依本法第 104 條、民事訴訟法第 95 條、第 78 條，裁定如主文。」該部分條文之記載，係針對抗告訴訟費用之負擔為之，依本法第 104 條規定，準用民訴第 95 條，而依民訴第 95 條規定：「本節之規定，於法院以裁定終結本案或與本案無涉之爭點者準用之。」可知，在行政法院以裁定終結本案或與本案無涉之爭點時，有關訴訟費用之負擔，民訴第 78 條之規定，亦在準用之列（最高行政法院 101 裁 723）。

㈤行政訴訟費用額之確定

1.聲請確定訴訟費用額之要件

法院未於訴訟費用之裁判確定其費用額者，第一審受訴法院於該裁判有執行力後，應依聲請以裁定確定之（第 104 條準用民訴第 91 條第 1 項）。

依第 1 項確定之訴訟費用額，應於裁定送達之翌日起，加給按法定利率計算之利息（第 104 條準用民訴第 91 條第 3 項）。

2.聲請確定訴訟費用之程序

⑴提出證書之義務

聲請確定訴訟費用額者，應提出費用計算書、交付他造之計算書繕本

或影本及釋明費用額之證書（第 104 條準用民訴第 91 條第 2 項）。

　　當事人分擔訴訟費用者，法院應於裁判前命他造於一定期間內，提出費用計算書、交付聲請人之計算書繕本或影本及釋明費用額之證書（第 104 條準用民訴第 92 條第 1 項）。

⑵遲誤提出時之處置

　　他造遲誤前項期間者，法院得僅就聲請人一造之費用裁判之。但他造嗣後仍得聲請確定其訴訟費用額（第 104 條準用民訴第 92 條第 2 項）。

3.法院確定訴訟費用額之方法

　　當事人分擔訴訟費用者，法院為確定費用額之裁判時，除前條第 2 項情形外，應視為各當事人應負擔之費用，已就相等之額抵銷，而確定其一造應賠償他造之差額（第 104 條準用民訴第 93 條）。

　　再者，法院得命書記官計算訴訟費用額（第 104 條準用民訴第 94 條）。

㈥行政訴訟費用之擔保

　　依本法第 104 條準用民訴第 96 條至第 106 條之規定，則行政訴訟費用之擔保亦可如民事訴訟費用之擔保一樣處理。

㈦訴訟救助

　　面對有償主義之前提，為避免人民因資力不足而造成無法受國家保護之差別待遇，故引入訴訟救助之制度。

1.聲請要件

　　當事人無資力支出訴訟費用，且非顯無勝訴之望者，❹❻行政法院應依聲請，以裁定准予訴訟救助（第 101 條）。

2.程　式

⑴向受訴行政法院聲請

---

❹❻　例如，聲請人起訴狀未記載「起訴之聲明」、「訴訟標的及其原因事實」，經高等行政法院裁定命其補正，而其未依規定補正，而被裁定駁回其訴，足徵聲請人之起訴，顯無勝訴之望（最高行政法院 94 裁 675）。

聲請訴訟救助，應向受訴行政法院為之（第 102 條第 1 項）。

(2)釋明無資力支出費用

1 當事人應為釋明

聲請人無資力支出訴訟費用之事由，應釋明之（第 102 條第 2 項）。至於，所謂無資力，係指窘於生活，且缺乏經濟上之信用者而言。**[47]**

所謂釋明，應以個案予以界定，亦即每提起一次訴訟救助，即需個別釋明，個案間並不生拘束力。**[48]**

2 可以保證書代釋明

若未釋明時，得由受訴行政法院管轄區域內有資力之人出具保證書代之（第 102 條第 3 項）。保證書內，應載明具保證書人於聲請訴訟救助人負擔訴訟費用時，代繳暫免之費用（第 102 條第 4 項）。

(3)駁回訴訟救助之限制

駁回訴訟救助聲請之裁定確定前，第一審法院不得以原告未繳納裁判費為由駁回其訴（第 104 條準用民訴第 109 之 1 條）。

3. 效　力

(1)暫免付訴訟必要之費用

准予訴訟救助者，則暫行免付進行訴訟必要之費用（第 103 條）。

(2)暫免保全程序、上訴、抗告

准予訴訟救助，於假扣押、假處分、上訴及抗告，亦有效力（第 104 條準用民訴第 111 條）。**[49]**

---

[47] 現行實務運作以「……關於無資力支出訴訟費用之事由，**應提出可使行政法院信其主張為真實且能即時調查之證據以釋明之**，此觀本法第 102 條第 2 項及第 176 條準用民訴第 284 條規定自明。而**所謂無資力，係指窘於生活，且缺乏經濟上之信用者而言**……」作為說明，並輔以財團法人法律扶助基金會是否接受當事人扶助之申請為斷（最高行政法院 99 裁 2475）。

[48] 最高行政法院（99 裁 2445）謂：「……聲請人雖又具狀提出最高法院 99 臺聲 960 准予訴訟救助裁定，主張本件應受其拘束云云。惟查，**最高法院 99 臺聲 960 所為准予訴訟救助之效力僅及於該聲請訴訟救助之個案，並不及於本件**……。」

4.失　效

⑴因受救助人死亡而失效

准予訴訟救助之效力，因受救助人死亡而消滅（第 104 條準用民訴第 112 條）。

⑵嗣後可支出訴訟費用

當事人力能支出訴訟費用而受訴訟救助或其後力能支出者，法院應以裁定撤銷救助，並命其補交暫免之費用（第 104 條準用民訴第 113 條第 1 項）。

前項裁定，由訴訟卷宗所在之法院為之（第 104 條準用民訴第 113 條第 2 項）。

⑶訴訟費用之徵收

經准予訴訟救助者，於終局判決確定或訴訟不經裁判而終結後，第一審受訴法院應依職權以裁定確定訴訟費用額，向應負擔訴訟費用之當事人徵收之；其因訴訟救助暫免而應由受救助人負擔之訴訟費用，並得向具保證書人為強制執行（第 104 條準用民訴第 114 條第 1 項）。

5.不服裁定可抗告

依第 104 條準用民訴第 115 條之規定，不服訴訟救助之裁定可為抗告。

---

❹ 本條文規定之適用是否及於「再審」、「追加或變更之訴」者，有採否定見解。陳計男，《行政訴訟法釋論》，2000，第 326 頁；亦有對否定說質疑者，林騰鷂，《行政訴訟法》，2008，第 323 頁。

第六章
行政法院之審理：第一審程序

本章架構

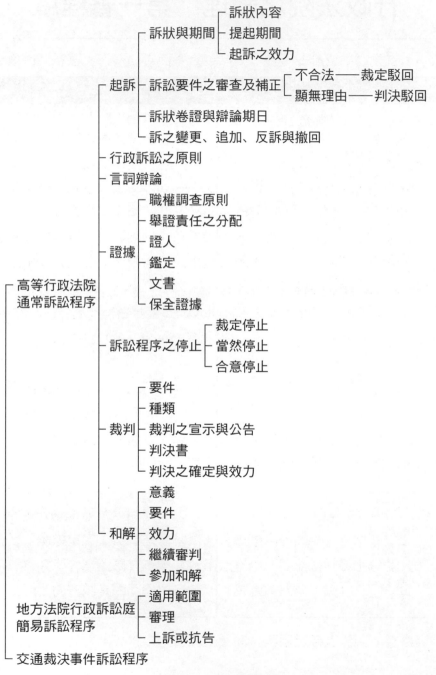

◆ 圖 6-1　本章架構

本法第二編「第一審程序」分為三章：壹、高等行政法院通常訴訟程序；貳、地方法院行政訴訟庭簡易訴訟程序；参、交通裁決事件訴訟程序。分析如下：

壹、高等行政法院通常訴訟程序

適用通常訴訟程序之事件，以高等行政法院為第一審管轄法院（第104之1條）。惟適用通常訴訟程序之事件，因訴之變更或一部撤回，致其訴之全部屬於簡易訴訟程序或交通裁決事件訴訟程序之範圍者，高等行政法院應裁定移送管轄之地方法院行政訴訟庭（第114之1條）。

關於高等行政法院通常訴訟程序，分析如下：

一、起　訴

㈠訴狀與期間

1.訴狀內容

起訴，係要式行為，故應以訴狀❶提出於行政法院為之（第105條），❷係採取「訴狀強制主義」之立法例。配合本法第57條關於當事人書狀之規定，起訴狀之記載事項，可區分為「必要記載事項」及「任意記載事項」：

⑴必要記載事項

訴狀應表明之事項，包括：⬜1當事人；❸⬜2起訴之聲明；❹⬜3訴訟標

---

❶　蔡志方，《行政救濟法新論》，2007，第 260 頁，註 413 認為，所謂「要式」，並不限制於訴狀，而應理解為「依法律所要求之方式為之」。

❷　林騰鷂，《行政訴訟法》，2008，第 347 頁，若當事人向原處分機關遞交訴狀者，應不生起訴之效力。

❸　對於當事人之記載，應**載明該訴訟事件之原告及被告，並且對於當事人之記載，應足以辨認其同一性**。陳敏，《行政法總論》，2007，第 1455 頁；林騰鷂，《行政訴訟法》，2008，第 348 頁。

的（訴訟請求之標的）❺及其原因事實。此為起訴狀應特別記載之事項，法律均採逐一列舉之規定，俾資當事人遵循。當事人之起訴狀，如有漏未記載上開規定之「應記載事項」，並經審判長定期命其補正，而未於期限內為完全之補正者，即屬未補正，受訴法院即應以其起訴為不合法裁定駁回（第 107 條第 1 項第 10 款；最高行政法院 94 裁 572）。

⑵**任意記載事項**

1 **其他應記載事項**

基於訴訟考量，除前述必要記載事項之外，訴狀內宜記載適用程序上有關事項、證據方法及其他準備言詞辯論之事項（第 105 條第 2 項前段）。

2 **附具原處分書或決定書**

提起行政訴訟前經有訴願程序者，並須附具決定書（第 105 條第 2 項後段），便於法院得認識訴訟請求之標的。

原告之起訴書若未附具原處分書或決定書者，原則上並不生任何影響，法院得向有關機關調取之。但若法院無法由原告所提出書卷中知悉其所欲爭執之行政處分為何，以致無從查得行政處分時，應認原告所提起之起訴書不具訴訟標的，而以訴不合法裁定駁回。❻

2.提起期間

關於訴訟之提起期間，第 4 條（撤銷訴訟）及第 5 條（課予義務訴訟）訴訟之提起，除本法別有規定外，應於訴願決定書送達後 2 個月之不變期間內為之。但訴願人以外之利害關係人知悉在後者，自知悉時起算（第

---

❹ 陳敏，《行政法總論》，2007，第 1456 頁以下，所謂「起訴之聲明」即為「訴之聲明」，乃**原告就訴訟標的，請求行政法院對被告為判決之內容及範圍**；至於，**訴之聲明，不得附加條件。但若原告提出備位聲明者，則非不許**。吳庚，《行政爭訟法論》，2009，第 99 頁；林騰鷂，《行政訴訟法》，2008，第 349 頁至第 350 頁。

❺ 陳敏，《行政法總論》，2007，第 1458 頁以下，所謂「訴訟標的」，乃**要求原告應記載在具體案件中所爭執之事端。透過原告對於提起訴訟事實之記載，行政法院及被告得以確認「對何一事項提起訴訟」及「就何一具體案件產生訴訟之繫屬」**。

❻ 陳敏，《行政法總論》，2007，第 1459 頁。

106 條第 1 項）。惟自訴願決定書送達後，已逾 3 年者，不得提起（第 106 條第 2 項）。

此外，不經訴願程序即得提起第 4 條或第 5 條第 2 項（拒為處分課予義務訴訟）之訴訟者，應於行政處分達到或公告後 2 個月之不變期間內為之（第 106 條第 3 項）。

不經訴願程序即得提起第 5 條第 1 項（怠為處分課予義務訴訟）之訴訟者，於應作為期間屆滿後，始得為之。但於期間屆滿後，已逾 3 年者，不得提起（第 106 條第 4 項）。

至於，有無遵守不變期間，應以起訴狀到達行政法院為準（最高行政法院 94 判 293）。若起訴未遵守不變期間之要求者，行政法院依本法第 107 條第 1 項第 6 款（起訴逾越法定期限者）規定，以裁定駁回起訴。

3.起訴之效力

行政訴訟經原告提起者，產生起訴效力如下：

(1)訴訟繫屬效力

行政訴訟經原告提起後，亦即自起訴書狀送達法院之時，開啟行政訴訟程序，行政訴訟所繫屬之行政法院，必須對於該繫屬案件為之審理，並依法為一定決定，此即為「訴訟繫屬效力」。

在訴訟繫屬效力之影響下，另外產生「法院管轄恆定」及「當事人恆定」之效力。❼前者已於本書前述說明；後者係指訴訟繫屬中，為訴訟標的之法律關係雖移轉於第三人，於訴訟無影響（第 110 條第 1 項本文）。❽但在訴訟繫屬中，為訴訟標的之法律關係移轉於第三人時，則有承受訴訟

---

❼ 陳敏，《行政法總論》，2007，第 1460 頁。

❽ **當事人將系爭之物或請求權移轉於第三人，其訴訟實施權並不受影響，產生本法第 214 條第 1 項「法定訴訟擔當」。** 陳敏，《行政法總論》，2007，第 1460 頁至第 1461 頁；吳庚，《行政爭訟法論》，2009，第 200 頁；此外，最高行政法院 92 年 4 月份庭長法官聯席會議(一)：「按本法第 110 條第 1 項前段所規定之當事人恆定原則，應係指為訴訟標的之法律關係，於行政訴訟繫屬中，移轉於第三人情形下，始有適用，以避免出讓訴訟標的之訴訟當事人，因對訴訟標的之管理權不復存在而喪失其適格當事人之訴訟上地位。……」

之態樣產生:

1 當事人兩造之同意

訴訟繫屬中，為訴訟標的之法律關係移轉於第三人，此時第三人如經兩造同意，得代當事人承當訴訟（第 110 條第 1 項但書）。

2 法院裁定承受訴訟

至於，僅他造不同意者，移轉之當事人或第三人，得聲請行政法院以裁定許第三人承當訴訟（第 110 條第 2 項），此項裁定，得為抗告（第 110 條第 3 項）。

3 書狀之送達

行政法院知悉訴訟標的有移轉者，應即以書面將訴訟繫屬情形通知第三人（第 110 條第 4 項）。❾而訴願決定後，為訴訟標的之法律關係移轉於第三人者，得由受移轉人提起撤銷訴訟（第 110 條第 5 項）。❿

(2)例外之延宕效力

關於原處分或決定之執行，除法律另有規定外，原則上，不因提起行政訴訟而停止（第 116 條第 1 項）。⓫所謂「法律另有規定」，例如，第 116 條第 2 項與第 3 項關於停止執行事由之規定。

就此而言，在法律有特別規定之下，即產生延宕之效力，使行政處分執行力產生暫時停止之效力。

(3)消滅時效之中斷

依據行政程序法第 131 條規定:「公法上之請求權，除法律有特別規定外，因 5 年間不行使而消滅。」並於同條文第 3 項規定「行政機關為實現該權利所作成之行政處分」作為時效中斷之事由。⓬

---

❾　吳庚，《行政爭訟法論》，2009，第 201 頁，註 3 認為，**訴訟標的與權利義務關係為不同之概念**，相較於本條文第 1 項與第 5 項「為訴訟標的之法律關係移轉於第三人」之文義，本款則為「訴訟標的有移轉」之文義，應屬立法疏漏。

❿　蔡志方，《行政救濟法新論》，2007，第 271 頁指出，本項規定可以限制將當事人恆定原則不當延伸至訴願程序，且亦有限制或規制訴權之作用。

⓫　第 116 條「停止執行」之規定，於確認行政處分無效之訴，準用之（第 117 條）。

⓬　然則，行政機關並非任何事項均可透過行政處分為之，故在行政機關無法作成行

⑷重複起訴之禁止

當事人不得就已起訴之案件，於訴訟繫屬中更行起訴（第 115 條準用民訴第 253 條），乃重複起訴❸禁止之明文規定。若當事人更行起訴❹者，行政法院即依本法第 107 條第 7 款之規定，以裁定駁回。

除本法第 115 條準用民訴第 253 條規定外，本法第 12 之 1 條第 2 項亦為相同意旨。

㈡訴訟要件之審查及補正

針對訴訟要件之審查，原則上，「程序不法，實體不究」，即採「先程序，後實體」之審查程序。

1.不合法──裁定駁回

程序不合法，得分為不能補正之不合法與能補正之不合法；其情形能補正之不合法，審判長應定期間先命補正，若逾期仍不補正，則程序為不合法，應予裁定駁回；當然，不能補正之不合法，自無命補正之必要，即予裁定駁回。

行政法院應以裁定駁回原告之訴之情形（第 107 條第 1 項），包括下列事由：

① 訴訟事件不屬行政訴訟審判之權限者。❺但本法別有規定者，從其規定；

政處分以實現公法上請求權之個案中，此時該公法上請求權之中斷原因為何，有謂應類推民法第 129 條之規定，以起訴為請求權時效中斷之原因。陳敏，《行政法總論》，2007，第 1462 頁；吳庚，《行政爭訟法論》，2009，第 203 頁。

❸ 吳庚，《行政爭訟法論》，2009，第 203 頁認為，「重複起訴」並不限於「同一行政法院」，向其他行政法院甚至民事法院起訴，均在禁止之列。

❹ 如何認定「更行起訴」者，**似可參酌民訴中「當事人同一性」、「訴訟標的同一性」及「聲明同一性」等三要素比較觀察**。吳庚，《行政爭訟法論》，2009，第 203 頁；陳清秀，《行政訴訟法》，2009，第 311 頁；蔡志方，《行政救濟法新論》，2007，第 272 頁；陳計男，《行政訴訟法釋論》，2000，第 355 頁至第 356 頁。

❺ 例如，向高等行政法院提起第三人異議之訴（臺北高等行政法院 93 訴 3757）；

2 訴訟事件不屬受訴行政法院管轄而不能請求指定管轄，亦不能為移送訴訟之裁定者；

3 原告或被告無當事人能力者；

4 原告或被告未由合法之法定代理人、代表人或管理人為訴訟行為者；

5 由訴訟代理人起訴，而其代理權有欠缺者；

6 起訴逾越法定期限者；

7 當事人就已起訴之事件，於訴訟繫屬中更行起訴者；

8 本案經終局判決後撤回其訴，復提起同一之訴者；

9 訴訟標的為確定判決或和解之效力所及者；

10 起訴不合程式❶或不備其他要件者。❷

　　第 1 項第 10 款所謂「不備其他要件」，係指第 1 款至第 9 款所定及第 10 款起訴不合程式以外之情形，例如，私立學校董事任期早已屆滿，且下屆董事已就任，則其身分與職務，均無從回復，故以其訴有不備其他要件之不合法（最高行政法院 94 裁 948）。惟非指「誤列被告機關」之情形，蓋撤銷訴訟及課予義務訴訟，原告於訴狀誤列被告機關者（第 107 條第 2 項），係規定「準用」第 1 項之規定，而非「適用」第 1 項規定（最高行政法院 94 裁 943）。

　　當然，行政法院對於當事人提出之訴狀所載事項，依有關法律之規定，予以審查，認為不應提起行政訴訟或其提起違背法定程序者，為使當事人明瞭緣由，應附述理由（釋 170）。

2.顯無理由——判決駁回

提起國家賠償法所規定損害賠償之訴（最高行政法院 94 裁 901）；人民因耕地租佃所生之爭執（最高行政法院 94 裁 995）。

❶ 例如，行政機關所為單純事實之敘述、理由之說明或就法令所為之釋示，均非對人民之請求另有准駁，不因該項說明而生法律上效果，即非行政處分（行政法院 62 裁 41 判例），如對之提起撤銷訴訟，因非撤銷訴訟之標的，且屬不可補正之事項，應裁定駁回（最高行政法院 94 裁 976）。

❷ 最高行政法院（101 裁 668）：「……非利害關係人，其提起訴願、行政訴訟即不合法，應依本法第 107 條第 1 項第 10 款規定予以駁回。」

能補正之不合法，若在期間內已補正，則程序為合法。程序合法之訴訟，則審查其實體有無理由。

但是，原告之訴，依其所訴之事實，在法律上顯無理由者，行政法院得不經言詞辯論，逕以判決駁回之（第 107 條第 3 項）。

㈢訴狀卷證與辯論期日

行政法院，除依因程序不合法裁定駁回或顯無理由判決駁回原告之訴或移送者外，應將訴狀送達於被告。並得命被告以答辯狀陳述意見。惟有關命被告以答辯狀陳述意見之規定，並非強行規定（最高行政法院 94 裁 296）。此外，原處分機關、被告機關或受理訴願機關經行政法院通知後，應於 10 日內將卷證送交行政法院（第 108 條第 2 項）。

此時，若審判長認已適於為言詞辯論時，則應速定言詞辯論期日。而言詞辯論期日，除有急迫情形者外，距訴狀之送達，至少應有 10 日為就審期間，以利言詞辯論之準備（第 109 條）。本條規定應留之就審期間，係使被告準備辯論及到場辯論之期間，且限於初次辯論期日，始有適用（最高行政法院 94 判 579）。

為達集中審理原則之訴訟經濟要求，原告因準備言詞辯論之必要，應提出準備書狀（第 120 條第 1 項），而被告因準備言詞辯論，亦宜於未逾就審期間 2 分之 1 以前，提出答辯狀（第 120 條第 2 項）。❶⓼

行政法院為使辯論易於終結，認為必要時，得於言詞辯論前，為第121 條各款之處置：❶⓽ 1.命當事人、法定代理人、代表人或管理人本人到

---

❶⓼ 此項規定，旨在促使當事人於言詞辯論時，得為適當完全之辯論。如原告對於被告遲延提出答辯狀並無異議，亦未請求延展言詞辯論期日，而為本案之言詞辯論者，尚難遽指該言詞辯論程序為違法（最高行政法院 94 裁 577）；吳東都，〈行政訴訟之當事人協力義務〉，《月旦法學雜誌》第 77 期，第 56 頁至第 58 頁認為，本項為學理「當事人協力義務」之要求，就一般行政訴訟而言，當事人協力義務包括「訴狀表明一定事項之義務」、「審前程序之協力」、「及時提出攻擊防禦方法義務」、「到場義務」、「遂行程序義務」、「完全、真實及相對陳述義務」等。

❶⓽ 張文郁，翁岳生編，《行政訴訟法逐條釋義》，2006，第 423 頁認為，本條應屬例

場； 2.命當事人提出圖案、表冊、外國文文書之譯本或其他文書、物件； 3.行勘驗、鑑定或囑託機關、團體為調查； 4.通知證人或鑑定人，及調取或命第三人提出文書、物件； ❷ 5.使受命法官或受託法官調查證據。

㈣訴之變更、追加、反訴與撤回

1.訴之變更或追加

⑴訴之變更或追加之意義

所謂「訴之變更」者，係指訴訟標的或當事人產生變更之謂。❷所謂「訴之追加」者，係指增加新法律主張或新當事人之謂。❷

⑵原則——需被告同意或行政法院認為適當始可變更追加

原則上，在訴狀送達後，原告不得將原訴變更或追加他訴。❷得將原訴變更或追加他訴之要件，係經被告同意，❷或行政法院認為適當者。❷

示規定，亦即行政法院得依其裁量採取所有能使言詞辯論易於終結之必要措施，而不受本條所列事項之限制。

❷ 張文郁，翁岳生編，《行政訴訟法逐條釋義》，2006，第 422 頁認為，「命第三人提出」無需該第三人負有提出義務，但第三人若不提出者，必須有本法第 168、169 條之情形，始可對之強制或制裁。

❷ 陳敏，《行政法總論》，2007，第 1463 頁，區分「客觀之變更」及「主觀之變更」。前者係原告以新法律主張取代舊法律主張，或增加新法律主張，或以新事實為原法律主張之根據者均屬之；後者則是訴訟當事人有變更或增減，而非法定之當事人替換者屬之。

❷ 蔡志方，《行政救濟法新論》，2007，第 280 頁認為，訴之變更之概念，不應包括被告機關於訴訟程序中以處分時已存在之事實或理由，替換撤銷訴訟或課予義務訴訟程序標的處分之依據，亦不包括法院依職權在不妨礙行政處分同一性之理由替換。

❷ 本法採取「原則禁止」之立法例，**係為避免訴訟標的遭恣意變更，被告疲於防禦或導致訴訟延滯**。林騰鷂，《行政訴訟法》，2008，第 360 頁；劉建宏，〈行政訴訟法上之訴之變更追加之救濟〉，《法學講座》第 22 期，第 55 頁。

❷ 陳敏，《行政法總論》，2004，第 1435 頁，此同意乃訴訟行為，不得撤回。惟被告為多數人者，自需獲得被告全體之同意，故已同意之被告，於其他被告同意之

至於，被告於訴之變更或追加無異議，而為本案之言詞辯論者，則視為同意變更或追加（第 111 條第 1 項與第 2 項）。❷❻

⑶例外——法定訴之變更追加之態樣

為兼顧當事人利益及訴訟程序之順暢，訴之變更或追加應予准許之法定類型（第 111 條第 3 項），包括：①訴訟標的對於數人必須合一確定者，追加其原非當事人之人為當事人；②訴訟標的之請求雖有變更，但其請求之基礎不變者；③因情事變更而以他項聲明代最初之聲明；④應提起確認訴訟，誤為提起撤銷訴訟者；⑤依第 197 條（撤銷訴訟之代替判決）或其他法律之規定，應許為訴之變更或追加者。

⑷程序限制——未經先行程序不適用之

前述第 1 項至第 3 項關於訴之變更或追加之規定，於變更或追加之新訴為撤銷訴訟而未經訴願程序者不適用之（第 111 條第 4 項）。❷❼此規定於同以訴願程序為前置程序之課予義務訴訟（第 5 條）亦類推適用之。若起訴請求之內容，屬依法申請之案件，則於起訴前如未先向中央或地方機關為申請，亦未提起合法訴願，則逕提起課予義務訴訟，屬起訴不備要件（第 107 條第 1 項第 10 款後段），應裁定駁回（最高行政法院 94 裁 682）。

前，尚可撤回其同意。

❷❺ 關於原告訴之變更或追加「適當」與否，行政法院應就訴訟資料利用之可能、當事人之利益、訴訟經濟、原告未於起訴時主張，其有無故意或重大過失及公益等具體情事予以衡量（最高行政法院 94 裁 775）。

❷❻ 張文郁，〈論行政訴訟之起訴期間〉，《權利與救濟㈡——實體與程序之關聯》，2008，第 203 頁至第 205 頁，若訴之變更或追加之新訴有起訴期間限制者，此時起訴期間應如何計算：⑴多數見解認為，起訴期間之遵守，原則上應以原告向法院提出變更或追加之時點作為認定標準。若新訴或追加之訴起訴期間已經過時，法院即應以訴權已消滅為理由，裁定駁回；⑵少數見解認為，縱使以訴之變更或追加之方式起訴，是否逾越起訴期間，仍應以最先向法院起訴之時點作為認定標準。

❷❼ 吳庚，《行政爭訟法論》，2009，第 205 頁認為，本項應為限縮解釋，係指凡提起撤銷訴訟原本免除訴願前置者，為訴之變更或追加時，亦不必先經訴願程序。

　　針對行政法院以訴為非變更追加，或許訴之變更追加之裁判，不得聲明不服。但是，撤銷訴訟，主張其未經訴願程序者，則得隨同終局判決聲明不服（第 111 條第 5 項）。

2.反　訴

⑴反訴之意義

　　所謂「反訴」，係指被告於原告提起訴訟之後，在訴訟繫屬中，向同一行政法院在同一訴訟程序中，對於原告所提起之訴訟之謂。相對於「反訴」之用詞，原告所提起之訴係稱為「本訴」。蓋反訴之制度，可避免行政法院對於相牽連之事項為重複之審判，並進而防止行政法院之裁判相牴觸，以達訴訟經濟之實益。❷❽

⑵反訴之要件

　　關於反訴之要件，係被告於言詞辯論終結前，得在本訴繫屬之行政法院提起反訴（第 112 條第 1 項本文）。由於原告對於反訴，不得復行提起反訴（第 112 條第 2 項），❷❾因此，反訴成為被告訴訟權之行使範圍，惟被告意圖延滯訴訟而提起反訴者，行政法院得駁回之（第 112 條第 4 項）。

　　再者，反訴為獨立訴訟，故提起反訴者，必須符合第 107 條所規定之要件。

⑶提起反訴之限制

　　不得提起反訴之情形，包括：［1］原告對於反訴，不得復行提起反訴（第 112 條第 2 項）；［2］本訴為撤銷訴訟及課予義務訴訟者，不得提起反訴（第 112 條第 1 項但書）；❸⓿［3］反訴之請求，如專屬他行政法院管轄，或與本訴

---

❷❽　陳敏，《行政法總論》，2007，第 1467 頁。

❷❾　民訴本亦有相同限制，然於民國 89 年修法時予以刪除，對此而言，本法第 112 條第 2 項是否亦應刪除，尚有不同見解：⑴應刪除說：認為**既然民訴已無限制，本法第 112 條第 2 項之規定亦應刪除**。陳計男，《行政訴訟法釋論》，2000，第 229 頁；林騰鷂，《行政訴訟法》，2008，第 365 頁；⑵應保留說：認為**為避免訴訟法律關係的複雜化，應考量保留此條文**。劉建宏，〈行政訴訟上之反訴〉，《法學講座》第 24 期，第 47 頁至第 48 頁。

❸⓿　陳敏，《行政法總論》，2004，第 1437 頁，撤銷訴訟所針對者乃行政處分，而行

之請求或其防禦方法不相牽連者，❸不得提起（第 112 條第 3 項）。

3.撤　回

(1)訴之撤回之意義

所謂「訴之撤回」，係指原告於起訴之後，向行政法院表明不再請求行政法院為判決之表示。❸

(2)撤回起訴之任意性與限制

原告於判決確定前得撤回訴之全部或一部。❸但原告並非得任意撤回，而應受下列之限制：①被告已為本案之言詞辯論❸者，應得其同意；❸②

政處分之救濟者，依據行政程序法第 109 條之規定，經聽證程序作成之行政處分，無需經訴願程序即可提起行政處分。就此而言，若有行政程序法第 109 條適用之行政處分者，此時所提起之撤銷訴訟，應無本法第 112 條第 1 項但書之適用。

❸　陳敏，《行政法總論》，2007，第 1467 頁認為，所謂「反訴之請求與本訴之請求相牽連」，係指本訴之請求與反訴之請求，出於同一之法律關係或原因事實；「反訴之請求與本訴之防禦方法相牽連」，係指本訴被告之反訴請求，與其對於本訴之抗辯事由，出於同一之法律關係或原因事實；此外，有學者持廣義理解，認為「牽連關係」包含「本訴請求與反訴請求之訴訟標的相同」、「本訴請求與反訴請求出於同一法律關係」、「本訴請求與反訴請求出於同一原因事實」及「反訴請求與本訴抗辯發生之主要原因相同」等態樣。劉建宏，〈行政訴訟上之反訴〉，《法學講座》第 24 期，第 47 頁至第 48 頁；陳淑芳譯，陳敏等譯，《德國行政法院法逐條釋義》，2002，第 993 頁至第 994 頁。

❸　翁曉玲譯，陳敏等譯，《德國行政法院法逐條釋義》，2002，第 1023 頁、第 1028 頁，訴之撤回，為當事人對訴訟程序與訴訟標的之處分權之產物，並具有訴訟經濟之目的。

❸　若訴訟標的係屬可分者，原告自得對部分之訴訟標的為撤回之表示；被告為多數人時，則得對一人或數人為撤回。陳敏，《行政法總論》，2007，第 1465 頁；陳清秀，《行政訴訟法》，2009，第 463 頁至第 465 頁。

❸　所謂「為本案言詞辯論」者，係指被告對於訴訟標的為辯論，並包括準備程序中被告已就訴訟標的為辯論之情形。陳計男，《行政訴訟法釋論》，2000，第 587 頁；劉建宏，〈行政訴訟程序中訴之撤回〉，《法學講座》第 25 期，第 136 頁。

❸　林騰鷂，《行政訴訟法》，2008，第 371 頁，此同意為特別生效條件，通常應以明

於公益之維護有礙者❸，不得為之（第 113 條第 1 項及第 2 項）。

若行政法院認為訴之撤回有礙公益之維護，應以裁定不予准許。前述裁定不得抗告（第 114 條）。

(3)撤回之要示性

訴之撤回，係應以書狀為之。但是，在期日得以言詞為之（第 113 條第 3 項）。以言詞所為之撤回，應記載於筆錄，如他造不在場，應將筆錄送達（第 113 條第 4 項）。

訴之撤回，被告於期日到場，未為同意與否之表示者，自該期日起；其未於期日到場或係以書狀撤回者，自前述筆錄或撤回書狀送達之日起，10 日內未提出異議者，視為同意撤回（第 113 條第 5 項）。

(4)撤回之效力

訴訟經合法撤回者，溯及既往產生未起訴之效果，縱已為判決者該判決亦失其效力。❸訴訟若經終局判決，在判決尚未確定之前，原告仍可為之撤回，但其後提起同一訴訟者，後提起之訴訟即不合法，行政法院應以裁定駁回之（第 107 條第 1 項第 8 款）。❸

訴經撤回者，視同未起訴。❸但反訴不因本訴撤回而失效力（第 115 條準用民訴第 263 條第 1 項）。於本案經終局判決後將訴撤回者，不得復提起同一之訴（第 115 條準用民訴第 263 條第 2 項）。❹

示為之，並不得附條件、不得廢棄、不得撤銷。

❸ 吳庚，《行政爭訟法論》，2009，第 208 頁認為，原告對於起訴有完全之處分權能，但撤回則受有限制，似非妥當，故本項立法尚有商榷餘地。

❸ 訴之撤回僅具有訴訟法之意義。原告撤回訴訟者，並未拋棄其實體上之權利，其後得基於實體法之權利依法重行起訴。陳敏，《行政法總論》，2007，第 1465 頁。

❸ 陳敏，《行政法總論》，2007，第 1465 頁。

❸ 訴訟撤回後，兩造當事人所為之攻擊防禦方法均失其效力；若在上訴時撤回其訴（非撤回上訴）者，則下級審法院所為之裁判均失其效力。陳計男，《行政訴訟法釋論》，2000，第 590 頁；劉建宏，〈行政訴訟程序中訴之撤回〉，《法學講座》第 25 期，第 140 頁。

❹ 劉建宏，〈行政訴訟程序中訴之撤回〉，《法學講座》第 25 期，第 140 頁認為，若

再者，本訴撤回後，反訴之撤回，不須得原告之同意（第 115 條準用民訴第 264 條）。❹

二、行政訴訟之原則

於行政訴訟程序中，行政法院應如何進行相關程序，則必須遵循相關法律原則，說明如下：❷

㈠處分權原則

所謂處分權原則，係指行政訴訟之當事人，得自行決定其訴訟標的，以及決定行政訴訟程序之開始與終結者之謂。

綜觀本法規定，例如：訴訟程序開始本於當事人之聲明（第 105 條、第 231 條、第 238 條、第 273 條及第 284 條等），允許一定條件下當事人訴之變更（第 111 條）、訴之撤回（第 113 條）、捨棄及認諾（第 129 條第 1 項、第 202 條），反訴之提起（第 112 條），訴訟上之和解（第 219 條），以及假處分聲請（第 298 條）等諸規定，均可視為處分權原則之展現。

㈡職權調查原則

所謂職權調查原則，係指在訴訟程序進行中，行政法院依其職權調查事實，而不受當事人陳述及請求調查證據之拘束。

本案未經終局裁判前將訴撤回者，基於民訴第 263 條第 2 項之反面解釋，應可於嗣後提起同一之訴。

❹ 陳計男，《行政訴訟法釋論》，2000，第 587 頁；劉建宏，〈行政訴訟程序中訴之撤回〉，《法學講座》第 25 期，第 136 頁。

❷ 學者對於「行政訴訟之原則」之理解，不盡相同，本書僅列較重要之原則。吳庚，《行政爭訟法論》，2009，第 89 頁至第 98 頁；李惠宗，《行政法要義》，2008，第 589 頁至第 592 頁；林騰鷂，《行政訴訟法》，2008，第 329 頁至第 345 頁；陳計男，《行政訴訟法釋論》，2000，第 337 頁至第 345 頁；蔡志方，《行政救濟法新論》，2007，第 228 頁至第 240 頁；陳清秀，《行政訴訟法》，2009，第 376 頁至第 407 頁。

本法第 125 條第 1 項規定：「行政法院應依職權調查事實關係，不受當事人主張之拘束」；第 133 條關於證據調查之部分，亦規定「行政法院於撤銷訴訟，應依職權調查證據；於其他訴訟，為維護公益者，亦同」等諸規定，均可視為職權調查原則之展現。❸ 蓋行政訴訟因涉及公益，如行政法院就事實關係，須受當事人主張之拘束不能依職權調查，將有害於公益。此外，撤銷訴訟之當事人，一為公權力主體之政府機關，一為人民，兩造不僅有不對等之權力關係，且因政府機關之行政行為恆具專門性、複雜性及科技性，殊難為人民所瞭解。政府機關之行政行為，每涉及公務機密，人民取得有關資料亦屬不易，為免人民因無從舉證而負擔不利之效果，故規定行政法院於撤銷訴訟應依職權調查證據，以資解決。行政訴訟係以保障人民權益及確保行政權之合法行使為主要目的，因此，遇與公益有關之事項，行政法院亦應依職權調查證據，期得實質之真實（最高行政法院 101 判 497）。

㈢職權進行原則

所謂職權進行原則，係由行政法院主導行政訴訟程序之進行。由於行政訴訟程序採取職權調查主義，故於程序進行中，則透過職權進行原則之建構，予以配套。

在行政訴訟程序中，關於送達、傳喚、期日之指定及裁判等事項，皆由行政法院依職權為之並主導。就此而言，職權送達（第 61 條），訴訟期日之指定（第 84 條、第 94 條）欠缺訴訟要件之補正（第 107 條第 1 項各款），辯論前各項處置（第 121 條第 1 項各款）及開始（第 124 條），以及闡明義務（第 125 條第 3 項）之踐行等諸規定，均可視為職權進行原則之

---

❸ 陳敏，《行政法總論》，2007，第 1473 頁，行政訴訟程序雖然採取職權調查原則，但並不代表法院就完全不需考量當事人陳述與證據調查之聲請；亦即，**法院必須對於待證事實「已產生確信」與「當事人所提出之證據方法客觀上無法證明」時，始可無需考量當事人之陳述與聲請，進而予以駁回。**因此，職權調查原則應兼顧「人民權利保障」及「依法行政原則」之要求。

展現。

㈣言詞、公開與直接審理原則

1.言詞審理原則

所謂言詞審理原則，係指必須經由言詞辯論程序後，始得為本案判決（第 188 條第 1 項）之謂。此外，第 141 條第 1 項規定：「調查證據之結果，應告知當事人為辯論。」蓋調查證據無論係依當事人之聲明或依法院之職權而為，當事人就調查之結果，均應有辯論之機會，故規定應告知當事人就調查之結果為辯論，以維言詞辯論主義之精神（最高行政法院 101 判 446）。

然則，並非所有程序均需言詞辯論，本法亦設有若干例外情形無需言詞辯論即可為裁判之狀況，例如「原告之訴顯無理由」（第 107 條第 3 項）、「法院為裁定」（第 188 條第 3 項）、「兩造當事人於言詞辯論期日均無故而未到場」（第 194 條）、「簡易訴訟程序」（第 233 條第 1 項）及「最高行政法院之判決」（第 253 條），均屬不需踐行言詞辯論原則之例外。

2.公開原則

依據法院組織法第 86 條本文規定，訴訟之言詞辯論及裁判之宣示，原則上均應公開法庭行之，此為公開原則之依據。本法雖未設有類似法院組織法第 86 條本文之規定，但本法以「違背言詞辯論公開之規定」作為違背法令之事由（第 243 條第 2 項第 5 款）而允許上訴至最高行政法院，故可見行政訴訟程序仍應以公開為原則。

若法官於個案中認有不應或不適宜公開之情形，自可依據法院組織法第 86 條但書之規定，不予公開程序，然必須將理由記明於筆錄之中（第 128 條第 5 款）。

3.直接審理原則

法官非參與裁判基礎之辯論者，不得參與裁判（第 188 條第 2 項），為直接審理原則之依據。為維護言詞審理原則之要求，自然應該要求行政法院法官於言詞辯論時在場參與，並從辯論過程中直接認定訴訟資料並以之

為裁判基礎。❹

　　若參與言詞辯論程序之法官未參與判決之作成，此情形構成「判決法院之組織不合法」，為判決當然違背法令之事由（第 243 條第 2 項第 1 款）。就此而言，在訴訟程序中法官若發生更替之情勢時，依本法第 132 條準用民訴第 211 條規定，必須踐行「程序更新」之程序。

　　此外，當事人、代理人之所在處所或所在地法院與行政法院間，有聲音及影像相互傳送之科技設備而得直接審理者，行政法院認為適當時，得依聲請或依職權以該設備審理之（第 131 條之 1 第 1 項）。

三、 言詞辯論

　　關於高等行政法院通常訴訟程序，原則上其裁判應經言詞辯論程序。❹蓋本法第 243 條第 2 項第 5 款規定，違背言詞辯論公開之規定，其判決當然違背法令。

㈠審判長之職權

1.審判長之訴訟程序指揮權

　　言詞辯論之開始、指揮及終結，係審判長之職權，其並宣示行政法院之裁判（第 124 條第 1 項）。審判長對於不服從言詞辯論之指揮者，得禁止發言（第 124 條第 2 項）。而言詞辯論須續行者，審判長應速定其期日（第 124 條第 3 項）。

　　凡依本法使受命法官為行為者，由審判長指定之。行政法院應為之囑託，除別有規定外，由審判長行之（第 126 條）。

---

❹ 陳敏，《行政法總論》，2007，第 1477 頁，言詞審理原則與直接審理原則係踐行法治國原則之「聽審權」，而**聽審權為「言詞審理原則」與「直接審理原則」精神之所在**；關於聽審權之開展，可分為「對法院之資訊請求權」、「對法院為意見表達權」、「請求法院斟酌權」等下位概念。林騰鷂，《行政訴訟法》，2008，第 330 頁至第 334 頁。

❹ 張文郁，〈行政訴訟之言詞辯論〉，《權利與救濟——以行政訴訟為中心》，2005，第 79 頁至第 119 頁。

2.適當完全之辯論及闡明權

審判長應注意使當事人得為事實上及法律上適當完全之辯論（第 125 條第 2 項）。其應向當事人發問或告知，令其陳述事實、聲明證據，或為其他必要之聲明及陳述；當事人所為之聲明或陳述有不明瞭或不完足者，應令其敘明或補充之（第 125 條第 3 項），為審判長之「闡明權」。❹依第 125 條第 3 項規定，審判長行使闡明權，應係指當事人聲明或陳述有不明瞭或不完足之情形，審判長始有命其為敘明或補充之必要（最高行政法院 101 裁 932）。

此外，陪席法官於告明審判長後，亦得向當事人發問或告知（第 125 條第 4 項）。❼而行政法院為使訴訟關係明確，必要時得命司法事務官就事實上及法律上之事項，基於專業知識對當事人為說明（第 125 之 1 條第 1 項）。而行政法院因司法事務官提供而獲知之特殊專業知識，應予當事人辯論之機會，始得採為裁判之基礎（第 125 之 1 條第 2 項）。

但是，若當事人陳述與法規所定「實際內容」不符，而有「不明瞭」、「不完足」之情形，受命法官或行言詞辯論時之審判長，即應行使闡明權，予以發問、告知，令其敘明或補充之。例如，行準備程序之受命法官或言詞辯論時審判長未予闡明，即認當事人非依法申請，不得提起本法第 5 條

---

❹ 闡明權為審判長之職權，亦為其義務（最高行政法院 94 判 23）；若訴訟之聲明或陳述，並無不明瞭或不完足之情形，則未行使闡明權，於法並無違誤（最高行政法院 94 判 255）；關於闡明權之介紹，參閱張文郁，翁岳生編，《行政訴訟法逐條釋義》，2006，第 432 頁至第 436 頁。

❼ 現行行政訴訟之種類不僅限於撤銷訴訟一種，當事人循行政訴訟途徑請求救濟時，其訴訟之合法要件，因訴訟種類而有不同；又由於行政訴訟各種訴訟種類之選擇與適用，與行政行為之方式及當事人請求法院保護之目的，息息相關，尚非依一般生活經驗得為判斷，為期發見真實，並使當事人在言詞辯論時有充分攻擊或防禦之機會，**審判長或陪席法官於必要時，應闡明訴訟關係，向當事人發問、告知，令其陳述事實、聲明證據，或為其他必要之聲明及陳述；如當事人所聲明或陳述有不明瞭或不完足者，應令其敘明或補充之，以符本法第 125 條規定之本旨**（最高行政法院 94 裁 191）。

第 2 項規定之課予義務訴訟，按諸上述規定與說明，所為程序亦有未合（最高行政法院 101 裁 791）。

㈡言詞辯論之進行

言詞辯論，係以當事人聲明起訴之事項為開始（第 122 條第 1 項）。當事人應就訴訟關係為事實上及法律上之陳述（第 122 條第 2 項）。原則上，當事人不得引用文件以代言詞陳述，但若以舉文件之辭句為必要時，得朗讀其必要之部分（第 122 條第 3 項）。❹

針對分別提起之數宗訴訟，若係基於同一或同種類之事實上或法律上之原因者，行政法院得命合併辯論（第 127 條第 1 項）。

㈢言詞辯論筆錄

行政法院之書記官，應作言詞辯論筆錄，記載辯論進行之要領與法定事項（第 128 條、第 129 條），作為認定言詞辯論有無瑕疵之證明（最高行政法院 94 判 357）。

筆錄或筆錄內所引用附卷或作為附件之文書，應依聲請於法庭向關係人朗讀或令其閱覽，並於筆錄內附記其事由。關係人對於筆錄所記有異議者，行政法院書記官得更正或補充之。惟如以異議為不當，應於筆錄內附記其異議（第 130 條）。❹

㈣準用民事訴訟法之條文

民訴第 195 條至第 197 條、第 200 條、第 201 條、第 204 條、第 206 條至第 208 條、第 210 條、第 211 條、第 214 條、第 215 條、第 217 條至

---

❹ 陳計男，《行政訴訟法釋論》，2000，第 366 頁認為，本項即為體現言詞審理主義之精神。

❹ 若筆錄已詳載辯論進行之要領、當事人證據之聲明及其他重要聲明及陳述等，有該言詞辯論筆錄在卷可按，而原法院書記官作成不予更正之處分書，則無不合，縱不服聲明異議，亦難認為有理由（最高行政法院 94 裁 152）。

第 219 條、❺⓪第 265 條至第 268 條之 1、第 268 條之 2、第 270 條至第 271 條之 1、第 273 條至第 276 條之規定，於本節準用之（第 132 條）。❺①

　　綜上所述，本法關於言詞辯論之相關規定，可透過下圖【圖 6-2】及【圖 6-3】表示：

---

❺⓪　陳敏，《行政法總論》，2007，第 1474 頁，依本法第 132 條準用民訴第 219 條規定，亦即「關於言詞辯論所定程式之遵守，專以筆錄證之。」此規定之準用，可知本法關於言詞辯論是否遵守法定程序之證明力，採取「法定證據原則」之要求，亦即法官於個案中對於「言詞辯論是否有遵守法定程序」，並非自由判斷，而是必須視「有無筆錄記載及記載內容」予以判斷。承此而言，所謂「自由心證原則」，仍然會受到立法者之拘束。

❺①　本條主要配合民訴第 266 條（原告準備書狀之記載事項）、第 268 之 1 條（摘要書狀之提出）、第 268 之 2 條（書狀之說明）及第 271 之 1 條（獨任審判之訴訟事件之準用）而調整準用範圍；張文郁，翁岳生編，《行政訴訟法逐條釋義》，2006，第 441 頁至第 454 頁。

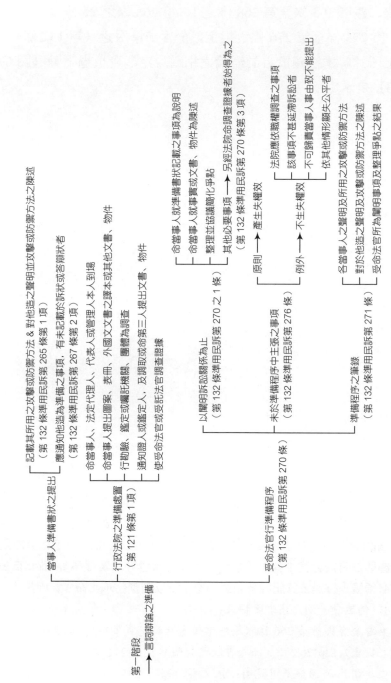

◆ 圖 6-2　言詞辯論之準備

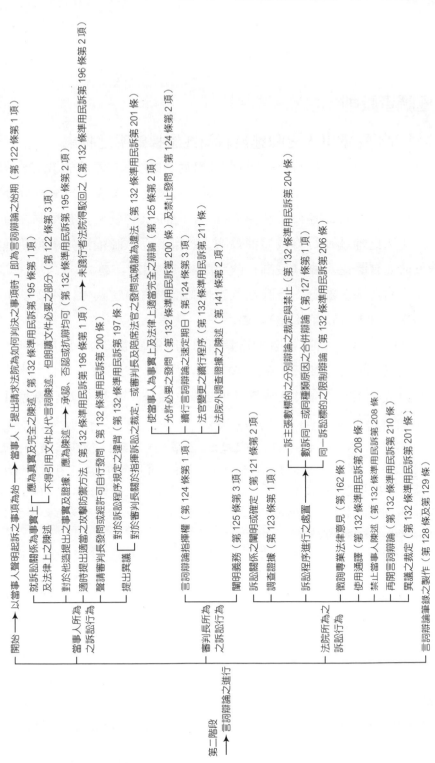

◆ 圖 6-3　言詞辯論之進行

四、證　據

(一)職權調查原則

1.承審法院不受當事人之陳述及行為或證據聲明之拘束

　　職權調查原則，係指行政訴訟採取職權探知主義。蓋基於第 125 條第 1 項與第 133 條規定，行政訴訟首重於裁判實體之正確性及真實性等公共利益之要求，為實現此等公共利益之要求，法院於必要時，有權限亦有義務不受當事人之陳述及行為或證據聲明之拘束，而依職權探知事實，並納入辯論及確定實體之真實（最高行政法院 94 判 182）。❺❷

　　就「事實關係」部分：行政法院應依職權調查事實關係，不受當事人主張之拘束（第 125 條第 1 項）。❺❸

　　就「證據」部分：行政法院於撤銷訴訟，應依職權調查；於其他訴訟，為維護公益者，亦同（第 133 條）。❺❹至於，當事人於訴訟中主張之事實，雖經他造自認，行政法院仍應調查其他必要之證據（第 134 條）。❺❺蓋當事

---

❺❷　張文郁，〈對於行政訴訟法修正草案之淺見〉，《輔仁法學》第 16 期，第 160 頁至第 161 頁認為，本法第 133、134 條之規定，與第 125 條第 1 項之規定互相矛盾。

❺❸　關於本法第 125 條第 1 項與第 133 條規定之調和，有不同看法：(1)有謂應刪除第 125 條第 1 項規定。張文郁，翁岳生編，《行政訴訟法逐條釋義》，2006，第 426 頁；(2)有謂應刪除第 133 條規定。彭鳳至，《德國行政訴訟制度及訴訟實務之研究》，1998，第 545 頁。

❺❹　最高行政法院（94 判 1796）謂：「……本法第 133 條規定法院應依職權調查證據，僅使行政法院於裁判時，作為裁判基礎之資料不受當事人主張之拘束，並得就依職權調查所得之資料，經辯論後，採為判決基礎，**惟其客觀舉證責任並不能因法院採職權調查證據而免除……。**」

❺❺　調查證據之結果，**應使法院對於待證事實之真偽產生完全之確信，始達於可為裁判之程度。**至於其中調查證據之程序，尚可區分為「嚴格證明」（必須依法定調查程序為之）、「自由證明」（無須依法定調查程序為之）及「釋明」（使法院產生大概之確信）。相關分析，陳敏，《行政法總論》，2007，第 1491 頁；吳庚，《行政爭訟法論》，2009，第 227 頁至第 228 頁；最高行政法院（94 判 1254）謂：

人主張之事實，經他造自認者，在辯論主義下，法院原不待當事人舉證，即可認其主張之事實為真實；惟本法就前條之訴訟，既採職權調查證據主義，自無承認自認拘束力之必要，故規定行政法院仍應調查其他必要之證據，期能發現實質之真實（最高行政法院 101 判 497）。

因此，行政法院在審理案件時應盡職權調查義務，以查明事實真相（最高行政法院 94 判 643）。而關於證據之證明力，**❺⑥**事實審法院有衡情斟酌之權，苟已斟酌全辯論意旨及調查證據之結果，未違背論理法則或經驗法則，自不得遽指為違法（最高行政法院 94 判 713）。進一步言之，事實認定為事實審法院之職權，苟其事實之認定符合證據法則，縱其證據之取捨與當事人所希冀者不同，致其事實之認定亦異於該當事人之主張者，亦不得謂為原判決有違背法令之情形（最高行政法院 101 判 475）。此外，證人在調查機關調查中及在檢察官偵查中所為之陳述，據其陳述所作成之筆錄，非不得作為文書證據，作為認定事實之憑據，此與刑事被告之自白不同。原判決以相關證人在調查機關所作成之筆錄，經提示該證據令兩造辯論後，作為上訴人本件違規事實之證據，核與證據法則，並無不合（最高行政法院 97 判 646）。

「……按**當事人主張之事實，經他造自認，而行政法院依職權調查其他證據相符合者，自得認定他造之自認為真實，據以判決。**參諸本法第 134 條之規定意旨甚明……。」

❺⑥ 陳敏，《行政法總論》，2007，第 1490 頁至第 1491 頁，對於證據力之操作，蓋以「待證事實」經過「調查證據」後，獲得有利於認定事實真偽之「證據資料」，於綜合證據資料後得出對於事實真偽之「證據評價」，始產生證明力。關於待證事實透過證據方式予以證明後所產生證明力大小之規範態樣：⑴法定證據原則：本法對於若干待證事實，設有嚴格的判斷規定，例如本法第 132 條準用民訴第 219 條，關於言詞辯論是否遵守法定程序，必須以筆錄證之，故若當事人主張言詞辯論程序中有違反程序規定之情事者，此時僅可透過筆錄之記載證明是否確實違反。然綜觀本法規定，設有法定證據原則規定者乃屬例外；⑵自由心證原則：本法第 189 條第 1 項本文：「行政法院為裁判時，應斟酌全辯論意旨及調查證據之結果，依論理及經驗法則判斷事實之真偽」，即為自由心證原則之明文依據。

2. 於言詞辯論期日為調查證據

行政法院調查證據，除別有規定外，係於言詞辯論期日行之，而當事人應依第二編第一章第四節「證據」之規定，聲明所用之證據（第 123 條）。⑤

3. 證據妨礙之認定

不過，當事人因妨礙他造使用，故意將證據滅失、隱匿或致礙難使用者，行政法院得審酌情形，認為他造關於該證據之主張或依該證據應證之事實為真實。而若發生前述情形，行政法院於裁判前，應令當事人有辯論之機會（第 135 條）。⑤

4. 囑託調查證據

關於證據調查權之行使，係行政法院之職權，惟其得囑託普通法院或其他機關、學校、團體調查證據（第 138 條）；此外，行政法院認為適當時，亦得使庭員一人為受命法官或囑託他行政法院指定法官調查證據（第 139 條）。

5. 製作調查證據筆錄

若受訴行政法院於言詞辯論前調查證據，或由受命法官、受託法官調查證據者，行政法院之書記官，應製作調查證據筆錄。而受託法官應將調查證據筆錄，送交受訴行政法院（第 140 條）。

6. 調查證據之結果應為辯論

調查證據之結果，應告知當事人為辯論（第 141 條第 1 項）。蓋訴訟程序之目的即在發見真實，實現正義，而證據為使事實明顯之原因，關係重大。故提出於訴訟之證物，其真偽與證明力，當事人應於訴訟程序進行中，為適當完全之辯論，使法院判斷事實所憑之證據臻於確實，而達裁判合於

---

⑤ 張文郁，翁岳生編，《行政訴訟法逐條釋義》，2006，第 425 頁認為，為避免本法第 125 條、第 133 條之規定成為具文，本項雖以「應」為規定，然應理解為訓示規定。

⑤ 蔡志方，《行政救濟法新論》，2007，第 308 頁認為，若違反本法第 135 條第 1 項之規定，僅產生舉證責任轉換之效果。

真實之目的（釋 393）。

然該事實已由法院顯著掌握，或法院於其職務上已知悉之事實，此時即無庸舉證（第 176 條準用民訴第 278 條第 1 項）。該事實雖無庸舉證，仍應使當事人為辯論，始可作為裁判之基礎。❺❾

7.法院外調查證據之陳述

若於受訴行政法院外調查證據者，當事人應於言詞辯論時陳述其調查之結果。但審判長得令行政法院書記官朗讀調查證據筆錄代之（第 141 條第 2 項）。

8.習慣及外國法之調查

至於，習慣及外國之現行法，若為行政法院所不知者，則當事人負有舉證之責任。但是，行政法院仍得依職權調查之（第 137 條）。❻⓿

㈡舉證責任之分配

1.舉證責任之意義

行政法院在審理案件時應盡闡明義務，使當事人盡主張事實及聲明證據之能事，並盡職權調查義務，以查明事實真相，避免真偽不明之情事發生，惟如已盡闡明義務及職權調查義務後，事實仍真偽不明時，則作舉證責任之分配，使應負舉證責任之人負擔該不利之結果（最高行政法院 94 判 58）。

換言之，在訴訟程序進行中，法院對於有爭議或不明之事實為認定時，如待證事實不能證明，此時對因而受不利益之當事人，產生「實質（客觀）舉證責任」。至於，應由何人負擔此責任，即為舉證責任分配的問題。❻❶

❺❾ 陳敏，《行政法總論》，2007，第 1492 頁。

❻⓿ 陳敏，《行政法總論》，2007，第 1492 頁，我國法律本為行政法院於職權所應知悉者，故本國法律不會成為證明之標的。

❻❶ 吳東都，《行政訴訟之舉證責任——以德國法為中心》，2001，第 137 頁以下提出 ⑴訴訟種類及當事人地位；⑵規範理論；⑶維持現狀原則；⑷句子結構學；⑸證明之妨礙與當事人協力義務之違反；⑹蓋然性；⑺合法性推定與自由的推定；⑻期待可能性及公平合理；⑼範圍理論；⑽消極基本規則理論。並參，張文郁，

2.舉證責任分配之模式

⑴原則——規範說之適用

關於舉證責任之分配，除本法有規定者外，得準用民訴第 277 條之規定（第 136 條）。由於本法採取職權調查原則，而非辯論原則，故當事人不會因為「未有舉證即受不利益之判決」之情形，故原則上當事人並不負有「主觀舉證責任」。惟待證事實雖經法院依職權調查，仍有不明時，其不利益則應歸屬於「如無該不明狀況即可主張特定法律效果之人」。因此，在行政訴訟中，人民原則上需負「客觀舉證責任」；甚至，在「非屬撤銷訴訟或其他維護公益」之訴訟中，當事人可能負有主觀舉證責任（最高行政法院 101 判 278）。㊷

至於，本國法規之引述，當事人無庸證明，僅為釋明即可。㊸

〈行政救濟法中職權調查原則與舉證責任之研究〉，《權利與救濟——以行政訴訟為中心》，2005，第 21 頁至第 41 頁；陳清秀，《行政訴訟法》，2009，第 421 頁至第 437 頁；此外，實務見解指出，訴訟法所謂「舉證責任」，具有多義性，包括「客觀舉證責任」、「主觀舉證責任」、「抽象舉證責任」及「具體舉證責任」等。「客觀舉證責任」係指經當事人舉證及法院盡其調查義務後，待證事實仍陷於真偽不明時，應由何造當事人受此待證事實是否存在不明不利益之負擔。此涉及案件事實之過程事後無法重建時，法官應如何為裁判之問題，屬於法律適用範疇。「具體舉證責任」則係指在具體的訴訟中，法官就待證事實，獲致其存否之「暫時的確信」後，為相反主張之當事人應為舉證，以動搖法官此「暫時的確信」，否則法官之「暫時的確信」就成為「終局的確信」，此涉及案件事實重建之問題，屬於事實認定範疇，為證據評價之問題。行政訴訟法第 136 條準用民事訴訟法第 277 條，係關於解決真偽不明時之客觀舉證責任分配問題，與待證事實是否經證明，屬於證據評價問題無關（最高行政法院 100 判 1015）。

㊷ 陳敏，《行政法總論》，2007，第 1473 頁；吳庚，《行政爭訟法論》，2009，第 230 頁至第 231 頁；陳清秀，《行政訴訟法》，2009，第 424 頁至第 426 頁；李惠宗，翁岳生編，《行政訴訟法逐條釋義》，2006，第 474 頁至第 478 頁。

㊸ 陳計男，《行政訴訟法釋論》，2000，第 415 頁至第 416 頁，所謂「釋明」，係當事人所提出的證據，無需使法院產生強烈之確信，僅使法院「信其大致如此」即可。

　　承此而言，當事人主張有利於己之事實時，應就其所主張之事實負舉證之責任。❻❹至於各種訴訟種類之舉證責任，分述如下：❻❺

1 撤銷訴訟

　　在撤銷訴訟中，被告機關應對於作成增加人民負擔之行政處分之構成要件事實負舉證責任；❻❻若原告舉證成立時，行政機關必須對於例外要件事實負舉證責任。

　　撤銷訴訟以「撤銷行政機關所作成之行政處分」為核心，故在撤銷訴訟中，可依不同性質之行政處分，分別探討舉證責任之分配：❻❼ 1 負擔處分：被告機關應對負擔處分「具備法律依據」及「符合法定要件事實」負舉證責任；原告則應對「法定例外要件事實」負舉證責任，以否定負擔處分之合法性；❻❽ 2 授益處分：授益處分若符合行政程序法第 117 條或第

---

❻❹　進一步理解，亦即**主張請求權之人應就請求權發生之事實負舉證責任；主張請求權消滅或被排除者，則就消滅或排除之事實負舉證責任**。吳東都，《行政訴訟之舉證責任——以德國法為中心》，2001，第 141 頁；吳庚，《行政爭訟法論》，2009，第 232 頁至第 233 頁；林騰鷂，《行政訴訟法》，2008，第 401 頁至第 406 頁。

❻❺　相關詳細分析，陳敏，《行政法總論》，2007，第 1495 頁；吳東都，《行政訴訟之舉證責任——以德國法為中心》，2001，第 331 頁以下；蔡志方，《行政救濟法新論》，2007，第 319 頁至第 321 頁。

❻❻　最高行政法院（89 判 1767）：「**行政官署對於人民有所處罰，必須確實證明其違法之事實。倘不能確實證明違法事實之存在，其處罰即不能認為合法**。查所謂『大量排放空氣污染物』，既為空污法第 20 條第 1 項違章行為之成立要件。而原告並一再否認其反應器發生氣爆後，反應器內鄰二甲苯有自破裂溢散大量排放而造成空氣品質嚴重惡化、危害國民健康之情事；則就原告有『大量排放空氣污染物』之違法事實，自應由被告負舉證責任。」

❻❼　吳庚，《行政爭訟法論》，2009，第 234 頁至第 238 頁；林騰鷂，《行政訴訟法》，2008，第 403 頁至第 405 頁。

❻❽　臺北高等行政法院（93 簡 197）謂：「……原告雖辯稱其並無於上述地點違法張貼房屋出租廣告，上開違法張貼之廣告，恐係他人惡作劇，惟查原告並未向被告舉出具體事證以供追查實際之違規行為人，被告業已查證上開廣告上之電話門號係屬原告申請，並以電話詢問原告是否有租房屋之情事，已履行調查事實之義

123 條撤銷、廢止之要件，由行政機關對法定要件事實負舉證責任；原告則對法定要件事實之不存在負舉證責任；**3**雙重效力處分：處分相對人授益、第三人侵益之行政處分，考量第 133 條之立法精神，仍應由行政機關負舉證責任為妥；❻❾**4**裁量處分：被告機關對裁量決定經合法授權之事實，負舉證責任；原告則對裁量逾越或裁量濫用之事實，負舉證責任。❼⓿

　　例如，針對是否既成道路或現有巷道為事實問題之爭議，除依客觀舉證責任分配原則，應由主張者證明其存在之事實外，亦有賴行政法院依職權調查客觀證據資料以明之（最高行政法院 101 判 278）。

②課予義務訴訟

　　在課予義務訴訟中，原告對其「依法申請」負舉證責任；被告機關則對「消極要件」之存在，負舉證責任。

③一般給付訴訟

　　於一般給付訴訟，原告請求行政機關作為或不作為時，就構成其請求權原因事實要件，原則上負舉證責任；被告機關則是對權利消滅、妨礙之事實，負舉證責任。

④確認訴訟

　　在確認訴訟，應依不同確認態樣決定舉證責任的原則：**1**若原告提起「確認行政處分無效」者，則原告必須對「構成行政處分無效事由」負舉證責任；**2**若原告提起「確認公法法律關係成立」者，則由原告負舉證責任；**3**若原告提起「確認公法法律關係不成立」者，則由被告負舉證責任。

務，由此認定原告為張貼廣告污染定著物之行為人，查本件被告認定事實符合經驗法則，**按本法第 133 條固規定，行政法院於撤銷訴訟應依職權調查證據，然行政訴訟之撤銷訴訟雖不存在主觀的舉證責任，惟仍有客觀的舉證責任，即『與裁判有重要關係之事實不獲證明時，因該事實之存在原本可能受有利結果之當事人，將負擔無法證明之危險』**，本件原告主張違規張貼房屋出租廣告係為他人，屬例外事實，原告並未舉出具體事證以供調查，本院亦無其他線索可資調查，此有利原告之事實不獲證實，即應由原告負擔無法證明之危險……。」

❻❾　吳庚，《行政爭訟法論》，2009，第 236 頁。
❼⓿　林騰鷂，《行政訴訟法》，2008，第 405 頁。

⑵例外——排除規範說之操作

本法第 136 條規定「除本法有規定者外，民訴第 277 條之規定於本節準用之」，亦即本法有規定者，即不必準用民訴，亦即排除「規範說」之操作。

①法律之推定

依本法第 176 條準用民訴第 281 條規定，「法律上推定之事實無反證者，無庸舉證」，除非訴訟對造可以提出反證推翻該推定效力者，否則因法律本於他事實所生「推定某事實為真實」之規定，主張類此規定之當事人無需負舉證責任。[71]

例如，遺產及贈與稅法第 5 條第 5 款之規定，「限制行為能力人或無行為能力人所購置之財產，視為法定代理人或監護人之贈與。但能證明支付之款項屬於購買人所有者，不在此限。」若法定代理人可以提出相關證據，證明該購置之財產屬購買人所有者，則可推翻「視為法定代理人或監護人之贈與」之推定，亦即「視為贈與」之否定。[72]

②舉證責任之轉換

依本法第 176 條準用民訴第 277 條但書之規定，若於個案中由主張有利於己事實之當事人負舉證責任，顯失公平時，則不應適用舉證責任分配之原則，而應改由他造負舉證責任，亦即「舉證責任之轉換」。[73]

至於，所謂「依其情形顯失公平」者，係指事件依其性質，證據往往

---

[71] 法律上推定可以透過反證推翻，則「事實上推定」是否亦為舉證責任之例外情形，陳敏，《行政法總論》，2007 年第 5 版，新學林總經銷，第 1496 頁認為，所謂事實上推定，係指法院依其職權，依循經驗法則，根據已明瞭之事實（間接事實），認定有特定典型事實過程之待證事實。換言之，法院得以間接證明之方式，證明待證事實。就此而言，所謂事實上推定，涉及「證據之評價」，而非舉證責任之分配。

[72] 黃俊杰，《稅法實例演習》，2009，第 61 頁以下：「……遺產及贈與稅法第 5 條第 5 款……屬推定贈與（舉證責任轉換）規定之性質。」

[73] 陳敏，《行政法總論》，2007，第 1497 頁；吳東都，《行政訴訟之舉證責任——以德國法為中心》，2001，第 339 頁以下。

為一造所掌控，他造難於舉證，則依其情形顯失公平。如係個案單純因年代久遠，以至於發生舉證困難之情形，則不屬之（最高行政法院 93 判 714）。

㈢證　人

1.作證義務

⑴任何人均有作為證人之義務

所謂「作證義務」，係指不問任何人，除法律別有規定外，於他人之行政訴訟有作為證人之義務（第 142 條）。❼❹

⑵強制性作證之要求

1 科處罰鍰與拘提之處分

作證義務本身，具有不可替代性❼❺及應到場之強制性，即證人受合法之通知，無正當理由而不到場者，行政法院得以裁定科處罰鍰（第 143 條第 1 項）。證人已受罰鍰之裁定，經再次通知仍不到場者，得再處罰鍰，並得拘提之（第 143 條第 2 項）。❼❻

2 當事人抗告救濟

但是，科處證人罰鍰之裁定，得為抗告，抗告中應停止執行（第 143 條第 4 項）。

2.拒絕證言

⑴拒絕證言權之態樣

證人負有作證之強制性義務，已如上述。但考量證人之證言將產生作證義務與其他法律義務或道德義務之對立，或與情理有所扞格，故本法另外設有拒絕證言權之規定如下：

---

❼❹　不過，行政法院應發給證人法定之日費及旅費；證人亦得於訊問完畢後請求之。但被拘提或無正當理由拒絕具結或證言者，不在此限（第 155 條）。

❼❺　蔡志方，《行政救濟法新論》，2007，第 311 頁。

❼❻　拘提證人，準用刑事訴訟法關於拘提被告之規定；證人為現役軍人者，應以拘票囑託該管長官執行（第 143 條第 3 項）。

1 職務上應守秘密之事項

以公務員、中央民意代表或曾為公務員、中央民意代表之人為證人，或以受公務機關委託承辦公務之人為證人者，而就其職務上應守秘密之事項加以訊問者，則應得該監督長官或民意機關之同意（第144條第1項）。前述同意，除有妨害國家高度機密者外，不得拒絕（第144條第2項）。

2 最近親屬關係

證人恐因陳述致自己、證人之配偶、前配偶或四親等內之血親、三親等內之姻親或曾有此親屬關係或與證人訂有婚約者或證人之監護人或受監護人，受刑事訴追或蒙恥辱者，得拒絕證言（第145條）。

3 特定職業所知悉

至於，證人因本身事由得拒絕證言之情形，包括：■第144條之情形者；■為醫師、藥師、藥商、助產士、宗教師、律師、會計師或其他從事相類業務之人或其業務上佐理人或曾任此等職務之人，就其因業務所知悉有關他人秘密之事項受訊問者；■關於技術上或職業上之秘密受訊問者，得拒絕證言。但是，證人因本身事由得拒絕證言之情形，若於證人秘密之責任已經免除者，則不適用之（第146條）。

⑵程序事項

1 審判長負有告知義務

有上述情形得拒絕證言者，審判長應於訊問前或知有該項情形時告知之（第147條）。

2 證人不陳明拒絕證言事由之處分

證人不陳明拒絕之原因事實而拒絕證言，或以拒絕為不當之裁定已確定而仍拒絕證言者，行政法院得以裁定處罰鍰。惟該裁定得為抗告，抗告中應停止執行（第148條）。

3.具結義務

⑴原則——應予具結

1 現場訊問

關於證人之具結義務，係審判長於訊問前，應命證人各別具結。但是，

若其應否具結有疑義者，則於訊問後行之（第 149 條第 1 項）。審判長於證人具結前，應告以具結之義務及偽證之處罰（第 149 條第 2 項）。

②以科技設備訊問

依本法第 176 條準用民訴第 305 條之規定，證人所在與法院間有聲音及影像相互傳送之科技設備而得直接訊問，並經法院認為適當者，得以該設備訊問之。以此方式訊問之證人，仍應於訊問前或訊問後具結（第 176 條準用民訴第 305 條第 6 項）。

⑵例外──不予具結之事由

證人具結義務之例外情形，包括：①不得令其具結：以未滿 16 歲或因精神障礙不瞭解具結意義及其效果之人為證人者（第 150 條）；②得不令其具結：證人為當事人之配偶、前配偶或四親等內之血親、三親等內之姻親或曾有此親屬關係或與當事人訂有婚約者、有第 145 條情形而不拒絕證言者或以當事人之受雇人或同居人為證人者（第 151 條）；③得拒絕具結：證人就與自己或第 145 條所列之人，有直接利害關係之事項，而受訊問者（第 152 條）；④事實上無法具結：證人以書狀為陳述者，不適用第 149 條第 1 項及第 2 項之規定（第 149 條第 3 項）。

4.發　問

⑴發問主體

①審判長、陪席法官

審判長因使證人之陳述明瞭完足，或推究證人得知事實之原因，得為必要之發問。陪席法官告明審判長後，得對於證人發問（第 176 條準用民訴第 319 條）。

②當事人經聲請或經陳明

❶就「應證事實」及「證言信用」之事項為發問

當事人得就**應證事實及證言信用**之事項，聲請審判長對於證人為必要之發問，或**向審判長陳明後**自行發問（第 154 條第 1 項）。

❷不為或禁止發問事項之明確規定

然則，審判長認為當事人聲請之發問，與**應證事實無關、重複發問、**

誘導發問、侮辱證人或有其他不當情形，得依聲請或職權限制或禁止之（第154 條第 2 項）。

⑵發問之限制或禁止有異議時應為裁定

關於發問之**限制**或禁止有異議者，行政法院應就其異議為裁定（第154 條第 3 項）。

㈣鑑　定

鑑定，係就特定訴訟事件進行專業研究，除別有規定外，係準用本法關於人證之規定（第 156 條）。**⑦**

所謂「別有規定」，例如，本法第 157 條至第 162 條之規定，分析如下：

1.鑑定之義務與權利

⑴鑑定人之義務

行政訴訟之鑑定人，係就特定訴訟事件有專業研究能力者。

１從事所需之學術、技藝或職業，或經機關委任有鑑定職務者

從事於鑑定所需之學術、技藝或職業，或經機關委任有鑑定職務者，於他人之行政訴訟，有為鑑定人之義務（第 157 條）。

２囑託機關、學校或團體陳述鑑定意見或審查

行政法院囑託機關、學校或團體陳述鑑定意見或審查之者，準用第160 條及民訴第 335 條至第 337 條關於鑑定之規定。其鑑定書之說明，由該機關、學校或團體所指定之人為之（第 161 條）。

３有必要時徵詢學術研究之人

行政法院認有必要時，得就訴訟事件之專業法律問題徵詢從事該學術研究之人，以書面或於審判期日到場陳述其法律上意見（第 162 條第 1項）。前述意見，於裁判前應告知當事人使為辯論（第 162 條第 2 項）。陳

---

⑦ 蔡志方，《行政救濟法新論》，2007，第 313 頁認為，委託鑑定之法律性質，屬於訴訟法上法院與專家間就與訴訟有關事項之特別委任事項，故宜認屬於公法契約關係。

述意見之人，準用鑑定人之規定。但不得令其具結（第 162 條第 3 項）。

⑵鑑定人之權利

鑑定人於法定之日費、旅費外，得請求相當之報酬（第 160 條第 1 項）。鑑定所需費用，得依鑑定人之請求預行酌給之（第 160 條第 2 項）。前述請求之裁定，得為抗告（第 160 條第 3 項）。

2.拒絕鑑定

鑑定人若拒絕鑑定，雖其理由不合於本法關於拒絕證言之規定，如行政法院認為正當者，亦得免除其鑑定義務（第 159 條），且鑑定人亦不得拘提（第 158 條）。

㈤文　書

文書⑱之提出，必須為真正，且對待證事實有證明之作用，始可產生證據能力。文書為真正者，即具備「形式證據力」。⑲具有形式證據力之文書，尚需其內容對待證事實之存否以及真偽有證明之價值，始具有「實質證據力」。⑳

---

⑱　本法關於文書之規定，於文書外之物件，有與文書相同之效用者，準用之。文書或前述物件，須以科技設備始能呈現其內容或提出原件有事實上之困難者，得僅提出呈現其內容之書面並證明其內容與原件相符（第 173 條）。

⑲　陳敏，《行政法總論》，2007，第 1502 頁，具備有形式證據力之文書，可區分為：⑴本國公文書：依本法第 176 條準用民訴第 355 條第 1 項規定，依其程序及意旨得認作公文書者，即推定為真正，而具有形式證據力。若對於公文書之真偽有可疑者，法院得請作成名義之機關或公務員陳述其真偽（第 176 條準用民訴第 355 條第 2 項）；⑵外國文書：外國文書於我國並不當然推定為真正，但若經駐在該國之中華民國大使、公使、領事或其他機構證明者，則可推定為真正（第 176 條準用民訴第 356 條第 2 項但書），而具有形式證據力；⑶私文書：私文書是否為真正，原則上應由舉證人證其為真正。但若於「他造無爭執」（第 176 條準用民訴第 357 條）及「經本人或其代理人簽名、蓋章或按指印或有法院或公證人之認證」（第 176 條準用民訴第 358 條第 1 項）時，即可推定為真正。

⑳　最高法院（48 臺上 837 判例）：「**原審採為判決基礎之書證，雖上訴人對之並不爭執其真正，亦祇能認為有形式的證據力，至其實質的證據力之有無，即其內容**

1.提出與調取

當事人負有提出文書義務之範圍，包括：①該當事人於訴訟程序中曾經引用者；②他造依法律規定，得請求交付或閱覽者；③為他造之利益而作者；④就與本件訴訟關係有關之事項所作者；⑤商業帳簿（第163條）。

公務員或機關掌管之文書，行政法院得調取之。如該機關為當事人時，除有妨害國家高度機密者外，不得拒絕調取，並有提出之義務（第164條）。

聲明書證係使用第三人所執之文書者，應聲請行政法院命第三人提出或定由舉證人提出之期間。文書為第三人所執之事由及第三人有提出義務之原因，應釋明之（第166條）。第三人得請求提出文書之費用、日費及旅費（第170條）。

此外，行政法院認應證之事實重要且舉證人之聲請正當者，應以裁定命第三人提出文書或定由舉證人提出文書之期間。行政法院為裁定前，應使該第三人有陳述意見之機會（第167條）。

2.拒絕之效果

(1)認他造之主張或依該文書應證之事實為真實

當事人無正當理由不從提出文書之命令者，行政法院得審酌情形認為他造關於該文書之主張或依該文書應證之事實為真實。但是，應於裁判前令當事人有辯論之機會（第165條）。

(2)處以罰鍰或強制處分

第三人無正當理由不從提出文書之命令者，行政法院得以裁定科處罰鍰；於必要時，並得為強制處分。強制處分之執行，係適用第306條規定。針對該裁定得為抗告，抗告中應停止執行（第169條）。

3.文書之核對

(1)核對筆跡或印跡

文書之真偽，得依核對筆跡或印跡證之（第171條第1項）。行政法院

是否足以證明待證之事實，自應由事實審法院曉諭兩造為適當完全之言詞辯論，使得盡其攻擊防禦之能事，始足以資判斷……。」

得命當事人或第三人提出文書，以供核對。核對筆跡或印跡，適用關於勘驗之規定（第 171 條第 2 項）。

(2)指定文字書寫

無適當之筆跡可供核對者，行政法院得指定文字，命該文書之作成名義人書寫，以供核對（第 172 條第 1 項）。文書之作成名義人無正當理由不從前述之命令者，準用第 165 條或第 169 條關於拒絕提出命令效果之規定（第 172 條）。因供核對所書寫之文字應附於筆錄；其他供核對之文件不須發還者，亦同（第 172 條第 3 項）。

(六)保全證據

關於保全證據之聲請，在起訴後，向受訴行政法院為之；在起訴前，向受訊問人住居地或證物所在地之地方法院行政訴訟庭為之（第 175 條第 1 項）。惟遇有急迫情形時，於起訴後，亦得向前述地方法院行政訴訟庭聲請保全證據（第 175 條第 2 項）。**❽**

證據有**滅失**或**礙難使用之虞**，或**經他造同意**者，或**就確定事、物之現狀有法律上利益並有必要**者，即可聲請為鑑定、勘驗或保全書證（第 176 條準用民訴第 368 條）。

再者，行政法院若認有必要時，亦可**依職權為證據保全**（第 176 條準用民訴第 372 條）。行政法院於保全證據時，得命司法事務官協助調查證據（第 175 之 1 條）。

五、訴訟程序之停止

訴訟程序於開始進行後，若因一定事由而使訴訟程序處於靜止狀態者，則可稱為「訴訟程序之停止」。

關於訴訟程序之停止（第 177 條以下），得分類如下：

---

❽ 蔡志方，《行政救濟法新論》，2007，第 321 頁認為，依第 175 條文義，作為法律審之最高行政法院，應無證據保全之管轄權。

㈠裁定停止

1.原因

裁定停止之原因，依行政法院應否裁定停止，得再區分如下：

⑴應裁定停止

應裁定停止，依行政法院是否立即有後續行為，得分為 2 類：

①單純裁定停止

行政訴訟之裁判，須以民事法律關係是否成立為準據，而該法律關係已經訴訟繫屬尚未終結者，行政法院應以裁定停止訴訟程序（第 177 條第 1 項），❽❷而暫時無後續行為。

②裁定停止並聲請解釋

行政法院就其受理訴訟之權限，如與普通法院確定裁判之見解有異時，應以裁定停止訴訟程序，並聲請司法院大法官解釋（第 178 條）。❽❸

為貫徹本法第 178 條規定之意旨，司法院解釋對該個案審判權歸屬所為之認定，應視為既判事項，各該法院均須遵守，自不得於後續程序中再行審究。❽❹

---

❽❷ 最高行政法院（93 判 1216）謂：「……有本法第 177 條停止之事由存在者，行政法院對於應否停止訴訟程序無裁量權，應即為停止訴訟程序之裁定。次按農會之理事相當於民法及公司法之董事，農會與理事間之關係，應屬民法之委任關係。因此，**農會之理事是否有連續缺席兩個會次者，而視為辭職之情形，亦即農會與理事間之委任關係是否存在，應由普通法院之民事訴訟程序確定之。至於主管機關對於農會與理事間之委任關係是否存在所表示之見解，尚無確認民事法律關係之效力**……。」

❽❸ 釋 305：「……人民就同一事件向行政法院及民事法院提起訴訟，均被以無審判之權限為由而予駁回，致其憲法上所保障之訴訟權受侵害，而**對其中一法院之確定終局裁判所適用之判例，發生有牴觸憲法之疑義，請求本院解釋，本院依法受理後，並得對與該判例有牽連關係之歧異見解，為統一解釋。**本件行政法院判決所適用之判例與民事法院確定終局裁判，對於審判權限之見解歧異，應依上開說明解釋之……。」

❽❹ 事件若經司法院解釋係民事事件，普通法院先前以無審判權為由駁回之裁定，係

此外，行政法院就其受理事件，對所適用之法律，確信有牴觸憲法之疑義時，得聲請司法院大法官解釋。前述情形，行政法院應裁定停止訴訟程序（第 178 之 1 條）。

(2)得裁定停止

所謂得裁定停止，係針對是否決定停止，行政法院有裁量權（最高行政法院 94 判 255）。事由如下：

①民事、刑事或其他行政爭訟牽涉行政訴訟之裁判

除單純（應）裁定停止之情形外，而有民事、刑事或其他行政爭訟牽涉行政訴訟之裁判者，行政法院在該民事、刑事或其他行政爭訟終結前，得以裁定停止訴訟程序（第 177 條第 2 項）。[85]

例如，原裁定以選定人簽名、蓋章是否真正及有效等情事，既已經地方法院檢察署開始偵查，進行刑事程序，為求訴訟經濟，避免裁判歧異及重複調查之勞費，依本法第 177 條第 2 項規定，停止訴訟程序，尚無不合（最高行政法院 101 裁 1013）。

②特殊障礙事故

當事人於戰時服兵役，有停止訴訟程序之必要者，或因天災、戰事或其他不可避之事故與法院交通隔絕者，法院得在障礙消滅前，裁定停止訴訟程序（第 186 條準用民訴第 181 條）。

③經告知訴訟者

於告知訴訟，法院如認受告知人能為參加者，得在其參加前以裁定停止訴訟程序（第 186 條準用民訴第 185 條）。

④法院得酌量情形，裁量停止訴訟程序

屬對受理事件之權限認定有誤，其裁判顯有瑕疵，應不生拘束力（釋115）；向司法院聲請解釋之行政法院除裁定駁回外，並依職權將該民事事件移送有審判權限之普通法院，受移送之法院應遵照司法院解釋對審判權認定之意旨，回復事件之繫屬，依法審判，俾保障人民憲法上之訴訟權（釋540）。

[85] 陳計男，《行政訴訟法釋論》，2000，第 300 頁以下認為，本項「得以裁定停止訴訟程序」，係指「得」裁定停止訴訟程序之「牽連案件」；李惠宗，翁岳生編，《行政訴訟法逐條釋義》，2006，第 526 頁。

　　於「以自己名義為他人任訴訟當事人之人喪失其資格或死亡」、「選定當事人喪失資格」情形而有訴訟代理人時，法院仍得酌量情形，裁定停止其訴訟程序（第 180 條但書）。

　　另於「當事人死亡」、「法人合併」、「當事人喪失訴訟能力、法定代理人死亡或代理權消滅」、「信託任務終了」等情事而有訴訟代理人時不適用之。但法院得酌量情形，裁定停止其訴訟程序（第 186 條準用民訴第 173 條但書）。

2.效　力

(1)不得為本案訴訟行為

　　訴訟程序裁定停止之效力，係行政法院及當事人，均不得為關於本案之訴訟行為（第 182 條第 1 項本文）。但是，於言詞辯論終結後當然停止者，本於其辯論之裁判，仍得宣示之（第 182 條第 1 項但書）。

(2)期間停止進行

　　訴訟程序裁定停止者，期間停止進行；自停止終竣時起，其期間更始進行（第 182 條第 2 項）。

(二)當然停止

　　所謂「當然停止」，係指訴訟程序進行中發生法定事由時，當然停止者之謂。

1.當然停止之事由

　　依本法規定，以下為訴訟當然停止之事由：

(1)以自己名義為他人任訴訟當事人之人喪失其資格或死亡

①原則——當然停止訴訟程序

　　本於一定資格，以自己名義為他人任訴訟當事人之人，[86] 喪失其資格

---

[86]　陳敏，《行政法總論》，2007，第 1512 頁，所謂「本於一定資格，以自己名義為他人任訴訟當事人之人」，係指**非基於本身之權利或利益，但因具有一定之資格，而有當事人適格之人**。例如破產管理人、公司重整人、祭祀公業管理人等均屬適例；陳計男，《行政訴訟法釋論》，2000，第 288 頁。

或死亡者，訴訟程序在有同一資格之人承受其訴訟以前當然停止（第 179 條第 1 項）。**❽**

2例外——有訴訟代理人時不停止

上述第 179 條第 1 項於承受訴訟前當然停止之情形，有訴訟代理人時，則不生停止之效力（第 180 條本文）。但是，行政法院仍得酌量情形，裁定停止其訴訟程序（第 180 條但書）。

⑵選定當事人喪失資格

1原則——當然停止訴訟程序

依第 29 條規定選定或指定為訴訟當事人之人全體喪失其資格者，訴訟程序在該有共同利益人全體或新選定或指定為訴訟當事人之人承受其訴訟以前，亦當然停止（第 179 條第 2 項）。

2例外——有訴訟代理人時不停止

上述第 179 條第 2 項於承受訴訟前當然停止之情形，有訴訟代理人時，則不生停止之效力（第 180 條本文）。但是，行政法院仍得酌量情形，裁定停止其訴訟程序（第 180 條但書）。

⑶當事人死亡

當事人死亡者，訴訟程序在有繼承人、遺產管理人或其他依法令應續行訴訟之人承受其訴訟以前當然停止（第 186 條準用民訴第 168 條）。**❽**

⑷法人合併

法人因合併而消滅者，訴訟程序在因合併而設立或合併後存續之法人，承受其訴訟以前當然停止（第 186 條準用民訴第 169 條）。

⑸喪失訴訟能力、法定代理人死亡或代理權消滅

當事人喪失訴訟能力或法定代理人死亡或其代理權消滅**❽**者，訴訟程

---

❽ 吳庚，《行政爭訟法論》，2009，第 219 頁，註 18，「訴訟程序在有同一資格之人承受其訴訟以前當然停止」之文字，似不恰當，應改為在有「相當資格之人」承受訴訟前當然停止，方屬正確。

❽ 吳庚，《行政爭訟法論》，2009，第 219 頁，註 18，本條文之準用係屬贅引，因為第 179 條第 1 項已定有當事人死亡之情形在內。

序在有法定代理人或取得訴訟能力之本人，承受其訴訟以前當然停止（第186 條準用民訴第 170 條）。

⑹**信託任務終了**

受託人之信託任務終了者，訴訟程序在新受託人或其他依法令應續行訴訟之人承受其訴訟以前當然停止（第 186 條準用民訴第 171 條）。

⑺**當事人受破產宣告或開始清算程序**

當事人受破產之宣告者，關於破產財團之訴訟程序，在依破產法有承受訴訟人或破產程序終結以前當然停止（第 186 條準用民訴第 174 條第 1 項）。

當事人經法院依消費者債務清理條例裁定開始清算程序者，關於清算財團之訴訟程序，於管理人承受訴訟或清算程序終止、終結以前當然停止（第 186 條準用民訴第 174 條第 2 項）。

⑻**法院不能執行職務**

法院因天災或其他不可避之事故不能執行職務者，訴訟程序在法院公告執行職務前當然停止。但因戰事不能執行職務者，訴訟程序在法院公告執行職務屆滿 6 個月以前當然停止（第 186 條準用民訴第 180 條）。

2.訴訟程序之承受

⑴**訴訟程序之承受**

所謂「訴訟程序之承受」，係指對於當然停止之訴訟程序，由法律所定得承受訴訟之人，以終結訴訟程序為目的，向法院聲明由其續行訴訟行為之謂。

⑵**得承受之人**

①**法律所定之承受訴訟之人**

訴訟程序當然停止後，依法律所定之承受訴訟之人，於得為承受時，

---

⑧ 陳敏，《行政法總論》，2007，第 1513 頁，當事人因民法規定被宣告監護，但嗣後已回復正常精神狀態而經法院撤銷者，此時監護人之代理權自然會消滅；再者，若當事人未成年但已結婚者，此時即具有行為能力，法定代理人之代理權即消滅。

應即為承受之聲明（第 181 條第 1 項）。

②他造當事人

他造當事人亦得聲明承受訴訟（第 181 條第 2 項）。

③法院依職權裁定

若兩造當事人均不聲明承受訴訟時，法院得依職權，以裁定命其續行訴訟（第 186 條準用民訴第 178 條）。

⑶聲明承受訴訟之程序

①提出書狀向受訴法院聲明

欲為聲明承受訴訟之人，應提出書狀於受訴法院，由法院送達於他造（第 186 條準用民訴第 176 條）。

②法院依職權調查是否為得承受訴訟之人

對於欲承受訴訟之人所提出之書狀是否有理由，亦即承受訴訟之聲明有無理由，法院應依職權調查之（第 186 條準用民訴第 177 條第 1 項）。

③有無理由之決定

❶無理由──裁定駁回

法院若認為欲為承受訴訟之人，其聲明為無理由者，應以裁定駁回之（第 186 條準用民訴第 177 條第 2 項）。

對於此裁定，欲為承受訴訟之人得提起抗告（第 186 條準用民訴第 179 條）。

❷有理由──續行訴訟

法院若認為欲為承受訴訟之人，其聲明為有理由者，則應續行訴訟程序，毋庸另為裁定。

3.效　力

⑴不得為本案訴訟行為

訴訟程序當然停止之效力，係行政法院及當事人，均不得為關於本案之訴訟行為（第 182 條第 1 項本文）。但是，於言詞辯論終結後當然停止者，本於其辯論之裁判，仍得宣示之（第 182 條第 1 項但書）。

⑵期間停止進行

訴訟程序當然停止者，期間停止進行；自停止終竣時起，其期間更始進行（第 182 條第 2 項）。

㈢合意停止

合意停止，得分為一般合意停止與擬制合意停止：

1.一般合意停止

⑴合意停止訴訟程序

當事人得以合意停止訴訟程序（第 183 條第 1 項本文）。但是，於公益之維護有礙者，不在此限（第 183 條第 1 項但書）。

⑵向法院陳明合意停止

前述合意，應由兩造向受訴行政法院陳明❾❿（第 183 條第 2 項）。

至於，不變期間之進行，不因合意停止而受影響（第 183 條第 5 項）。

⑶合意停止之限制

行政法院認為合意有礙公益之維護者，應於兩造陳明後，1 個月內裁定續行訴訟。前述裁定不得聲明不服（第 183 條第 3 項及第 4 項）。

除有前述之裁定外，合意停止訴訟程序之當事人，自陳明合意停止時起，如於 4 個月內不續行訴訟者，視為撤回其訴；續行訴訟而再以合意停止訴訟程序者，以 1 次為限。如再次陳明合意停止訴訟程序，視為撤回其訴（第 184 條）。

2.擬制合意停止

⑴擬制事由──兩造無正當理由遲誤言詞辯論期日

當事人兩造無正當理由遲誤言詞辯論期日者，除有礙公益之維護者外，視為合意停止訴訟程序（第 185 條第 1 項）。

行政法院認前述停止訴訟程序有礙公益之維護者，除別有規定外，應自該期日起，1 個月內裁定續行訴訟。前述裁定不得聲明不服（第 185 條第 3 項及第 4 項）。

---

❾❿　陳計男，《行政訴訟法釋論》，2000，第 305 頁，此合意得由兩造當事人聯合陳明，或先後各自陳明；方式上以書狀或言詞為之，均無不可。

⑵效果──撤回訴訟

1 4個月內仍不續行訴訟

如於 4 個月內不續行訴訟者，視為撤回其訴。

2 續行訴訟但仍不到

訴訟程序停止期間，行政法院於認為必要時，得依職權續行訴訟。如無正當理由兩造仍不到者，視為撤回其訴（第 185 條第 2 項）。

關於訴訟程序之停止，繪圖【圖 6-4】如下

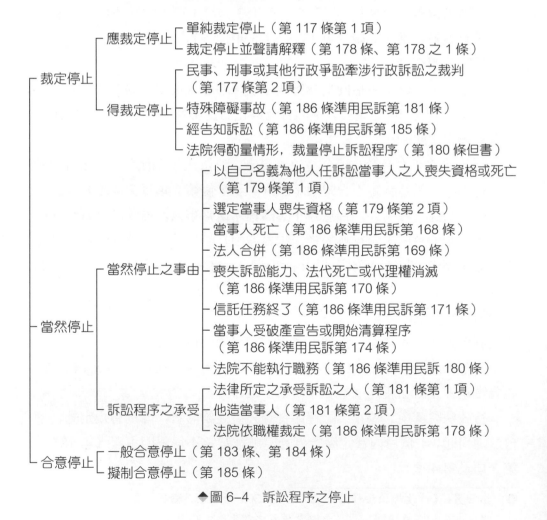

◆圖 6-4　訴訟程序之停止

六、裁　判

　　裁判，係行政法院就訴訟程序進行所為之決定或判斷。由法院作成者，有「判決」及「裁定」；由審判長或受命法官作成者，有「裁定」、「命令」或「處置」等。

㈠要　件

1.形式要件——言詞辯論、言詞審理與直接審理
⑴以言詞辯論為原則

　　行政訴訟，原則上係採言詞辯論與言詞審理原則（第188條），故除別有規定外，應本於言詞辯論而為裁判。因此，法官非參與裁判基礎之辯論者，不得參與裁判，則屬直接審理原則之表徵，惟無須言詞辯論者，自無上開規定之適用（最高行政法院94裁568）。

　　例如，於原審審理中，固曾行準備程序，並其行準備程序之法官亦與嗣後裁判之法官有更迭情事，然依本法第188條第2項規定「法官非參與裁判基礎之辯論者，不得參與裁判」，係指參與言詞辯論而言，至於準備程序旨在闡明訴訟關係，為言詞辯論之準備，故行準備程序之法官縱有變更，亦不違反第188條第2項規定，就此法官之變更即無行更新言詞辯論程序之必要（最高行政法院98裁126）。

⑵例外不採言詞辯論

　　例外情形，包括：①裁定得不經言詞辯論為之（第188條第3項），但亦得經言詞辯論而為裁定。若裁定前不行言詞辯論者，除別有規定外，得命關係人以書狀或言詞為陳述；②有關維護公益之行政訴訟，當事人兩造於言詞辯論期日無正當理由均不到場者，行政法院得依職權調查事實，不經言詞辯論，逕為判決（第194條）。

2.實質要件——自由心證與強制敘明理由
⑴自由心證原則之要求

　　行政法院為裁判時，除別有規定者外，係應斟酌全辯論意旨及調查證

據之結果,且依論理及經驗法則判斷事實之真偽(第 189 條第 1 項本文),故採自由心證原則。實務見解指出,本條規定意旨,在要求行政法院為裁判時,應斟酌當事人提出之全部訴訟資料及一切調查證據所得之結果,本於客觀之論理及經驗法則,而判斷事實之真偽(最高行政法院 101 判 450)。

再者,若當事人已證明受有損害而不能證明其數額或證明顯有重大困難者,此時法院應審酌一切情況,依所得心證定其數額(第 189 條第 2 項)。

(2)強制敘明理由之義務

關於得心證之理由,應記明於判決(第 189 條第 3 項)。因此,行政法院係負擔強制敘明理由之義務,且得心證之理由間不得互相矛盾,或與判決主文衝突。事實上,本法第 243 條第 2 項第 6 款明確規定,判決不備理由或理由矛盾判決者,為當然違背法令。

(二)種 類

1.裁判之方式

關於裁判之方式,除依本法應用判決者外,係以裁定行之(第 187 條)。

$$裁判 \begin{cases} 程序: 裁定 \\ 實體: 判決 \end{cases}$$

◆圖 6-5 裁判之方式

由上圖可知,裁判之方式,與訴訟要件之審查有關。

(1)裁定——程序判決

裁定,係程序裁判。裁判,除依本法應用判決者外,以裁定行之(第 187 條)。

若因高等行政法院無管轄權而廢棄原判決者,應以判決將該事件移送於管轄行政法院(第 257 條第 2 項),此為程序判決之特例。

⑵判決——本案判決

判決，係實體裁判，亦可稱為「本案判決」。

1 關於原告之訴有無理由之判斷

行政法院認原告之訴為有理由者，除別有規定外，應為其勝訴之判決；認為無理由者，應以判決駁回之（第 195 條第 1 項）。

2 當事人捨棄認諾

當事人於言詞辯論時為訴訟標的之捨棄或認諾者，❾❶以該當事人具有處分權及不涉及公益者為限，行政法院得本於其捨棄或認諾為該當事人敗訴之判決（第 202 條）。❾❷

3 訴外裁判禁止

除別有規定外，❾❸法院不得就當事人未聲明之事項為判決（第 218 條準用民訴第 388 條），係為「訴外裁判禁止」之要求。

2.終局、一部與中間裁判

⑴終局判決

終局判決，係指行政訴訟達於可為裁判之程度者，行政法院應為終局判決（第 190 條）。

---

❾❶ 捨棄及認諾必須具備「**有訴訟能力之當事人為之**」、「**須當事人對訴訟標的有自由處分權且不涉及公益**」、「**捨棄或認諾之內容，須非法律所禁止或違反公序良俗**」、「**為捨棄或認諾之訴訟必須具備訴訟要件**」、「**捨棄或認諾行為須於言詞辯論時以言詞陳述**」及「**捨棄或認諾行為不得附條件**」等要件。陳計男，《行政訴訟法釋論》，2000，第 512 頁至第 514 頁；陳清秀，《行政訴訟法》，2009，第 486 頁至第 487 頁；蔡茂寅，翁岳生編，《行政訴訟法逐條釋義》，2006，第 578 頁至第 579 頁。

❾❷ 捨棄及認諾在學理上，概有肯定、否定及折衷說之見解，陳清秀，《行政訴訟法》，2009，第 483 頁至第 486 頁。

❾❸ 陳敏，《行政法總論》，2007，第 1528 頁，註 4，此「別有規定」，例如：終局判決時法院應依職權為訴訟費用之裁判（第 104 條準用民訴第 87 條）；法院命為給付之判決，其性質非長期間不能履行，得於判決內定相當之履行期間（第 218 條準用民訴第 396 條第 1 項）等。

法院若對訴訟標的全部所為終局判決者，為「全部終局判決」；僅就訴訟標的之部分為終局判決者，為「一部終局判決」。

一部終局判決❾（第 191 條），係指訴訟標的之一部，或以一訴主張之數項標的，其一達於可為裁判之程度者，行政法院得為一部之終局判決（第 191 條第 1 項）；至於，命合併辯論之數宗訴訟，係得合併裁判之（第 127 條第 2 項），惟其一達於可為裁判之程度者，亦得準用一部終局判決之規定（第 191 條第 2 項）。

(2)中間裁判

1 中間判決

1 中間判決之意義

中間判決，係指各種獨立之攻擊或防禦方法，達於可為裁判之程度者，行政法院得為中間判決；請求之原因及數額俱有爭執時，行政法院以其原因為正當者，亦同（第 192 條）。

2 具備羈束力

中間判決亦屬判決之一種，故亦有本法第 206 條判決羈束力之適用。行政法院若為中間判決者，自應受中間判決之拘束，不得在終局判決中為相反之裁判。

2 中間裁定

中間裁定，係指行政訴訟進行中所生程序上之爭執，達於可為裁判之程度者，行政法院得先為裁定（第 193 條）。

3.勝訴與敗訴判決

實體之裁判，行政法院認原告之訴為有理由者，除別有規定外，應為其勝訴之判決；認為無理由者，應以判決駁回之（第 195 條第 1 項）。所謂

---

❾ 陳敏，《行政法總論》，2007，第 1529 頁至第 1530 頁認為，得為一部終局判決者，有「訴之主觀合併及訴之客觀合併」、「以主要請求及備位請求主張之數不同請求權」、「本訴與反訴且訴訟標的不同者」等；至於，不得為一部終局判決者，有「原被告間成立必要共同訴訟」、「主要請求及備位請求實際上為統一之請求」及「以原處分及訴願決定為訴訟標的」等。

「別有規定」，例如，第 198 條第 1 項之情況判決。

4.撤銷、給付與確認判決

⑴撤銷判決（形成判決）

①消極形成判決之展現

針對撤銷訴訟之判決，原則上係撤銷判決，具有創設、變更或消滅法律地位之判決。行政機關依裁量權所為之行政處分，以其作為或不作為逾越權限或濫用權力者為限，行政法院得予撤銷（第 201 條）。**❾⑤**

最高行政法院（92 判 1426）指出：「……所謂逾越權限者，係指違背行政程序法第 10 條行政裁量界限，超越法令授權範圍，不符合法規授權目的而言。而基於相同原因事實作成之行政處分，若有意作不公平之差別待遇，致損及特定當事人之權益者，即有權力濫用之違法，本院（81 判 1006）著有判例。換言之，所謂濫用權力者，係指行政處分違背行政程序法第 4 條一般法律原則而言……。」

②結果除去請求權而命回復原狀

當行政處分已執行完畢，行政法院為「撤銷行政處分判決」時，經原告聲請，行政法院並認為適當者，則得於判決中命行政機關為回復原狀之必要處置（第 196 條第 1 項）。**❾⑥**

實務見解指出，行政處分已執行而有回復原狀可能時，依第 196 條規定意旨，仍應許人民提起或續行撤銷訴訟；如無回復原狀可能時，依第 6 條第 1 項或第 196 條第 2 項規定，應提起或轉換為確認訴訟。所謂「已執行之行政處分」，應僅限於下命處分，因下命處分始具執行力；至於，確認

---

❾⑤ 臺北高等行政法院（91 訴 4541）指出：「對於行政機關之裁量行為，行政法院得審查其有無逾越權限或濫用權力。而行政機關之裁量行為違反法規授權目的、比例原則或平等原則者，為濫用權力。」此外，本法第 4 條第 2 項與第 201 條，雖僅就「裁量逾越」與「裁量濫用」作規定，惟基於舉重以明輕之法理，解釋上尚應包括「不為裁量」之瑕疵類型（臺北高等行政法院 91 訴 344）。

❾⑥ 所謂「回復原狀之必要處置」，係法院經當事人之聲請，並認為適當者，始得為之。當事人僅有促請法院審酌回復原狀之必要處置，至於，如何為必要處置始為適當，法院自有裁量權，不受當事人之主張拘束（最高行政法院 94 判 197）。

處分及形成處分，其規制內容因隨行政處分之生效而當然產生法效力，自無執行之問題（最高行政法院 101 判 394）。

③不利益變更禁止原則

撤銷訴訟之判決，如係變更原處分或決定者，不得為較原處分或決定不利於原告之判決（第 195 條第 2 項），稱為「不利益變更禁止原則」。**❼**

④情況判決

此外，行政法院受理撤銷訴訟，發現原處分或決定雖屬違法，但其撤銷或變更於公益有重大損害，**❽**經斟酌原告所受損害、賠償程度、防止方法及其他一切情事，認原處分或決定之撤銷或變更顯與公益相違背時，得駁回原告之訴（第 198 條第 1 項），惟應於判決主文中諭知原處分或決定違法（第 198 條第 2 項），稱為「情況判決」。**❾**

實務見解指出，情況判決係專為撤銷訴訟而設計之制度，旨在避免因

---

❼ 郭介恆，〈不利益變更禁止原則——以稅務爭訟為例〉，《論權利保護之理論與實踐》，2006，第 637 頁至第 649 頁。

❽ 所謂「於公益有重大損害」，非指現實已經發生之事實，蓋若非如此，何須「情況判決」制度之適用。故行政法院在判斷是否構成公益之重大損害時，應**設想如果撤銷或變更該處分或決定，是否將會引發公益之重大損害，亦即以假設情況推論其所生之充分關聯結果；質言之，在「情況判決」之適用，必有「事實上存在被侵害之法益以及應受維護之法益」**。鄭崇煌，〈情況決定及情況判決制度之研究〉，《月旦法學雜誌》第 121 期，第 96 頁；蔡進田，〈情況判決制度在行政訴訟上之適用〉，《輔仁法學》第 18 期，第 42 頁。

❾ 臺中高等行政法院（98 訴 206）：「……本件被告評選系爭公司為最優申請人之甄審結果之處分及被告之異議處理結果，雖屬違法，若經判決均予撤銷，被告須再重新辦理本促參案之公開申請，將延宕時日，不僅參加人所興建及整建之海淡廠工程均須拆除回復原狀，被告另再招商興建，勢必對於澎湖地區之淡水供應有重大影響。未撤銷甄審結果及異議處理結果，原告所受之損害，如符合一定條件，得向被告求償，原告縱有此損害，亦遠不及澎湖地區供水穩定之公益。……本院斟酌原告所受損害、賠償程度、防止方法及上開諸情，認原告訴請撤銷被告甄審結果及異議處理結果，如此與公益相違背，該部分訴訟應予駁回，並諭知該甄審結果及異議處理結果為違法……。」

法院作成撤銷判決，傾覆以行政處分有效存續為前提所造成之既成事實，轉而對公益產生重大損害。蓋依我國行政爭訟制度，行政處分不因提起訴願、行政訴訟而停止執行，則在撤銷訴訟程序中，可能原處分早已執行完畢；或本於原處分為前提，已累積諸多之事實關係或法律關係之事實，如再予判決撤銷原處分回復原狀，進而除去該等已存在之事實，由社會經濟觀之，殊屬顯著困難或不可能，此際，若因原告之救濟而除去既成事實，將產生對公益之「重大」損害，故為因應此種狀況，而有情況判決之制度。因此，情況判決之主要根據及規範目的，在於尊重違法行政處分所形成合乎公益之既成事實狀態及法律關係，避免造成公益之重大損害；惟確保行政權之合法行使為行政訴訟主要目的，對於違法之行政處分本應加以撤銷或變更，情況判決制度基於公益上之理由駁回原告之訴，係犧牲依法行政原則及行政爭訟程序保障人民權益之功能，究屬不得已之例外規定，自應限制其適用（最高行政法院 101 判 525）。

行政法院為情況判決時，應依原告之聲明，將其因違法處分或決定所受之損害，於判決內命被告機關賠償（第 199 條第 1 項）。原告未為前述聲明者，得於判決確定後 1 年內，向行政法院訴請賠償（第 199 條第 2 項）。

5 **撤銷判決之判斷基準時**

於撤銷判決中，決定法院應審酌之事實及法律狀況之時間基準，向有「以作成行政處分時點為準」⑩、「當事人訴之聲明為準」及「依訴訟判決

---

⑩　陳清秀，〈行政訴訟上事實及法律狀態之裁判基準時〉，《台灣法學雜誌》第 125 期，2009，第 48 頁，主要考量在於「**原處分發布時合法，事後不可能變成違法；反之，違法之處分，亦不能事後變成合法。故撤銷訴訟判斷行政處分合法性之基準時，為原處分發布時之事實或法律狀態**」；最高行政法院 92 年 12 月份第 2 次庭長法官聯席會議決議：「本法第 4 條之撤銷訴訟，旨在撤銷行政機關之違法行政處分，藉以排除其對人民之權利或法律上之利益所造成之損害。**而行政機關作成行政處分後，其所根據之事實發生變更，因非行政機關作成行政處分時事實認定錯誤，行政法院不得據此認該處分有違法之瑕疵而予撤銷……。**」再者，訴願程序定位亦會影響本說判斷：(1)若肯認訴願程序具備行政爭訟之屬性者，則**訴願程序即非行政程序之延伸，此時即不應以訴願決定作成時，作為撤銷訴訟裁判基**

時為準」等數種不同之見解，其中後者另可區分為「對**效力已終結之行政處分**提起撤銷訴訟，應以**行政處分作成時點**之事實與法律為判決基礎」及「對**有持續效力之行政處分**提起撤銷訴訟，應以**言詞辯論終結時點**之事實與法律為判決基礎」等不同之看法。⑩

⑵給付判決

①以確定不同金額之給付代替

　　針對給付訴訟之判決，係給付判決。惟撤銷訴訟，其訴訟標的之行政處分涉及金錢或其他代替物之給付者，行政法院得以確定不同金額之給付代替之（第 197 條）。⑩

準時；⑵若否認訴願程序具備行政爭訟之屬性者，則**訴願程序係行政程序的延伸，此時即可肯認訴願決定為「最後行政決定時」，此時法院裁判基準自應以「作成訴願決定時」作為判決基準時**。李建良，〈論行政處分之違法判斷基準時〉，《行政法爭議問題研究（下）》，2000，第 914 頁以下。

⑩ 賴恆盈，〈論行政訴訟之裁判基準時〉，《行政訴訟制度相關論文彙編》第 7 輯，2010，第 290 頁至第 291 頁；林三欽，〈行政訴訟案件之判斷基準時——「新舊法適用原則」與「新舊事實認定原則」之探討——〉，《行政訴訟制度相關論文彙編第 4 輯》，2005，第 469 頁至第 482 頁。

⑩ 本條立法說明：「原告提起撤銷訴訟為有理由者，如原行政處分違法情形只涉及金額或數量時，應許行政法院在原告聲明之範圍內自行判決加以糾正，不必撤銷原處分而發回原處分機關重為處分，以免原處分機關或有拖延不結，甚至置諸不理之情形。」準此，法院以確定不同之替代判決，取代原行政處分，**應限於當事人對金錢或替代物之行政處分並無爭執，僅係聲明爭執其額度**；且須其本質上行政機關已無裁量權限或判斷餘地或其裁量權已限縮到零者，行政法院才得自行判決，否則，即有不當取代行政裁量權之違法（最高行政法院 94 判 18）；不同見解認為，第 197 條係規定仍應為形成判決，僅是作成判決內容為給付之行為。陳敏，《行政法總論》，2007 年第 5 版，新學林總經銷，第 1533 頁；關於本條文之適用，學說認為必須滿足「**行政機關就其給付之核定或確認，並無行政裁量或判斷餘地之情形**」之要件。陳計男，《行政訴訟法釋論》，2000，第 573 頁至第 574 頁；陳愛娥譯，陳敏等譯，《德國行政法院法逐條釋義》，2002，第 1229 頁至第 1230 頁；林騰鷂，《行政訴訟法》，2008，第 436 頁。最高行政法院（94 判 18）亦採相同見解，謂：「……準此法院以確定不同之替代判決，取代原行政處分，

②課予義務訴訟之判決內容

　　行政法院對於人民依第 5 條規定（課予義務訴訟）請求應為行政處分或應為特定內容之行政處分之訴訟，應為下列方式之裁判：❶原告之訴不合法者，應以裁定駁回之（第 200 條第 1 款）；❷原告之訴無理由者，應以判決駁回之（第 200 條第 2 款）；❿❸原告之訴有理由，且案件事證明確者，應判命行政機關作成原告所申請內容之行政處分（第 200 條第 3 款）；⓴❹原告之訴雖有理由，惟案件事證尚未臻明確或涉及行政機關之行政裁量決定者，應判命行政機關遵照其判決之法律見解對於原告作成決定（第 200 條第 4 款）。⓵

　　　應限於當事人對金錢或替代物之行政處分並無爭執，僅係聲明爭執其額度；且須其本質上行政機關已無裁量權限或判斷餘地或其裁量權已限縮到零者，行政法院方得自行判決，否則即有不當取代行政裁量權之違法……。」

⓷　許宗力，翁岳生編，《行政訴訟法逐條釋義》，2006，第 571 頁認為，「原告之訴無理由」之審查重點：「被告機關的怠為處分或駁回處分是否違法」及「被告機關的違法行為是否損害原告之權利」。

⓸　林錫堯，《行政法要義》，2006，第 646 頁認為，必須具備：⑴案件事證明確；⑵依其所適用之法規並無不確定法律概念或有不確定法律概念但行政機關不享有「判斷餘地」；⑶行政機關享有「行政裁量」權限或雖享有但有「裁量收縮」理論之適用，滿足類此要件始可為第 200 條第 3 款之裁判。

⓹　陳敏，《行政法總論》，2007，第 1534 頁至第 1535 頁，此為學理「命為決定判決」；最高行政法院 97 年 12 月份第 3 次庭長法官聯席會議決議：⑴課予義務訴訟之訴訟標的，依本法第 5 條規定，應為「原告關於其權利或法律上利益，因行政機關違法駁回其依法申請之案件，或對其依法申請之案件不作為致受損害，並請求法院判命被告應為決定或應為特定內容行政處分之主張」。又依同法第 213 條規定，上開課予義務訴訟之訴訟標的，於確定之終局判決中經裁判者，有確定力；⑵原告提起課予義務訴訟如經判決駁回確定者，該判決之確定力（既判力）不僅及於確認「原告對於請求作成其所申請行政處分依法並無請求權」，且及於「被告機關原不作為或否准處分為合法」「不作為或否准處分並未侵害原告之權利或法律上利益」之確認；⑶若行政法院依本法第 200 條第 3 款規定判決原告勝訴確定者，該判決之既判力，不僅及於確認原告對被告依法有作成所請求行政處分之權利，及命令被告機關作成特定內容之行政處分，且及於被告機關之否准

舉例而言，原告提起課予義務訴訟，請求判命行政機關為特定行政處分，倘已依法經訴願程序，訴訟中附帶聲明撤銷行政機關於原告提起課予義務訴願後，始作出否准或非全部有利之處分，既尚未滿足原告之請求，且該處分作出後，原告仍持續進行訴願程序，並進而循序提起行政訴訟，自應解為原告有不服該處分之意思，得由該受理課予義務訴願之訴願機關就行政機關事後作出之該處分，併予處理；基於課予義務訴訟案件單一性，自應認原告就該處分業經合法之訴願前置程序；此際，若行政法院認為原告之訴有理由，因該處分既仍屬得撤銷之未確定狀態，則應判命被告機關應依原告之申請作成特定行政處分，而否准處分，原則上應併予附帶撤銷。因此，中央或地方機關對於原告依法申請之案件，怠為處分或行政救濟中始作出否准處分而分別行政爭訟者，因係同一申請案件衍生之爭訟事件，為避免裁判之歧異，併考量訴訟經濟與當事人程序保障，宜由行政法院視訴訟繫屬之先後，將繫屬在後之訴訟事件，併由繫屬在先之訴訟事件合併審理裁判（最高行政法院 101 判 492）。

③ 一般給付訴訟之給付判決

1 原則──作為、容忍或不作為之判決

在一般給付訴訟中，行政法院認為原告之訴有理由時，且已達可為裁判之程度者，應為作為、容忍或不作為之判決。

2 例外──情事變更判決

此外，公法上契約成立後或因公法上其他原因發生之財產上給付，情事變更，非當時所得預料，而依其原有效果顯失公平者，行政法院得依當事人聲請，為增、減給付或變更、消滅其他原有效果之判決（第 203 條第 1 項），稱為「情事變更判決」。❶⓺

處分為違法並侵害原告之權利或法律上利益之確認；⑷如行政法院依本法**第 200 條第 4 款**規定判決原告勝訴確定者，該判決就原告對被告是否有依法作成所請求行政處分之權利雖未加以確認，亦未命令被告機關作成特定內容之行政處分，惟該判決之既判力，仍及於系爭否准處分或不作為為違法並侵害原告之權利或法律上利益之確認。

　　為當事人之行政機關，因防止或免除公益上顯然重大之損害，亦得為前述之聲請（第 203 條第 2 項）。

　　因公法上其他原因發生之財產上給付，亦準用有關公法契約之規定（第 203 條第 3 項）。

4 給付判決之判斷基準時

　　於給付判決中，決定法院應審酌之事實及法律狀況之時間基準，應以原告之請求而判斷：[107]

1 非依據限時法之給付請求

　　無論是課予義務訴訟或一般給付訴訟，該請求係以「現在之給付」為目的，故應依言詞辯論終結時之事實與法律為判決基礎（最高行政法院 98 判 822）。[108]

---

[106] 相較於行政程序法第 146 條、第 147 條之實體規定，本條文屬於程序規定。陳計男，《行政訴訟法釋論》，2000，第 575 頁；蔡茂寅，翁岳生編，《行政訴訟法逐條釋義》，2006，第 580 頁；最高行政法院（96 判 840）：「……系爭排水山溝於兩造締約當時即已存在，上訴人就該排水山溝改道可能發生之風險，本應有所預料，核與情事變更要件已有不符；另配合消防大樓地下室開挖之工期延宕部分，上訴人亦未證明該地下室開挖致工期延宕，究發生何種使其與被上訴人在契約義務上極端不成比例之重大干擾，難認依契約之原有效果，有何顯失公平之處，且上訴人就其因此所受損害，亦未舉證證明，原判決以其主張依本法第 203 條第 1 項之規定，命被上訴人增加給付亦無可取，經核於法亦無違誤……。」

[107] 陳敏，《行政法總論》，2007，第 1507 頁至第 1508 頁；不同見解者，賴恆盈，〈論行政訴訟之裁判基準時〉，《行政訴訟制度相關論文彙編第 7 輯》，2010，第 291 頁至第 297 頁；許宗力，翁岳生編，《行政訴訟法逐條釋義》，2006，第 572 頁至第 573 頁。

[108] 此見解亦為學界與實務之多數見解。吳庚，《行政爭訟法論》，2009，第 269 頁；陳計男，《行政訴訟法釋論》，2000，第 570 頁；張文郁，〈淺論課以義務訴訟之判決基準時——評最高行政法院 98 年度判字第 822 號判決〉，《台灣法學雜誌》第 146 期，第 258 頁；陳清秀，《行政訴訟法》，2009，第 526 頁以下；陳淑芳，〈撤銷訴訟之裁判基準時點〉，《台灣法學雜誌》第 90 期，第 70 頁；陳清秀，〈行政訴訟上事實及法律狀態之裁判基準時〉，《台灣法學雜誌》第 125 期，第 57 頁至第 58 頁、第 61 頁。

②依據限時法之給付請求

若人民依限時法之規定而提出申請且遭行政機關拒絕者，必須考量中央法規標準法第 18 條[109]之規定，似應區分為：「舊限時法已廢止而無新法」者，則此時應駁回訴訟；若「舊限時法已廢止但新法較舊法為不利」者，則應適用舊法；若「舊限時法已廢止但新法較舊法有利」者，則應適用新法。

⑶確認判決

針對確認訴訟之判決，係確認判決，以確定系爭之行政處分是否無效、違法，或確認系爭之公法法律關係是否存在。[110]

①續行確認訴訟之明文

撤銷訴訟進行中，原處分已執行而無回復原狀可能或已消滅者，於原告有即受確認判決之法律上利益時，行政法院得依聲請，確認該行政處分為違法（第 196 條第 2 項；最高行政法院 101 判 394），此為「續行確認訴訟」之明文。惟撤銷訴訟，其訴訟標的之行政處分涉及金錢或其他代替物之確認者，行政法院得以不同之確認代替之（第 197 條）。

②確認判決之判斷基準時

於確認判決中，決定法院應審酌之事實及法律狀況之時間基準，應視原告所提起確認之態樣：[111]

１ 確認法律關係存否之訴

若是確認「過去特定時間」之法律關係存否者，則應依過去時間當時之事實與法律為判決基礎；[112]若是確認「無特定時間」或「現在存在與否」

---

[109] 中央法規標準法第 18 條：「各機關受理人民聲請許可案件適用法規時，除依其性質應適用行為時之法規外，如在處理程序終結前，據以准許之法規有變更者，適用新法規。但舊法規有利於當事人而新法規未廢除或禁止所聲請之事項者，適用舊法規。」

[110] 陳敏，《行政法總論》，2007，第 1536 頁。

[111] 陳敏，《行政法總論》，2007，第 1507 頁；林三欽，〈行政訴訟案件之判斷基準時——「新舊法適用原則」與「新舊事實認定原則」之探討——〉，《行政訴訟制度相關論文彙編》第 4 輯，2005，第 486 頁至第 488 頁。

之法律關係存否者，則應依言詞辯論終結時之事實與法律為判決基礎。**⓭**

❷確認行政處分無效之訴

若是確認行政處分無效之訴者，考量行政處分之無效乃自始當然無效，故應以作成行政處分時點之事實與法律為判決基礎。**⓮**

㈢裁判之宣示與公告

行政法院之裁判，係要示行為，其宣示（公告）及效力（第 204 條至第 208 條），分析如下：

1.判　決

⑴經宣示或公告

①經言詞辯論之判決應宣示之

❶於辯論終結之期日或辯論終結時指定之期日宣示

經言詞辯論之判決，應宣示之（第 204 條第 1 項前段）；宣示判決，應於辯論終結之期日或辯論終結時指定之期日為之（第 204 條第 2 項）。前述指定之宣示期日，自辯論終結時起，不得逾 10 日**⓯**（第 204 條第 3 項）。

❷宣示判決之效力

宣示判決之效力，係不問當事人是否在場均有效力（第 205 條第 1 項）。

❸宣示後仍應公告主文

判決經宣示後，其主文仍應於當日在行政法院牌示處公告之（第 205 條第 2 項）。

⓬ 吳庚，《行政爭訟法論》，2009，第 270 頁。

⓭ 陳清秀，〈行政訴訟上事實及法律狀態之裁判基準時〉，《台灣法學雜誌》第 125 期，第 62 頁；陳計男，《行政訴訟法釋論》，2000，第 570 頁；吳庚，《行政爭訟法論》，2009，第 269 頁；林騰鷂，《行政訴訟法》，2008，第 429 頁。

⓮ 陳清秀，〈行政訴訟上事實及法律狀態之裁判基準時〉，《台灣法學雜誌》第 125 期，第 62 頁。

⓯ 此「10 日」之規定，學理認應屬職務期間，縱有違背，對判決之效力並不生影響。陳計男，《行政訴訟法釋論》，2000，第 531 頁；蔡茂寅，翁岳生編，《行政訴訟法逐條釋義》，2006，第 581 頁。

②**不經言詞辯論之判決應公告之**

至於，不經言詞辯論之判決，則應公告之（第 204 條第 1 項後段）；判決經公告者，行政法院書記官應作記載該事由及年、月、日、時之證書附卷（第 204 條第 4 項）。⑯

(2)經宣示或公告後即可為訴訟行為

判決經宣示或公告後，當事人得不待送達，本於該判決為訴訟行為（第 205 條第 3 項）。例如，對於高等行政法院判決有所不服而欲上訴最高行政法院時，於宣示或公告後即可上訴，毋庸等待送達後（第 241 條但書）。

(3)判決之羈束力

關於判決之羈束力，判決經宣示後，為該判決之行政法院受其羈束；其不宣示者，經公告主文後亦同（第 206 條）。即判決作成後，作成該判決之行政機關必須受其本身判決之拘束，在同一審級內不得予以撤銷或變更。⑰

2.裁　定

(1)應宣示或公告之

經言詞辯論之裁定，應宣示之（第 207 條第 1 項）；終結訴訟之裁定，則應公告之（第 207 條第 2 項）。

(2)裁定之羈束力

裁定經宣示後，為該裁定之行政法院、審判長、受命法官或受託法官

---

⑯ 第 204 條第 2 項至第 4 項、第 205 條、第 210 條及民訴第 228 條規定，於裁定準用之（第 217 條）。

⑰ 陳計男，《行政訴訟法釋論》，2000，第 541 頁至第 542 頁認為，「提起再審之訴」、「第三人聲請重新審理，經裁定命為重新審理」、「原判決經最高行政法院判決廢棄確定，發回由原行政法院更為審理」等，均屬羈束力之例外情形；羈束力尚可區分為「形式羈束力」與「實質羈束力」，前者係指行政法院之裁判經宣示或公告後，縱有違法或不當，該法院亦不得自行廢棄或變更之；後者係指行政法院因一定之原因，須對同一訴訟事件為第 2 次裁判（例如行政機關未依法院意旨重為處分），而事實及法律狀態並未改變時，行政法院亦應受其第一次裁判之拘束。陳敏，《行政法總論》，2007，第 1543 頁。

受其羈束；不宣示者，經公告或送達後受其羈束。但關於指揮訴訟或別有規定者，不在此限（第 208 條）。

㈣判決書

關於行政法院判決書之應記載事項、送達與教示制度（第 209 條至第 211 條），分析如下：

1.應記載事項

判決，應作成判決書，其記載事項，包括：⑴當事人姓名、性別、年齡、身分證明文件字號、住所或居所；當事人為法人、機關或其他團體者，其名稱及所在地、事務所或營業所；⑵有法定代理人、代表人、管理人者，其姓名、住所或居所及其與法人、機關或團體之關係；⑶有訴訟代理人者，其姓名、住所或居所；⑱⑷判決經言詞辯論者，其言詞辯論終結日期；⑸主文；⑲⑹事實；⑺理由；⑳⑻年、月、日；⑼行政法院（第 209 條第 1 項）。

關於事實之部分，應記載言詞辯論時當事人之聲明及所提攻擊或防禦方法之要領。㉑必要時，得以書狀、筆錄或其他文書作為附件（第 209 條第 2 項）。關於理由之部分，應記載關於攻擊或防禦方法之意見及法律上之意見（第 209 條第 3 項）。

2.送　達

⑴以正本送達於當事人

---

⑱ 陳計男，《行政訴訟法釋論》，2000，第 524 頁，若訴訟代理人為律師時，因已在法院登錄，實務上僅記載「〇〇〇律師」，不另外記載其住所或居所。

⑲ 關於各種訴訟類型之主文製作原則，吳庚，《行政爭訟法論》，2009，第 258 頁至第 263 頁。

⑳ 關於行政法院說理義務之探討，李惠宗，〈行政法院說理的義務——從法學方法論檢證行政法院的判決理由〉，《行政訴訟制度相關論文彙編》第 4 輯，2005，第 416 頁至第 452 頁。

㉑ 陳計男，《行政訴訟法釋論》，2000，第 529 頁以下，實務僅記載當事人對於事實陳述及攻擊防禦方法，至於法律上陳述則不予記載。

判決，應以正本送達於當事人（第 210 條第 1 項）。

⑵ 10 日之送達期間

前述送達，自行政法院書記官收領判決原本時起，至遲不得逾 10 日（第 210 條第 2 項）。惟實務認為，此期間之規定係訓示規定，縱有違背，亦不得據以認定裁判違法（最高行政法院 94 裁 334）。

3. 教示制度

⑴教示制度之意義

對於判決得為上訴者，應於送達當事人之正本內告知其期間及提出上訴狀之行政法院（第 210 條第 3 項），稱為「教示制度」。

⑵告知期間錯誤之處理

①告知期間較法定期間為短——以法定期間為準

告知期間有錯誤時，若告知期間較法定期間為短者，以法定期間為準（第 210 條第 4 項前段）。

②告知期間較法定期間為長——通知更正並重新計算法定期間

告知期間較法定期間為長者，應由行政法院書記官於判決正本送達後 20 日內，以通知更正之，並自更正通知送達之日起計算法定期間（第 210 條第 4 項後段）。

⑶未為教示之處理——聲請回復原狀

行政法院未依規定為告知，或告知錯誤未依規定更正，致當事人遲誤上訴期間者，視為不應歸責於己之事由，得自判決送達之日起 1 年內，適用第 91 條之規定，聲請回復原狀（第 210 條第 5 項）。

至於，不得上訴之判決，不因告知錯誤而受影響（第 211 條）。

㈤判決之確定與效力

1. 判決之確定

判決確定後，產生形式確定力，係指當事人不得以上訴之方式，請求廢棄或變更判決之效力。❷

---

❷ 陳敏，《行政法總論》，2007，第 1544 頁；關於判決之形式上確定力，是否僅限

(1)得上訴之判決

1未提起上訴者——上訴期間屆滿時確定

判決，於上訴期間屆滿時確定（第 212 條第 1 項本文）。

2提起上訴——阻斷確定

於上訴期間內有合法之上訴者，阻其確定（第 212 條第 1 項但書）。

(2)不得上訴之判決

不得上訴之判決，於宣示時確定；不宣示者，於公告主文時確定（第 212 條第 2 項）。❷

2.判決之效力

(1)實質確定力

1實體判決之實質確定力

訴訟標的❷於確定之終局判決中經裁判者，有確定力（第 213 條）。此「確定力」即指「實質確定力」而言；但實質確定力之範圍，僅及於訴訟標的受判決之範圍。❷

實務見解指出，訴訟上所謂「一事不再理之原則」，指同一事件已有確

於終局判決，尚有不同見解：⑴有謂僅於終局判決有之；中間判決不能獨立上訴，不生獨立確定問題，自無形式上確定力。陳計男，《行政訴訟法釋論》，2000，第 543 頁；⑵有謂原則上所有判決均應有形式上確定力。彭鳳至譯，陳敏等譯，《德國行政法院法逐條釋義》，2002，第 1360 頁。

❷ 吳庚，《行政爭訟法論》，2009，第 271 頁指出，在多數當事人之案件，若必要共同訴訟，共同訴訟人間就其訴訟標的之法律關係，因必須合一確定，其中一人提起上訴者，其效力及於全體，故必要共同訴訟之判決須全體當事人均未於法定不變期間內提起上訴，或均喪失上訴權時判決方生確定。

❷ 陳敏，《行政法總論》，2007，第 1469 頁，此處「訴訟標的」，係當事人於訴訟中，所為法律爭執之標的；亦即**原告根據特定之事實，請求法院作成一定內容之判決，以為權利保護之訴訟請求權**。故本條文「訴訟標的」，係為訴訟法技術意義之訴訟標的。

❷ 至於，**如何認定判決所及之訴訟標的者，應依據判決主文予以判斷；但於理解時，應參酌判決理由之說明**。陳敏，《行政法總論》，2007，第 1546 頁至第 1548 頁；吳庚，《行政爭訟法論》，2009，第 273 頁至第 274 頁。

定之終局判決者而言。所謂「同一事件」，必同一當事人就同一法律關係而為同一之請求；若此三者有一不同，即不得謂為同一事件，自不受確定判決之拘束（最高法院 19 上 278 判例）。因此，判斷訴訟事件是否同一，應以當事人是否就同一法律關係為同一之請求為基準（最高行政法院 101 判475）。

2 實質確定力之作用

　　確定終局判決有關訴訟標的之判斷，⓰成為規範當事人間法律關係之基準。⓱嗣後同一事項於訴訟中再起爭執時，當事人即不得為與該確定判

⓰ 訴訟標的理論之建構，於學理中極具爭議：(1)多數見解認為，所謂訴訟標的，應該包含「訴訟請求權」與「訴訟原因」所共同組成之「雙體（雙重）訴訟標的」概念，相當於所謂「二分肢說、二項式說」的理解。其中「訴訟請求權」，係指原告之訴訟上請求權或法律效果之主張；至於「訴訟原因」，則是指原告據以導出所請求法律效果之實際生活事實。相關分析，可參閱陳敏，《行政法總論》，2007，第 1469 頁；(2)亦有主張，所謂訴訟標的，應該僅由「訴訟請求權」決定之訴訟標的，可稱之為「單體（單一）訴訟標的」概念，相當於所謂「一分肢說、單項式說」的理解。

⓱ 各訴訟類型中訴訟標的，陳敏，《行政法總論》，2007，第 1470 頁至第 1471 頁；陳清秀，《行政訴訟法》，2009，第 360 頁至第 375 頁。關於撤銷訴訟之訴訟標的探討，參閱張文郁，〈行政訴訟中撤銷訴訟之訴訟標的之研究〉，《權利與救濟㈡──實體與程序之關聯》，2008，第 142 頁至第 156 頁。試整理表如下：

訴訟種類		訴訟標的（請求 1+ 請求 2）	
		請求 1	請求 2
撤銷訴訟		確認行政處分違法並侵害原告權利	廢棄該行政處分之訴訟上請求
課予義務訴訟	怠為處分訴訟	要求行政機關應作成原告申請之行政處分	確認行政機關不作為違法並侵害原告權利之訴訟上請求
	拒為處分訴訟	要求行政機關依合義務裁量或依法院指示為行政處分之訴訟上請求	確認行政機關駁回違法並侵害原告權利之訴訟上請求
確認訴訟		確認特定行政處分是否無效，或特定公法法律關係是否存在之訴訟上請求	
一般給付訴訟		要求為一定給付，或不為特定行為之訴訟上請求	

決意旨相反之主張，法院亦不得為與該確定判決意旨相反之判斷，其積極作用在避免先後矛盾之判斷，消極作用則在禁止重複起訴（最高行政法院94 判 36）。❷

③ 實質確定力之範圍

❶ 對人之效力

行政法院之確定判決，除當事人外，對於訴訟繫屬後為當事人之繼受人者及為當事人或其繼受人占有請求之標的物者，亦有效力（第 214 條第1 項）。對於為他人而為原告或被告者之確定判決，對於該他人亦有效力（第 214 條第 2 項）。❷

❷ 對機關之效力

撤銷或變更原處分或決定之判決，就其事件有拘束各關係機關之效力（第 216 條第 1 項）。原處分或決定經判決撤銷後，機關須重為處分或決定者，應依判決意旨為之（第 216 條第 2 項）。前 2 項判決，如係指摘機關適用法律之見解有違誤時，該機關即應受判決之拘束，不得為相左或歧異之決定或處分（第 216 條第 3 項）。前 3 項之規定，於其他訴訟準用之（第216 條第 4 項）。❸

蓋為保障人民依行政訴訟程序請求救濟之權利得獲終局解決，行政法院之判決，原機關自有加以尊重之義務；原機關有須重為處分者，亦應依據判決之內容為之，以貫徹憲法保障原告因訴訟而獲得救濟之權利或利益（釋 368）。即如判決係指摘事件之事實尚欠明瞭時，應由被告機關調查事證另為處分者，該機關即應依判決意旨或本於職權調查事證；❸惟若係指

---

❷ 陳計男，《行政訴訟法釋論》，2000，第 543 頁；蔡茂寅，翁岳生編，《行政訴訟法逐條釋義》，2006，第 591 頁。

❷ 例如破產管理人為破產人爭訟，該判決之效力自然及於該破產人。陳敏，《行政法總論》，2007，第 1545 頁；吳庚，《行政爭訟法論》，2009，第 275 頁；蔡茂寅，翁岳生編，《行政訴訟法逐條釋義》，2006，第 594 頁。

❸ 臺北高等行政法院（91 訴 4541）指出：「……本法第 216 條第 1 項係行政處分撤銷訴訟之判決拘束力之規定，第 2 項則為拘束力內容之具體規定……。」

❸ 此時，倘依重為調查結果認定之事實，認前處分適用法規並無錯誤，仍得維持已

摘適用法律之見解有違誤者，該管機關即應受行政法院判決所示法律見解之拘束，不得違背。

❸對時間之效力

實質確定力涉及法院為判決時所根據之事實及法律，亦即既判力之基準時。故若事實及法律並未生有變更者，此時嗣後判決即必須受原確定判決實質確定力之拘束；若事實及法律產生變更者，即不受原確定判決實質確定力之拘束。❶❸❷

再者，既判力發生時點前已存在之事實或攻防方法，當事人原可提出或主張，但未於訴訟中提出或主張者，則不得於他訴訟中執為與該確定判決意旨為相反之主張，乃「失權效」之適用。❶❸❸

(2)形成效力

行政法院在撤銷訴訟中，所為撤銷或變更原處分、原決定之判決確定者，所有法院或行政機關均應受到該判決之拘束，亦即產生「對世效力」之謂。❶❸❹關於撤銷或變更原處分或決定之判決，對第三人亦有效力（第215條），❶❸❺此規定即為形成效力之明文。❶❸❻

(3)給付判決之執行力

依本法第 305 條第 1 項之規定，確定之執行判決，得作為執行名義而據以強制執行，此即為「給付判決之執行力」。

撤銷之前處分見解（釋 368）。

❶❸❷ 陳敏，《行政法總論》，2007，第 1548 頁至第 1549 頁；林騰鷂，《行政訴訟法》，2008，第 453 頁。

❶❸❸ 陳計男，《行政訴訟法釋論》，2000，第 249 頁。

❶❸❹ 陳敏，《行政法總論》，2007，第 1549 頁。

❶❸❺ 陳計男，《行政訴訟法釋論》，2000，第 558 頁。

❶❸❻ 陳敏，《行政法總論》，2007，第 1549 頁，至於非因可歸責於己之事由，未參加訴訟之第三人，其權利若因該判決而產生損害者，得依本法第 284 條以下規定聲請重新審理。

七、和　解

若當事人就訴訟標的具有處分權，❸❼且其和解無礙公益之維護者，應予肯認和解制度（第 219 條以下）之價值。❸❽

㈠意　義

所謂「訴訟和解」，係指訴訟程序之當事人，於訴訟繫屬中，就訴訟標的之權利義務關係，經互相讓步而達成協議，直接終結訴訟程序之法律行為。❸❾

和解之法律性質，多數見解採取「兩性說」，亦即當事人於行政法院所為之和解行為，一方面屬實體法上公法契約，發生實體法上之權利義務變動效果；另一方面為程序上訴訟行為，發生程序法上終結訴訟程序效果。❹⓿

㈡要　件

訴訟上和解之要件，可分為「形式要件」及「實質要件」：❹❶

1.形式要件

⑴當事人須具有訴訟能力

由於訴訟和解仍為訴訟行為，故須具備一定之訴訟要件。❹❷當事人必

---

❸❼ 盛子龍，〈當事人對訴訟標的之處分權作為行政訴訟上和解之容許性要件——以稅務訴訟上之事實和解為中心〉，《台灣本土法學雜誌》第 71 期，第 52 頁以下。

❸❽ 行政訴訟可否成立和解，有肯定及否定兩種對立見解。陳清秀，《行政訴訟法》，2009，第 471 頁至第 473 頁。

❸❾ 陳敏，《行政法總論》，2007，第 1556 頁。

❹⓿ 吳庚，《行政爭訟法論》，2009，第 283 頁；陳計男，《行政訴訟法釋論》，2000，第 592 頁至第 595 頁；林騰鷂，《行政訴訟法》，2008，第 411 頁；陳清秀，《行政訴訟法》，2009，第 475 頁；蔡茂寅，翁岳生編，《行政訴訟法逐條釋義》，2006，第 597 頁。

❹❶ 陳敏，《行政法總論》，2007，第 1557 頁以下；陳計男，《行政訴訟法釋論》，2000，第 595 頁至第 601 頁。

須具備訴訟能力，始可進行訴訟和解。若當事人無訴訟能力者，則應由法定代理人為之。因試行和解，得命當事人、法定代理人、代表人或管理人本人到場（第220條）。

⑵**不問訴訟程度如何，得隨時試行和解**

　　行政法院、受命法官或受託法官，不問訴訟程度如何，得隨時試行和解（第219條第1項）。❸條文雖規定「不問訴訟程度如何」，然應於「期日內」為之，包含言詞辯論期日、準備程序期日、調查證據期日❹以及為試行和解而指定之期日。❺例如，於最高行政法院準備庭時，由承審法官諭知試行和解，兩造當庭同意和解（最高行政法院94和1）。

⑶**就和解內容意思表示一致而作成和解筆錄**

　　和解之成立，乃雙方當事人就和解之內容，需為一致之意思表示。試行和解而成立者，應作成和解筆錄（第221條第1項）。❻和解筆錄，應於和解成立之日起10日內，❼以正本送達於當事人及參加和解之第三人（第221條第3項）。

2.**實質要件**

⑴**和解標的須與訴訟標的相關聯**

---

❷　陳敏，《行政法總論》，2007，第1557頁；陳計男，《行政訴訟法釋論》，2000，第597頁以下。

❸　吳庚，《行政爭訟法論》，2009，第287頁，對此「隨時試行和解」多所質疑。

❹　陳計男，《行政訴訟法釋論》，2000，第599頁以下認為，於調查期日，在勘驗現場而成立和解者，仍為訴訟和解。

❺　陳敏，《行政法總論》，2007，第1558頁。

❻　第128條至第130條、民訴第214條、第215條、第217條至第219條之規定，於和解筆錄準用之（第221條第2項）；另有從和解筆錄並非法院判決書之觀察角度出發，否定撤銷訴訟成立訴訟上和解之可能。徐瑞晃，〈行政訴訟撤銷之訴在訴訟上之和解〉，《行政契約與新行政法》，2002，第323頁、第327頁以下。

❼　此「10日」期間之性質及法律效力，有不同見解：⑴「訓示期間」說，故超過10日所製作送達之和解並無任何影響。陳計男，《行政訴訟法釋論》，2000，第602頁；⑵「法定期間」說，行政法院應確實遵守送達期間之規定，避免司法審判實務之怠惰。林騰鷂，《行政訴訟法》，2008，第412頁至第413頁。

和解標的無須與訴訟標的相同，但應具有相關聯。和解標的僅及於訴訟標的❽之一部、或納入訴訟標的以外之事項，均可為之。❾

⑵須雙方當事人互相讓步

訴訟和解係雙方當事人對於訴訟標的之主張，互相讓步而達成協議。若僅為一方為讓步者，並非訴訟上和解。❿

⑶當事人對訴訟標的具有處分權

依本法第 219 條第 1 項前段之規定,當事人就訴訟標的具有處分權者,行政法院不問訴訟程度如何,得隨時試行和解。亦即當事人對於訴訟標的,必須具備「處分權」始可為訴訟和解。

所謂「處分權」，係兼指法律上及事實上為處分之可能，亦即指行政機關必須能夠作成變更、廢棄行政處分或不作為，而未牴觸強行規定；且關係人必須能夠有效為拋棄之謂。❶

⑷須無礙公益之維護

除須具備處分權之外，亦須無礙公益之維護。惟公法訴訟似均與公益有關，故於個案上判斷是否有害公益時，則應慎重判斷之。❷

㈢效　力

和解成立者，兼具訴訟法（終結訴訟程序）與實體法（締結行政契約）之雙重性質，❸其效力則準用第 213 條、❹第 214 條❺及第 216 條之規定

---

❽ 法治斌、蔡進良，翁岳生編，《行政訴訟法逐條釋義》，2006，第 605 頁認為，和解中所謂「訴訟標的」，應解為「和解標的」或和解之「程序標的」或訴之對象，係指互相讓步之內容或條件，具體而言即當事人應為之行為（作為或不作為）。

❾ 陳敏，《行政法總論》，2007，第 1558 頁；吳庚，《行政爭訟法論》，2009，第 284 頁。

❿ 吳庚，《行政爭訟法論》，2009，第 285 頁。

❶ 陳清秀，《行政訴訟法》，2009，第 474 頁；類似見解，法治斌、蔡進良，翁岳生編，《行政訴訟法逐條釋義》，2006，第 606 頁。

❷ 蔡志方，《行政救濟法新論》，2007，第 322 頁。

❸ 陳敏，《行政法總論》，2007，第 1557 頁，此協議同時「影響當事人實體之法律

（第 222 條；最高行政法院 101 判 475）。

就此言之，訴訟和解具備「對訴訟標的之確定力」❺、「拘束關係機關之效力」❺及「執行力」❺等效果。

㈣繼續審判

1.由當事人請求繼續審判

和解有無效❺或得撤銷⑯之原因者，當事人得請求繼續審判（第 223

地位」及「使訴訟標的之爭議於和解範圍內歸於終結」，故訴訟和解具備訴訟法與實體法之雙重性質。

❺ 法治斌、蔡進良，翁岳生編，《行政訴訟法逐條釋義》，2006，第 614 頁認為，經準用第 213 條後，應可肯認和解成立具有形式確定力，亦即當事人除依法得請求繼續審判外，不得再依通常不服程序表示不服。

❺ 經準用第 214 條之後，關於「第三人」應如何理解：⑴有認為所謂「第三人」自包含第 214 條文義中之態樣。陳清秀，《行政訴訟法》，2009，第 478 頁；⑵有認為應區分為：①若為第 214 條所列第三人者，應有實質確定力；②若不具此等身分之第三人參加和解，考量第 227 條之特別規定，解釋上應僅有執行力而無實質確定力。法治斌、蔡進良，翁岳生編，《行政訴訟法逐條釋義》，2006，第 615 頁。

❺ 換言之，**當事人或第三人原則上不得對經和解之訴訟標的表示不服提起上訴，也不得就同一訴訟標的再行起訴**。陳計男，《行政訴訟法釋論》，2000，第 602 頁；林騰鷂，《行政訴訟法》，2008，第 413 頁。

❺ 經訴訟和解後，各機關不得再為違反和解內容之行政處分或行為。陳計男，《行政訴訟法釋論》，2000，第 603 頁。

❺ 法治斌、蔡進良，翁岳生編，《行政訴訟法逐條釋義》，2006，第 618 頁認為，所謂「無效」可類推行政程序法第 141 條、第 142 條及第 143 條之規定，但行政程序法第 142 條僅可類推適用第 4 款。

❺ 陳計男，《行政訴訟法釋論》，2000，第 605 頁至第 606 頁對於「無效」，歸納如下：⑴實體法上無效原因，有「違背強制或禁止規定」（類推民法第 71 條）、「違反公序良俗」（類推民法第 72 條）、「一方為心中保留而為他方所明知」（類推民法第 86 條但書）、「雙方通謀」（類推民法第 87 條）、「當事人或代理人為無意識狀態下和解」（類推民法第 75 條）及「當事人未具處分權且違反公益」等；⑵訴訟法上無效原因，有「當事人無當事人能力及訴訟能力」、「法定代理人或訴訟代

條）。所謂「繼續審判」，係指回復舊程序或進行新程序，以接續審理原有事件。⑯

2.期間限制

⑴自成立時 30 日內為請求

請求繼續審判，應自和解成立時起算，於 30 日之不變期間內為之（第224 條第 1 項）。若無效或得撤銷之原因知悉在後者，則自知悉時起算（第224 條第 2 項）。

⑵和解成立滿 3 年

至於，和解成立後經過 3 年者，除當事人主張代理權有欠缺者外，則不得請求繼續審判（第 224 條第 3 項）。⑯

3.請求繼續審判之審理

⑴請求繼續審判不合法——裁定駁回

請求繼續審判不合法者，行政法院應以裁定駁回之（第 225 條第 1 項）。

⑵請求繼續審判顯無理由——判決駁回

請求繼續審判顯無理由者，得不經言詞辯論，以判決駁回之（第 225條第 2 項）。

⑶請求繼續審判有理由

請求繼續審判有理由者，行政法院應以判決變更和解內容。⑯因請求

理人為和解時，欠缺代理權限」、「被選定當事人和解，但未獲全體當事人同意」、「欠缺當事人適格」、「對不得和解之事項為和解」及「非行政法院之權限」等。

⑯ 陳計男，《行政訴訟法釋論》，2000，第 605 頁至第 606 頁對於「得撤銷」，歸納「被詐欺或被脅迫而為和解」（類推民法第 92 條）及「無民法第 738 條但書之事由而因錯誤而為和解」（類推民法第 738 條）等事項。

⑯ 陳敏，《行政法總論》，2007，第 1561 頁；陳清秀，《行政訴訟法》，2009，第479 頁至第 480 頁。

⑯ 法治斌、蔡進良，翁岳生編，《行政訴訟法逐條釋義》，2006，第 619 頁至第 620頁認為，所謂「代理權有欠缺」者，解釋上可參照民訴第 47 條規定，包含「代表權有欠缺」者。

⑯ 陳計男，《行政訴訟法釋論》，2000，第 608 頁認為，**和解效力之喪失，係於行政**

繼續審判而變更和解內容者，⑯準用第 282 條（再審判決效力）之規定（第226 條）。

　　就此而言，若善意第三人因信賴和解而取得之權利，並不因變更和解內容而受有影響；但若善意第三人所取得之權利，顯於公益有重大妨害時，則不受信賴保護之拘束。⑯

　　綜上所述，繪圖【圖 6-6】如下：

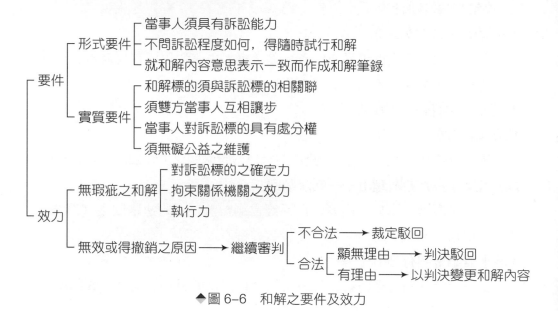

◆圖 6-6　和解之要件及效力

法院判決認定其有無效或得撤銷之原因，並為終局判決確定時，始溯及於和解成立時失其效力，而非於繼續審判時喪失效力。

⑯　法治斌、蔡進良，翁岳生編，《行政訴訟法逐條釋義》，2006，第 622 頁，所謂「因請求繼續審判而變更和解內容」，前提必須是原訴本案判決已確定；至於「變更和解內容」者，當指原訴本案確定判決之內容與和解內容不相符合，且變動其原有法律效果者而言。

⑯　陳敏，《行政法總論》，2007，第 1562 頁；法治斌、蔡進良，翁岳生編，《行政訴訟法逐條釋義》，2006，第 622 頁至第 623 頁認為，基於信賴保護原則之操作，本條文應無特別規定之必要。

(五)參加和解

1.第三人之參加和解

第三人經行政法院之許可，得主動參加和解（第 219 條第 2 項前段）。行政法院認為必要時，⑯亦得通知第三人參加（第 219 條第 2 項後段）。

2.得為執行名義

第三人⑰參加和解成立者，得為執行名義（第 227 條第 1 項）。

3.宣告和解無效或撤銷和解之訴

當事人與第三人間之和解，有無效或得撤銷之原因者，得向原行政法院提起宣告和解無效或撤銷和解之訴（第 227 條第 2 項）。於此情形，準用前述請求繼續審判之規定（第 228 條），當事人亦得請求就原訴訟事件合併裁判（第 227 條第 3 項）。⑱

貳、地方法院行政訴訟庭簡易訴訟程序

簡易訴訟程序，除本「地方法院行政訴訟庭簡易訴訟程序」章（第 229 條至第 237 條）別有規定外，仍適用通常訴訟程序之規定（第 236 條）。⑲適用簡易訴訟程序之事件，以地方法院行政訴訟庭為第一審管轄法

---

⑯　法治斌、蔡進良，翁岳生編，《行政訴訟法逐條釋義》，2006，第 607 頁認為「必要時」須依個案認定，但前提仍須符合本條第 1 項所定要件，並有若干職權主義之精神。

⑰　法治斌、蔡進良，翁岳生編，《行政訴訟法逐條釋義》，2006，第 624 頁認為，參加和解之第三人，若為第 214 條之實質當事人，應具有實質確定力；若非第 214 條之實質當事人者，則不生和解時之確定力，而僅有拘束力。

⑱　實際上，需「原訴訟」及「宣告和解無效或撤銷和解之訴」之原告或被告為同一人，始能合併判決。陳敏，《行政法總論》，2007，第 1563 頁；陳計男，《行政訴訟法釋論》，2000，第 610 頁以下。

⑲　關於稅捐課徵事件之起訴狀，未檢附具複查決定及訴願決定書影本者，應命定期補正。此外，依本法第 236 條準用第 105 條第 1 項規定，起訴應以訴狀表明當事

院（第 229 條第 1 項）。

一、適用範圍

適用「地方法院行政訴訟庭簡易訴訟程序」章之行政訴訟事件，得區分為例示規定與概括規定：

㈠例示規定

1.標的價額在新臺幣 40 萬元以下者⑩

標的價額在新臺幣 40 萬元以下者，⑪包括：⑴關於稅捐課徵事件涉訟，所核課之稅額在新臺幣 40 萬元以下者⑫（第 229 條第 2 項第 1 款）；⑵因不服行政機關所為新臺幣 40 萬元以下罰鍰處分而涉訟者（第 229 條第

人及訴之聲明。原告提出於本院之起訴狀未正確表明被告（倘係以財政部臺北市國稅局為被告者，請於訴狀上具體指明，並載明其代表人）及訴之聲明（倘係訴請撤銷訴願決定及財政部臺北市國稅局原處分（含複查決定）者，請於訴狀上具體載明），應另行提出合於程式之補正書狀及繕本各 1 份（臺灣臺北地方法院101 簡 17）；關於原告之當事人能力（本法第 22 條規定，自然人、法人、中央及地方機關、非法人之團體，有當事人能力），本件原告（A 護理之家）於提起行政訴訟時，僅提出行政訴訟狀到院，並未檢附公司登記資料或營利事業登記證，且未提出臺南市政府之立案證書，本院自無法判斷原告之當事人能力是否完備，茲命原告予以補正（臺灣臺南地方法院 101 簡 5）。

⑩ 吳庚，《行政爭訟法論》，2009，第 291 頁，然此以「稅額、罰鍰或金錢給付之數額」作為規定者，由於行政處分是否違法，與數額並無關係，若透過以數額之方式區分一般程序與簡易程序，似乎產生「高額程序較嚴謹，低額程序較不嚴謹」之失衡狀況。

⑪ 所定數額，司法院得因情勢需要，以命令減為新臺幣 20 萬元或增至新臺幣 60 萬元（第 229 條第 3 項）。

⑫ 陳計男，《行政訴訟法釋論》，2000，第 624 頁認為，所謂「核課之稅額」係指**原告所爭執之核課稅額，不包括原告不爭執部分之核課稅額**。換言之，若全案之核課稅額超過 40 萬元，但原告所爭執之部分未超過 40 萬元者，仍應適用簡易訴訟程序。

2 項第 2 款）；(3)其他關於公法上財產關係之訴訟，其標的之金額或價額在新臺幣 40 萬元以下者（第 229 條第 2 項第 3 款）。

前述 3 種行政訴訟事件，若因訴之變更，致訴訟標的之金額或價額逾新臺幣 40 萬元者，其辯論及裁判改依通常訴訟程序之規定，地方法院行政訴訟庭並應裁定移送管轄之高等行政法院；追加之新訴或反訴，其訴訟標的之金額或價額逾新臺幣 40 萬元，而以原訴與之合併辯論及裁判者，亦同（第 230 條）。

2.輕微處分

即因不服行政機關所為告誡、警告、記點、記次或其他相類之輕微處分而涉訟者（第 229 條第 2 項第 4 款）。

(二)概括規定

即其他依法律之規定，應適用簡易訴訟程序者（第 229 條第 2 項第 5 款）。

二、審　理

(一)獨任法官

簡易訴訟程序，係在獨任法官前行之（第 232 條）。蓋行政法院組織法第 3 條第 1 項規定：「高等行政法院之審判，以法官 3 人合議行之。但簡易訴訟程序以法官 1 人獨任行之。」

(二)言詞起訴、聲明或陳述

適用簡易訴訟程序之行政訴訟事件，其起訴及其他期日外之聲明或陳述，概得以言詞為之（第 231 條第 1 項）。其以言詞起訴者，應將筆錄送達於他造（第 231 條第 2 項）。

由於簡易訴訟程序中無需提出準備書狀，故當事人於其聲明或主張之事實或證據，以認為他造非有準備不能陳述者為限，應於期日前提出準備

書狀，並得直接通知他造；其以言詞為陳述者，由法院書記官作成筆錄，送達於他造（第 237 條準用民訴第 431 條）。

㈢言詞辯論

言詞辯論期日之通知書，應與訴狀或第 231 條第 2 項之筆錄一併送達於他造（第 233 條）。

㈣簡化判決書

簡易訴訟程序判決書內之事實、理由，得不分項記載，並得僅記載其要領（第 234 條）。

㈤通知證人或鑑定人

通知證人或鑑定人，得不送達通知書，依法院認為便宜之方法行之。但證人或鑑定人如不於期日到場，仍應送達通知書（第 237 條準用民訴第 433 條）。

三、上訴或抗告

㈠限　制

對於簡易訴訟程序裁判不服之上訴或抗告，非以原裁判違背法令為理由，不得為之（第 235 條第 2 項）。

對於簡易訴訟程序之第二審裁判，不得上訴或抗告（第 235 條第 3 項）。

對於簡易訴訟程序之裁判提起上訴或抗告，應於上訴或抗告理由中表明下列事由之一，提出於原地方法院行政訴訟庭為之：1.原裁判所違背之法令及其具體內容；2.依訴訟資料可認為原裁判有違背法令之具體事實（第 236 之 1 條）。

㈡管轄法院

1.高等行政法院

對於簡易訴訟程序之裁判不服者，除本法別有規定外，得上訴或抗告於管轄之高等行政法院（第 235 條第 1 項）。

應適用通常訴訟程序之事件，第一審誤用簡易訴訟程序審理並為判決者，受理其上訴之高等行政法院應廢棄原判決，逕依通常訴訟程序為第一審判決。但當事人於第一審對於該程序誤用已表示無異議或無異議而就該訴訟有所聲明或陳述者，不在此限（第 236 之 2 條第 1 項）。前項但書之情形，高等行政法院應適用簡易訴訟上訴審程序之規定為裁判（第 236 之 2 條第 2 項）。

2.最高行政法院

高等行政法院受理對於簡易訴訟程序裁判不服之上訴或抗告訴訟事件，認有確保裁判見解統一之必要者，應以裁定移送最高行政法院裁判之（第 235 之 1 條第 1 項）。前項裁定，不得聲明不服（第 235 之 1 條第 2 項）。

最高行政法院認高等行政法院裁定移送之訴訟事件，並未涉及裁判見解統一之必要者，應以裁定發回。受發回之高等行政法院，不得再將訴訟事件裁定移送最高行政法院（第 235 之 1 條第 3 項）。

㈢準　用

簡易訴訟程序之上訴，除第 241 條之 1 規定外，準用第三編規定（第 236 之 2 條第 3 項）。

簡易訴訟程序之抗告、再審及重新審理，分別準用第四編至第六編規定（第 236 之 2 條第 4 項）。

參、交通裁決事件訴訟程序

本法於【100/11/23】增訂第二編第三章「交通裁決事件訴訟程序」(第 237 之 1 條至第 237 之 9 條),分析如下

一、交通裁決事件之類型及裁判

本法所稱「交通裁決事件」如下:㈠不服道路交通管理處罰條例第 8 條及第 37 條第 5 項之裁決,而提起之撤銷訴訟、確認訴訟;㈡合併請求返還與前款裁決相關之已繳納罰鍰或已繳送之駕駛執照、計程車駕駛人執業登記證、汽車牌照(第 237 之 1 條第 1 項)。

交通裁決事件之裁判,得不經言詞辯論為之(第 237 之 7 條)。而行政法院為訴訟費用之裁判時,應確定其費用額。前述情形,行政法院得命當事人提出費用計算書及釋明費用額之文書(第 237 之 8 條)。

裁判費補繳為得補正之事項,法院應先命定期補正,逾期未補正,才能駁回原告之訴。例如,臺灣臺北地方法院行政訴訟裁定(101 交 39)指出:「依本法第 98 條第 2 項規定,通常訴訟程序之起訴按件徵收裁判費新臺幣 4 千元,適用簡易程序之事件,徵收裁判費 2 千元。本件原告聲明除不服道路交通管理處罰條例第 8 條之裁決,而提起撤銷訴訟,以及合併請求返還已繳納拖吊費用 1 千元、請求臺北市交通大隊第二分隊因處置不當導致原告所損失之時間金錢予以賠償外,更聲明要求交工處立即更改或撤銷不適當之告示牌。原告如主張就全部聲明為判決,應再補繳裁判費 4 千元,如僅對道路交通管理處罰條例第 8 條之裁決部分不服及合併請求返還已繳納拖吊費用 1 千元,請具狀敘明之,則免再補繳。」

二、管轄法院

交通裁決事件,得由原告住所地、居所地、所在地或違規行為地之地方法院行政訴訟庭管轄(第 237 之 2 條)。

交通裁決事件訴訟之提起，應以原處分機關為被告，逕向管轄之地方法院行政訴訟庭為之（第 237 之 3 條第 1 項）。因此，臺灣臺北地方法院行政訴訟裁定（101 交 39）指出：「起訴狀就對道路交通管理處罰條例第 8 條之裁決不服部分，未依本項條規定，以原處分機關為被告（即臺北市交通事件裁決所），原告應提出補正後之起訴狀及其繕本或影本各一份。」

交通裁決事件中撤銷訴訟之提起，應於裁決書送達後 30 日之不變期間內為之。前項訴訟，因原處分機關未為告知或告知錯誤，致原告於裁決書送達 30 日內誤向原處分機關遞送起訴狀者，視為已遵守起訴期間，原處分機關應即將起訴狀移送管轄法院（第 237 之 3 條第 2 項及第 3 項）。

地方法院行政訴訟庭收受前條起訴狀後，應將起訴狀繕本送達被告（第 237 之 4 條第 1 項）。

被告收受起訴狀繕本後，應於 20 日內重新審查原裁決是否合法妥當，並分別為如下之處置：㈠原告提起撤銷之訴，被告認原裁決違法或不當者，應自行撤銷或變更原裁決。但不得為更不利益之處分；㈡原告提起確認之訴，被告認原裁決無效或違法者，應為確認；㈢原告合併提起給付之訴，被告認原告請求有理由者，應即返還；㈣被告重新審查後，不依原告之請求處置者，應附具答辯狀，並將重新審查之紀錄及其他必要之關係文件，一併提出於管轄之地方法院行政訴訟庭（第 237 之 4 條第 2 項）。

若被告依第 237 之 4 條第 2 項第 1 款至第 3 款規定為處置者，應即陳報管轄之地方法院行政訴訟庭；被告於第一審終局裁判生效前已完全依原告之請求處置者，以其陳報管轄之地方法院行政訴訟庭時，視為原告撤回起訴（第 237 之 4 條第 3 項）。

三、裁判費

交通裁決事件，按下列規定徵收裁判費：㈠起訴，按件徵收新臺幣 300 元；㈡上訴，按件徵收新臺幣 750 元；㈢抗告，徵收新臺幣 300 元；㈣再審之訴，按起訴法院之審級，依第 1 款、第 2 款徵收裁判費；對於確定之裁定聲請再審者，徵收新臺幣 300 元；㈤本法第 98 條之 5 各款聲請，

徵收新臺幣 300 元（第 237 之 5 條第 1 項）。至於，依第 237 之 4 條第 3 項規定，視為撤回起訴者，法院應依職權退還已繳之裁判費（第 237 之 5 條第 2 項）。

四、訴訟程序之適用與準用

交通裁決事件，除本章別有規定外，準用簡易訴訟程序之規定（第 237 之 9 條第 1 項）。

至於，合併提起第 237 之 1 條第 1 項以外之訴訟者，應適用簡易訴訟程序或通常訴訟程序之規定。而第 237 條之 2、第 237 條之 3、第 237 條之 4 第 1 項及第 2 項規定，於前項情形準用之（第 237 之 1 條第 2 項及第 3 項）。

因訴之變更、追加，致其訴之全部或一部，不屬於交通裁決事件之範圍者，地方法院行政訴訟庭應改依簡易訴訟程序審理；其應改依通常訴訟程序者，並應裁定移送管轄之高等行政法院（第 237 之 6 條）。

此外，交通裁決事件之上訴，準用第 235 條、第 235 條之 1、第 236 條之 1、第 236 條之 2 第 1 項至第 3 項及第 237 條之 8 規定（第 237 之 9 條第 2 項）；交通裁決事件之抗告、再審及重新審理，分別準用第四編至第六編規定（第 237 之 9 條第 3 項）。

第七章
上訴審與抗告程序

本 章 架 構

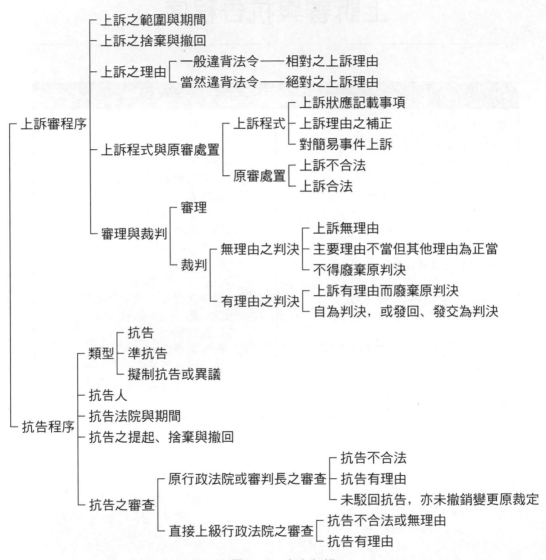

◆圖 7-1　本章架構

對於不服尚未確定之裁判❶者，係依本法之規定，進行上訴審程序或抗告程序。❷惟上訴乃受不利裁判之當事人，向上級審法院聲明不服而請求救濟之方法，苟非受不利裁判之當事人，自不許提起上訴（最高行政法院 101 裁 1085）。

壹、上訴審程序

關於上訴審程序，除本編「上訴審程序」別有規定（第 238 條至第263 條）外，前編「第一審程序」第一章「高等行政法院通常訴訟程序」之規定，於上訴審程序準用之。

一、上訴之範圍與期間

㈠上訴之範圍

1.高等行政法院之終局判決

對於高等行政法院之終局判決，除本法或其他法律別有規定外，係得上訴❸於最高行政法院（第 238 條第 1 項）。不過，於上訴審程序，不得為訴之變更、追加或提起反訴（第 238 條第 2 項）。

若追加或變更之部分，不在原審訴訟及判決範圍，顯係於上訴審為訴之追加或變更，難謂合法，應予駁回（最高行政法院 100 裁 3066）。例如，

❶　若行政法院依法本應為「判決」但誤以為「裁定」者，當事人對該「裁定」提起上訴，亦應認合法之救濟程序，謂「最有利原則」。陳敏，《行政法總論》，2007，第 1581 頁；吳庚，《行政爭訟法論》，2009，第 301 頁。

❷　吳綺雲譯，陳敏編，《德國行政法院法逐條釋義》，2002，第 1443 頁至第 1444頁，上訴與抗告為一般訴訟救濟程序，有「阻礙效果」（亦可稱「推延效果」）與「移審效果」，前者為使被上訴或抗告之裁判的確定力，發生阻礙的效果；後者為使被上訴或抗告之裁判加以審理的權利與義務，移轉至上訴或抗告之法院。

❸　蔡志方，《行政救濟法新論》，2007，第 358 頁至第 359 頁認為，基於訴訟經濟考量，本法雖未對「附帶上訴」明文規定，然應可允許之。

提起上訴,於原審判決範圍外為利息請求之訴之追加,請求判命被上訴人應給付利息,揆諸前揭規定,其追加之訴難謂合法,應予駁回(最高行政法院 101 裁 1045)。

所謂「本法別有規定」,例如,第 262 條第 2 項規定:「撤回上訴者,喪失其上訴權」等。

此外,得提起上訴之人,自以受原審法院不利判決之當事人為限。如非有上訴權之人,自無對原審判決聲明不服之餘地(最高行政法院 93 裁 745)。❹

2.判決前之裁判

對於高等行政法院之終局判決前之裁判,牽涉該判決者,除依本法不得聲明不服或得以抗告聲明不服者外,並受最高行政法院之審判(第 239 條)。

㈡上訴之期間

提起上訴,應於高等行政法院判決送達後 20 日之不變期間內為之。但是,宣示或公告後送達前之上訴,亦有效力(第 241 條)。換言之,若當事人逾越 20 日之不變期間始為上訴者,則喪失上訴權而不得上訴。

關於不變期間之計算,當事人郵遞上訴狀者,應以上訴狀到達法院之日,為提出於法院之日(最高行政法院 94 裁 1413)。

二、上訴之捨棄與撤回

㈠捨　棄

1.時　間

---

❹ 蔡志方,《行政救濟法新論》,2007,第 358 頁認為,本法第 215 條之規定,撤銷或變更原處分或決定之判決,對第三人亦有效力,則尚未確定之違法判決,若侵害第三人之權利,縱使該第三人未參加或未被告知參加,仍可以據本法第 284 條之規定,以「類推解釋」及「合目的性解釋」,允許第三人上訴。

當事人於高等行政法院判決宣示、公告或送達後，得捨棄上訴權（第 240 條第 1 項）。

2.方　式

當事人於宣示判決時，以言詞捨棄上訴權者，應記載於言詞辯論筆錄；如他造不在場，應將筆錄送達（第 240 條第 2 項）。

㈡撤　回

1.時　間

上訴人於終局判決宣示或公告前，得將上訴撤回（第 262 條第 1 項）。❺

撤回上訴者，喪失其上訴權（第 262 條第 2 項）。

2.方　式

⑴原則──以書狀為之

上訴之撤回，原則上應以書狀為之（第 262 條第 3 項本文）。

不過，委任訴訟代理人，應於每一審級為之，受特別委任之訴訟代理人，雖有為其所代理之當事人，提起上訴之權限，但提起上訴後，其代理權即因代理事件終了而消滅，該訴訟代理人如欲在上訴審代為訴訟行為，尚須另受委任，方得為之（院解 1841）。例如，上訴人於原審所委任之訴訟代理人，依在原審提出之上訴人委託書，具特別代理權，固有為上訴人提起案件上訴之權限；然依前揭說明，仍須另受委任，方得代上訴人為本審訴訟行為。故為上訴人提起上訴後，復具狀陳明上訴人撤回上訴，因未經上訴人委任為本審訴訟代理人，前開撤回上訴之表示，對上訴人自不生效力（最高行政法院 101 判 234）。

⑵例外──於言詞辯論時得以言詞為之

但是，在言詞辯論時，得以言詞為之（第 262 條第 3 項但書）。惟於言

---

❺ 張登科，翁岳生編，《行政訴訟法逐條釋義》，2006，第 700 頁，撤回上訴必須具備：⑴須於終局判決宣示或公告前為之；⑵無需被上訴人同意；⑶僅上訴人始可撤回；⑷撤回行為必須具備訴訟行為之有效要件。

詞辯論時所為上訴之撤回，應記載於言詞辯論筆錄，如他造不在場，應將筆錄送達（第 262 條第 4 項）。

三、上訴之理由

㈠判決違背法令

對於高等行政法院判決之上訴，非以其違背法令為理由，不得為之（第242 條）。因此，對於高等行政法院判決上訴，非主張該判決違背法令以為上訴理由，即屬不應准許，自應認為不合法而駁回之（最高行政法院 97 裁1738 判例）。

此外，僅以「判決違背法令」作為高等行政法院判決上訴之理由，此係為合理利用訴訟程序之限制；❻且隱含「上訴審程序係法律審」之救濟制度。❼

㈡類　型

依本法之規定，上訴理由可分為「相對上訴理由」及「絕對上訴理由」兩種。

1. 一般違背法令——相對之上訴理由

所謂「違背法令」，本法第 243 條第 1 項規定：「判決不適用法規或適用不當者，為違背法令」，此係一般或抽象之違背法令，亦得稱為「相對之上訴理由」，在適用上須因不適用法規或適用不當致（顯然）影響判決之作

---

❻　釋 302 解釋理由書：「憲法第 16 條固規定人民有訴訟之權，惟**此項權利應依如何之程序行使，審級如何劃分，應否將第三審法院定為法律審，使司法訴訟程序之利用臻於合理，屬立法裁量問題，應由立法機關以法律妥為規定**。刑事訴訟法第377 條規定：『上訴於第三審法院，非以判決違背法令為理由，不得為之』。其限制第三審上訴之理由，即係基於上述意旨，為增進公共利益所必要，並未逾越立法裁量範圍，為憲法第 23 條之所許，與憲法第 16 條保障人民訴訟權之本旨並無牴觸。」

❼　陳敏，《行政法總論》，2007，第 1581 頁。

成。❽

　　所謂「不適用法規」，包括積極不適用法規、消極不適用法規與拒絕適用法規等；❾所謂「適用不當」，包括錯誤適用法規、❿違背論理或經驗法則、或有認定事實與卷宗所載內容相反之錯誤以及行政法院怠於行使規範審查權限⓫等。

　　若以高等行政法院判決有不適用法規或適用不當為理由時，其上訴狀或理由書應有具體之指摘，並揭示該法規之條項或其內容；若係成文法以外之法則，應揭示該法則之旨趣，倘為司法院解釋或本院之判例，則應揭示該判解之字號或其內容，始為合法上訴（最高行政法院 97 裁 934 判例）。此外，行政法院審判長在審理案件時應盡闡明義務，使當事人盡主張事實及聲明之能事。如未盡闡明義務，違背本法第 125 條規定，訴訟程序即構成重大瑕疵而有違誤（最高行政法院 101 判 234）。

2.當然違背法令──絕對之上訴理由

　　判決當然違背法令之情形，亦得稱為「絕對之上訴理由」，依本法第 243 條第 2 項規定，包括:

---

❽　釋 177:「確定判決消極的不適用法規，顯然影響裁判者，自屬……適用法規顯有錯誤之範圍，應許當事人對之提起再審之訴，以貫徹憲法保障人民權益之本旨……」；釋 181:「……依法應於審判期日調查之證據，未予調查，致適用法令違誤，而**顯然於判決有影響者**，該項確定判決，即屬判決違背法令……。」

❾　釋 177 解釋理由書:「……**判決適用法規顯有錯誤係指應適用之法規未予適用，不應適用之法規誤予適用者而言**……按民事第三審上訴及刑事非常上訴係以判決或確定判決違背法令為其理由，而**違背法令則兼指判決不適用法規及適用不當**而言，從而上開條款所定:『適用法規顯有錯誤者』，除適用法規不當外，並應包含消極的不適用法規之情形在內。惟確定判決消極的不適用法規，須於裁判之結果顯有影響者，當事人為其利益，始得依上開條款請求救濟。倘判決不適用法規而與裁判之結果顯無影響者，即無保護之必要，自不得據為再審理由……。」

❿　釋 181 解釋理由書:「……依法**應於審判期日調查之證據，未予調查，致適用法令違誤，而顯然於判決之結果有影響者**，倘不予以救濟，則無以維持國家刑罰權之正確行使，該項確定之判決即屬判決違背法令……。」

⓫　陳計男，《行政訴訟法釋論》，2000，第 644 頁至第 645 頁。

(1)判決法院之組織不合法者；❶❷

(2)依法律或裁判應迴避之法官參與裁判者；❶❸

(3)行政法院於權限之有無辨別不當或違背專屬管轄之規定者；❶❹

(4)當事人於訴訟未經合法代理或代表者；

(5)違背言詞辯論公開之規定者；

(6)判決不備理由或理由矛盾者。❶❺

　　如以行政訴訟法第 243 條第 2 項所列各款情形作為上訴理由時，其上訴狀或理由書，應揭示合於該條項各款之事實，始為合法上訴（最高行政法院 97 裁 934 判例）。

3.兩者之關聯

　　第 243 條第 2 項規定「當然違背法令」，係第 1 項規定「違背法令」之具體類型，故若有第 2 項各款事由存在，依具體規定優先抽象規定適用之原則，應優先適用具體規定，而第 1 項規定則係補充或備位之地位。

　　當事人提起上訴，如以原審判決有不適用法規或適用不當（第 1 項）為理由時，其上訴狀應有具體之指摘，並揭示該法規之條項或其內容；如以原審判決有第 2 項規定所列各款情形之當然違背法令為理由時，其上訴

---

❶❷ 吳庚，《行政爭訟法論》，2009，第 312 頁認為，若僅違反法院內部有關事務分配之規定（如跨庭審理），非有意用以操控審判結果者，尚不足以構成法院組織之瑕疵。

❶❸ 吳庚，《行政爭訟法論》，2009，第 312 頁認為，應迴避之法官如僅參與調查證據、準備程序或僅形式上參與裁判之宣示，尚非判決當然違背法令之事由。

❶❹ 陳敏，《行政法總論》，2007，第 1584 頁認為，行政法院對行政訴訟事件為審理，但並無事務管轄或土地管轄者，通常僅構成本法第 243 條第 1 項之「相對上訴理由」，如原判決之內容正確，並非不得維持，本法第 257 條第 1 項即有所明文；吳庚，《行政爭訟法論》，2009，第 312 頁至第 313 頁。

❶❺ 最高行政法院（94 判 183；94 判 207）謂：「……法院遇有多種獨立理由足以支持判決成立時，**只採用其中一種或一部分理由，作為支持成立之理由，雖有簡略之嫌，惟尚非構成理由不備之瑕疵**……。」相同見解，參閱陳敏，《行政法總論》，2007，第 1584 頁至第 1585 頁；吳庚，《行政爭訟法論》，2009，第 314 頁。

狀應揭示合於該款之事實。如上訴狀未依此項方法表明，或其所表明者，顯與上開法條規定之情形不相合時，即難認為已對原審判決之違背法令有具體之指摘，其上訴自難認為合法（最高行政法院 94 裁 1025）。

四、上訴程式與原審處置

㈠上訴程式

提起上訴，應以上訴狀，並應添具關於上訴理由之必要證據（第 244 條第 2 項；最高行政法院 100 裁 2866），提出於原高等行政法院為之。**⓰**

1. 上訴狀應記載事項

上訴狀應表明之事項，包括：⑴當事人；**⓱**⑵高等行政法院判決，及對於該判決上訴之陳述；⑶對於高等行政法院判決不服之程度，及應如何廢棄或變更之聲明；**⓲**⑷上訴理由（第 244 條第 1 項）。

2. 上訴理由之補正

若上訴狀內未表明上訴理由者，上訴人應於提起上訴後 20 日內（判決宣示或公告後送達前提起上訴者，該期間應自判決送達後起算），提出理由書於原高等行政法院（第 245 條第 1 項前段）。

若當事人未主動於 20 日內**⓳**提出理由書者，高等行政法院得逕行裁定

⓰ 若當事人誤向最高行政法院提起上訴者，其效力應如何理解：⑴送交說：認為若誤向最高行政法院提出上訴者，並不生移審之效力，最高行政法院僅得將上訴狀送交原高等行政法院，而非將案件移送高等行政法院；⑵移送說：認為既已向最高行政法院提出上訴狀，已生繫屬效力，但仍應將案件移送高等行政法院。張登科，翁岳生編，《行政訴訟法逐條釋義》，2006，第 659 頁至第 660 頁。

⓱ 本款所謂「當事人」，係指受原審法院判決之原告、被告或參加訴訟之人而言（最高行政法院 94 裁 73）。

⓲ 陳敏，《行政法總論》，2007，第 1585 頁認為，「**原告受法院全部或一部駁回**」、「**被告受法院全部或一部敗訴判決**」、「**法院僅對原告備位聲明為判斷，而未對本位聲明為判斷**」、「**法院命行政機關依其法律見解對原告為決定，而該法律見解較原告之見解為不利**」等情形，均可認當事人受有判決之不利益，而可提起上訴。

駁回，毋庸命其補正（第 245 條第 1 項後段）。

3.對簡易事件上訴

此部分，請參閱本書第六章貳及參之說明。

㈡原審處置

1.上訴不合法

⑴不合法且不能補正

當上訴係不合法，且其情形為不能補正者，原高等行政法院應以裁定駁回之（第 246 條第 1 項）。

至於，不能補正之類型，似得區分為「依事物性質不能補正」及「依法律規定不能補正」兩種態樣，前者例如逾越上訴之不變期間，後者例如上訴狀內未表明上訴理由、上訴人亦未於提起上訴後 20 日內（判決宣示或公告後送達前提起上訴者，該期間應自判決送達後起算），提出理由書於原高等行政法院，則毋庸命其補正，由原高等行政法院以裁定駁回之（第 245 條第 1 項；最高行政法院 94 裁 204）。

⑵不合法而可以補正，但未於期間內補正

上訴不合法而其情形可以補正者，原高等行政法院應定期間命其補正；如不於期間內補正，原高等行政法院應以裁定駁回之（第 246 條第 2 項）。例如，原告由訴訟代理人起訴，惟未於訴狀表明以「當事人」為起訴之名義，其情形既非不可補正，故應先定期間命為補正，不可逕行駁回。❷⓿

2.上訴合法

⑴將上訴狀送達被上訴人

---

❶⑨ 陳計男，《行政訴訟法釋論》，2000，第 639 頁認為，此「20 日」並非不變期間。

❷⓿ 釋 306 解釋理由書：「本院院解 3027 及最高法院 53 臺上 2617 判例，謂刑事被告之原審辯護人為被告之利益提起上訴，應以被告名義行之，在此範圍內，與憲法保障人民訴訟權之意旨，尚無牴觸。但上開判例已指明此係程式問題，**如原審辯護人已為被告之利益提起上訴，而僅未於上訴書狀內表明以被告名義上訴字樣者，其情形既非不可補正，自應依法先定期間命為補正，如未先命補正，即認其上訴為不合法者，應予依法救濟⋯⋯。」**

上訴未因不合法而駁回者，高等行政法院應速將上訴狀送達被上訴人（第 247 條第 1 項）。

⑵被上訴人提出答辯狀

被上訴人得於上訴狀或第 245 條第 1 項理由書送達後 15 日內，提出答辯狀於原高等行政法院（第 247 條第 2 項）。❷❶

惟被上訴人在最高行政法院未判決前仍得提出答辯狀及其追加書狀於最高行政法院，且上訴人亦得提出上訴理由追加書狀（第 248 條第 1 項）。最高行政法院認有必要時，❷❷得將前述書狀送達於他造（第 248 條第 2 項）。

⑶高等行政法院送交卷宗

高等行政法院送交訴訟卷宗於最高行政法院，應於收到答辯狀或前述期間已滿，及各當事人之上訴期間已滿後為之（第 247 條第 3 項）。若應送交之卷宗為高等行政法院所需者，應自備繕本、影本或節本（第 247 條第 4 項）。

五、最高行政法院之審理與裁判

㈠審　理

1.限制之範圍

⑴上訴聲明不得變更或擴張

由於上訴之聲明不得變更或擴張之（第 250 條），故最高行政法院應於上訴聲明之範圍內調查之（第 251 條第 1 項），為其應依職權調查之事項（最高行政法院 100 判 1683）。此外，最高行政法院若依職權或依聲請行

---

❷❶　蔡志方，《行政救濟法新論》，2007，第 360 頁認為，被上訴人僅為單純之答辯聲明即可，無需要求被上訴人負有提出書狀之義務。

❷❷　陳清秀，翁岳生編，《行政訴訟法逐條釋義》，2006，第 670 頁至第 671 頁，此「有必要」應由最高行政法院本於職權進行裁量決定之，但應注意維護當事人之程序上「武器平等」之權利保障。

言詞辯論，其言詞辯論亦應於上訴聲明之範圍內為之。

⑵不受上訴理由之拘束

最高行政法院調查高等行政法院判決有無違背法令，並不受上訴理由之拘束（第 251 條第 2 項）。

因此，若原判決有違背法令，雖上訴理由未予論及，惟正確適用法規乃法院之職權，最高行政法院自不受上訴理由之拘束，得予以審認（最高行政法院 98 判 1480）。

2.書面審理

⑴以書面審理為原則

最高行政法院之判決，不經言詞辯論為之（第 253 條第 1 項本文），故係採書面審理原則。

⑵以言詞辯論為例外

1 有言詞辯論之必要

若有：① 法律關係複雜或法律見解紛歧，有以言詞辯明之必要者；② 涉及專門知識或特殊經驗法則，有以言詞說明之必要者；或 ③ 涉及公益或影響當事人權利義務重大，有行言詞辯論之必要者，則最高行政法院得依職權或依聲請行言詞辯論（第 253 條第 1 項但書）。

2 言詞辯論之範圍

最高行政法院開啟言詞辯論者，該言詞辯論之範圍，應於上訴聲明範圍內為之（第 253 條第 2 項）。此為「禁止提出新訴訟資料」原則。[23]

3.法律審

⑴原則——法律審

最高行政法院之上訴審程序，原則上係法律審之救濟制度，即除別有規定外，應以高等行政法院判決確定之事實為判決基礎（第 254 條第 1 項）。[24]因此，於高等行政法院判決後，不得主張新事實[25]或提出新證據方

---

[23] 林騰鷂，《行政訴訟法》，2008，第 469 頁。

[24] 陳清秀，翁岳生編，《行政訴訟法逐條釋義》，2006，第 682 頁，**上訴理由指摘原判決違法，是否確有違法情事，最高行政法院並不受原判決所為事實認定之拘**

法而作為上訴之理由（最高行政法院 94 判 772）。❷❻

(2)例外──事實審

於符合第 254 條第 1 項「別有規定」之情形下，最高行政法院亦可為事實審之審理。然相較於法律審之建構，事實審究為例外。❷❼

①「別有規定」之意涵

所謂「別有規定」，例如，第 254 條第 2 項與第 3 項之規定，即以違背訴訟程序之規定為上訴理由時，所舉違背之事實，及以違背法令確定事實或遺漏事實為上訴理由時，所舉之該事實，最高行政法院仍得斟酌之。而依第 253 條第 1 項但書規定，行言詞辯論所得闡明或補充訴訟關係之資料，最高行政法院亦得斟酌之。

②行言詞辯論而自為判決

最高行政法院若依第 253 條第 1 項行言詞辯論者，則依第 259 條規定，最高行政法院應就該事件自為判決。

(二)裁　判

最高行政法院之裁判，亦得區分為程序裁判與實體裁判。

1.裁　定

程序裁判，即裁定。

上訴不合法者，最高行政法院應以裁定駁回之。但是，其情形可以補

束。

❷❺ 陳清秀，翁岳生編，《行政訴訟法逐條釋義》，2006，第 682 頁至第 683 頁認為，僅有下列情形始可由最高行政法院加以斟酌及自行調查認定：(1)涉及原審判決的實體判決要件的事實；(2)有助於指摘程序瑕疵之理由的事實；(3)一般公眾所知悉的事實；(4)有關行政處分、行政機關意思表示、自治規章、行政規則或針對不特定多數人的法律行為的解釋；(5)有關法院裁判的解釋；(6)有關訴訟行為的解釋。

❷❻ 於高等行政法院言詞辯論終結後主張之新事實，最高行政法院不得予以審酌（最高行政法院 94 判 52）。

❷❼ 陳敏，《行政法總論》，2007，第 1581 頁；陳石獅，翁岳生編，《行政訴訟法逐條釋義》，2006，第 637 頁。

正者，審判長應定期間先命補正（第 249 條第 1 項）。不過，上訴不合法之情形，已經原高等行政法院命其補正而未補正者，得逕自以裁定駁回（第 249 條第 2 項）。

2. 判 決

實體裁判，即判決。可再區分為 2 類：

(1)無理由之判決

1 上訴無理由而為判決駁回

最高行政法院認為上訴為無理由者，應為駁回之判決（第 255 條第 1 項）。此「無理由」之理解，因涉及法律審之定位，主要展現在原判決違背法令有無之判斷。❷❽

2 主要理由不當但其他理由為正當之判決駁回

若原判決依其理由雖屬不當，而依其他理由仍認為正當者，應以上訴為無理由（第 255 條第 2 項）。此條文乃基於訴訟經濟之考量而設立。❷❾

3 不得廢棄原判決

❶ 相對上訴理由而實際上不影響判決之結果

原判決若具備有「判決不備理由或理由矛盾」之絕對上訴理由（第 243 條第 2 項第 6 款），以及其他各種相對上訴理由，而實際上不影響判決之結果，則有第 258 條規定之適用：「除第 243 條第 2 項第 1 款至第 5 款之情形外，若高等行政法院判決違背法令而不影響裁判之結果者，則不得廢棄原判決」。

❷ 非違反專屬管轄之無管轄權事件

除違背專屬管轄之規定者外，最高行政法院不得以高等行政法院無管轄權而廢棄原判決（第 257 條第 1 項）。換言之，高等行政法院不具備一般管轄權但其實質內容正確者，無需僅因土地管轄有誤即予以撤銷。

此外，應適用簡易訴訟程序或交通裁決訴訟程序之事件，最高行政法

---

❷❽ 黃錦堂，翁岳生編，《行政訴訟法逐條釋義》，2006，第 637 頁。

❷❾ 蔡志方，《行政救濟法新論》，2007，第 364 頁認為，此為「訴訟上理由之轉換」，或「職權性之司法理由替換」。

院不得以高等行政法院行通常訴訟程序而廢棄原判決。前述情形，應適用簡易訴訟或交通裁決訴訟上訴審程序之規定（第 256 之 1 條）。

(2)有理由之判決

①上訴有理由而廢棄原判決

原則上，最高行政法院認為上訴有理由者，就該部分應廢棄原判決（第 256 條第 1 項）。❸而因違背訴訟程序之規定廢棄原判決者，其違背之訴訟程序部分，視為亦經廢棄（第 256 條第 2 項）。

高等行政法院違反專屬管轄之規定時，則無第 257 條之適用，最高行政法院得將原判決廢棄。就因高等行政法院無管轄權而廢棄原判決者，應以判決將該事件移送於管轄行政法院（第 257 條第 2 項）。

②自為判決，或發回、發交為判決

❶廢棄原判決，並發回或發交為判決

經廢棄原判決者，除別有規定外，最高行政法院應將該事件發回原高等行政法院或發交其他高等行政法院（第 260 條第 1 項）。❸

當發回或發交判決時，就高等行政法院應調查之事項，最高行政法院應詳予指示（第 260 條第 2 項）。

而受發回或發交之高等行政法院，應以最高行政法院所為廢棄理由之法律上判斷為其判決基礎（第 260 條第 3 項）。❸

---

❸　黃錦堂，翁岳生編，《行政訴訟法逐條釋義》，2006，第 690 頁認為，最高行政法院廢棄原判決時，應詳述其法律上之判斷。此項判斷，連同「廢棄」之決定，將拘束原審高等行政法院。與此不同，廢棄決定中所為之單純指引或建議，而非為廢棄決定的核心部分，則不具拘束力。

❸　原判決所違反之事項，為本法第 243 條第 2 項第 1 款至第 5 款絕對上訴事由，則不論有無影響裁判結果，均屬違背法令之判決，自無第 258 條之限制，而得以廢棄原判決。

❸　第 260 條第 3 項之拘束效力，僅限法律上判斷，不及於事實之調查。從而，受發回或發交之高等行政法院依最高行政法院廢棄理由之法律見解，本於職權調查事證，重為判決之結果，縱與已發回或發交前判決持相同之見解，於法亦非有違（釋 368；行政法院 60 判 35 判例；最高行政法院 94 判 621）；此外，為發回或

2 最高行政法院自為判決

最高行政法院應就該事件自為判決（第 259 條），其情形包括：A.因基於確定之事實或依法得斟酌之事實，不適用法規或適用不當廢棄原判決，而事件已可依該事實為裁判者；B.因事件不屬行政法院之權限，而廢棄原判決者；C.依第 253 條第 1 項行言詞辯論者。

綜上所述，關於本法上訴之流程，繪圖【圖 7-2】如下：㉝

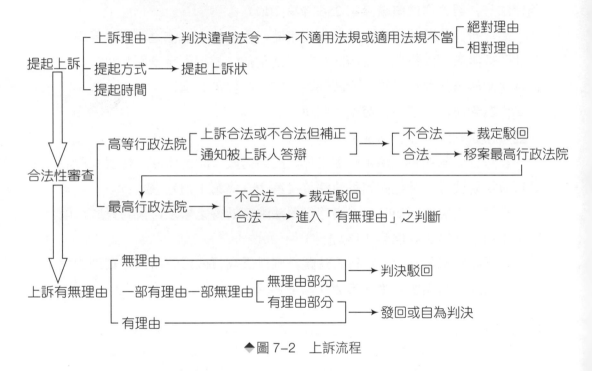

◆圖 7-2　上訴流程

發交之判決者，最高行政法院應速將判決正本附入卷宗，送交受發回或發交之高等行政法院。

㉝ 劉宗德、彭鳳至合著，〈行政訴訟制度〉，翁岳生編，《行政法》下冊，2006，第510 頁至第 514 頁。

貳、抗告程序

對於尚未確定之裁定不服者，係進行抗告程序（第 264 條至第 272 條）。故如對已確定裁定提起抗告，係依聲請再審事件處理（最高行政法院 94 裁 332）。❸此外，「抗告程序」規定於本法第四編；而「和解」則規定在本法第二編第一章第七節，該和解程序依同法第 272 條規定並未準用於「抗告程序」，從而，抗告人依據本法第 219 條聲請本院於本件抗告程序「試行和解」，尚屬無據（最高行政法院 101 裁 972）。

一、類　型

㈠抗　告

基於權利保護之必要性及完整性，對於尚未確定之裁定不服者，即抗告人之權益因裁定而受不利之影響者，除別有不許抗告之規定者外，原則上得為抗告（第 264 條）。所謂「別有不許抗告之規定」，例如，第 265 條規定：「訴訟程序進行中所為之裁定，除別有規定外，不得抗告。」❸第 266 條第 1 項本文規定：「受命法官或受託法官之裁定，不得抗告。」

㈡準抗告

針對受命法官或受託法官之裁定，如係受訴行政法院所為，而依法得

---

❸　最高行政法院，係終審行政法院，管轄不服高等行政法院裁判而上訴或抗告之事件。繫屬行政法院之事件，經最高行政法院判決或裁定者，即為確定，如對於最高行政法院之確定終局判決或裁定不服，而具有本法第 273 條各款情形之一者，得對之提起再審之訴（確定判決）或聲請再審（確定裁定）（最高行政法院 94 裁 332）。

❸　例如，訴訟程序進行中，受訴法院審判長關於起訴程式上之欠缺所為補正之裁定，本法第 107 條並無得抗告之規定，則審判長就起訴程式上之欠缺所為補正之裁定，即不得抗告（最高行政法院 94 裁 353）。

為抗告者，得向受訴行政法院提出異議（第266條第1項）。此項異議，準用對於行政法院同種裁定抗告之規定（第266條第2項），稱為「準抗告」（亦有稱為「擬制抗告」者）。因此，異議係對於受命法官或受託法官所為裁定不服，即限於其裁定係受訴行政法院所為，而依法得為抗告者，始得聲明不服（最高行政法院94裁979）。❸受訴行政法院就異議所為之裁定，得依本編之規定抗告（第266條第3項）。

繫屬於最高行政法院之事件，受命法官、受託法官所為之裁定，得向受訴行政法院提出異議。其不得上訴最高行政法院之事件，高等行政法院受命法官、受託法官所為之裁定，亦同（第266條第4項）。

㈢擬制抗告或異議

依本編規定，應為抗告而誤為異議者，視為已提起抗告（第271條前段），稱為「擬制抗告」；應提出異議而誤為抗告者，視為已提出異議（第271條後段），稱為「擬制異議」。

關於抗告之態樣，繪圖【圖7–3】如下：

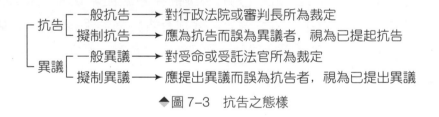

◆圖7–3　抗告之態樣

---

❸　異議與抗告之區別：

	異　議	抗　告
對　象	對受命或受託法官所為裁定之救濟	對行政法院或審判長所為裁定之救濟
提　出	向受訴法院提出，若有不服可抗告	由最高行政法院裁定

相關介紹，黃啟禎，翁岳生編，《行政訴訟法逐條釋義》，2006，第707頁。

二、抗告人

㈠具備抗告權之人

得提起抗告之人，必須具有「抗告權」之人始可為之。

凡是受到法院之裁定並因此受有不利益之人，皆具有抗告權而得以提起抗告：1.行政訴訟當事人受到法院之裁定，當然具備抗告權；2.證人、鑑定人、有提出文書義務之人，對行政法院科以罰鍰之裁定，亦具有抗告權；❸❼ 3.行政法院書記官、執達員、法定代理人或訴訟代理人，對行政法院命其負擔訴訟費用之裁定，亦具有抗告權（本法第 104 條準用民訴第 89 條）。

㈡權利保護之必要

有抗告權之人，於提起抗告時需主張其權益受系爭裁定之侵害，始具有權利保護必要性，而得以合法提起抗告。❸❽

三、抗告法院與期間

㈠抗告法院

抗告，由直接上級行政法院裁定。惟對於抗告法院之裁定，不得再為抗告（第 267 條）。

㈡抗告之不變期間

提起抗告，應於裁定送達後 10 日之不變期間內為之。但是，送達前之抗告亦有效力（第 268 條）。若是抗告人逾期始為抗告者，此時即產生喪失抗告權之效果而不得提起抗告。

---

❸❼　陳計男，《行政訴訟法釋論》，2000，第 670 頁以下。
❸❽　陳敏，《行政法總論》，2007，第 1596 頁。

四、抗告之提起、捨棄與撤回

㈠提　起

1.抗告之提起方式

⑴以抗告狀提起

提起抗告，應向為裁定之原行政法院或原審判長所屬行政法院，提出抗告狀為之（第 269 條第 1 項）。

⑵以言詞提起抗告

關於訴訟救助提起抗告，及由證人、鑑定人或執有證物之第三人提起抗告者，得以言詞為之（第 269 條第 2 項）。

2.提起抗告之效力

系爭裁定因抗告之提起而不能確定，但其執行力並不因此而停止（第 272 條準用民訴第 491 條第 1 項）。原行政法院、審判長或抗告法院得在抗告事件裁定前，停止原裁定之執行或為其他必要處分（第 272 條準用民訴第 491 條第 2 項）。

原行政法院、審判長或抗告法院所為停止原裁定之執行或為其他必要處分，不得抗告（第 272 條準用民訴第 491 條第 3 項）。

㈡捨棄與撤回

關於捨棄上訴權及撤回上訴之規定，於抗告準用之（第 270 條）。捨棄或撤回抗告後，即產生喪失抗告權之效果。

1.捨棄抗告權

⑴捨棄抗告權之時點

當事人於行政法院裁定宣示、公告或送達後，得捨棄抗告權（第 270 條準用第 240 條第 1 項）。

⑵以言詞捨棄抗告權——記載於言詞辯論筆錄

當事人於宣示裁定時，以言詞捨棄抗告權者，應記載於言詞辯論筆錄；

如他造不在場，應將筆錄送達（第 270 條準用第 240 條第 2 項）。

2.撤回抗告

(1)撤回抗告權之時點

上訴人於終局判決宣示或公告前得將上訴撤回（第 270 條準用第 262 條第 1 項）。

(2)撤回抗告權之方式

上訴之撤回，應以書狀為之。但在言詞辯論時，得以言詞為之（第 270 條準用第 262 條第 3 項）。

五、抗告之審查

關於抗告之審查，亦如一般上訴程序，先由原行政法院或審判長審查後，若未駁回抗告、未撤銷變更原裁定者，則送交直接上級行政法院再為合法性審查，亦即為「兩次審查」。

(一)原行政法院或審判長之審查

原行政法院或審判長，於當事人提起抗告後，應予以審查，並為下列之處置：

1.抗告不合法——裁定駁回

若抗告人所提起之抗告，已逾越法定抗告期間，或對不得抗告之裁定而為抗告，或有其他不合法之情形，於無法命補正或命補正但未有補正之情形，以裁定駁回之（最高行政法院 101 裁 932）。

2.抗告有理由——撤銷或變更原裁定

原行政法院或審判長，若認抗告為有理由者，應撤銷或變更原裁定（第 272 條準用民訴第 490 條第 1 項）。

3.未駁回抗告，亦未撤銷變更原裁定——送交直接上級行政法院

原法院或審判長未以抗告不合法駁回抗告，亦未依前項規定為裁定者，應速將抗告事件送交抗告法院；如認為必要時，應送交訴訟卷宗，並得添具意見書（第 272 條準用民訴第 490 條第 2 項）。

(二)直接上級行政法院之審查

直接上級行政法院收到原行政法院送交之抗告事件後，應予以審查，並為下列之處置：

1.抗告不合法或無理由——裁定駁回

直接上級行政法院若認抗告係不合法或無理由者，應為駁回抗告之裁定。

抗告既經程序駁回，則依程序不合實體不究原則，抗告人其餘之實體上理由，即不予以審究（最高行政法院 101 裁 932）。

2.抗告有理由——廢棄或變更原裁定

抗告法院認抗告為有理由者，應廢棄或變更原裁定；非有必要，不得命原法院或審判長更為裁定（第 272 條準用民訴第 492 條）。

實務上即有案例認為有必要命原法院或審判長更為裁定者，如最高行政法院（101 裁 791）針對抗告所為裁定之主文：「原裁定廢棄，應由臺北高等行政法院更為裁判。」

第八章
再審與重新審理

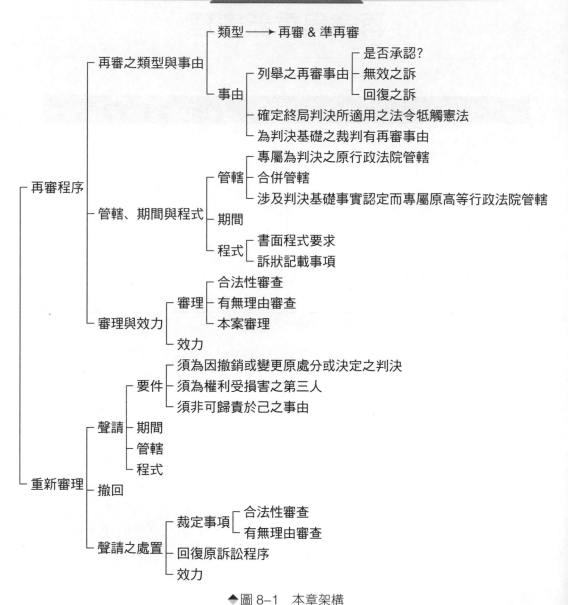

◆圖 8-1　本章架構

對於已確定終局判決不服者，係依法進行再審程序或重新審理。

壹、再審程序

　　再審程序，係針對已確定裁判之非常救濟程序，向裁判之原行政法院聲明不服之程序（第 273 條至第 283 條）。❶

　　為確保判決之確定力，顧及法律秩序之安定性，對於提起再審之要件，自應作相當之限制，而以列舉方式臚列再審要件，係立法機關為平衡法律之安定性與裁判之正確性所作之決定（釋 244；釋 393）。❷至於，對個案所制定之再審理由，則違反法律平等適用之法治國家基本原則（釋585）。❸

一、再審之類型與事由

㈠類　型

　　再審之訴，係針對確定終局判決聲明不服。

　　至於，裁定已經確定，而有第 273 條之情形者，得準用本編之規定，聲請再審，稱為「準再審」。❹

---

❶ 再審為非常之法律救濟，與一般之審級救濟方式有別，**不具延宕效力或移審效力**。原確定判決之效力，不因提起再審而直接受影響。陳敏，《行政法總論》，2007，第 1600 頁；黃啟禎譯，陳敏等譯，《德國行政法院法逐條釋義》，2002，第 1709 頁。

❷ 釋 244 並謂，行政法院（55 裁 36 判例）主要意旨，係在揭示法律上之見解，與物之存在或狀態為資料之物證有別，不得以之作為發見未經斟酌之證物而提起再審之訴，並非不許依法定再審理由提起再審之訴，與憲法自無抵觸。

❸ 例如，針對民國 93 年 9 月 24 日公布之三一九槍擊事件真相調查特別委員會條例第 13 條第 3 項規定「本會調查結果，與法院確定判決之事實歧異者，得為再審之理由」，釋 585 宣告：「違反法律平等適用之法治基本原則，並逾越立法院調查權所得行使之範圍。

㈡事　由

再審之事由，得區分如下：

1.列舉之再審事由

除當事人已依上訴主張其事由或知其事由而不為主張者（第273條第
1項但書）之情形外，當事人❺可主張下列事由提起再審，包括：

⑴適用法規顯有錯誤者；　❻

⑵判決理由與主文顯有矛盾者；　❼

⑶判決法院之組織不合法者；　❽

⑷依法律或裁判應迴避之法官參與裁判者；　❾

---

❹　最高行政法院（101裁1126；94裁932）指出：「對於本院裁定聲請再審，依本
　　法第283條準用同法第277條第1項第4款之規定，必須表明再審理由及關於再
　　審理由並遵守不變期間之證據。所謂表明再審理由，必須指明其所再審之裁定，
　　有如何合於本法第273條第1項、第2項所定再審事由之具體情事始為相當。」

❺　陳計男，《行政訴訟法釋論》，2000，第685頁至第687頁，此「當事人」，包含
　　原確定判決之當事人及其繼受人、前程序有特別代理權之訴訟代理人、參加人。

❻　所謂「適用法規顯有錯誤者」，係指所適用之法規與該案應適用之現行法規相違
　　背，或與解釋判例有所牴觸者而言，至於法律上見解之歧異，聲請人對之縱有爭
　　執，要難謂為適用法規顯有錯誤，而據為再審之理由（最高行政法院97判360
　　判例；101裁1126）；學界對此款事項納入再審事由，持保留態度者。陳敏，《行
　　政法總論》，2007，第1601頁；吳庚，《行政爭訟法論》，2009，第326頁；蔡志
　　方，《行政救濟法新論》，2007，第368頁。

❼　最高行政法院98裁172指出：「本款所謂判決理由與主文顯有矛盾，係指判決理
　　由與主文之內容適得其反而言，本院著有60裁87判例。」而學界對此款事項納
　　入再審事由，持保留態度者。陳敏，《行政法總論》，2007，第1601頁；吳庚，
　　《行政爭訟法論》，2009，第326頁；蔡志方，《行政救濟法新論》，2007，第
　　368頁。

❽　陳敏，《行政法總論》，2007，第1583頁，例如：審判庭法官人數不符行政法院
　　組織法第3條之規定，或非參與裁判基礎言詞辯論之法官參與審判（第188條第
　　2項），皆構成法院組織不合法。

❾　陳敏，《行政法總論》，2007年第5版，新學林總經銷，第1602頁，應迴避之法

(5)當事人於訴訟未經合法代理或代表者；

(6)當事人知他造之住居所，指為所在不明而與涉訟者。但他造已承認其訴訟程序者，不在此限；

(7)參與裁判之法官關於該訴訟違背職務，犯刑事上之罪者；

(8)當事人之代理人、代表人、管理人或他造或其代理人、代表人、管理人關於該訴訟有刑事上應罰之行為，影響於判決者；

(9)為判決基礎之證物係偽造或變造者；❿

(10)證人、鑑定人或通譯就為判決基礎之證言、鑑定或通譯為虛偽陳述者；

(11)為判決基礎之民事或刑事判決及其他裁判或行政處分，依其後之確定裁判或行政處分已變更者；

(12)當事人發現就同一訴訟標的在前已有確定判決或和解或得使用該判決或和解者；

(13)當事人發現未經斟酌之證物或得使用該證物者。但以如經斟酌可受較有利益之裁判者為限；⓫

(14)原判決就足以影響於判決之重要證物漏未斟酌者。⓬

官參與裁判外之調查證據、宣示裁判，尚非再審事由。

❿ 釋 393：「憲法第 16 條規定，人民訴訟權應予保障，至訴訟救濟應循之審級、程序及相關要件，應由立法機關衡量訴訟之性質，以法律為正當合理之規定。……『為判決基礎之證物係偽造或變造者』得據以提起再審之訴，**係指該證物確係偽造或變造而言，非謂僅須再審原告片面主張其為偽造或變造，即應重開訴訟程序而予再審。而所謂證物確係偽造或變造，則又以其偽造或變造經宣告有罪之判決已確定，或其刑事訴訟不能開始或續行，非因證據不足者為限**……。」

⓫ 最高行政法院（101 裁 1092）：「……第 13 款所謂當事人發見未經斟酌之重要證物者，係指該證物在前訴訟程序時業已存在，而為當事人所不知或不能使用，今始知悉或得予利用者而言，且須以經斟酌可受較有利益之裁判者為限。如已於前訴訟程序提出主張，而為原判決所不採者，或在前訴訟程序中尚未存在之證物，本無所謂發見，自不得以之為再審理由。至法規命令、解釋令函均非本款所謂之證物……。」

⓬ 最高行政法院（101 裁 1092；101 裁 1126）指出，第 14 款所謂「原判決就足以影響於判決之重要證物漏未斟酌者」，係指該證物在前訴訟程序業已提出，未經

前述(7)至(10)之情形，係以宣告有罪之判決已確定，或其刑事訴訟不能開始或續行非因證據不足者為限，才得提起再審之訴（第273條第3項）。蓋判決一經確定，紛爭即因之而解決，法律秩序亦賴之而安定。

再審事由之範圍，原為立法者具體化訴訟權保障之形成自由，而前述(1)與(2)之情形，似應屬上訴救濟之瑕疵；(3)至(6)之情形，涉及確定終局判決之程序瑕疵顯然嚴重，該再審之訴屬無效之訴之性質；(7)至(14)之情形，涉及判決基礎之顯然不正確或不完備，該再審之訴屬回復之訴之性質。⓭關於此分類方式，繪圖【圖8-2】表示如下：

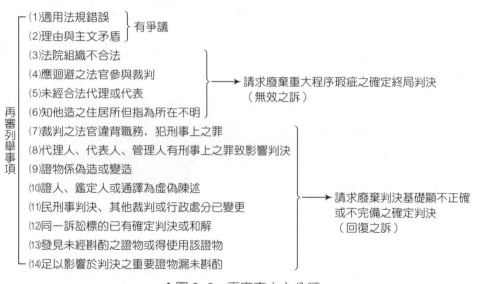

◆圖 8-2　再審事由之分類

原則上，裁判確定後，當事人即應遵守，不容輕易變動，故再審之事由，應以法律所明定者為限。⓮

確定裁判加以斟酌，或忽視當事人聲明不予調查，或依聲請或依職權調查之證據未為判斷，且以該證物足以動搖確定裁判基礎者為限。

⓭ 陳敏，《行政法總論》，2007，第1600頁至第1601頁；吳庚，《行政爭訟法論》，2009，第325頁至第327頁；黃啟禎譯，陳敏等譯，《德國行政法院法逐條釋義》，2002，第1711頁至第1714頁；林騰鷂，《行政訴訟法》，2008，第480頁；黃啟禎，翁岳生編，《行政訴訟法逐條釋義》，2006，第720頁。

2.確定終局判決所適用法律或命令牴觸憲法

確定終局判決所適用之法律或命令，經司法院大法官依當事人之聲請解釋為牴觸憲法者，其聲請人亦得提起再審之訴（第 273 條第 2 項）。

例如，釋 177：「……本院依人民聲請所為之解釋，對聲請人據以聲請之案件，亦有效力」；釋 185：「……確定終局裁判所適用之法律或命令，或其適用法律、命令所表示之見解，經本院依人民聲請解釋認為與憲法意旨不符，其受不利確定終局裁判者，得以該解釋為再審或非常上訴之理由……」；釋 188：「……引起歧見之該案件，如經確定終局裁判，而其適用法令所表示之見解，經本院解釋為違背法令之本旨時，是項解釋自得據為再審或非常上訴之理由」等。

3.為判決基礎之裁判有再審事由

(1)允許提起再審之訴

為判決基礎之裁判，如有第 273 條所定之情形者，得據以對於該判決提起再審之訴（第 274 條）。

至於，主張確定判決有本條所定再審事由者，則須就何者為確定判決基礎之裁判，及該裁判有如何之再審事由，予以具體指明（最高行政法院 94 裁 910）。

(2)一事不再理之要求

再審之訴，經行政法院認無再審理由，判決駁回後，不得以同一事由對於原確定判決或駁回再審之訴之確定判決，更行提起再審之訴（第 274 之 1 條）。❺

---

❹ 針對行政法院（46 裁 41 判例）謂：「行政訴訟之當事人對於本院所為裁定，聲請再審經駁回後，不得復以同一原因事實，又對駁回再審聲請之裁定，更行聲請再審。」釋 154 指出，係對於當事人以原裁定之再審事由，再對認該事由為不合法之裁定聲請再審，認為顯不合於行政訴訟之規定者而言，旨在遏止當事人之濫訴，無礙訴訟權之正當行使，與憲法並無牴觸；並參，最高行政法院 101 裁 1092。

❺ 本條文，係參照民訴第 498 條之 1 規定而增訂。

二、再審之管轄、期間與程式

㈠管　轄

1.原則——專屬為判決之原行政法院管轄

再審之訴，專屬為判決之原行政法院管轄（第 275 條第 1 項）。

2.合併管轄

對於審級不同之行政法院，就同一事件所為之判決，提起再審之訴者，專屬上級行政法院合併管轄之（第 275 條第 2 項）。

3.涉及判決基礎事實之認定而專屬原高等行政法院管轄

對於最高行政法院之判決，若本於第 273 條第 1 項第 9 款至第 14 款事由聲明不服者，涉及判決基礎事實之認定，故專屬原高等行政法院管轄（第 275 條第 3 項）。誤向最高行政法院提起再審之訴者，則得依職權裁定移送於管轄法院（最高行政法院 94 裁 776；94 裁 877）。

再者，對於高等行政法院判決提起上訴，而經最高行政法院認上訴為不合法以裁定駁回，對於該高等行政法院判決提起再審之訴者，無論本於何種法定再審事由，仍應專屬原高等行政法院管轄（最高行政法院 95 裁 1167 判例）。

㈡期　間

再審之訴，應於 30 日之不變期間內提起（第 276 條第 1 項），該期間自判決確定時起算。但是，再審之理由知悉在後者，則自知悉時起算（第 276 條第 2 項）。

當事人主張再審之事由，發生在後或知悉在後者，應由法院依職權調查認定之。而行政法院（最高行政法院 61 裁 23 判例）謂，原判決適用法規有無錯誤，當事人於收受判決之送達時，即已知悉，不生知悉在後之問題。❶此外，針對第 273 條第 1 項第 13 款所謂「當事人發見未經斟酌之證

❶　釋 197 指出：「此項判例，並未涉及本院就確定終局裁判適用之法規依人民聲請

物或得使用該證物者」，如證物已於前訴訟程序提出主張，而為原判決所不採者；或在前訴訟程序中尚未存在之證物，本無所謂發見，自不得以之為再審理由。至於，第 14 款所謂「原判決就足以影響於判決之重要證物漏未斟酌者」，當事人當於前訴訟程序即知悉該證物，且原確定判決有否對該證物予以斟酌或調查，亦為當事人於判決送達時即得知悉，原則上當不生第 276 條第 2 項所規範再審理由「發生或知悉在後」之情形（最高行政法院 101 裁 914）。

依第 273 條第 2 項確定終局判決所適用法律或命令牴觸憲法而提起再審之訴者，期間自解釋公布當日起算（第 276 條第 3 項）。

再審之訴自判決確定時起，如已逾 5 年者，不得提起。但是，以第 273 條第 1 項第 5 款、第 6 款或第 12 款情形為再審之理由者，不在此限（第 276 條第 4 項）。

(三)程　式

1.書面程式要求

再審之訴，應以訴狀，並添具確定終局判決繕本，提出於管轄行政法院為之（第 277 條第 1 項）。

2.訴狀記載事項

(1)應記載事項

訴狀應表明之事項，包括：① 當事人；② 聲明不服之判決及提起再審之訴之陳述；③ 應於如何程度廢棄原判決及就本案如何判決之聲明；④ 再審理由及關於再審理由並遵守不變期間之證據（第 277 條第 1 項）。❶❼

提起再審之訴，應依本法第 277 條第 1 項第 4 款之規定表明再審理由，此為必須具備之程式。所謂表明再審理由，必須指明確定判決有如何合於

而為解釋後，該聲請人據以依法請求再審期間之計算，尚不發生牴觸憲法問題。」

❶❼ 若未於訴狀內表明關於遵守不變期間之證據，此項法定程式之欠缺，不屬由審判長限定期間命其補正之事由，應逕認本件再審之訴因逾期不合法而予駁回（最高行政法院 94 裁 1013）。

第 273 條或第 274 條所定再審事由之具體情事，始為相當。倘僅泛言有再審事由而無具體情事者，仍難謂已合法表明再審理由，所提再審之訴，即屬不合法（最高行政法院 101 裁 1017）。

⑵宜記載事項

再審訴狀內，宜記載準備本案言詞辯論之事項（第 277 條第 2 項）。

三、再審之審理與效力

㈠審　理

再審之訴之審理，概可分為「合法性審查」、「有無理由審查」及「本案審理」等 3 個階段：**⑱**

1.合法性審查

提起再審之訴，自應符合一般實體判決要件及再審特別要件，始屬合法提起再審。若再審之訴不合法者，行政法院應以裁定駁回之（第 278 條第 1 項）。

若當事人提起再審之訴，欠缺一般實體判決要件時，再審之訴自不合法；若當事人無法主張具備再審事由，或具備再審事由但「以依上訴主張其事由或知其事由而不為主張」者，亦應認為再審不合法；**⑲**若當事人對於再審判決，以同一事實理由再提起再審者，亦屬不合法。**⑳**

2.有無理由審查

當再審之訴合法後，即進行「有無理由」之審查。若再審原告之主張具備第 273 條或第 274 條之事由時，其再審之訴有理由。

---

⑱ 陳計男，《行政訴訟法釋論》，2000，第 705 頁至第 707 頁；林騰鷂，《行政訴訟法》，2008，第 486 頁。

⑲ 有謂係「再審補充性」之展現。吳庚，《行政爭訟法論》，2009，第 327 頁；陳計男，《行政訴訟法釋論》，2000，第 683 頁；林騰鷂，《行政訴訟法》，2008，第 481 頁。

⑳ 行政法院（44 裁 17 判例）：「**再審案件經再審裁判後，當事人不得仍以同一原因事實，對於原確定判決更提起再審之訴。**」

若經審查後，並不存在再審事由者，此時再審之訴為無理由，得不經言詞辯論，以判決駁回之（第 278 條第 2 項）。

3. 本案審理

再審訴訟符合「合法性」及「有理由」者，即應就原確定判決事件為本案之審理。

再審之審理，除本編別有規定外，再審之訴訟程序，係準用關於各該審級訴訟程序之規定（第 281 條）。所謂「本編別有規定」，例如，第 273 條規定：「本案之辯論及裁判，以聲明不服之部分為限。」

⑴有再審理由但原判決正當——判決駁回

若再審之訴雖有再審理由，行政法院如認原判決為正當者，應以判決駁回之（第 280 條）。❷

⑵有再審理由且原判決非正當——廢棄原判決

若再審之訴具備再審理由，且原判決非正當者，此時再審法院應廢棄原判決，另以新判決取代，或為發回、發交之判決。

關於再審之審理程序，繪圖【圖 8-3】如下：

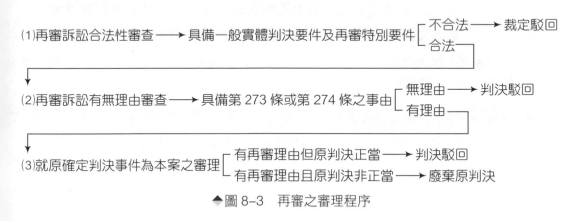

◆圖 8-3　再審之審理程序

---

❷ 陳計男，《行政訴訟法釋論》，2000，第 706 頁認為，「有無理由」已涉及實體之審查，理應依本法第 188 條第 1 項行言詞辯論；然若案件顯然不具再審理由，此時基於訴訟經濟之考量，即可不經言詞辯論，逕以判決駁回。

㈡效　力

再審之訴之判決，對第三人因信賴確定終局判決以善意取得之權利無影響（釋 362）。但是，顯於公益有重大妨害者，不在此限（第 282 條）（釋 552）。❷❷

貳、重新審理

重新審理，係非可歸責於己之事由而未參加訴訟之第三人，對於確定終局判決聲明不服之程序（第 284 條至第 292 條）。❷❸

一、重新審理之聲請與撤回

㈠重新審理之聲請

因撤銷或變更原處分或決定之判決，而權利受損害之第三人，如非可歸責於己之事由，未參加訴訟，致不能提出足以影響判決結果之攻擊或防禦方法者，❷❹得對於確定終局判決聲請重新審理（第 284 條第 1 項；最高行政法院 101 裁 813）。

1.重新審理之要件

❷❷　本條文立法，學界採保留態度：⑴主張應修法者：認為本法第 282 條本文之規定，已經以信賴保護為前提，而信賴保護概念已有公益與私益之權衡，且若非出於善意，通常即無值得保護之利益，故該條文中有關「善意」之字並無必要。吳庚，《行政爭訟法論》，2009，第 332 頁；⑵主張為贅文者：認為本條文嫌屬累贅，蔡志方，《行政救濟法新論》，2007，第 370 頁。

❷❸　陳計男，〈行政訴訟法上之重新審理〉，《法令月刊》第 50 卷第 12 期，第 3 頁至第 7 頁。

❷❹　林錫堯，翁岳生編，《行政訴訟法逐條釋義》，2006，第 734 頁，所謂「足以影響判決結果之攻擊或防禦方法」者，係指該攻擊或防禦方法如在原訴訟程序中提出，則原判決結果會對第三人作有利之變更。

得聲請重新審理之要件，包括：

⑴須為因撤銷或變更原處分或決定之判決；

⑵須為權利受損害之第三人；❷

⑶須非可歸責於己之事由。❷

若確定判決係維持原處分及原訴願決定之判決，則並非撤銷或變更原處分或決定之判決，自不得聲請重新審理（最高行政法院 94 裁 435）。此外，撤銷或變更原處分或決定之判決，必須原告勝訴之判決，因該勝訴判決係形成判決，對第三人亦有效力（本法第 215 條），使第三人權利受損害，故有重新審理之問題；若為原告敗訴之判決，則為確認判決，判決效力不及於第三人，亦無使第三人權利受損害而聲請重新審理之問題。所謂不能提出足以影響判決結果之攻擊或防禦方法，係指第三人如於前訴訟程序提出攻擊防禦方法，該訴訟之判決將對第三人為有利之變更。故在前訴訟程序已提出之攻擊防禦方法，並經行政法院審酌，自不能認聲請人因未能提出該項足以影響判決結果之攻擊防禦方法，而得聲請重新審理（最高行政法院 101 裁 813）。

2.重新審理之期間

前述聲請，應於知悉確定判決之日起 30 日之不變期間內為之。但是，自判決確定之日起已逾 1 年者，不得聲請（第 284 條第 2 項；最高行政法院 99 裁 3160）。

3.重新審理之管轄

重新審理之聲請，準用第 275 條第 1 項、第 2 項再審管轄之規定（第 285 條）。換言之，重新審理專屬於原判決之行政法院管轄；惟第三人於不

---

❷ 陳敏，《行政法總論》，2007，第 1613 頁認為，此「第三人」並不包括依本法第 41 條或第 42 條參加訴訟之第三人，當第三人參加訴訟後，已成為行政訴訟之當事人（第 23 條），判決效力自對參加訴訟人有效力。故若該參加訴訟之第三人對確定判決不服時，應以再審為之救濟，而非重新審理。

❷ 林錫堯，翁岳生編，《行政訴訟法逐條釋義》，2006，第 733 頁至第 734 頁，「非可歸責於己之事由」之判斷，應就具體個案依社會通念判斷。

同審級之行政法院就同一事件所為之判決，如均聲請重新審理時，則專屬由直接上級行政法院合併管轄。

4.重新審理之程式

⑴書面程式要求

聲請重新審理，應以聲請狀，提出於管轄行政法院為之（第286條第1項）。

⑵訴狀記載事項

①應記載事項

聲請狀，應表明之事項，包括：**1**聲請人及原訴訟之兩造當事人；**2**聲請重新審理之事件，及聲請重新審理之陳述；**3**就本案應為如何判決之聲明；**4**聲請理由及關於聲請理由並遵守不變期間之證據（第286條第1項各款）。

②宜記載事項

聲請狀內，宜記載準備本案言詞辯論之事項（第286條第2項）。

㈡重新審理之撤回

聲請人於第287條（聲請不合法）與第288條（聲請合法）之裁定確定前，得撤回其聲請（第289條第1項）。聲請之撤回，得以書狀或言詞為之（第289條第3項）。

撤回聲請者，喪失其聲請權（第289條第2項）。

二、聲請之處置

㈠裁定事項

1.合法性審查

聲請重新審理，自應符合一般實體判決要件及重新審理特別要件，始屬合法提起。若聲請重新審理不合法者，行政法院應以裁定駁回之（第287條）。

　　例如，聲請重新審理之要件以因撤銷或變更原處分或決定之判決，而權利受損害之第三人為限，若為前訴訟程序之當事人，尚不符合「第三人」之要件，不得聲請重新審理（最高行政法院 100 裁 770）。

2.有無理由審查

　　當聲請重新審理合法後，即應進行「有無理由」之審查。行政法院認為重新審理之聲請有理由者，應以裁定命為重新審理；認為無理由者，應以裁定駁回之（第 288 條）。

㈡回復原訴訟程序

　　開始重新審理之裁定確定後，應即回復原訴訟程序，❷依其審級更為審判（第 290 條第 1 項）。

　　聲請人於回復原訴訟程序後，當然參加訴訟。蓋聲請人係原未參加訴訟之第三人，對於確定終局判決聲明不服（第 290 條第 2 項）。

　　關於重新審理之審理程序，繪圖【圖 8-4】如下：

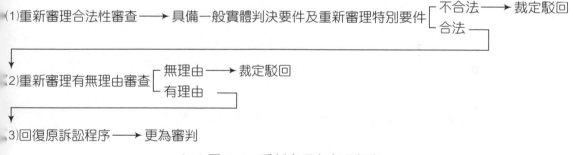

(1)重新審理合法性審查 ⟶ 具備一般實體判決要件及重新審理特別要件　不合法 ⟶ 裁定駁回／合法

(2)重新審理有無理由審查　無理由 ⟶ 裁定駁回／有理由

(3)回復原訴訟程序 ⟶ 更為審判

◆圖 8-4　重新審理之審理程序

---

❷ 陳計男，《行政訴訟法釋論》，2000，第 722 頁以下，回復訴訟程序後，聲請人所提攻擊防禦方法，經辯論結果，如不足以影響原判決，已無從以裁定駁回重新審查之聲請，又因聲請人僅為原訴訟參加人而非原告，亦不能判決駁回聲請人之訴，故應以判決諭知維持原確定判決，並命參加人負擔訴訟費用（第 99 條第 1 項）。

三、效　力

　　聲請重新審理，無停止原確定判決執行之效力。但是，行政法院認有必要時，得命停止執行（第 291 條）。

　　再審判決效力（第 282 條）之規定，於重新審理準用之（第 292 條）。

　　關於重新審理與再審之比較，繪表如下：❷

		重新審理	再審
相同		對確定裁判之救濟	
不同	聲請人	撤銷訴訟之第三人	各訴訟種類之當事人
	聲請事由	1.非可歸責於己之事由未參加訴訟 2.致不能提出足以影響判決結果之攻擊或防禦方法	原確定裁判程序或基礎有法定重大瑕疵
	當事人地位	當然參加訴訟	原、被告
	回復訴訟裁定	先以裁定命為重新審理	逕為本案審理
	審級	對事實審提起	事實審及法律審均可

---

❷ 吳庚，《行政爭訟法論》，2009，第 333 頁至第 334 頁；陳計男，《行政訴訟法釋論》，2000，第 722 頁以下；陳敏，《行政法總論》，2007，第 1616 頁；林騰鷂，《行政訴訟法》，2008，第 490 頁。

第九章
暫時權利保護與強制執行

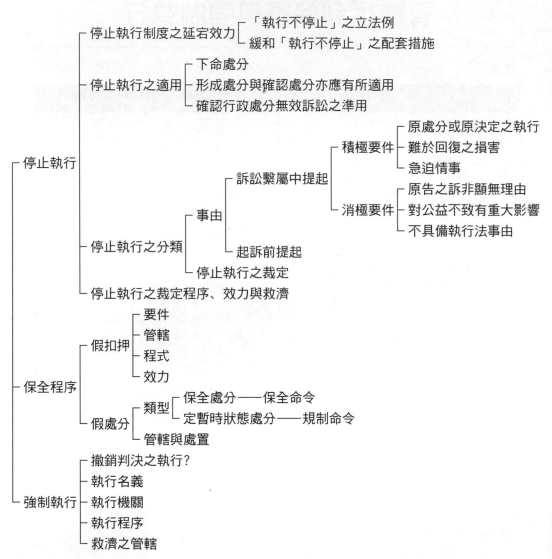

◆圖 9-1　本章架構

　　當事人提起行政訴訟，在於尋求行政法院之權利保護，包含「消極排除不利益」與「積極獲得利益」兩種制度，前者為第 116 條停止執行制度，後者為假扣押、假處分之保全程序，❶二者合稱為「暫時權利保護制度」。

　　實務見解指出，暫時權利保護制度其審理程序之共同特徵，均是要求法院在有時間壓力之情況下，以較為簡略之調查程序，按當事人提出之有限證據資料，權宜性地、暫時性地決定是否要先給予當事人適當之法律保護，以免將來的保護緩不濟急。而本諸上開基本法理，有關保全案件之審查事項不外二者，即「本案權利存在之蓋然性」及「保全之必要性」（最高行政法院 101 裁 723；101 裁 2041）。

壹、停止執行

一、停止執行制度之延宕效力

㈠「執行不停止」之立法例

　　我國法制對於行政處分之執行力，採取「執行不停止」之立法例，除非行政處分符合行政程序法第 111 條無效情形或法律另有規定之外，只要行政處分有效存在，無論其是否違法，均具備執行力，此觀訴願法第 93 條第 1 項「原行政處分之執行，除法律另有規定外，不因提起訴願而停止」、本法第 116 條第 1 項「原處分或決定之執行，除法律另有規定外，不因提起行政訴訟而停止」之規定，即可知悉。❷

---

❶　在制度設計上，**停止執行制度應優先於保全程序**，蓋本法第 299 條規定「得依第116 條請求停止原處分或決定之執行者，不得聲請為前條之假處分」。

❷　若原處分或決定已於停止執行裁定前事實上已執行完畢者，此時行政法院是否得再為停止執行，林明鏘，翁岳生編，《行政訴訟法逐條釋義》，2006，第 411 頁認為，**只要具備「回復可能」時，此時行政法院仍應為停止執行，聲請人取得暫時性之結果除去請求權。**

㈡緩和「執行不停止」之配套措施

為避免違法行政處分持續存在，造成當事人實體上權利產生擴大或加重，在「執行不停止」制度下，必須賦予當事人阻止行政處分效力之發生，亦即「延宕效力」以阻止行政處分執行力之發生，❸此即訴願法第93條、本法第116條之立法意旨。

二、停止執行之適用

針對停止執行之適用，得區分為下列類型：

㈠下命處分

停止執行乃阻止行政處分效力之發生，其中最為當事人所關注者即為阻斷「執行力」之效果，故下命處分❹自為停止執行制度所著重之處。

㈡形成處分與確認處分亦應有所適用

形成處分與確認處分亦有必要阻止其法律效力之展現，故停止執行制

---

❸ 陳敏，《行政法總論》，2007，第1565頁。

❹ 例如，證券交易法第56條對證券商之董事、監察人及受僱人最重之處分為解除職務，甲證券公司乙董事長有所指之違章情事，經行政院金融監督管理委員會命停止執行業務期間又故意違背下命處分之不作為義務，金管會審酌違章情節，命甲證券公司續停止乙1年業務之執行，與法令規範目的有合理之關聯，且在法條裁量範疇內，無違比例原則（最高行政法院101判531）；此外，公務人員訓練進修法第16條規定：「（第1項）各機關學校選送或自行申請全時進修之公務人員，有下列情形之一者，除由服務機關學校依有關規定懲處外，並依下列規定辦理：……三、違反第15條規定者，應按未履行義務之期間比例，賠償進修期間所領俸（薪）給及補助。……（第3項）進修人員依第1項所應負賠償責任，經通知限期繳納應賠償金額，逾期不繳納者，依法移送強制執行。」已明定公務人員若有違反第15條法定義務，即負有按未履行義務之期間比例，賠償進修期間所領俸（薪）給及補助之責任，該機關學校自得以**下命處分**要求違反義務之公務人員賠償（最高行政法院101判474）。

度之適用，應可及於形成處分與確認處分。❺

　　惟實務見解指出，針對第 196 條所謂「已執行之行政處分」，應僅限於下命處分，因下命處分始具執行力；至於，確認處分及形成處分，其規制內容因隨行政處分之生效而當然產生法效力，自無執行之問題（最高行政法院 101 判 394）。

㈢確認行政處分無效訴訟之準用

　　於確認行政處分無效訴訟中，由於行政處分是否無效，尚未確定，故該行政處分尚有執行之可能。故於確認行政處分無效之訴訟，應可準用本法第 116 條之規定，適用停止執行之制度（第 117 條）。❻

三、停止執行之分類

㈠「先程序、後實體」之審查

　　行政法院對於停止執行之聲請，應先就程序事項為之審查。經審查後並無程序上駁回之事由時，則應進行實體審查，亦即第 116 條要件之審查。由於原處分或決定原則上不停止執行,必其執行在客觀的相當因果關係上,可以預期將發生難於回復之損害，且情況緊急，非即時由行政法院予以處理，則難以救濟者，始得為之（最高行政法院 101 裁 1806）。

㈡停止執行之要件

　　關於停止執行之事由，依其時間，得區分為 2 類：

1.訴訟繫屬中提起

---

❺　陳敏，《行政法總論》，2007，第 1567 頁；吳庚，《行政爭訟法論》，2009，第 209 頁至第 210 頁；陳清秀，《行政訴訟法》，2009，第 644 頁。

❻　本條文是否為贅文，曾有不同意見。然多數見解認為，**從第 116 條之實質內容以觀，似乎不包含給付訴訟與確認訴訟存在，故本條文有其存在之價值與意義。** 林明鏘，翁岳生編，《行政訴訟法逐條釋義》，2006，第 412 頁至第 413 頁。

　　行政訴訟繫屬中，行政法院認為原處分或決定之執行，將發生難於回復之損害，且有急迫情事者，得依職權或依聲請裁定停止執行。但於公益有重大影響，或原告之訴在法律上顯無理由者，則不得為之（第116條第2項）。❼

(1)積極要件

　　①原處分或原決定之執行

　　所謂「原處分或原決定之執行」，係指未確定之行政處分或決定之執行（最高行政法院94裁654）；❽惟原行政處分如已確定，除法律另有規定外，原則上即不得停止執行（最高行政法院94裁953）。

　　②難於回復之損害

　　所謂難於回復之損害，係指其損害不能回復原狀，或不能以金錢賠償，或在一般社會通念上，如為執行可認達到回復困難之程度而言（最高行政法院101裁1821；99裁2768），或雖得以金錢賠償，但依損害之性質、態樣等如僅以金錢賠償，於社會一般觀念不能謂已填補之情形而言（最高行政法院94裁693）；惟若屬金錢給付義務，則並非不能以金錢賠償回復其

---

❼　最高行政法院（101裁634）指出，其構成要件之詮釋，或許不宜過於拘泥於條文，而謂一定要先審查「行政處分之執行結果是否將立即發生難於回復之損害」，而在確認有此等難以回復之損害將立即發生後，才去審查「停止原處分之執行是否於公益有重大影響」或「本案請求在法律上是否顯無理由」，因為這樣的審查方式似乎過於形式化。本院認為，比較穩當的觀點或許是：把「保全之急迫性」與「本案權利存在之蓋然率」當成是否允許停止執行之二個衡量因素，而且彼此間有互補功能，當本案請求勝訴機率甚大時，保全急迫性之標準即可降低一些；當保全急迫性之情況很明顯，本案請求勝訴機率值或許可以降低一些。另外「難以回復之損害」，固然要考慮將來可否以金錢賠償，但也不應只以「能否用金錢賠償損失」當成惟一之判準。如果損失之填補可以金錢為之，但其金額過鉅時，或者計算有困難時，為了避免將來國家負擔過重的金錢支出或延伸出耗費社會資源的不必要爭訟，仍應考慮此等後果是否有必要列為「難以回復損害」之範圍。

❽　至於，「地方法院受理之民事執行事件，其所為各執行程序」，並非本法第116條規定所指之原處分或決定之執行，自不得據之向行政法院聲請裁定停止該民事執行事件之強制執行程序（最高行政法院94裁654）。

損害，故與上述要件不合（最高行政法院 94 裁 944）。 ❾

　　聲請人就「損害確係難以回復」之事實，應負釋明責任，否則即與停止執行之要件不符，應駁回其聲請（臺北高等行政法院 97 簡 230）。至於，當事人主觀上難於回復之損害，當非屬該條所指之難於回復之損害。

③急迫情事

　　所謂「急迫情事」，則指原處分或決定已開始執行或隨時有開始執行之虞，且其急迫情事非因可歸責於聲請人之事由所造成而言。因此，所謂「原處分或決定之執行，將發生難於回復之損害，且有急迫情事」，係指「須有避免難以回復損害之急迫必要性」（最高行政法院 101 裁 1806；臺北高等行政法院 97 停 5）。

　　值得注意者，若原裁定既已認定抗告人在原審之停止執行聲請，以不符合本法第 116 條第 2 項所規定「將發生難於回復損害」之法定要件者，自無庸再論述另一法定要件「有急迫情事」（最高行政法院 94 裁 2642）。

(2)消極要件

①原告之訴在法律上並非顯無理由

　　於具體個案中是否「顯無理由」，或可解釋為「當事人聲明之主張明顯不正當」、「主張之事實欠缺釋明理由」、「處分之合法性業經被告機關充分釋明」等，均屬「顯無理由」。 ❿

②停止執行對公益不致有重大影響

　　對於「停止執行對公益不致有重大影響」，實務見解謂：「對於公法人執行時，僅得在原列預算項目範圍內，或對於其非推行公務所必須及不違反公共利益或非公用之財產，加以執行。故對於此些財產之執行，並無構成抗告人所稱各項公共建設支出嚴重影響或導致抗告人財務出現重大危機之虞，是以抗告人並無因受執行而構成『如待終局之救濟，將有生活上之困難』、『行政處分之執行將帶給抗告人不公平之困境』等情狀……另抗告

---

❾　相類似見解，蔡進良，〈論行政救濟上人民權利之暫時保護〉，《月旦法學雜誌》第 47 期，第 73 頁。

❿　林騰鷂，《行政訴訟法》，2008，第 505 頁。

人指稱一旦就系爭處分強制執行,極易造成民眾以為帶頭違法之錯誤印象,傷害抗告人其代表人之名譽、信用甚鉅,屬於無法以金錢填補之損害云云,然所稱情形純屬抗告人臆測,並無客觀具體事實,足以證明必然發生,殊難憑信……」(最高行政法院 93 裁 1658)。

③具備行政執行法終止執行或聲明異議事項時不得提起

依行政執行法執行程序,對其執行命令,於有行政執行法第 8 條第 1 項各款及第 9 條所規定之情形時,僅得向執行機關申請終止執行或聲明異議,不得依前開規定對行政執行之執行命令向行政法院聲請停止執行該命令(最高行政法院 93 裁 852)。

2.起訴前提起

(1)起訴前提起停止執行之要件

目前,除訴願法第 93 條第 2 項與第 3 項規定外,本法第 116 條第 3 項亦明定於行政訴訟起訴前,受處分人或訴願人❶得聲請行政法院裁定停止原處分或決定之執行,❷其要件:①原處分或決定之執行將發生難於回復之損害;②須有急迫情事;❸③於公益無重大影響(最高行政法院 94 裁 123)。

(2)訴願法第 93 條與本法第 116 條第 3 項之區別

本法第 116 條第 3 項規定,於行政爭訟案件起訴前所為之「停止執行」保全請求,其與依訴願法第 93 條第 2 項規定之停止執行保全請求,性質類似,故保全所需具備之實質要件相同不應有所差異(最高行政法院 101 裁

---

❶ 本法第 116 條明文規定「受處分人」或「訴願人」得提請停止執行之聲請。然在「第三人效力之行政處分」,第三人權益受該行政處分之違法侵害,既可依訴願法第 18 條、本法第 106 條第 1 項提起行政救濟者,自亦有暫時權利保護之必要。承此而言,**具有公權利之「第三人」,應可聲請停止執行**。陳敏,《行政法總論》,2007,第 1568 頁;吳庚,《行政爭訟法論》,2009,第 211 頁。

❷ 陳敏,《行政法總論》,2007,第 1569 頁認為,依據本法第 294 條之法理,應向該訴訟應繫屬之行政法院提起聲請。

❸ 例如,主張「牌位於鬼月不宜搬遷」,僅屬民間習俗,尚難謂有何急迫情事(最高行政法院 93 裁 1269)。

2041）。因此，本法第 116 條第 3 項及訴願法第 93 條第 2 項規定應併同觀察來探究「行政處分停止執行」制度之立法目的（最高行政法院 94 裁 327）；並且，本案權利存在之蓋然性，應該一併列入審查範圍（最高行政法院 100 裁 2360）。

　　至於，依訴願法第 93 條第 2 項規定受處分人得申請受理訴願機關或原處分機關停止執行，理論上得由上開機關獲得救濟，殊無逕向行政法院聲請之必要，且行政訴訟係審查行政處分違法之最終機關，若一有行政處分，不待訴願程序即聲請行政法院停止原處分之執行，無異規避訴願程序，而請求行政法院為行政處分之審查，故必其情況緊急，非即時由行政法院予以處理，則難以救濟，否則尚難認有以行政法院之裁定予以救濟之必要。反之，苟受處分人已向訴願機關申請停止執行，訴願機關遲未對停止執行之申請為准駁，受處分人始向行政法院聲請停止執行，則應認其聲請有保護之必要（最高行政法院 101 裁 1633）。

㈢停止執行之裁定

1.符合要件──裁定停止執行

　　經「程序」與「實體」之審查後，若符合上述要件者，行政法院應裁定停止執行。

2.不符合要件或已停止執行──裁定駁回

　　若行政機關經審查後，認定當事人之聲請欠缺「程序要件」或「實體要件」其一者，即應以裁定駁回。再者，如原處分或決定機關已依職權或依聲請停止執行者，亦應為駁回聲請之裁定（第 116 條第 4 項但書）。

　　於個案中，如何妥適的運用類此要件者，參酌比較法例及學者見解，似可依「勝訴可能性」→「結果衡量」→「利益衡量」等階段予以審查，亦即「階段審查模式」之建立。❶❹

---

❶❹　相關內容，陳英鈐，〈論撤銷訴訟之暫時權利保護〉，《行政法理論與實用㈠》，2003，第 254 頁以下；盛子龍，〈租稅核課處分之暫時權利保護〉，《月旦法學教室》第 48 期，第 84 頁以下；同氏著，〈行政訴訟法上行政處分停止執行制度析

關於此審查模式之運用，繪圖【圖 9-2】如下：

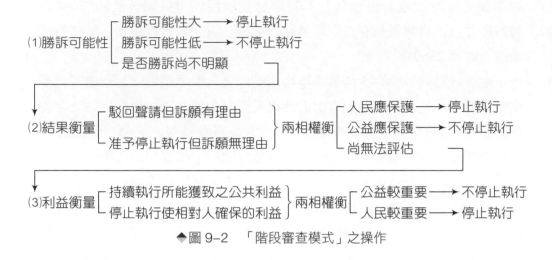

◆圖 9-2 「階段審查模式」之操作

四、停止執行之裁定程序、效力與救濟

㈠停止執行之程序

1.徵詢當事人之意見

行政法院為停止執行之裁定前，應先徵詢當事人之意見（第 116 條第 4 項本文）。⓯

2.情事變更而撤銷停止執行

停止執行之原因消滅，或有其他情事變更之情形，行政法院得依職權或依聲請撤銷停止執行之裁定（第 118 條）。⓰

論〉，《行政訴訟制度相關論文彙編》第 5 輯，2007，第 435 頁至第 436 頁；不同見解認為，應以「處分違法性審查」→「勝訴可能性審查」→「純粹利益衡量」作為審查標準，蔡震榮，〈由限令出國處分論訴願之停止執行〉，《法令月刊》第 58 卷第 5 期，第 18 頁至第 19 頁。

⓯ 林明鏘，翁岳生編，《行政訴訟法逐條釋義》，2006，第 410 頁至第 411 頁認為，**徵詢方式以書面或言詞為之均可；當事人若自行放棄陳述意見，亦無不可。**

⓰ 陳敏，《行政法總論》，2007，第 1572 頁認為，此停止執行效力之終止時點，應

　　就此，最高行政法院（101 裁 634）指出，准許保護之決定制作後，仍容許以終局性之判決加以變更。甚至在終局判決還沒有作成以前，如果隨著訴訟進行所揭露之事實，越來越使法院相信聲請保護之人在實體法上根本沒有該「正受暫時保護」之權利存在（或權利範圍比聲請者為小），法院也可依職權來撤銷原來之暫時性保護（或者是縮小其範圍）。此外，正因為是暫時性之保護，法院在審查時更會傾向於現有資料之形式外觀審查，並以「利益大小」及「時間急迫性」作為權衡因素。換言之，對聲請人之利益影響越大，受保護之急迫性越高，則權利形式審查的嚴格性也會相對降低。不過即使如此，權利的形式審查仍然要到「使法院相信權利大概可能存在」之地步，如果外觀審查結果不足使法院形成「主張之權利內容，實體法上大概可能立足」時，法院仍可駁回其請求。

㈡停止執行之效力

　　停止執行之裁定，係得停止原處分或決定之效力、處分或決定之執行或程序之續行❶之全部或部分（第 116 條第 5 項）。

　　換言之，停止執行之裁定，對於原處分或決定所生法律上效果，均暫緩發生（最高行政法院 94 裁 13），不僅可以阻斷原處分或決定之「執行力」，亦可阻斷其「有效性」，甚至可以停止行政程序之進行。❶所謂「停

　　於行政處分發生存續力時終止。

❶ 此停止程序續行之規定是否妥適，尚有不同見解：⑴肯定說：認為海關依關稅法第 96 條第 1 項規定：「不得進口之貨物，海關應責令納稅義務人限期辦理退運；如納稅義務人以書面聲明放棄或不在海關規定之期限內辦理退運，海關得將其貨物變賣，所得價款，於扣除應納關稅及必要費用後，如有餘款，應繳歸國庫」為行政處分時，納稅義務人如不服退運之行政處分而提起行政爭訟者，只須停止後續之變賣程序即可。陳計男，《行政訴訟法釋論》，2000，第 737 頁；⑵否定說：認為若「後續程序」指「執行程序」，應可停止其執行而無庸特別規定；若指「另一行政程序」，本應以假處分為暫時權利保護。況依本法第 116 條第 5 項採取限制效力說，並無停止該後續程序之需要。故「後續程序」應無必要規定。陳敏，《行政法總論》，2007，第 1572 頁。

止原處分之執行」，係指原處分之執行力（最高行政法院 93 裁 525），並非指原處分機關依原處分所載，因受處分人有公法上之金錢給付義務，而依行政執行法之規定移送行政執行處執行受處分人之財產後，該執行處於此行政執行中所為執行命令之執行力（最高行政法院 92 裁 710）。**⑲** 而待保全之程序標的，實務見解指出，須以行政處分為限（最高行政法院 101 裁 723）。

㈢停止執行之救濟

針對行政法院停止執行或撤銷停止執行之裁定，得為抗告（第 119 條）；若裁定確定後，得為再審（第 283 條）。

貳、保全程序

保全程序，係為保全得實施強制執行目的之規範設計，得分為假扣押（第 293 條至第 297 條）與假處分（第 298 條至第 303 條）兩種態樣。**⑳**

除本法規定者外，民訴關於假扣押（第 523 條、第 525 條至第 528 條及第 530 條）與假處分（第 535 條及第 536 條）之規定，分別於本編假扣押與假處分程序準用之（第 297 條、第 303 條）。

一、假扣押

---

⑱ 李建良，〈行政爭訟〉，《行政法入門》，2006，第 578 頁。

⑲ 不同於實務見解，陳敏，《行政法總論》，2007，第 1566 頁至第 1567 頁認為，考量本法第 116 條之適用，亦即適用於下命處分、形成處分、確認處分及有第三人效力之行政處分，故本法第 116 條第 5 項之規定，係在於**阻止行政處分發生法律上或事實上之效果**，亦即應為廣義之理解。

⑳ 保全程序沿襲民訴之體例，對此種立法體例是否妥適，亦有質疑。蔡進良，〈論行政救濟上人民權利之暫時保護〉，《月旦法學雜誌》第 47 期，第 78 頁；蔡志方，〈論行政訴訟與民事訴訟之制度與法理〉，《月旦法學雜誌》第 47 期，第 56 頁。

假扣押為訴訟程序之一種，本法所規定之一般要件，均須於聲請時符合要件始可聲請。

㈠假扣押之要件

為保全公法上金錢給付❷之強制執行，得聲請假扣押❷（第 293 條第 1 項）；聲請人應向法院釋明請求及假扣押之原因，或以提供擔保代釋明（第 297 條準用民訴第 526 條）。再者，聲請假扣押時，債務人必須有日後不能強制執行或甚難執行之虞（第 297 條準用民訴第 523 條）。❷前述聲請，就未到履行期之給付，亦得為之（第 293 條第 2 項）。

例如，對立委候選人號次抽籤箱及相關文件聲請假扣押，應屬保全證據之聲明，並非公法上之金錢給付事項，則與假扣押之要件不合，應予駁

---

❷　陳敏，《行政法總論》，2007，第 1574 頁認為，所謂「金錢給付」，應包括原非以金錢給付為標的，而得以金錢給付代之者，亦即包括如民訴第 522 條第 1 項「得易為金錢請求之請求」。

❷　林明鏘，翁岳生編，《行政訴訟法逐條釋義》，2006，第 743 頁至第 744 頁認為，「公法上金錢給付強制執行之保全」之要件，甚少有達成之可能。蓋依公法上金錢給付義務的產生原因：⑴基於行政處分而生：基於行政處分而生之公法上金錢給付義務，若受處分人未於法定期間內為訴願或其他不服之表示，即產生執行力，此時應以暫時權利保護制度為之救濟，不得透過假扣押救濟；⑵基於行政契約而生：對於行政契約所生之公法上金錢給付義務，理論上應可為假扣押，然若有約定行政程序法第 148 條自願約定強制執行之約款時，則無假扣押之適用；⑶基於公法上不當得利而生：公法上不當得利所生之公法上金錢給付義務，理論上應有假扣押之可能，然實務上均以新行政處分撤銷原行政處分，故此時即回歸行政處分而生之公法上金錢給付義務，而無假扣押之適用。

❷　林明鏘，翁岳生編，《行政訴訟法逐條釋義》，2006，第 744 頁至第 745 頁認為，「日後不能強制執行或甚難執行之虞」要件之適用，亦不多見。蓋依債務人為不同觀察：⑴若債務人為國家或其他公法人，因國家或其他公法人有國庫或其他公庫可供支應，本質上不生日後不能強制執行或甚難執行之虞；⑵若債務人為人民，由於行政行為大抵以行政處分作為主要行政行為，則基於執行力之考量，故不得聲請假扣押。

回（最高行政法院 101 裁 572）。蓋證據保全與金錢債權之保全，其保全功能不同，保全對象亦有不同，前者之規範功能為「確保事實真相之發現」，保全對象為具有證據價值之證據方法；後者之規範功能為「確保金錢債權事後之滿足」，保全對象為有換價可能性之經濟財，二者本難混為一談。因此，「本案請求既非金錢債權，本不得以假扣押為保全手段。就算其考量將來之國家賠償請求，由於地方機關有固定之預算收入，亦無『金錢債權將來無受償』之風險（地方自治團體之預算即使拮据，但仍不致於到達無收入之情況），是以原裁定認其請求，無論從保全證據之角度或保全金錢債權之角度言之，均屬無據，其法律論點並無錯誤，前開抗告理由無從推翻原裁定之合法判斷結論，應予駁回（最高行政法院 101 裁 206）。」

㈡假扣押之管轄

假扣押之聲請，由管轄本案之行政法院或假扣押標的所在地之地方法院行政訴訟庭管轄（第 294 條第 1 項）。

管轄本案之行政法院，為訴訟已繫屬或應繫屬之第一審法院（第 294 條第 2 項）。

假扣押之標的如係物權，自以該物權所在地為假扣押標的所在地，自無疑義；然若假扣押之標的如係債權，以債務人住所或擔保之標的所在地，為假扣押標的所在地（第 294 條第 3 項）。

㈢假扣押之程式

1.書面程式

本法對於聲請假扣押程式未設有特別規定，而以準用民訴方式立法，故假扣押之聲請，應表明下列各款事項：⑴當事人及法定代理人；⑵請求及其原因事實；⑶假扣押之原因；⑷法院（第 297 條準用民訴第 525 條第 1 項）。

請求非關於一定金額者，應記載其價額（第 297 條準用民訴第 525 條第 2 項）。依假扣押之標的所在地定法院管轄者，應記載假扣押之標的及其

所在地（第 297 條準用民訴第 525 條第 3 項）。

2.釋　明

請求及假扣押之原因，應釋明之（第 297 條準用民訴第 526 條第 1 項）。前項釋明如有不足，而債權人陳明願供擔保或法院認為適當者，法院得定相當之擔保，命供擔保後為假扣押（第 297 條準用民訴第 526 條第 2 項）。

實務見解謂，所謂釋明，指可使法院信其主張為真實而言（最高行政法院 101 裁 526），即法院就某事實之存否，得到「大致為正當」之心證即足（最高行政法院 100 裁 2793）。

請求及假扣押之原因雖經釋明，法院亦得命債權人供擔保後為假扣押（第 297 條準用民訴第 526 條第 3 項）。

債權人之請求係基於家庭生活費用、扶養費、贍養費、夫妻剩餘財產差額分配者,前項法院所命供擔保之金額不得高於請求金額之十分之一（第 297 條準用民訴第 526 條第 4 項）。

㈣假扣押之效力

假扣押聲請，必須具備一般訴訟要件以及聲請特別要件，始屬合法：

1.假扣押之裁定

⑴不合法或無理由——裁定駁回

假扣押之聲請若不合法❷❹者，行政法院自應以裁定駁回之。聲請合法但無理由者，亦同。

例如，未就請求及聲請假扣押之原因為釋明，其聲請自非合法；若僅陳明聲請假扣押之緣由，仍未盡釋明之責，則難認有理由，均應予裁定駁回（最高行政法院 101 裁 526）。

⑵有理由——裁定假扣押

若假扣押之聲請合法且有理由時，行政法院自應作成假扣押之裁定。假扣押裁定內，應記載債務人供所定金額之擔保或將請求之金額提存，得

---

❷❹ 吳庚，《行政爭訟法論》，2009，第 340 頁。

免為或撤銷假扣押（第 297 條準用民訴第 527 條）。

2.假扣押裁定之後續效力

⑴提起給付之訴

假扣押裁定後，尚未提起給付之訴者，應於裁定送達後 10 日內❷❺提起；逾期未起訴者，行政法院應依聲請撤銷假扣押裁定（第 295 條）。❷❻

⑵損害賠償

假扣押裁定因自始不當而撤銷，或因第 295 條（逾期未提起給付之訴）及民訴第 530 條第 3 項（債權人聲請撤銷）❷❼之規定而撤銷者，債權人❷❽應賠償債務人因假扣押或供擔保所受之損害（第 296 條第 1 項）。

若假扣押所保全之本案請求已起訴者，則前述賠償，行政法院於言詞辯論終結前，應依債務人之聲明，於本案判決內命債權人為賠償；債務人未聲明者，應告以得為聲明（第 296 條第 2 項）。

二、假處分

---

❷❺ 此「10 日」之規定，與民訴「一定期間內起訴」之規定有異，係因**考量行政訴訟與公益有關，其權利義務之爭執應儘速解決，以免侵害公益**。吳庚，《行政爭訟法論》，2009，第 341 頁；林明鏘，翁岳生編，《行政訴訟法逐條釋義》，2006，第 747 頁。

❷❻ 假扣押之撤銷事由：⑴假扣押裁定後 10 日內未起訴；⑵債務人供假扣押所定金額之擔保或將請求之金額提存（第 297 條準用民訴第 527 條）；⑶債務人對假扣押裁定提起抗告而經抗告法院裁定撤銷（第 297 條準用民訴第 528 條）；⑷假扣押原因消滅或情勢變更而由債務人聲請撤銷（第 297 條準用民訴第 530 條第 1 項）；⑸債權人聲請撤銷（第 297 條準用民訴第 530 條第 3 項）等。

❷❼ 林明鏘，翁岳生編，《行政訴訟法逐條釋義》，2006，第 749 頁認為，**民訴第 530 條第 3 項之規定，僅係由何人聲請撤銷之問題，並非獨立之撤銷原因，其原因乃規定於民訴第 530 條第 1 項及第 2 項**，故於適用上需一併參酌。

❷❽ 本條文明文「債權人」，則第三人因假扣押裁定而受有損害時，依目前多數見解認為，**基於文義解釋，該第三人不得依本條文規定請求損害賠償**。吳庚，《行政爭訟法論》，2009，第 342 頁；蔡志方，《行政救濟法新論》，2007，第 344 頁；林明鏘，翁岳生編，《行政訴訟法逐條釋義》，2006，第 749 頁。

㈠假處分之類型

假處分之類型（第 298 條），包括保全處分與定暫時狀態處分。❷❾惟得依第 116 條請求停止原處分或決定之執行者，則不得聲請為第 298 條之假處分（第 299 條）。❸⓪其理由係因依行政訴訟法第 116 條第 5 項規定：「停止執行之裁定，得停止原處分或決定之效力、處分或決定之執行或程序之續行之全部或部分」可知，對行政機關之行政處分有所爭執者，不論其係爭執行政處分之效力、執行或後續之程序，因都可利用停止執行程序作為暫時性權利保護途徑，並不適用假處分程序（最高行政法院 95 裁 1141）。

1. 保全處分──保全命令

公法上之權利，因現狀變更，有不能實現或甚難實現之虞者，❸①為保全強制執行，得聲請假處分（第 298 條第 1 項）。

2. 定暫時狀態處分──規制命令

於爭執之公法上法律關係，為防止發生重大之損害或避免急迫之危險而有必要時，得聲請為定暫時狀態之處分（第 298 條第 2 項）。❸②

---

❷❾　並參，馬鴻驊，《行政訴訟上假處分決定之實體審查標準》，中正大學法學碩士論文，2005，第 37 頁以下。

❸⓪　其立法理由指出，本法第二編第一章第二節已就行政處分之停止執行設有規定，該項停止執行之制度可謂係假處分之代替制度。因此，行政機關之行政處分，自無須再行適用假處分程序，以免重複；此外，陳敏，《行政法總論》，2007，第 1576 頁，除撤銷訴訟不得為假處分之外，「行政機關行使公權力單方作成行政處分或其他措施以達行政目的」及「不能以本案訴訟達到救濟之目的」均不可為假處分。

❸①　此「權利」之變更，必須滿足：⑴**公法上金錢請求以外之權利**，包含請求給付特定物或其他作為、不作為之請求權；⑵**限於聲請人個人之權利**；⑶**有不能實現或甚難實現之虞**。吳庚，《行政爭訟法論》，2009，第 343 頁至第 344 頁；蔡志方，《行政救濟法新論》，2007，第 345 頁；林明鏘，翁岳生編，《行政訴訟法逐條釋義》，2006，第 751 頁至第 752 頁。

❸②　並參，釋 585、釋 599；吳庚，《行政爭訟法論》，2009，第 346 頁至第 349 頁認為，「關於行政機關之行政處分」、「行政機關依法採取行政措施達成目的」、「不

實務見解指出,如果爭執之公法上法律關係所由發生的事件已經終結,即無再為定暫時狀態處分之必要。因此,所謂「爭執之公法上法律關係」,係指該公法上法律關係於程序上尚未確定,仍在爭訟或爭議中者而言;如程序上已經確定,當事人既不能再以通常之救濟途徑(訴願及行政訴訟)加以變更或撤銷,即無以假處分定其暫時狀態之餘地(最高行政法院 101 裁 573; 95 裁 1141)。

前述處分,得命先為一定之給付(第 298 條第 3 項)。❸

關於假處分之類型,繪圖【圖 9–3】如下:

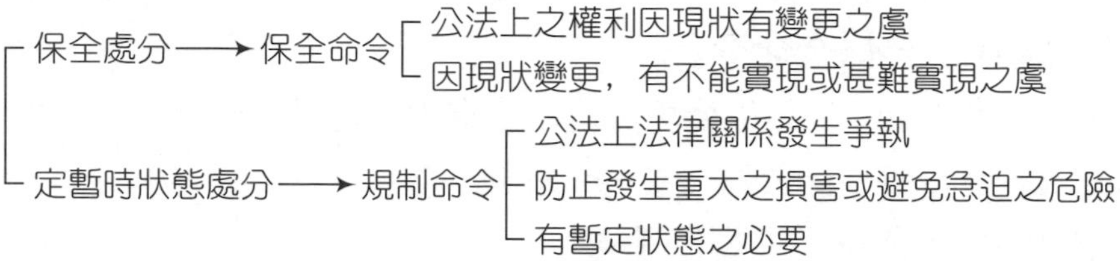

```
┌─ 保全處分 ──→ 保全命令 ┌─ 公法上之權利因現狀有變更之虞
│                        └─ 因現狀變更,有不能實現或甚難實現之虞
│
│                        ┌─ 公法上法律關係發生爭執
└─ 定暫時狀態處分 ──→ 規制命令 ├─ 防止發生重大之損害或避免急迫之危險
                             └─ 有暫定狀態之必要
```

◆圖 9–3　假處分之類型

㈡假處分之管轄與處置

1.假處分之管轄

假處分之聲請,由管轄本案之行政法院管轄(第 300 條本文)。但有急迫情形時,得由請求標的所在地之地方法院行政訴訟庭管轄(第 300 條但書)。

2.假處分之處置

⑴必要方法由行政法院酌量定之

假處分所必要之方法,依行政法院酌量定之❸(第 303 條準用民訴第

能以本案訴訟達成目的」等,均不得聲請假處分。

❸ 林明鏘,翁岳生編,《行政訴訟法逐條釋義》,2006,第 754 頁認為,本項適用**必須聲請人為生存之必要,或會造成聲請人嚴重且無法期待之損害時,方得命被聲請人先為一定之給付,且此給付並不宜為全部給付,只要能維持聲請人最低生存之必要比例即可。**

535 條第 1 項）。❸❺

⑵訊問當事人、關係人或為其他必要之調查

行政法院為假處分裁定前，得訊問當事人、關係人或為其他必要之調查（第 298 條第 4 項）。

⑶除別有規定外，準用假扣押之規定

關於假扣押之規定，除別有規定外，於假處分準用之（第 302 條）。所謂「別有規定」，例如，第 301 條規定：「關於假處分之請求及原因，非有特別情事，不得命供擔保以代釋明。」

參、強制執行

一、撤銷判決之執行？

撤銷判決確定者，關係機關應即為實現判決內容之必要處置❸❻（第 304 條）。不過，撤銷判決之性質，係形成判決，即判決本身已發生所欲形成之法律關係，故無第 305 條第 1 項所定得向地方法院行政訴訟庭聲請強

---

❸❹　陳敏，《行政法總論》，2007，第 1576 頁，此決定係由行政法院設定行政機關應為特定行為之義務，而非行政法院自行作成有關之措施。

❸❺　陳敏，《行政法總論》，2007，第 1576 頁至第 1577 頁，假處分之作成可否對本案預為裁判，應區分觀之：⑴原則應採否定：由於假處分為暫時權利保護之一環，故假處分之裁定，原則上不得就本案預為審判；⑵例外允許：惟為能達成有效之權利保護，如不就本案預為審判，對聲請人將產生難以期待之不利益，且本案又顯有勝訴希望時，則應例外允許之。

❸❻　陳敏，《行政法總論》，2007，第 1552 頁認為，所謂「必要處置」，應視判決內容而定。單純撤銷或變更原處分或原決定，原則上無需如何之處置；在其他情形，則或應重為處分或決定，或應為賠償，或應為其他回復原狀之措施。**除應重為處分或決定外，其他之處置，如在原撤銷判決主文內一併宣示，似應就該部分視為本法第 305 條之給付判決，得以之為執行名義；**相似見解，李建良，翁岳生編，《行政訴訟法逐條釋義》，2006，第 765 頁。

制執行之規定。蓋撤銷原處分之判決係屬形成判決，行政處分經判決撤銷確定後，溯及失其效力，原不生強制執行問題（最高行政法院 101 裁 1328）。

　　承此而言，本法第 304 條之規定，似僅為撤銷判決效力之補充規定，而非強制執行之規定。❸⁷

二、執行名義

(一)執行名義之規定

　　關於給付裁判之執行，係指行政訴訟之裁判命債務人為一定之給付，❸⁸ 經裁判確定後，債務人不為給付者，債權人得以之為執行名義，聲請地方法院行政訴訟庭強制執行（第 305 條第 1 項）。債權人聲請強制執行，目的在於使債務人履行行政訴訟裁判命其為一定給付之義務，因此，若債務人已為給付者，高等行政法院即無再對債務人為強制執行之必要，自應駁回債權人強制執行之聲請（最高行政法院 101 裁 1896）。

　　而依本法成立之和解，及其他依本法所為之裁定得為強制執行者，或科處罰鍰之裁定，均得為執行名義（第 305 條第 4 項）。

(二)執行名義之類型

　　因此執行名義之類型，包括：❸⁹ 1.行政訴訟裁判係命債務人為一定之給付； 2.依本法成立得為強制執行之和解； 3.依本法所為裁定得為強制執行者； 4.依本法科處罰鍰之裁定； 5.經約定自願接受執行之行政契約。

---

❸⁷ 陳敏，《行政法總論》，2007，第 1552 頁。

❸⁸ 課予義務訴訟之判決是否強制執行，尚有不同見解：(1)肯定得強制執行而類推本法第 305 條之規定。陳敏，《行政法總論》，2007，第 1552 頁；吳庚，《行政爭訟法論》，2009，第 353 頁；陳清秀，《行政訴訟法》，2009，第 677 頁至第 678 頁；李建良，翁岳生編，《行政訴訟法逐條釋義》，2006，第 768 頁至第 770 頁；(2)否定而不得強制執行。陳計男，《行政訴訟法釋論》，2000，第 769 頁。

❸⁹ 李建良，翁岳生編，《行政訴訟法逐條釋義》，2006，第 767 頁至第 768 頁。

三、執行機關

地方法院行政訴訟庭為辦理行政訴訟強制執行事務，得囑託民事執行處❹或行政機關❹代為執行（第 306 條第 1 項）。

四、執行程序

執行程序，除本法別有規定外，應視執行機關為法院或行政機關而分別準用強制執行法或行政執行法之規定（第 306 條第 2 項）。例如，敗訴人之行為，按當時之訴訟程度，為伸張或防衛權利所必要行為所生之費用，法院得酌量情形，命勝訴之當事人負擔其全部或一部，蓋本法第 306 條第 2 項準用強制執行法第 30 條之 1 及民訴第 81 條第 2 款（最高行政法院 101 裁 1896）。

所謂「本法別有規定」，例如，第 305 條第 2 項與第 3 項規定，地方法院行政訴訟庭應先定相當期間通知債務人履行；逾期不履行者，強制執行。而債務人為中央或地方機關或其他公法人者，並應通知其上級機關督促其如期履行。

五、救濟之管轄

㈠債務人聲明異議

債務人對囑託代為執行之執行名義有異議者，係由地方法院行政訴訟庭裁定之（第 306 條第 3 項）。

---

❹　李建良，翁岳生編，《行政訴訟法逐條釋義》，2006，第 772 頁認為，行政法院囑託普通法院辦理強制執行者，應可解釋為**強制執行權之移轉，以普通法院民事執行處作為「執行法院」**。

❹　若行政法院囑託行政機關執行者，李建良，翁岳生編，《行政訴訟法逐條釋義》，2006，第 773 頁認為，仍應解為以行政法院為執行機關，但一律適用行政執行法之規定。

㈡債務人異議之訴

債務人異議之訴，係依其執行名義係適用簡易訴訟程序或通常訴訟程序，分別由地方法院行政訴訟庭或高等行政法院受理（第 307 條前段）。蓋債務人異議之訴，係對於執行名義所示之實體請求權有所爭執，此項公法上權利義務之爭執，自應由行政法院受理（最高行政法院 100 判 1591）。

㈢民事訴訟

1.由普通法院受理

至於，其餘有關強制執行之訴訟，例如第三人異議之訴、參與分配之訴、分配表異議之訴、關於外國船舶優先權之訴及債權人對第三人之聲明認為不實之訴等，則係就執行標的物或執行債權之歸屬等之爭執，性質上屬私權之爭訟，由普通法院受理（第 307 條後段；臺北高等行政法院 93 訴 3757）。❷

2.準用不相牴觸之民訴規定

民訴之規定，除本法已規定準用者外，與行政訴訟性質不相牴觸者，亦準用之（第 307 之 1 條）。❸

---

❷ 本法第 307 條之立法理由；而行政執行法施行細則第 18 條規定：「公法上金錢給付義務之執行事件，第三人就執行標的物認有足以排除執行之權利時，得於執行程序終結前，依強制執行法第 15 條規定向管轄法院提起民事訴訟。」

❸ 本條文增訂理由：「本法準用民訴之方式，原係採取列舉準用，除在個別法條明定準用民訴之法條外，並在個別編章節末以一條文列舉準用民訴之法條。此方式固有助於法律明確性及可預見性，惟有掛一漏萬之虞，又無法及時因應民事訴訟法之修正。再者，因採取列舉準用而排除類推適用，則本法將無法因應民訴立法變動及理論發展。爰參酌德、日立法例，增訂概括性準用規定。增訂本條後，本條之前之準用規定即為例示規定……。」

Civil Law
法學啟蒙　民法系列

保　證　　　　　　　　　　　　林廷機／著

　　想多了解保證之法律制度，卻因為法律條文太過龐雜，專業之法律教科書又太過艱深，讓您「不得其門而入」嗎？

　　龐雜的法律條文常令剛入門的學習者產生「見樹不見林」、「只知其然，不知其所以然」的困惑。本書以淺顯的用語，引導讀者領略保證契約之「意義」、「成立」、「效力」，並輔以圖示說明當事人間權利義務關係。建立基本觀念架構後，再進一步探究特殊種類保證與實務操作模式，相信您也能成為保證達人！

法律行為　　　　　　　　　　陳榮傳／著

　　本書討論法律行為的基本問題，筆者儘量以接近白話的語法寫作，並降低各種法學理論的爭辯評斷，以方便初學者入門。此外，為使讀者掌握相關司法實務的全貌，筆者在寫作期間蒐集、參考了數百則實務的裁判，並在內文中儘可能納入最高法院的相關判例及較新的裁判，希望藉由不同時期的案例事實介紹，描繪出圍繞著這些條文的社會動態及法律發展，讓讀者在接受真正的法律啟蒙之外，還能有一種身在其中的感覺。

民法上權利之行使　　　　　　林克敬／著

　　民法主要規範人與人之間的權利與義務，本書專門討論權利之行使與義務之履行。內容不僅介紹民法中之各種權利，也探討了如何行使權利，才不會超過權利應有的界限。司法實務上最容易產生的民法爭議主要集中於權利界限模糊的問題，本書特別論述民法的「誠實信用原則」（民法的帝王條款）與「禁止權利濫用原則」對於處理權利界限模糊所具有的特殊功能，並探討以上兩原則對於人民如何守法、國會如何立法及法院如何進行司法審判所具有之深遠影響。